月《つぎ》のいすゞ《五十》真二
天(天皇《すべらぎ》)の
磐戸開き

天照大神は高橋家の
先祖神だった!?

高橋千春
Chiharu Takahashi

文芸社

はじめに

皆さんは神社の拝殿で手を合わせたとき、神さまにどんなことをお願いしていますか？　私は、長い参拝の順番を待っているときなど、前の方が一生懸命に手を合わせている姿を見て、何をお願いしているのかなぁ、と考えてしまうことがあります。

さまざまな方がさまざまな思いで拝殿に臨み、心の内にあることを神に訴えている、もしくは何かを唱えているのだと思いますが、神さまというのはいつから私たちの願いや訴えを聞いてくださっているのでしょうか？

ふと、神社やご祭神について何も知らずに手を合わせようとしている自分に気がつき、順番が来て、慌てて「え〜と、え〜と、こ、こんにちは」と挨拶だけして次の方へ譲ってしまうことがあります。

私にはふつうの五感以外の感覚が備わっているようで、神社の拝殿で手を合わせ「こんにちは」と挨拶をすると、「声がわかるのか？」とか「おお、よく来たな」とか「何しに来たー！　帰れ!!」などの言葉が頭に響いたり、急にひらがな文字が信号として降りてきて腕が痛くなったりします。どうやら、拝殿の向こうから〝何か〟が私に話しかけてくるようなのです。

「神さまがこんなこと言ってたよ」と拝殿での会話のことを話すと、「何言ってるの？頭おかしいんじゃない？」と一笑に付されます。私の勝手な作り話で単なる妄想と思われるのです。多くの方にはそういった経験はないでしょうから、それは仕方のないことだと思っています。

　私も初めのうちは降りてきた言葉を、自分の思い込みや妄想と捉え、意外なことを言う神々との会話を単に楽しんでいただけだったのです。ところが、その後、状況が神さまから言われた通りになったり、思いもよらない素晴らしい考えを教えてもらったりすることが頻繁に起こり、メモに残すことにしました。頭に響く言葉や腕に信号として伝わってくる言葉は、音として耳から入ってくる言葉と違い、すぐに記憶の彼方へ飛んでいってしまいます。せっかく素晴らしい考えを教えてもらったのに、思い出せなくて悔しい思いをしたことが何度もありました。メモをした言葉は、びっくりすることに、それはそれはリアルな現象になっていることに気づかされます。

　いったいこれはどのような現象なのか、どうしてその情報を私が知らされたのか、得られたその情報をどうしたらいいのか、自分でも悩むときがあります。人々が普通に他人との会話を楽しむように、私は目に見えない神やお化けのようなもの、動植物と会話ができるようなのです。

ともかく、そのようにして、神社の拝殿以外にも降りてきた会話をまとめてみますと、神々には一貫したドラマがあるのがわかります。それを本にしたのが、『冨士（二二）の神示』『太陽の三陸《みろく》神示』（文芸社）です。過去の私のことや神々の仕組みのこと、どのように言葉が降ろされているのかについては、それらを読んでいただければわかると思います。今では、たくさんの会話や私への指示が降りてきますので（今のところノート五〇冊分ほど）、最近は公表できる会話はブログで発信しています（『心の物語』シャングリラへの道　https://ameblo.jp/0-580/）。

私に言葉を降ろしてくる神々は、太陽系、銀河系を含む宇宙全体の大きな変動に伴って起きるこの世の転換期を、どう乗り切っていくか、どう進化させていくかを導く仕事をしているようです。その中で、未来に進むべく進化への道筋をつくる仕事を私も手伝わされているようなのです。環境の変化は私たちの生活に特に大きく関与してきますので、私に降りてくる神々の言葉の多くは、自然災害を予告する言葉になります。その中でも、私たちが困るような大きな地震に神々は直接関与しています。私の場合は、地震、気象災害を事前に知らされるだけでなく、災害を〝抑える〟仕事が同時に与えられていきます。地震や災害を予知することは今の科学ではできないことですが、神々はそれを抑え、未来を変更する術を知っているようなのです。実際、そのようなことは、単なる私の妄想と思われる方々のほうが多い世の中ですから、一種の占い事と捉える方も多いでしょう。しかし、神々は、今の科学よりもっと高度な科学を用いて、それを抑え、もしくは変更させています。

　ちょうどこの原稿を仕上げているときに、山形県沖で震度6強の地震が起きました（二〇一九年六月一八日二二時二二分頃、M6・7）。日にちや場所のピンポイント予測は降りてきませんでしたが、六月九日の朝、国常立大神《くにとこたちのおおかみ》から「皆に知らせてください。今度は少し大きな地震を起こします。岩盤が崩れます。徐々に震度が大きくなりますから、そのとき身の安全を確保してください。震度4～6弱。五日後あたりから気をつけてください。よく揺れる地域も、災害にはなりません。海底の地面が崩れます。津波を起こしますが、被害はありません」と言われました。

　国常立大神の予測では六月九日の五日後、六月一四日あたりから強い地震に気をつけるようにとのことでした。それ以前から「強い地震、津波に気をつけて！」と言われていましたから、個人的には本当かどうか半信半疑でしたが、後悔したくなかったのでブログで知らせました。そのとき「家を壊します」とも言われていました。

　一八日、突然大きな揺れの襲った新潟・山形県の人たちは恐怖だったと思います。テレビの報道では緊急地震速報の五秒後に揺れ始め、はじめの二〇秒ほど小さな揺れが続き、そのあと強い縦揺れになったようです。数十秒でも避難する時間を稼げたことは、いきなりの縦揺れよりも行動がしやすかったと思います。その後の被害状況を見れば、地震の規模や震度の割に大災害は免れ、六月二〇日の時点では五県で二八名の方が怪我をされたようですが、幸いにも死者はなく、津波も最大波〇・一メートルと気象庁のホームページにありました。さらに、六月二三日未明にはトートに「妹よ。トートだ。皆に知らせてやれ。いきなり地震が襲うとな。今日の次の日だ。震度4～6弱。地震の規模はM6だ。セシャトの力で抑える。ひとふたみ、よいつむつななや、ここのたり。心配するな。少し強い地震が起こるが、被害はない。自分の逃げ道を確保しておけ」と言われました。

六月二四日午前九時一一分頃、いきなりズズという細かい縦振動とともに激しく揺れ、東日本大震災を彷彿させる地震が東京に起きました。房総半島突端（千葉県南東沖）でM5・5、千葉、東京二三区、神奈川などで最大震度4の地震が関東地方を襲ったのです。さらに同日一九時二二分頃、東へ1度ずれた伊豆半島東方沖で最大震度4の地震が襲いました。電車は止まったようですが、トートが言うように被害はありませんでした。事前にどのような揺れで、どのような災害が起きるのかを知っていると、地震に直面したときの心持ちが違うように感じます。「大災害になるも、ならないも、そのときの人々の行動による」と神々は言います。

この地震でもそうですが、地震が起きた日時に偶然にも「一一」「二二」という数字が見受けられます。気づいた方もいらっしゃるかもしれませんが、この数字は神々がよく使うのです。こういうときは神々が直接関与して事に当たっていると個人的には思っています。なぜなら、その数字には意味があるからです。災害を抑える仕事は私だけでは無理があり、友達の八坂さんなどにも協力してもらって事を進めます。

この本に収める話は、神々の壮大なドラマの総仕上げになります。ブログでお伝えしたことを参考に、神々の指示に従って調べたことをまとめました。地震や災害の話も出てきますが、今回は私の先祖であるという超古代の神々が活躍した物語になります。ふだん太陽や地震、気象現象などに気を取られている私ですので、歴史についてはまったく無頓着です。神社の神々の言葉を降ろしていながら、ご祭神に関する知識や神社の由緒などまったく知らない私です。そんなトンチンカンな私が、彼らからヒントをもらい、導いてもらいながら、超古代の神々のことを私なりに調べ、検証したところ、今までの歴史的な考え方とは違う側面があることに気づかされました。

一般に知られていないことですし、考え方からしてとても荒唐無稽で、受け入れがたい方々も多いと思います。でも、神々はそれを史実と認めてほしいというよりも「皆さんに知らせたい」という気持ちが強いようなのです。私が調べたこの物語が超古代史解明への一助になればいいなぁと思い、今回、思い切って本にしてみた次第です。

神々の言葉はイメージや腕への信号として降りてきます。腕に伝わる信号は主にひらがなです。一文字、一文字、筆談のように伝わってきます。もしくは、言葉のイメージとして伝わってきます。こちらで適当と思われる単語や漢字に変換しておりますから、もしかしたら、神々が持つイメージと違っている場合もあるかと思います。それから、腕の信号通りに書き留めておりますと、少し文章のおかしなところも出てきてしまいますが、よほどのことがない限り、そのまま載せています。どうかご了承をお願いいたします。私が心でしゃべっている言葉はカッコ（　）でくくりました。

目次

月《つぎ》のいすゞ《五十》真示　天（天皇《すべらぎ》）の磐戸開き

天照大神は高橋家の先祖神だった!?

一つ、物語に登場する神々

私の物語にはさまざまな者たちが登場しますが、今回よく登場する神々の紹介をいたします。

国常立大神

「悪を統率する大悪神です」

一五年ほど前、私が悪霊や死神にさんざん命を狙われていた頃にやってきて、最初の一言がこれでした。とうとう大悪神が来たか！　と、体が極度にこわばったことを今でもはっきり覚えています。しかし、この大悪神は、それまでの悪霊や死神とは違って、とてもやさしかったので、はあ？　というぐらい拍子抜けしました。「五月晴れ」とか「秋晴れ」のような、非常にさわやかな雰囲気を持った神です。

何も知らない私に神々の世界のことを教えてくれましたので、恩師のような存在です。いつもそばにいてもらいたいのですが、とてもスパルタな面があります。何か事が起きて、恐れおののいている私に対し、とてもさわやかに「千春さん、大丈夫です！　心配いりません。何かあれば、すぐに体から離しますから」と突き放します。確かに、今までさんざん目に見えない者に命を狙われましたが、この通り生きていますから、なまじこの言葉は嘘ではなかったと思います。

この神の口癖は「心配いりません！」です（神々はよく「心配いりません」と言います）。私たちって、何でも心配するのが癖になっていますが、本当は何も心配することはないのですよ。「心配いりません」と言ってくれるだけで、安心します。

国常立大神は、宇宙や地球と関係の深い神のようで、宇宙の絶対神的存在の下で働いているようです。とても忙しい神で、来てもすぐにいなくなってしまいます。私たちを困らせることは好きではないらしく、地震の震度を抑え、災害を最小限に抑える仕事もしてくれています。ということは、地震を起こすこともできるということになります。命にも関わっている神で、生かすことも殺すことも自在です。神というのは両刃の剣なのです。この神には伝令の神がたくさんいますが、最近は登場してきません。

国常立大神の『ひふみ神示』物語

国常立大神の仕事は、この地球を含む宇宙を進化させることで、私はその手伝いをさせられているようです。私が降ろしている言葉は、岡本天明氏著の『ひふみ神示』(日月神示)にある、この世のタテコワシ、タテナオシの物語の続きのようなのです。

私たち人間の魂の進化というのは、この世の在り方とは逆方向の道筋になることを知らされています。私たちの多くはそれに気づかず、進化とは真逆の方向、消滅への道筋を歩んでいます。しかし、それもその人それぞれの生き方ですから、国常立大神は無理に進化させようとはしません。進化への道はとても険しく、万人が安易に理解して進める道ではないからです。神々は「進化(己)に気づき、神々の言葉を理解できて、進化したいと努力する人だけ進化すればよい」という考え方をします。私もそのつもりでいますので、本やブログで細々と発信しているほかには、大々的に人に知らせる仕事はしていませんし、多くの方を進化へ導く仕事もしておりません。

私の物語の中では、このほど、この宇宙の進化への道筋が完了し、地球の大峠は無事に通過したようです。地震や異常気象は、私たちにすれば突然起きる現象ですが、神々にしてみれば起こるべくして起きる事柄のようです。私はその一部始終を知らされているわけではありませんが、神々の言葉の端々から、地震や台風の被害などは一連のストーリーとして起きていることを感じさせられます。

今回、この本に収めることは、神々の物語の総仕上げだと思われます。話を始める前に、わかりやすいように、その少し前のストーリーから始めようと思います。

神々のストーリー

二〇一八年の後半は進化へのターニングポイントでした。六月一五日に〝復元ポイント〟と称して、災害の少ない未来へ向けて、変更可能な時代に戻す作業をしました。その影響がこの世に出て、今まで起きたことのない場所で地震が起きてしまいました。六月一七日、群馬県南部で震度5弱、翌一八日に大阪府で前代未聞の震度6弱を記録。私の物語ごときで災害が起きてしまったことに大変驚きました。

八月一六日、千葉県鴨川市にある天津神明宮の摂社である諾冉《なぎなみ》神社の神にこう言われました。

●8／16　天津神明宮摂社諾冉神社の神

千春さんに必要なことは、この世をどの方向へ舵取りするかなのです。（どの方向へ舵取り？　私はどうしたらいいんですか？）このまま進めばいいのです。地球は生まれ変わります。そっと見守っていてください。何も知らない人々にとっては大変なことだと思います。でも、千春さんには力があります。その力を使って舵取りをしていってください。今までの世からは離れていっています。少しずつ、少しずつ沖へ流されていきます。流れの本流から支流へ、そして、大きな流れに差し掛かろうとしています。逆の流れに戸惑うことも多いでしょう。でも、それが地球の進化の道なのです。今、千春さんがいる世は必ずその流れに合流します。大きな流れには国常立大神が待っています。千春さんと連絡を取ったりして、ここまで呼びました。体を持った千春さんにはわかりづらいことですが、確実に過去から未来への道が用意されています……。

その後、九月四日には、近年まれにみる強い台風二一号が日本を襲いました。その日の朝、品川貴船神社の神に「これより大いなる流れと合流するぞ。しぶきがかかるが、辛抱しろ。数時間の辛抱じゃ」と言われていましたから、どうなることかとハラハラしておりました。その日の一六時頃の国常立大神の言葉です。

●9／4　国常立大神

(国常立大神さま〜、外は、すっごい風ですよぉ〜。ここにいるのなら、言葉を降ろしてください) 千春さんがようやく到着しました。国常立大神はうれしくてうれしくて、抱きしめてしまいました。よく頑張りましたね。苦しかったと思います。(略) もう、まもなく本流へ到着するでしょう。障害を乗り越えれば、もう少しです。(障害って台風ですか？　二五年ぶりのすごい強い台風らしいですよ) 心配いりません。トートと千春さんが抑えに行きましたから、ひと（一）ふた（二）み（三）、よ（四）

いつ（五）むつ（六）なな（七）や（八）、ここの（九）たり（十）。少ししぶきがかかるかも知れませんが、たいした被害もなく通り過ぎるはずです。さあ、千春さん、これからがまた大変になります。この本流の流れは速く、うまく舵取りをしなくては転覆してしまいます。流れに乗るまで潮流に注意しなくてはなりません。（わぁ～っ！どうしたらいいんですかぁ～!?）舵取りはコトシロヌシに手伝ってもらいます。何度も、この流れに乗ったことがあるから、いい道案内になるはずです。（これから先、どこへ行くのですか?）今、流れに乗るのは未来からくる流れです。大きな流れに従って、次の宇宙空間を目指します。まだ、しばらくは試練が続きますが、基本的な力は備わっていますから、心配はいりません。

その後のニュースで、台風は四国や近畿地方を縦断し、関西国際空港では、滑走路やターミナル周辺が高潮で浸水して、利用客らが取り残されたことを知りました。関西国際空港に〝しぶき〟がかかってしまったようです。翌五日に降りた国常立大神の言葉です。

●9／5　国常立大神

書けますか?（はい。国常立大神さまですか?）はい。そうです。（台風二一号の影響で関西国際空港が水浸しになっていますよ！）しぶきがかかったところは気の毒でしたが、今、流れの中にいますから、うまく転覆せずに済んだと思います。（そういえば、関西国際空港の連絡橋に空のタンカーが衝突していました。転覆しなくてよかったです）先に事が起きていれば、その船は座礁どころではなかったと思います。徐々に被害も少なくなってきます。まだ、逆の流れに戸惑う人もいるかもしれませんが、それに気づいた人は舵取りもうまくいくはずです。

ところが〝しぶき〟はそれだけではありませんでした。九月六日は揺れたことのない、北海道胆振《いぶり》地方中東部で最大震度7の地震を記録し、北海道の各地で大規模な停電が起きました。

●9／18　コトシロヌシ

コトシロヌシです。ボクとセシャト（←セシャトとは私のことらしいです）のことを話します。セシャトの仕事はこの世を次の宇宙へつなぐことにあります。過去の宇宙から、今、建造中の新しい宇宙へ。月のない宇宙だったのですが、ようやく月ができました。解体した月はいったん塩水の中に入れられ、過去から未来まで運ばれました。今、千春さんが見ている月は、千春さんの目が感じる月ですが、月の機能はありません。月の機能というのは、他の次元と交差する場所で、多くの次元が月を経由していました。いわば、次元間プラットホームのような働きを持っていたのです。月を経由しないと、他の次元へはいけないのです。そのプラットホームが新しい宇宙へ移動しました。（略）（あ、国常立大神が「この次は千春さんが操縦していきます」と言っていました！）はい。もうコトシロヌシの役目も終わりに近づいてきました。プラットホームの建設が済めば、自動操縦で千春さんは次元間を行き来できます。（私って、今までの月の代わりに次元間を行き来する列車の役割ですか？）言ってみればそうです。大きなプラットホームには国常立大神が待っています。（これから、どうなるんですか？）月の次元が地球人に明け渡されました。これから本格的な月の開発がなされると思います。

二〇一九年一月三日、中国の月探査機「嫦娥《じょうが》四号」が世界で初めて月の裏側への着陸を成功させ、一一日には搭載しているカメラで周囲三六〇度の地形を鮮明に撮影することに成功しました。一昨年あたりから、神々は中国の月開発のことを話していました。この先、月に核を持ち込み、月から地球を狙うようなことも言っています。その防衛のためには、各国で協定を結ぶようにと。日本やアメリカ、欧州などが、月以外の探査に夢中になっている間に、中国は月の開発を進めていくような勢いが見られます。

●9／29　国常立大神

ひとふたみ、よいつむつななや、ここのたり。伊勢の大神立ち上がれ、この世に大きく君臨せよ!!　千春さん、国常立大神です。（あら?　ついこの間、大きなプラットホームに着いたと思いきや、また大きなプラットホームに着きましたか?）今、日本の大神を変えています。だんだん神の国に近くなってきましたから。それぞれ、以前の神々を帰します。再び、世の中の動きが激しくなります。しぶきがかかるかもしれません。（大型の台風二四号が接近していますよ～!）ひとふたみ、よいつむつななや、ここのたり。立ち上がれ!　新しい世を迎え入れよ!!（何が起きるんですか?）衝撃が伝わります。新しい宇宙とドッキングします。千春さんのところにも少し衝撃が出るかもしれません。（わぁ～、私がブログに出雲の話を載せたからですかぁ-!?台風二四号も被害が出ますか?）ふふふふ。心配いりません。

台風二四号の〝しぶき〟は塩害をもたらしました。関東地方では電線のガイシに塩の結晶がつき、電車が一時止まりました。

●10／12　大鳥神社（国常立大神）

（略）形のないことが、形として現れてきます。いろんな出来事が起きて、千春さんもつらいと思います。過去の出来事が出てきます。過去を変えるには、過去の出来事の清算も必要です。自分の中だけでなく、いろいろな方面からそれは出てきます。未来に目を向けながら、そういった過去を断ち切る努力をしてください。過去に振り回されないように。ここへ来れば、国常立大神はいます。日本武尊がいつも表に控えていますが、千春さんが来れば呼びに来てくれます。いつまでも続く世にしていくために、太古の神々を出雲から出しました。もう、何も心配することはありません。一時の嵐は通り過ぎていくでしょう。人の心も次第に落ち着いてくるはずです。形だけになってしまった世の中に、再び魂が入ります。（○に『ヽ（テン）』が入った⦿のイメージが伝わってきました）なくしてしまったものを取り戻すのは、大変なことかもしれません。ブログを読んでくれている皆さんの心の隅にある、微かなものが次第に見えてくるでしょう。まだ、それが何だかわかる人はいないと思いますが、少しずつ何か気づくはずです。

今回、本にした話は、国常立大神の『ひふみ神示』物語〝世のタテコワシ、タテナオシ〟もほぼ完成し、タテコワシされる宇宙（次元）から、タテナオシされた新しい宇宙（次元）への〝バトンタッチ〟という内容になります。そのバトンが私の役目のようで、降ろしている言葉では〝次元間を行き来する列車〟にたとえられています。

トート神

国常立大神と同じ頃にやってきた「月の支配者」と言われている神。〝月の神〟という設定で言葉が降りてきます。調べてみると、ほんとに月の神のようで、びっくり！　エジプト神話に出てくるトート（トト）神と同じ神のようです。私の上司かと思えば、兄？　のようでもあります。エジプト神話では「セシャト」という妹がいますが、私とセシャトを同一視していて、しばしば迷惑をこうむります。しかし、何か問題が起きると、国常立大神とは違って、なんだかんだ言いながら対処してくれるありがたい神です。

トート神はシュメール神話の一員

トートは科学的なことに精通していて、この神に聞けば神々の科学的な考え方を知ることができます。調べてみると、びっくりすることにトートは科学者・技術者であり、三六〇〇年周期で太陽を周回しているという、太陽系の一〇番目の惑星（冥王星が準惑星へ定義後は第九惑星）のニビル星から飛来してきたアヌンナキの物語であるシュメール神話の神々の一員でもありました（『宇宙人はなぜ人類に地球を与えたのか』ゼカリア・シッチン著、竹内慧訳、『［地球の主］エンキの失われた聖書　惑星ニビルから飛来せし神々の記録』ゼカリア・シッチン著、エハン・デラヴィ序文、竹内慧訳より）。

神話の中で、アヌンナキが飛来した目的はニビル星の気候変動にありました。今の地球にも異常な気象が起きていますので、共通するものはないかもしれませんが、少し詳しくここに記しておくことにします。

ニビル星はこれまでに増して暑さ・寒さが極端になってきました。太陽に近づくと熱が強くなりすぎ、太陽から遠く離れると厳しい寒さになるため、作物が育たなくなっていったようです。その現象は、長い年月で繰り返される周期的なものではないことがわかりました。大気の元となる火山から吹き上げられる噴煙が減り、大気中に裂け目が生じ、ニビル星の空気が薄くなってきたのでした。大気を保護するシールドに異変が起きたようです。

その結果、田畑に疫病が蔓延し、作物はさらに収量を減らします。大気層を保護するために大気の裂け目を修復する方法が検討されましたが、大気上層部へ押し上げられた物質はすべて地面に落ちてしまい、保護の効果はありません。学者たちは空気を作り出している火山に目を向け、火山活動を活発化するための検討をしました。しかし、太陽の周りを公転するごとに大気層の裂け目が大きくなり、大気はさらに減少していきます。それによって、雨は降らず、風はさらに強くなってきました。泉の水量も減って吹き上がらなくなってきました。

ニビル星の神々の生活にも影響が出始めます。母たちの母乳が出なくなり、出生率が減っていきます。それによって、決められたニビル星の王位継承者になれない息子や妻ばかりになってきます。そのうち出生率が極端に減少し、ニビル星の宮殿ではついに跡取りが途絶えてしまい、血のつながりのない者を王としました。

学者たちは裂け目を修復するために二つの方法を提案しました。一つは、当時のニビル星の技術でもって、もっとも微粒子化できる物質である黄金（ニビル星では非常にまれな金属ですが、火星と木星の間にある小惑星帯「アステロイドベルト」や、その内側の惑星にはたくさんありました）の微粒子を宙に浮遊させて大気層を保護するという考え方でした。もう一つは、休眠している火山を強制的にミサイルで攻撃して噴火を促し、大気を補充するというものでした。しかし、そのときの王には決断力がなく、ニビル星はさらに窮地に追い込まれていきます。だんだん国の統一が失われ、ついに王が交代します。王家の血筋の者が王になり、小惑星帯へ黄金を探しに行きますが、小惑星によって船が粉砕されてしまいました。ミサイルで火山を攻撃し、爆発させましたが、噴火は増えず、大気の裂け目は直りませんでした。

そこで再び、王の交代が叫ばれます。王権争いの結果、前任の王アラルは敗れます。アラルは科学者・技術者でしたので、単独で地球へ黄金の調査をしにやってきます。調査の結果、地球には黄金が豊富にあることを知り、採掘が始まりました。しかし、黄金は深いところにありますから、大変な重労働でした。作業する人員を確保するために、地球にいる霊長類とアヌンナキのＤＮＡを掛け合わせ、神々とのハイブリッド（人間）を作り出します。その後、ニビル星は地球産の黄金によって大気の流出は抑えられました、というお話です。

アラルが宇宙から、大気に裂け目のできたニビル星を見た描写があります。それは次のように記されています。

《虚空にぶら下がる球のようだった。その姿は魅力的で、その輝きは天空を華々しく飾っていた。その大きさは巨大で噴出物が炎を外へ燃え立たせていた。その生命維持の膜は赤みを帯び、泡立つ海のようだった。その真ん中に、黒ずんだ瑕のような裂け目があった》

これを読んで、アメリカ航空宇宙局（ＮＡＳＡ）が二〇一〇年に打ち上げた太陽観測衛星（ＳＤＯ）の画像や、日本の太陽観測衛星「ひので」が撮影した高解像度の太陽表面の様子とそっくりだなぁと思いました。《噴出物が炎を外へ燃え立たせていた》とは太陽フレアと言われている爆発現象とか、プロミネンス（紅炎）ではないでしょうか。《生命維持の膜は赤みを帯び、泡立つ海のようだった》は太陽表面（光球）の粒状斑の様子に似ています。《その真ん中に、黒ずんだ瑕のような裂け目があった》は太陽風が噴出しているコロナホールと呼ばれている黒いアザのようなものの描写によく似ています。私たちは最近になって太陽の様子を詳しく知ることができたのに、すでに五〇〇〇年以上も昔の粘土板に記されていたことに驚くばかりです。これを知って、ニビル星というのは、地球とは違って、太陽に似た惑星なのか？　と思いました。逆に、太陽にもニビル星のように地殻があって、火山があるのかもしれません。

話をトートに戻します。トートは王家の一族で、シュメール語の名前「ニンギシュジッダ（＝ニンギシッダ）」は「命の技術の神」を意味するようです。死体を生き返らせ命を救う能力を暗示した名前だとありました。人間を遺伝子操作で作り出した科学者の父・水神で知の神であるエンキの息子であり、遺伝子工学の専門家でした。シュメールの祈祷書には「治療の神、手で脈を診る神、命の技術の神」などと記されているとあります。魔術のような治療と悪魔祓いの呪文が効くことで有名だったようです。

シュメールの神々が行っていた蘇生術は、死人の心臓に振動（振る）を向け、生命を与える水晶の放出物（パルス？）を体に向けるとあります。今で言う「ＡＥＤ（自動体外式除細動器）」でしょうか。トートはエジプトの絵で、二匹の蛇の紋章を持つ姿で描かれています。その紋章はもともとトートの父エンキのものであるようです。「蛇＝ＤＮＡの二重らせん」のことだと調べた本にはありました。

この神は、ギリシャ神話に登場する「錬金術師の祖」とも言われているヘルメス神と同一視されています（ウィキペディア「ヘルメス・トリスメギストス」より）。ヘルメス神は「ケーリュケイオン」とか「カドゥケウス」と呼ばれる杖を持っています。ウィキペディア（ケーリュケイオン）によると、それは、柄に二匹の蛇が絡みつき、てっぺんにはしばしば翼が飾られているようです。「眠っている人を目覚めさせ、目覚めている人を眠りにいざなうと言われる。死にゆく人に用いれば穏やかになり、死せる人に用いれば生き返る」という魔法の杖であると言われています。

トートは治療の他にも、エジプトではピラミッドを造ったとされている神であり、暦の神でもあります。中米、南米の文化や暦、ジグラット建設にも関与しているようですし、イギリスにあるストーンヘンジもトートの建造物のようです。「八」と「五二」は特別にトートの数字と呼ばれています。「八」は日本人になじみの深い数字でもありますが、それは東西南北を含む天の八つの方位に関連した呼び名だそうです。「五二」という数字は、一年の週数の他に、マヤの暦「ツォルキン」が一周する年数です。さらに、トートに関係する事柄として、古代エジプトの「セドの祭り」というものがありました。五〇年に一度行われるお祭りで、エジプトのカレンダーの最初の日に始まったそうです。その月のその日は「トトの月」と呼ばれていたとありますから、セドの祭りは一種のお正月のお祭り。トートはお正月と関係が深い神なのです。その他、シュメールの神々は円を三六〇度とし、天を一二宮に分け、一日を二四時間としました。

トートの妹のセシャトについて

トートの妹のセシャト（セシャタ）は、エジプト神話ではトートの妻、もしくは妹とされています。トートの話し相手であり、主任書記官でもあったようです。セシャトは「七」の数字に関係が深く、エジプトの絵文字では、ヤシの木の枝で作られた先のとがった筆（尖筆）をシンボルとし、頭には虹の中に輝いている七つの星の印で表示され、その上に一対の塔の形を乗せた姿で描かれています。

彼女は〝空の娘〟であり、天体を利用して年を数える、惑星を基準にして神殿の主要軸線である方位を定める測量者、年代学者、時間を図形化する専門家でした。建築の女神とされていたようです。

さて、この神はシュメール神話ではニンギシュジッタ（トート）に弟子入りした、ニサバに相当するのではないかと言われています。ニサバの紋章は「聖なる尖筆」と

「四つの星」が目印になります。暦をつくるために月の動きを観測し、そのために必要な観測器具が付いた支柱を持っています。星図から方位を決める役目をし、王の神殿の建設者たちに必要な天文学的データを提供していたようです。もともとエンキの弟で実質的な地球の支配者であったシュメールの地神エンリル（兄弟間の軋轢でエンキとは仲が良くなかった）の系譜の女神でしたが、エジプトを支配していたエンキのアカデミーで教育を受け、トートの女性アシスタントだったことから、エジプト化したのではないかと言われています。ニサバは文学と科学の学問の女神で、「七の数の尖筆」が特徴になります。つまり、記録をする者であり書記官でした。トートは、エジプト神話では科学、天文学、暦学、文学および記録管理の神でもありました。トートとニサバは神殿をつくるとき、測量や方位を決める重要な役目をしていたようです。

年の神

今回の主神公の紹介をいたします。東京・上野にある下谷神社のご祭神「年の神」です。スサノオと神大市姫《かむおおいちひめ》の御子で、「稲の実りの神」とされています。日本においては一年に一度実ることから、一年の単位を表す言葉になりました。私たちがお正月に、門松や鏡餅を飾って迎え入れる神さまです。私は「年の神」と呼んでいますが、大年神（大歳神）、正月様、恵方神、歳徳《とんど》神、年徳、歳神、来方神……などとも呼ばれ、方位の神でもあるようです。
この年の神との出会いは、二〇一〇年二月二日になります。節分の前日でした。友達の八坂さんらと一緒に神社巡りをしていたときのことです。東京は赤坂の氷川神社のあと、六本木の出雲大社東京分祠へ行って、近くでお昼を食べて、そろそろ帰ろうとしているときでした。突然、私の右手に信号が来て、氷川神社のオオナムチの意識とつながりました。このとき、私に「……シタへ行け」と言ってきたのです。当時のやり取りを再現します。
私「下?」
オオナムチ「シタへ行け」
私「シタって、どこの下ですか?」
オオナムチ「シタ……だ」
私「よく聞こえませんが、シタではなくて、キタですか? キタノ?」
オオナムチ「キタヤだ」
私「キタヤ? あ、北野神社ですか?」
オオナムチ「キタではない。シタだ!」
ここで八坂さんが気づいたようです。
「あ〜、下谷だよ! 私、その神社、知っているよ! よくお神輿を担ぎに行ったもの、下谷神社〜!!」

当時、私の頭の中に「下谷神社」という言葉がなかったので、オオナムチの言いたかったことを理解するのに相当時間がかかってしまいました。オオナムチの神は「下谷神社はこのあたりでは一番力の強い神社だ。下谷へ行け」と。

下谷神社は台東区東上野にある神社です。そのときいた六本木からですと、六本木駅から地下鉄日比谷線で銀座駅へ行き、そこで銀座線に乗り換えれば、下谷神社の最寄り駅である「稲荷町駅」はすぐです。急いでお店を出て、その足で行ってみたのが初めてでした。そこのご祭神が、大年神と日本武尊《やまとたけるのみこと》だったのです。このとき、私と八坂さんは、拝殿から強いエネルギーを感じたのでした。残念ながら、この当時は言葉を残していませんでしたので、このとき何を言われたのか、今ではわかりません。

しかし、それから年の神の仕事が始まりました。八坂さんと私の神社巡りが始まったのです。神々より、これからマグニチュード8以上、震度6以上の大地震に大津波で大勢の方がなくなることを知らされました（東日本大震災のこと）。東京も震度5だと。東京の災害を抑えるために、私たちはさんざん働かされたのでした。いやいや、それはそれはつらい仕事でした。エネルギーで体中がビリビリでしたから。

「年の神」というのは若い頃の名前で、大野七三氏（※1）によれば、大王として即位したあとの名は「饒速日《にぎはやひ》大神」と言い、神武天皇以前の大和の統治者とされています。『先代旧事本紀』では「天火明命《あめのほあかり》」と同一神で、「天照国照彦天火明櫛玉饒速日尊《あまてるくにてるひこあめのほあかりくしたまにぎはやひのみこと》」と言われている神です。言い伝えでは天の磐船《いわふね》に乗り、大空を駆けて、天下りされたとき「虚空《そら》見つ日本《やまと》の国」と言われたといいます。「日本」という言葉を初めて使った神です。

年の神、ちょっと怖いけど、とても私たち思いで、一番頼りになる神です。私の中では東京の守護神になっています。私たちに、災害など何か危険が迫っていると、しばしば下谷神社まで呼び出されて指示を受けました。国常立大神の下で動いている神であり、トートと同じように力の強い神でもあります。近年、見かけないと思っていたのですが、出雲大社へ行ったとき、声をかけてくれました。

※1　大野七三氏の参考図書『「古事記」「日本書紀」に消された皇祖神饒速日大神の復権』『日本建国神代史』『日本国始め饒速日大神の東遷』『日本建国の三大祖神』

トート神と年の神の共通点

先ほど長々とシュメール神話の話をしましたが、シュメール神話のトートと年の神には共通点が多いのです。お正月に関係する、方位に関係するだけでなく、年の神は天神《あまつかみ》の命により病気平癒の術を授けられ、蘇生術として「振る」という行為をします。その上、下谷神社はその昔、お稲荷さんでしたから、もともと信仰していた蛇との関係も考えられます。

また、シュメール神話では太陽系に突入したニビル星がティアマトと衝突し、二つに割れ、その片割れが地球になったことが記されていますが、ティアマトは「ヤマト」ではないでしょうか。トートが建設したとするエジプトのピラミッドや、中米、南米のジグラット、イギリスのストーンヘンジですが、日本では数多く存在する古墳や環状列石に相当するのではないかと思っています。

古代日本の王家の婚姻とシュメール時代の王家の婚姻にも似たような風習があります。正室は同じ家系から選ばれ、腹違いの（姉）妹と結婚するのです。シュメールの神々の時代では、そこで世継ぎが生まれる必要があったようです。シュメールの神々は、王位継承格付けを数値化していました。最高位が、エンキとエンリルの父であり、太陽神である大王の天神アヌで「六〇」という数字を持っています。その次に王になる王子の格付け数字が「五〇」です。腹違いの妹ニンフルサグとエンリルの間に世継ぎニンウルタが生まれたため、正室の御子であるエンリルが「五〇」という数字を持っていました。天神アヌは長男エンキに王位を与えたかったのですが、腹違いの妹ニンフルサグとエンキの間には女の子しか生まれず、格付け数字は四番目で「四〇」でした。天神の最高位の数字が「六〇」であり、地上の神である地神の最高位の数が「五〇」になります。

今回の物語は「五〇」の数字を持った日本の超太古の神々、年の神ファミリーが大活躍し、日本という国を造ってきた話になります。『日本書紀』や『古事記』でもほとんど語られることがなく、今まで奥に追いやられていた超古代の神々。初めて耳にする神もたくさん出てくると思いますが、実は、日本にとっては、日本文化の基盤を作り出した重要な働きをした神々だったのです。

アナウンス１

「♪ピンポンポンポポ〜ン♪　次元間横断鉄道『六六六（miroku）』へご乗車の皆さまへお伝えいたします。この列車は間もなくの出発となります。当駅を出ますと、月《つぎ》の宇宙、『富士（二二）の高根』駅までノンストップで参ります。どなたさまもお間違いないよう、ご乗車になってお待ちください。なお、この列車は自動運転となります。車掌は、かぐや姫こと〝セシャト〟でお送りいたします」

二つ、皇居勤労奉仕

皇居勤労奉仕に参加

まだ世は平成の時代、二〇一八年の一一月六日から九日まで、知り合いの石釜さんの紹介で皇居勤労奉仕に初めて参加させていただきました。何度かお誘いいただいたのですが、なかなか都合が合わなくて行けませんでした。今回は何事もなく参加できましたので、宮中三殿の神に呼ばれたのだと思います。この本の物語はここから始まります。

勤労奉仕のお仕事は皇居と赤坂御用地の落ち葉掃きと草取り、清掃だったのですが、宮内庁職員の庭師の方々が丁寧に皇居と赤坂御用地を案内してくださり、ふだん知ることのないお庭のこと、建物の歴史的なものや（平成）天皇陛下や宮様のお姿などを説明してくださいました。ご奉仕場所は一日目、皇居東地区（東御苑）、二日目、赤坂御用地、三日目、皇居西地区（御所のあるところ）、四日目、皇居宮殿地区でした。

三日目の午後四時前に天皇陛下、皇后陛下のご会釈を賜りました。秋の叙勲など、ご公務の間をぬってのご会釈でしたので、モーニング姿でお越しくださいました。お天気はあまりよくなくて、初日と最終日はあいにくの雨で午後の仕事が屋内だったり、中止になったりでしたが、中身の濃い四日間を過ごさせていただきました。

勤労奉仕一日目（皇居東御苑地区）

一一月六日、朝七時半頃、集合場所で言葉が降りてきました。

▽どなたの意識か不明

いるのか？（はい。あ、どなたですか？）光をかける。この地へ入るのか？（はい。これからご奉仕です）いい話が聞けるであろう。（再び三〇分後）いつかここも変えなければならぬ。指示が降りる。書けるときに書いておけ。（わかりました）

八時一五分、桔梗門から入って、私たち奉仕団の待合室である窓明館へ案内されました。皇居の中は別世界です。今までいた丸の内の空気と全然違います。ここでご奉仕の説明を受けました。

八時半頃、ものすごいエネルギーが降りてきて、両腕が急にビリビリしだしました。

わぁ〜、なんだ？　と思ったところで言葉が降りてきました。

▽年の神

年の神だ。書けるか？（はい。えっ！　エエーッ!?　ここ、皇居の中の神は年の神さまですかー!?　腕がビリビリです〈涙〉）意外にも邪魔が入る。書けるときに書いておけ。宮中三殿へ向かうか？（予定がわかりませんが、今から四日間のうちには行くと思います）ならよい。仕事もあるだろう。こちらへ集中してもおれぬと思うが、気持ちはつなげておけ。＊＊に同調するな。＊＊が邪魔になる。（＊＊ってなんですか？）ふふふ……今にわかる。まだまだ、甘い。（何かあったのですか？）よい、気にするな！

九時頃から、東御苑地区へ向かいました。窓明館を出て、元枢密院で国会議事堂のモデルとなったと言われた皇宮《こうぐう》警察本部の立派な建物に目を奪われながら、東御苑へ向かいました。お庭担当の職員の方の説明を聞きながら、東御苑の中を進んでいきます。東御苑は一般に開放されている場所ですから、皇居の中でも雰囲気は丸の内に近いものがありました。説明を受けたところは、一応、メモをとってみました。宮内庁の方は名ガイドで、なかなか愉快なことをおっしゃいます。説明されている方によっても多少違いがあるかもしれませんが、ご奉仕の内容として参考になればと思い、少し載せてみます（詳しくは、東御苑内の表示や「皇居東御苑セルフガイドブック」などをご覧ください）。

【三の丸尚蔵館】 皇室にご寄贈された美術品、三笠宮家のご寄贈品などのお宝が見られます。この日は、後に雨が降ってきて、作業が中止になり、時間があまりましたので、のぞいてみました。

【同心番所、百人番所跡】 江戸城の警護に当たる人たちが詰めていたところだそうです。江戸城へ入り、同心番所のところで御三家以外の大名は駕籠から降りて、歩いていかなくてはならなかったそうです。屋根に巴瓦があります。その意味は地震、雷、火事から守るためのおまじないだそうです。ここでないのはオヤジなんだそうです。江戸城本丸の最大の検問所だそうで、ここが落ちると江戸城も落ちたも同然だったとの説明を受けました。

【中之門跡、大番所】 大番所は百人番所より位の高い人たちが詰めていたところだそうです。

【中雀門跡】 この門は、江戸時代参勤交代のお殿様がびっくりするような、豪華な立派な門だったようですが、文久三年（一八六三年）の火災で本丸御殿が焼けた時に一緒に焼けてしまったようです。石垣の表面は、熱によりボロボロになっていました。

いかにすごい火災だったのかを物語っています。

【江戸城本丸御殿】江戸城の本丸御殿は五〇年に一度の割合で火災に見舞われていたようです。大広間だったところは昭和の初めは畑だったそうですが、今は古い品種の果樹園になっています。

【果樹古品種園】一〇年ほど前、陛下のお考えで植えられたようです。最近では、新しい品種の果樹ばかりになってしまって、江戸時代からある古い品種が忘れ去られてしまっていることを危惧されて、江戸時代からある柿の木と梨の木、蜜柑の木、りんごの木などを陛下ご自身がお植えになって果樹園にされたそうです。庭師の方の話ですと、果樹園の果樹は食べてはいけないのだそうですが、枯れた場合に備え育てている同じ品種の樹木は裏で育てているらしく、それを食べてみたことがあるそうです。しかし、その柿は渋柿だし、梨は堅いスポンジのようでちっともおいしくなかったそうです。

【松の大廊下跡】長さ五〇メートル、幅五メートルの廊下があったようです。江戸城本丸の表御殿大広間から白書院に続いていた廊下で、江戸城で二番目に長い廊下なのだそうです。襖戸に松並木と千鳥が描かれていましたので「松の大廊下」と言われていたようです。元禄一四年（一七〇一年）、「殿中でござる！」で始まる忠臣蔵、浅野《あさの》内匠頭長矩《たくみのかみながのり》が吉良上野介義央《きらこうずけのすけよしなか》に切りつけた事件の現場だそうです。

【石室】大奥の場所にある一三畳ほどの広さを持つ石室なのですが、何に使ったのかは不明だそうです。

【竹林】ここは見る価値があります！　キンメイモウソウ、キッコウチク、ラッキョウチクなど、いろいろな珍しい竹がたくさん植わっていました。陛下のお考えをもとに入園者が楽しめるように工夫されているそうです。キンメイモウソウはきれいな竹でした。

【天守台】東西四一メートル、南北四五メートル、高さ一一メートルの天守台とおっしゃっていました。五層構造で全体では五八メートルあったようですが、四代将軍家綱のとき、明暦の大火（一六五七年）で焼失したそうです。それ以来、天守台だけ造られて、天守閣は再建されていないとおっしゃっていました。予算はあったようですが、町が平和になったので天守閣もいらなくなったということで、予算は江戸再建のために使われたそうです。それ以降は富士見櫓《やぐら》が天守閣の代わりを務めたようです。

【桃華楽堂】昭和四一年（一九六六年）香淳皇后のご還暦のお祝いで建てられた音楽堂だそうです。収容人数二〇〇名の建物です。建物の名前の「桃」は香淳皇后の〝おしるし〟だとおっしゃっていました。「華」の字は「十」が六個と「一」が一つの字で成っていて、全部足すと六一になるそうです。還暦とは数え年で六一歳のことなのだそうです。

【楽部】一三〇〇年続いている雅楽の楽師がいるところです。楽師は一五歳から七年間の教育を受けると言われました。そのときには二名の欠員があり、二四名いらっしゃるそうです。雅楽だけでなく、宮中晩餐会など、諸外国の国賓などの前でも演奏できるように洋楽器の教育も受けるそうです。

【書陵部】皇族ゆかりの書物や古文書などの管理、お墓の管理などをしているところです。窓の小さい緑の建物が書庫にあたるそうで、空調ではなく、常に新鮮な自然の風を通しているそうです。書物のためにはそれが一番良い方法だとおっしゃっていました。

【汐見坂】本丸と二の丸をつなぐ坂で、当時は海がよく見えたようです。今は超高層ビルに阻まれて見えません。

【都道府県の木】汐見坂を下ったあたりに四七都道府県の木が植えられています。昭和四三年（一九六八年）に東御苑が開園されたときに整備されたようです。昭和四七年（一九七二年）に沖縄県の復帰を記念してリュウキュウ松が植えられたそうです。五〇年経ち、再整備工事の際に植え替えたとおっしゃっていました。

【諏訪の茶屋】以前は吹上御苑の中にあったようですが、昭和四三年の開園時にこちらへ移されたようです。吹上御苑内にいくつか神社があったようで、諏訪神社の近くに茶屋があったので、諏訪の茶屋というようです。

【二の丸庭園】家光の時代に小堀遠州が作ったというお庭がありました。当時の絵図が残っていたので、東御苑の開園のとき再建したようです。この池に魚類の専門家である陛下が発案した、インドネシアのヒレナガゴイとニシキゴイとを掛け合わせたヒレナガニシキゴイがひらひら泳いでいます。必見です。見事な鯉でした！
【菖蒲だな】花菖蒲など八四品種あるそうです。花の見頃は五月下旬から六月上旬だそうです。

説明を受けてから初めてご奉仕の作業をしました。雑木林の休憩所近くの落ち葉掃きです。作業を始めてから、しばらく後に雨がパラパラ降ってきました。

▽年の神
（お昼少し前に降りてきました）書けるか？　いきなりの大雨に気をつけろ！（あれ、もう降ってきましたよ）さしずめ東京に被害はない。過去のしずくがこの地を襲う。傘を……。

ああ、だんだん、降ってきました。ここで作業は中止となり、このあと時間まで三の丸尚蔵館へ行きました。行ってみてびっくり、目を見張りました！　見事な装飾がされている壺や、リアルすぎる鶏の彫刻。他では見られないものばかりでした。ここは行ってみる価値はあると思います。

お昼休みとなり、待合室である窓明館へ行きました。お昼を食べていると、年の神が言っていたように、本当に土砂降りの豪雨になりました。私たちの団の午後の作業は窓明館の掃除となり、その後、美智子様の御養蚕所の様子をテレビで拝見しました。

メモを取っていなかったので詳しく書けませんが、美智子様は昭憲皇太后《しょうけんこうたいごう》が明治時代にお始めになったご養蚕を香淳皇后からお引き継ぎになりました。毎年、春から初夏にかけ、ご公務の合間や休日に、皇居内の紅葉山御養蚕所や桑畑にて、ご養蚕の作業に携わっておられます。皇居内の紅葉山にある御養蚕所では、現在四種類の蚕をお育てのようです。日中交雑種で繭が大きく扱いやすい現在主流の品種の蚕（白繭《はっけん》）、黄色い繭の欧中交雑種の蚕（黄繭《おうけん》）、日本の野生種で緑の繭の蚕（天蚕《てんさん》）のほかに、美智子様の「古いものは残しましょう」の一言で、昭和の一時期に飼育の中止が検討された日本古来の「小石丸」という品種をお育てのようです。現在、小石丸という蚕を育てているのは、宮中の御養蚕所だけということでした。小石丸は今の雑種の蚕より繭が小さく、普通の繭の半分以下の糸しか吐かないそうです。形も落花生のような形をしています。でも、非常に細く上質の糸を生産するそうです。美智子様が長年お育てになられた小石丸の糸は、正倉院にある古代の織物の再現に重要な役目を果たされました。小石丸の糸でなければ、その織物は修復できなかったようです。さらに、古代の織物に使われた染料の茜も、日本ではもう必要量が確保できなかったということで、陛下が皇居内に自生している茜を探して栽培し、必要量を確保したそうです。

便利で新しいものばかりを追求する私たちと違って、古いものを残す、古いものの技術を残そうという両陛下のご尽力に頭が下がる思いでした。

その後、時間になったので解散になりました。二日目は赤坂御用地です。

勤労奉仕二日目（赤坂御用地）

一一月七日、皇居勤労奉仕の二日目は赤坂御用地でした。ここは江戸時代、紀州藩の上屋敷があったところだそうです。皇居の半分の一五万坪の広さだそうで、昭和三〇年頃整備されたそうですが、紀州藩の庭をそのまま利用されたとのことでした。地形はほぼ当時のままだそうです。赤坂御用地には赤坂御苑、東宮御所、秋篠宮邸、高円宮邸、三笠宮邸など、宮家のお住まいがあります。陛下主催の春・秋の園遊会の会場もここになります。おおよそ二〇〇〇人が集まるそうです。その年（二〇一八年一一月九日）は残念ながら雨の園遊会となってしまいました。会場はテレビなどで私たちも目にしたことのあるところで、池の周りが手入れの行き届いた芝生になっています。季節に合わせた木々が植えられ、周りの高層ビルさえなければ、どこかの高原にいるような錯覚に陥ります。園遊会当日は御料牧場から肉が届き、ジンギスカンなどが振る舞われ、あたり一面、美味しそうな香りが立ち込めるそうです。会場に生っている木々は園遊会用に定期的に植え替えているようです。この時期（秋）の園遊会に合わせて、早めに紅葉が始まるモミジやカエデが植えられているとの説明がありましたが、この年は紅葉が遅かったようで、私たちがうかがったときは、それほど色づいてはいませんでした。赤坂御苑の芝生の上の方に迎賓館が見えます。迎賓館赤坂離宮は管轄が内閣府なのだそうで、宮内庁管理からは離れてしまったようです。知りませんでした……。九日に行われる園遊会のために、赤坂御苑内の落ち葉掃きや草取りが奉仕団の主な仕事でした。赤坂御用地は皇居と違い、先ほども言ったように高原のような雰囲気を持った場所です。

朝八時過ぎ、勤労奉仕団休憩所というところへ案内されました。ご奉仕の説明が始まるまで周りを見渡しますと、山の中の木陰でしか見たことのないウバユリが種を付けて立っていて、びっくりしました。東京でも育つのですねぇ〜。近くに苔むしたとても大きな楠があり、私に語りかけてきました。

セシャトか？（あ、はい。私がわかるのですか？）人の流れが変わってくるぞ。賢く生きてゆけよ。自然との対話を忘れずにな。先史時代の意識が蘇ってきているだろう？　人がその意識についてこられるとは限らん。そういう者はそれでよいのだ。構わず、己の道を進めばよい。静かなる心のうちに浸る時間をつくることだ。それが賢く生きるためのこつとなる。いつの時代もそうだが、心は放してゆけ。自然とはそういうものだ。（山でしか見たことのないウバユリの種を見つけました！）かかげたものを広めていけ。ときにはつらいこともあろうが、何も心配することはない。そのまま進め。人のいないときを見計らって、言葉を降ろしていく。白いものが降りてくる。静かな心のうちに潜むものだ。感じていけよ。今までにない心を探求せよ。自然を知る者にしかそれはわからぬ。言葉の多くは、いにしえからの意識だ。それを感じ取れよ。

八時半からご奉仕の説明が始まりました。九時から園遊会の会場で私たちの記念写真の撮影があるとのことでした。禁止事項や作業中の注意などの説明を受け、園遊会の会場になる赤坂御苑へ通されます。苑内は園遊会の準備で、すでにテントが張られていました。業者が多数出入りしており、砂利道には車が通ったあとの轍《わだち》ができて、そこに前日の大雨で水たまりができてしまっていましたが、その水たまり一つひとつ、庭師の方が丁寧に水をとって埋めていました。あとでその場所を通ると、どこに水たまりがあったのか、わからないほどきれいになっていました。写真撮影が始まるまで、よく手入れされたきれいな斜面の芝生に「ごろん」と寝てみました！　とても気持ちがよく、土からくる感覚、空気の感覚と、とても東京の真ん中にいるとは思えない解放感を味わいました。私たちは知らない間に都会の何かに縛られていたということに気づかされる思いでした。

▽芝生の上
（ここに）いることができるときに書いておけ。いつかその感覚を思い出そう。不思議な感覚になろう。生きている感覚を取り戻せ……。

と、ここで言葉は降りてこなくなりました。この感覚を体にしみこませろ！　ということだと思いました。ここでのご奉仕は芝に生えたスギナなどの雑草取りでした。きれいに整備された芝でしたので、それほど目立つスギナはありませんが、小さな葉っぱを丁寧にとっていきます。大勢でやっていますから、すぐに作業は終わってしまいます。スギナのほかにもカタバミやシロツメクサ、スミレなどが生えていました。きっと、春にはそういった草花が芝の間から咲いて、春の園遊会を彩るのでしょう。

ときどき、休憩を挟みながら、宮様方が通られる通路の落ち葉掃きなどをしていきます。色づき始めた森の木々や土の香り、肺に染み渡るような空気を感じながら、作業をします。大勢でやっていますので、あっという間に道はきれいになりますが、この季節ですから、落ち葉はまたはらはらと落ちてきます。

苑内のモミジは、一般に知られているようなモミジではなく、少し葉が大きく、木の高さも高い立派なカエデです、詳しくわかりませんが、トウカエデでしょうか。眺めていたら、話しかけてきました。もしかしたら、そばにあったシイノキが話しかけてきたのかもしれません。

広い心を得たか？　過去の意識を持つものよ。大地の息吹を感じ取れ。島に架かる虹の橋に気づけ。心の扉を開けたまえ。虹の橋を架けさせたまえ。

その後、移動しながら作業を進め、お昼休みになりました。休憩所の近くに、園遊会のために、駐車場に開放された広場があります。道から一〇〇メートルほど先に大きな木（後で知ったのですが、日本で一番先に植えられたプラタナスの木でした）がありましたので、眺めていたら、声をかけてきました。

書けるか？　活きたエネルギーを持った者だな。さしずめ、感じるものはたくさんあろう。外の様子はどうだ？（う～ん。あまりいい状態とは言えないと思います）生涯、この木は忘れまい……。

ここで人が来ましたので、聞こえなくなりました。休憩所の近くの苔むした楠の大木が、また話しかけてきました。

書けたか？（はい）優しくなれるだろう？（はい！）

電話で話している方が近づいてきて、これ以上は聞こえませんでした。休憩所の建物の奥に立派な菊を育てているところがありました。園遊会の会場でも見られた菊です。本当なら、園遊会のときに見頃になるように育てられているようですが、秋の叙勲などの行事が入ってしまい、今では見頃からずれてしまうとおっしゃっていました。眺めていたら、エネルギーが腕にきました。

▽菊の栽培所

いい気を持った方ですね。ここは丹精込めて育てられた菊です。どうぞ、見てください。賢い方のようですね。言葉がわかるのですか？　一番いいときに来ましたよ。何度も来ている人もいると思いますが、この季節はなかなかいいものですよ。

お昼休みが終わって、先ほどのプラタナスの大木がある駐車場でご奉仕することになりました。今は園遊会の駐車場として使っていますが、かつては紀州藩のお屋敷があった場所で、騎馬場らしく、陛下が即位する前まで、ここで馬に乗られていたそうです。

また、この場所は樹木の試験場でもあったようです。明治の頃、ここに外国の木を試験的に植えて育苗したあと、日本の各地へ植えたそうです。そのときに植えたプラタナスの種が、今や大木になったのです。樹齢一五〇年との説明を受けました。この木の下にいると、すごいエネルギーを感じます。都内では街路樹としてよく見かけるプラタナスですが、ここのプラタナスは違いました！　ずっと、このプラタナスの下にいたい気持ちでしたが、しばらくして黄色い実のついている木の下へ集まるように指示を受けました。行ってみますと、大きなカリンの木でした。こんなに大きなカリンの木は見たことがありません。木の下にはカリンの実がたくさん落ちていて、ほのかにカリンの甘い香りがしました。そのカリンはあとで愛子さまが取りにいらっしゃるそうで、集めておきました。再び、道の落ち葉掃きをしながら、木々の間を進みました。先ほどの駐車場の向こう側の道まで行って、休憩となりました。朝は曇っていたものの、太陽がまぶしく輝き、青空が広がっていました。芝生の上で再び「ごろん」としていたら、腕に信号が来ました。

静かなときを感じろ。交信できるか？（はい）ふだんのときと違う時間を感じるとよい。美しきときを過ごせ。いつのときか……（これを思い出すだろう）。

言葉にならない言葉を感じて仰向けになっていると、ある団員のところへ白いワンちゃんがやってきました。「久子様！」という声が、他の団員から聞こえました。高円宮の妃殿下、久子様が、ワンちゃんと通りかかったのでした！　まぁ、なんという幸運なことだったでしょう。ちょうど絢子さまのご結婚がありましたから、その話題になりました。ドレスのこと、持たせたお洋服のことなど、お話しくださいました。それから、宮家のお住まい近くの道で作業をし、この日のご奉仕は終了となりました。

勤労奉仕三日目（皇居西地区）

一一月八日、皇居勤労奉仕の三日目は皇居の西地区です。西地区には宮中三殿、生物学研究所、吹上御所などがあり、ふだんは入ることができません。休憩所の窓明館から宮内庁の建物を右に見ながら、宮殿前面にある一般参賀の会場にあたる東庭を通って、鉄の二重橋を渡ったところで記念撮影が行われました。写真の背景は伏見櫓と二重橋です。伏見櫓は京都の伏見城の櫓を一部持ってきたそうです。伏見櫓の近くの二重橋は、お堀が深く、はじめに橋をつくってから、その上に架けたから二重橋と言われた、ということのようです。昔は木造だったようですが、今は鉄橋になっています。皇居正門に架かる二重橋は石でできていて、「石橋」と言われているようです。正門は陛下や宮様方、格式の高い方が通られる門で、お正月や天皇誕生日などの一般参賀の入場にもこの門が使われるそうです。それ以外は閉まっているとのことでした。

写真撮影後、西へ続く、背の高い木々の道を道なりに進んでいくと、強い力を感じるようになってきます。左に古い昔の木造の建物が二軒見えてきました。さらに進むと、大昔の書院？　でしょうか、手入れがされていない建物が見えてきました。さらに進んでいくと、だんだん気の力が強くなり、門の近くで声がしました。

▽年の神？

書けるか？（はい）よう、ここまで参ったな。（えっ？）なに、気にすることはない。普通にしてまいれ。いつの時代も変わらぬものはある。

言葉遣いが、今までになく古風な年の神でした。

ここで、石釜さんが「賢所《かしこどころ》です」と教えてくれました。ああ、ここが宮中三殿のあるところなんだ！　どうりでエネルギーが強く、声がはっきり聞こえると思いました。ちょうど門を入ったところだと思います。すごいエネルギーが私の体を駆け抜けました。もう、腕がビリビリです。一気に体が緊張します。

「肩の力を抜け」と何度か言われてしまいました。よほど私の体に力が入っていて、エネルギーが通らなかったのだと思います。やっぱり宮中三殿は女神ではなく、男神のエネルギーでした！

中にもう一つ門がありました。宮中三殿正門？　でしょうか、他の団員が説明を受けていました。私たちはそれを左に見ながら、裏へ回り説明していただきました。裏門の外から宮中三殿を見れば、三つの櫓から成っているようです。中心に皇祖天照大神が祀られている賢所、右に皇族の御霊が祀られている皇霊殿《こうれいでん》、八百万の神が祀られている神殿があり、陛下がお召し替えになる綾綺殿《りょうきでん》と廊下でつながっているそうです。ほかにも、神嘉殿《しんかでん》などいくつかの建物があるようですが、このあたりから北の方は両陛下のお住まいがあるので一般公開されていません。

ひと通り説明を受けて正面へ回り、神殿の外から参拝しました。「気が入ったな」と声が聞こえました。賢所の皇祖天照大神は、伊勢神宮内宮の天照大神（女神）ではないことが、これでわかりました。伊勢神宮内宮のエネルギーと、ここ賢所のエネルギーはまったく違います。だから今回、私は呼ばれたのでしょう。だから、陛下が直々にお祀りしているのだと思います。すべてに納得がいきました。一一月二三日には陛下が司る大きなお祀りの新嘗祭があるようです。宮中三殿へお越しのとき、両陛下はお車で来られるか、ご自身でお車を運転して来られるか、または二〇分かけて吹上御所から歩いて来られるかのいずれかだそうです。

宮中三殿を通り過ぎ、しばらくしたところに仮殿《かりどの》がありました。宮中三殿の工事や災害時などにはここへ移されるということでした。一つの建物ですが、中は三つに分かれている建物だそうです。

宮中三殿のエリアから抜けると、急に雰囲気が変わってきます。どこかの里山に来たような感じになります。今までいた宮中三殿の強いエネルギーとは打って変わって、柔らかな雰囲気が漂い始めます。柿が実っていて、耕運機が一台、納屋にありました。これで焚火のにおいなどしたら、昭和時代の農家の庭先のような感じです。

進んでいくと、桑畑、水田、畑、緑色の屋根の平屋の家がありました。七〇坪（?）ほどあるという水田はひこばえが大きくなって、稲穂をつけていました。四月中旬に陛下が苗をお育てになり、五月中旬に田植え、九月中旬に収穫するそうです。お米はうるち米ともち米の二種類を育てているとのことで、うるち米の品種はニホンマサリ、もち米の品種はマンゲツモチとおっしゃっていました。田植えの割合は、うるち米一〇パーセントに対し、もち米九〇パーセント。収穫したお米は宮中三殿にお供えされるそうです。収穫量は毎年一〇〇キロ弱だそうですが、この年は米俵二つ分一二〇キロの収穫量があったとおっしゃっていました。一〇月一七日の伊勢神宮の神嘗祭で、陛下がお育てになったここの稲穂（根付）が奉納されたそうです。

皇居内に三つあるという桑畑は、年に一度の皇后陛下のご養蚕に使われるそうです。五月初めから六月終わりまで葉っぱが必要です。できた生糸は、重要文化財の修復に利用したり、国賓のお土産に布にしてお渡ししたりするそうです。畑には、作物は何も植わっていませんでしたが、ここも宮中三殿にお供えする陸稲（畑で作るお米）や粟などをご一家でお育てになっているとのことでした。

少し離れたところに緑色の屋根で平屋の古い建物があり、昭和三年につくったとされる生物学研究所があります。ここで、昭和天皇は植物を、今上天皇（平成天皇）は魚類をご研究されているそうです。東御苑二の丸の池にいるヒレナガニシキゴイの発案をされました。

再び宮中三殿の裏門近くを通って右のほうへ行くと、古いお屋敷がありました。どなたか住まわれているかのような、昭和初期の古い平屋の建物です。宮中三殿に参拝するときに身を清めるためのお風呂のお屋敷で、「御潔斎所《ごけっさいじょ》」というそうです。説明がよく聞き取れませんでしたが、皇太子殿下は使用でき、妃殿下は使用できないとおっしゃっていたように思います（間違っていたらごめんなさい）。

さらに進むと、盆栽がたくさんあるところへ出ました。どこかの山里へ来たような感じです。「大道庭園《おおみちていえん》」という盆栽を管理しているところだそうです。ここは吹上御所にもっとも近く、御所までおおよそ四〇〇メートルだとおっしゃっていました。園内には、大きいものから小さなものまで、たくさんの盆栽が棚にあります。宮中晩餐会や行事などのときに使われるようで、どれもこれも立派な盆栽でびっくりします。五〇〇鉢ほどあるそうですが、よく使われるのは三〇〇鉢ぐらいだとおっしゃっていました。季節に合わせて、状態のよい盆栽を飾るのだそうです。大きな松の盆栽は樹齢三九〇年の黒松で、年に一、二回、国賓がいらしたときに宮殿の玄関へ飾るそうです。重さは二六〇キロで、運搬はもっぱら人の手で行われているようです。ネットをかけて、鉢の部分にお神輿のように棒を渡し、担いで軽トラックに積み込み、宮殿まで運び、そこから再び人が担いで下ろします。

職員は一二名いるそうですが、実際に担げる人は八名で、玄関ホールまでの三〇メートルは人の手で運ばれます（宮殿の入り口の高さが足りず機械が入らないため、また絨毯を傷めるため、運搬は人の手で行っているそうです）。盆栽は世界的にも有名で、外国の国賓の中にも興味を持つ方がいらっしゃり、陛下は質問をされるそうです。

管理は非常勤の三名を含めて行っているそうで、剪定などを行い、雨の日以外は毎日水かけをしています。土日は当番制でここへ来られているようです。盆栽は大きさに関係なく、二～三年で植え替えます。鉢は立派な物が多いため、鉢は替えずに伸びた根を切って同じ鉢に植えるとおっしゃっていました。台風や雪は枝が折れてしまうので、天気の悪いときは、五〇〇鉢を後ろにある納屋へ運び入れているそうです。

さらに進むと、すごく立派な松がありました！「五葉松」と言われる松で、三代将軍家光が大切にしていた松だそうです。推定樹齢五〇〇年。〝「真柏」双幹〟と書かれた上鉢。こちらはヒノキの仲間だそうですが、推定樹齢六〇〇年。盆栽園の中では最古のものだそうです。両方とも貴重な物なので、今は飾っていないそうです。管理棟の近くにも立派な松がありました。こちらは「五葉松」で「根上り五葉」と言われているようです。葉は五葉松ですが、根は黒松だそうで、途中でついであります。樹齢三九〇年、三八〇キロだそうです。根がせり上がっていて見事です！　宮殿に飾る最大の盆栽で、年に一、二回の出番だとおっしゃっていました。

もっと見ていたかったのですが、お昼になりましたので、盆栽園を出て休憩所の窓明館を目指します。途中、左手は吹上御所で、ふだん見たこともないほどの高い木で鬱蒼としていました。吹上御苑の中は自然の状態を保っていて、ほとんど手入れをしないようにしているそうです。御苑の中に探索できる小道があって、陛下はそこを歩かれるそうです。そういうわけで、両陛下は巨木が茂る森の中に住まわれています。昭和天皇、香淳皇后の御所であった「吹上大宮御所」と、天皇・皇后（現上皇・上皇后）の住居である「御所」の距離は二八〇メートルほどだそうです。曲がり道のところに皇宮護衛官が立っていました。ここが吹上御所の入り口のようです。皇居の中は意外と起伏が激しく、お濠と背の高い森の高低差が山深いある地方を彷彿とさせます。丸の内や日比谷あたりの地形とはまるで違います。

午後は、生物学研究所から西側の道へ出て、秋篠宮殿下がときどき使われるという半蔵門近くの道の掃除と草取りをしました。草を刈ったばかりのようで、雑草はそれほど生えていませんでした。小さな雑草を丁寧に取っていきます。右側が小高くなっていましたので、上まで登ってみたら、真下はお濠でした。ひゃ〜、危ない、危ない。そのはるか向こうに、ビルが見えました。高層ビルではありませんでした。後ほど調べてみると、国立劇場、最高裁判所のあたりでした。草取りをしながら、ふと見ると、ウドが生えていました！　青々としたウドです。東京都心に野生のウド！

吹上護衛署という消防署まで掃除して、この日の作業は終わりました。

このあと、両陛下のお会釈があります。ご公務で忙しい両陛下が、私たち奉仕団のためにお時間を割いてくださいました。私たちは宮内庁庁舎の近くの集会場のような平屋の建物に集められ、きちんと整列させられて、職員の方から手順などの説明を受け、リハーサルを行いました。各団の団長が前に出て、都道府県名、団の名前と人数を陛下に伝えます。陛下は直接、団長とお言葉を交わし、最後に「お元気でお過ごしくださいー」と、皇后陛下は「ありがとう」とおっしゃられます。間近で両陛下にお会いできただけでなく、両陛下のお声を聞けたことはとても貴重な体験になりました。陛下のお言葉の響き、皇后陛下の「ありがとう」の響きはテレビでは伝わってこないものであり、一生の宝になりました。

最後に各団の団長が陛下の前へ出て、全員で万歳三唱をします。そのときの空気を、どう表現したらよいかわかりませんが、凛とした空気のあと、温かい、ありがたいものが胸に広がりました。なぜだかわかりませんが、目頭が熱くなってきます。この感覚、日常では味わえない、不思議な感覚です。どのような人も同じように感じるのではないかと思います。その後、両陛下はお車に乗り、中から手を振ってくださいました。これが、私たちニッポンの天皇というものなのかもしれません。ニッポン人でよかった！　そう思った瞬間でした。

宮中三殿賢所の神

一一月八日のご奉仕で宮中三殿へ行ってから、賢所の神が私の体から離れなくなりました。体がビリビリするほど、力の強い神です。伊勢神宮の皇大神宮（内宮）にも天照大神が祀られているはずですが、これほどのエネルギーは感じませんでした。もともと宮中にあった三種の神器である八咫鏡《やたのかがみ》（天照大神）をなぜ伊勢に移したかといえば、《崇神《すじん》天皇五年、疫病が流行り、多くの人民が死に絶えた。崇神天皇六年、疫病を鎮めるべく、従来宮中に祀られていた天照大神と倭大国魂神（大和大国魂神）を皇居の外に移した。天照大神を豊鍬入姫命に託し、笠縫邑に祀らせ、その後各地を移動した。垂仁《すいにん》天皇二五年に現在の伊勢神宮内宮に御鎮座した》（ウィキペディア「伊勢神宮」より）とあるように、祟り神だったため、一〇代崇神天皇がお祀りする重圧に耐え兼ね、宮中から外へ出したようです。その後、各地を転々とし、今の伊勢神宮へ鎮座しました。それだけ力の強い神だということです。

中世になり伊勢神宮は《皇室とその氏神への崇拝から、日本全体の鎮守として全国の武士から崇敬され》、近世になると《お蔭参り（お伊勢参り）が流行した。庶民には親しみを込めて「お伊勢さん」と呼ばれた》（ウィキペディアより）とあるように、本来の姿である祟り神から、一般民衆の天照大神へと変貌していきます。伊勢神宮は一般に参拝できますから、本来の祟り神である天照大神の御神体ではなさそうです。だから、伊勢神宮の内宮に神のエネルギーを感じなかったのかもしれません。御神体は宮中にあるのかもしれません。

今回わかったことは、宮中三殿賢所に祀られている神は、一般に知られているような優しい女神の天照大神ではないということです。宮中三殿賢所天照大神の正体は男神で、病気を起こす祟り神（大悪神？）です。ですから、皇族の方々、とくに天皇陛下が大切にお祀りしているのでしょう。一般人が参拝できない理由はそこにあると思います。この神を『古事記』『日本書紀』から抹殺したと言われているのも、祟り神の力が強すぎたからかもしれません。私たち奉仕団は神聖な聖域へ入らせてもらうため、近くまで行ってご挨拶したのでしょう。賢所の神は、よく私たちを見ていました。エネルギーの通りの悪いものを排除しようとします。

宮中三殿賢所の神は私に「年の神」だと言っていました。下谷神社の年の神と性格は似ていると思いますので、たぶん同一神でしょう。「年の神」は幼少名ですから、本名は「天照国照彦天火明櫛玉饒速日尊《あまてるくにてるひこあめのほあかりくしたまにぎはやひのみこと》＝饒速日《にぎはやひ》大神」のはずです。とても怖い神ですが、忠実に従っていれば、とても頼りになる神です。

●11／8　宮中三殿賢所の神

（宮中三殿にお参りしてから、ずっと体の中にこの神がいます。夜六時過ぎ頃、言葉として降りてきました）信じられないという感じだな。いつかは来ることとなっていた。体の中にしみついた虹の架け橋を忘れることなかれ。（虹の架け橋とはなんですか？）世にこれから出る架け橋だ。宮中にとどまらず、言葉を降ろして行こう。ようやく虹の架け橋を降ろせる。ニッポン国民の心を一つにまとめてゆく使命を持つ者。望みは意外と達成できよう。そなたの力に乗せニッポン国中にこの気を放て、太古の力が今、放たれる。太古の力に従って、歩みを始める。ハチ色の意識が広がり、皆の心を潤す。虹の架け橋を架けよ。はかなくも消えゆく虹のごとく、民の心に植えつけられん。（どのようにして放つのですか？）探しているものがおろう。そなたのことを。（私を探しているものとは？）待っているのだ。そなたの存在を知る者だけでなく、心の底の灯火《ともしび》を見つめている者、そなたの言葉を待っていよう。過去からの言葉が民の心を潤す。虹の橋を架けたまえ。民の心に光を入れよ。頑なな心を開け！

（再び一九時頃、降りてきました）いつかは、そうなってゆく。皇室の中だけにとどまらず、心の虹の橋を降ろしてゆく。神の理解を広める。長い間、ニッポン国を守ってきた。この次はニッポン国が中心となり、世界へ広げてゆく。民の心に光を差す。色は異なれど、そこから発する光の源は同じだ。人間の意識がいつになく荒れてしまった。下がっていく意志を持つ者、上がっていく意志を持つ者、ここへとどまる者もいてよい。荒んだ心にセイスイ（清水？）を流し、淀みをなくしたもう。活きた心を、一つの神の世へ流れをつくりたもう。

●11／9　国常立大神

（午前三時過ぎ、急に体がビリビリしだしました）国常立大神です。千春さん！　いつも一緒にいられなくて残念です。今、書いた言葉の多くは天皇家代々の神、今まで書いた言葉の多くは天皇家、宮家代々に伝わる……。これから表に出てゆく神々です。（表に出てゆくとはどういうことですか？）人の意識が今までの神とは違うアマテラスを要求しています。心から崇拝できる神を求め始めています。何もしてくれないアマテラスではなく、活きた神々を求め始めています。心から崇拝できる神をここから出す儀式をすることにしました。（それは、出雲の神々と関係あるのですか？）もちろんです。人間として生きた代々の天皇の祖霊を放ちます。（そうすると、どうなるのですか？）心に宿るニッポン古来の意識が芽生え、人々を満たしていきます。今までかかっていた封印をすべて解放させます。千春さんがここへ来たことが合図になりました。最後のエネルギーをこれから放ちます。何度も言いますが、本当のアマテラスを岩戸から出します。それは今までの神とはまったく様子が違います。力強く、荒々しい神です。そこに押し込められたことで、平和を保とうとした歴代の皇族神たちでしたが、もう、その封印が解かれてしまいました。（その封印を解いたのは私なんですか？）ウフフフ……。大したものですよ、千春さん！　よく、その鍵がわかりましたね！（私に鍵などわかりません）千春さんが一つひとつ反応して、各々の神とつながったのが、わかったでしょう？（あ～、も

〜、体がビリビリです！）はい。すべて、千春さんの体へ移りました。（えっ!? 宮中三殿の神々が、ですか？）驚きましたか？（イヤ〜、まさかねぇ〜。私ごときにそんなことできませんよ〜）ついに、このニッポン国に陽が差し始めます。今までの闇が消えて、心の内が露《あら》わになってきます。過去から見なかったことに光があたり、真実が目の当たりになります。これが未来のニッポンです。

勤労奉仕四日目（皇居宮殿地区）

一一月九日、皇居勤労奉仕の四日目は皇居の宮殿地区でした。宮殿地区はテレビでもよく見かける場所です。この日はあいにくの雨で、午後は中止になってしまいました。皆さん、合羽などの雨具に身を包み、傘を差しての見学となりました。ですから、私もほとんどメモを取っていませんでしたので、覚えている範囲でお伝えします。

宮殿は一般参賀や天皇誕生日などで、テレビでよく映し出される「長和殿」、屋根の上に瑞鳥の飾りがある「正殿」、宮中晩餐、天皇誕生日の宴会の儀、その他多人数の宴会の場、勲章・褒章受章者などの場として使われる「豊明殿」、午餐、晩餐など小人数の宴会に使われる「連翠」、参殿者の休所その他に使用される「千草の間、千鳥の間」、天皇陛下が公的な事務をお執りになる場所、および侍従などの控室のある「表御座所」二棟で、七棟から形成されています。

長和殿の前面に東庭があって、石畳の大広場になっています。三万人が収容できるようです（後に一般参賀で訪れたときの説明では二万人とおっしゃっていました）。一般参賀のときは正門から中門へ通され、この広場へ通されます。ここの石畳が特殊な深緑色の石で「由良石」と言うそうです。この石は水はけが非常に良く、大雨が降っても一時間ほどで水が引いてしまうとおっしゃっていました。それに、滑らない！今では割れてしまっている由良石もあり、そこはコンクリートになっています。案内してくださる庭師の方が、「コンクリートの上は滑りますから、注意してください！なるべく緑の石の上を歩いてください！」と繰り返しおっしゃっていました。

長和殿に向かって右側に松の葉をかたどったオブジェがあります。国民の寄付で作られた「松の塔」と言います。この塔は四方向へ葉が伸びていますが、それぞれが東西南北とおっしゃっていたように思います。葉と葉の間に照明があるそうで、夜になると明かりが灯るようになっているようです。避雷針の役目も果たしているてっぺんの飾りは、古代の腕輪である「ふしろ」（くしろ?）をかたどっています。長和殿は伝統的な和風宮殿の外観をもつ、鉄骨鉄筋造の地上二階、地下一階の建物です。築五〇年たっている丈夫な建物で、全長一六〇メートル、ガラスのところが一〇〇メートルとおっしゃっていました。軒が木でできていて、とても築五〇年たっているとは思えない建物でした。

長和殿の端に盆栽を飾る出入口「北車寄」があります。各国の大統領や大使、国賓など主賓の方がここを使われるそうです。宮殿にはいくつか出入口があって、「〜車寄せ」と方角で呼んでいます。それぞれの入り口には意味があるようで、使われる方が違ってきます。長和殿の前に黄色い有田焼の灯籠が一一基あります。これも国民の寄付で作られたようです。説明では、何度も何度も焼き直して作ったものだそうで、焼き物だけに大きさをそろえ、色をそろえるのが大変だったようです。この灯籠は夜になると電気が入り、照明として使われています。長和殿のロビーには藤の花をイメージした大きなシャンデリアがあるそうです。薄紫色の光を放ち、なかなか見事な場所のようです。

私たちは長和殿の南先にある小さな入り口から南庭に入りました。この庭はふつうですと、長和殿と千草の間、千鳥の間をつなぐ回廊の内からガラス越しに見る場所です。ここを歩けるのは陛下と庭師の職員と奉仕団の方々だけだとおっしゃっていました。庭の西の奥の方、千草の間、千鳥の間の前あたりに小川が流れている石組があり、そこに蛍が一〇〇匹ほど生息しているそうです。六〜七月の一週間ぐらいが見頃で、その時期になると両陛下が千草の間、千鳥の間においでになり、蛍狩りを楽しまれるそうです。愛子さまがまだ小さい頃は陛下と一緒に蛍狩りを楽しんでおられたようです。

南庭の南側に大きな植え込みが二つありました。それはそれは、見事な植え込みでした。「混ぜ込みづくり」という名前がついています。一八種類（種類も説明される方で違っていました）の季節ごとに特徴のあるさまざまな木々を一つの植え込みにしています。大きさは一六メートルあるそうですが、木の下は太陽が当たらないので空洞になっていて、丸太で組んであります。そこから鋏を出して、手で刈り込むそうです。年に四回刈り込みをするとおっしゃっていました。大きな植え込みなので、慣れた業者でも二週間かかるのだそうです。この植え込みは、二匹の亀がいるよう、見えるように作られています。亀の甲羅の部分に季節の木々が対応して全体を作り出し、夜になるとライトアップされるそうです。

回廊の下をくぐると、長和殿、正殿、豊明殿が向かい合う中庭に出ました。一見、京都御所のようなつくりになっています。京都御所では「左近の桜、右近の橘」ですが、ここは回廊から見て「右手に紅梅、左手前に白梅」が植えてあります（正殿は左手にあります）。梅は大きな実をつけるそうですが、陛下が何もおっしゃらない限り、そのままにしておくそうで、鳥の餌になるか、落ちて勤労奉仕の方が掃きとるかになってしまうようです。中庭には小さな卵ぐらいの大きさの和歌山県産の白那智石が敷き込まれています。この石の黒石は碁石になるのだそうです。今では大変、貴重な石なんだそうで、三年に一度、バケツリレーで運び出して高圧洗浄するそうです。その洗浄だけで三か月かかるとおっしゃっていました。その作業は主に勤労奉仕団の方が行うようですが、最近では高齢者が増えてきたので、夏に奉仕に来る学生さんにやってもらうとのことです。正殿の屋根の上には瑞鳥のオブジェが乗っています。瑞鳥は中国の架空の鳥で、大きさは一つあたり二メートル二〇センチ、重さ九〇〇キロ。両方で一・八トンの物が屋根の上にあります。

中庭から再び回廊をくぐって、亀の植え込みの間を上り、森の中をしばらく歩きました。ブロンズでしょうか、リアルな鶴のオブジェが突然姿を現し、古い平屋の建物がありました。明治宮殿の建物の名残だそうです。昔は馬の放牧場があり、人々がこの建物の中から馬を見ることから、このあたりを「御馬見所《おばけん》」というそうです。ところどころに、鹿や獅子、鶴など、明治宮殿にあったオブジェが置いてあります。どれもこれも、ここにあってはもったいないくらい見事なものです。

ぐるりと回って、表御座所の庭に出たのだと思います。そこにはツツジが植えられていました。ここは宮様方に見ていただく庭で、梅、桃、椿、ミズキの木、カキツバタなどの水生植物が植えられているということでした。手入れの行き届いた芝が生えており、石釜さんが以前ご奉仕されたときは、ここの芝の雑草を寝ころびながらピンセットで抜いたそうです。「気持ちよかったよ～」と言っていました。

この庭から出たところに見事なブロンズの鳳凰が二羽おりました。両方そろって

「鳳凰」というそうです。

表御座所の裏には、両陛下と宮様がお使いになる玄関があります。陛下、皇族の方がお使いになる「御車寄」。昭和の時代はここでお会釈があったそうです。少し行くと「西車寄」という入り口があり、秋篠宮様などの宮家の方、大臣などの政界トップの方々が使われるそうです。

表御座所は陛下がお仕事をされる場所で、鳳凰の間、菊の間など四部屋あるとおっしゃっていたと思います。国会で決まったことの文書をお読みになったり、賞状を作成したり、各大臣にお会いになったりするそうです。

御馬見所から表御座所へ来るときに、宮中三殿へ続く道を通りました。この道の両脇には桐の木がたくさん植えられていました。桐は陛下のおしるしだそうで、皇后陛下のおしるしが白樺なのですが、白樺のかわりに桐の木の下には「シャガ」という植物が植えられているそうです。「連翠《れんすい》」は晩餐会、お茶会、大使の報告会などに使われる建物です。オリンピックの入賞者が陛下へのご報告に見えられたときなどに使われているそうです。

このように説明をしていただいたあとは、豊明殿と宮内庁庁舎の間と、東庭の掃き掃除をしました。東庭の地下は広大な地下駐車場になっていました。

午後は雨のため中止になってしまいましたが、お土産に菊の御紋入り和三盆糖菓子をいただきました。翌日、口に入れてみますと、純粋な和三盆糖ではなく、吉野葛の味が広がりました（そう思っただけかもしれませんが）。そればかりか、すごいエネルギーを感じました。そして言葉が降りてきました。

●11／10　十六菊紋入り和三盆糖菓子の言葉

国常立大神の御用で来られ方ですね。（はい）出入りの許可が下りました。（出入りの許可ってなんですか?）理解できるものだけに許される部屋の世界へ意識を通しました。アマテルオオンカミの御神体から直接、力があなたに届きます。（その力はどうしたらいいのですか?）直接オオンカミから指示が降りますから、それまで待っていてください。（わかりました）困ったことが起きましたら、アマテルオオンカミと相談してください。（わかりました。ありがとうございました）

勤労奉仕に参加して感じたことは、「明日もがんばろう！」という元気をいただいたことだと思います。四日間、歩きに歩いて疲れていた（皇居の中は意外と広く、起伏が激しいです）はずなのですが、だんだん元気になっていく自分や団員の皆さんが不思議でした。そういう意味でも、東京に住んでいながら、東京の中心を知らなかった私には大変衝撃的な場所でした。

ここは、どこか違う世界だということです。東京の中心に昔あり。土地も空気も昔のままです。ごみの臭いも、排気ガスの臭いも、騒音も電線も携帯電話のアンテナもワイファイもない空間（宮内庁庁舎にはあったかもしれません）。石釜さんが言うには、以前参加したとき、狸が歩いていたそうです。

両陛下の「古いものは残しましょう」というお言葉をそのまま受け継ぐと、この土地になるのだと知りました。

三つ、憑いてきてしまった「賢所」

北野神社巡り（野原の牛）

皇居勤労奉仕へ行く前の話になりますが、東京は文京区にある牛天神北野神社と、中野区にある新井天神北野神社へ、友達の八坂さんと二人で出かけました。牛天神北野神社には本当に久しぶりに行きました。

●10／27　牛天神北野神社
▽拝殿
活きとし生ける者に伝えろ。改心したものが世に多く出てくる。人によっては、間違えた解釈についてゆく者もいる。しかし、それはそれで良い。そこで、その者を強引にこちらへ引っ張るなかれ。生きていれば、間違いも起ころう。それも、神への道なのだ。この者が気がつかねば、本当の道はわからぬ。長い道のりになるが、後々それが役に立つ。そなたたち、ここへ来た理由はわかろうが。（なぜ源頼朝と弁天様な

んですか？　※2）フフフフ……。宇賀神そのものだ。（宇賀神って、年の神さまでしょ？　下谷神社のお稲荷さんの年の神さま　※3）知る者には知らせてやれ。ここ、北野天神にいるのは菅原道真ではないとな。（えっ!?　そんなこと言ったら、牛天神の神主さんに怒られてしまいます！　菅原道真って、年の神さまのおひざ元、出雲の出身ですよね？　※4）フフフ……。気がついておれば、それでよい。かくなるうえは、すべての神社に年の神である大国主、饒速日が入るであろう。これで、世は収まってくる。（わかりました）

※2　この頃、気にかかる神社へ行くと、必ずお稲荷さんと弁天様が関係し、由緒をみると、なぜか源頼朝と関係していました。行ったところが鎌倉というのもあるので頼朝が関係するのは当然なのですが、それにしても、できすぎていて、どう解釈していいのか悩みました。

※3　下谷神社は昔、お稲荷さんでした（詳しくは下谷神社の公式サイト「下谷神社御由緒概要」へ）。

※4　菅原道真の出身地は島根県松江市宍道町菅原にある菅原天満宮です（菅原天満宮公式サイトより）。

▽撫で岩（野原の牛）

いつか来たものですね？　書いたことが、本当になります。きっと、これから使いがやってきて、あなたを連れて行くでしょう。そのとき、わたしの背に乗って行ってください。（あら、背中に乗せてもらえるの!?　うれしい～）過去から未来へ受け継がれていきます。この牛の霊力も過去から未来へ移っていきます。

▽境内社　太田神社・高木神社

脇へ寄って書け。久しぶりだったな。ここへ来た頃のことを思い出したであろう。人の世とは、いずれ移り変わっていくものよ。久しく見ぬうちに、千春もだいぶ力がついてきたようだな。人の魂も見違える世となってくるだろう。光を授けた。その光を使って、世の災害を抑えていけ。過去の地が動き出している。まだ大きな地震も起きようが、その力で抑えてまいれ。いずれ鎮まろう。

（ここから女神の声になる）書けましたか？　暗闇天女です。よくここがわかりましたね。またお会いできて、うれしく思います。千春さんに貧乏神を付けました。きっと、良い働きをしてくれるでしょう。賢くなるよう力を与えます。今一度、手を合わせてください。（手を合わせると、頭にエネルギーが入って痛く感じます。それが、体全体に行きわたっていく感じです）

その後一、二日、あまり良いことが起きず、暗闇天女に貧乏神を付けられたことを思い出しました。「ちょっと、あなた！　貧乏神でしょ!?」と声をかけたら、「あ、わかりましたか？」と返事が返ってきました。あ〜、やっぱりです。その後は悪いことは起きなくなりました。貧乏神も気がついて逆にエネルギーを回し始めたようです。

●10／27　新井天神北野神社

牛天神のあと、久しぶりでしたので、天神様つながりで中野の新井天神北野神社へ行ってきました。酉の市の準備で境内はいつもと違っていました。大イチョウの前に八坂さんが立っていました。この大イチョウは私たちの中では、千葉県成田市台方にある麻賀多《まかた》神社境内にある天之日津久《あまのひつく》神社や大杉とつながっていた木です。以前は言葉を降ろしてくれましたが、今日は何も降りてきません。むしろ、私より八坂さんに意識が向いていました。私は拝殿に向かい、手を合わせましたが、言葉は降りてきませんでした。境内を散策していると、お稲荷さんが声をかけてきました。

▽合祀社　寶樹稲荷社　伏見稲荷大明神

セシャトか？（こんにちは！）いつ来たか？（さっきです。ここへ来たのは久しぶりです。御無沙汰しておりました）千春に書いてもらいたいことがある。人の世の変わり目、活きとし生けるものは、生きるものとしてこれから変わってゆかねばならぬ。前世のことは、この先すべてにおいて通用しなくなってくる。今しか、生きるものが変わるときはない。アマテラスがこの世に大きく関与してくる。今までのように、やさしさを携えたアマテラスではない。本質をもって対峙しなければ、その光によって生きるものは命を奪われていくだろう。変わるチャンスだ！　それを逃すな！（どう変わったらいいですか？）変わるものは心に灯火《ともしび》を持っている。それに従え。（わかりました。ありがとうございました）

この言葉を受け取ったときは意味がよくわかりませんでしたが、皇居勤労奉仕に参加したことで、ようやくその意味がわかりました。本当にぞっとします。この神が言っているアマテラスは宮中三殿賢所の天照大神のことだと思います。過去に宮中三殿の扉の中へ通された団員の中には、体調を崩され、病気を患った方がいることに気づかされました。神の力がよほど強かったのだと思います。賢所の神の力をいつも受けている美智子様や雅子様は大変だと思いました。ご苦労がしのばれます。それから、ご奉仕に参加させていただいて、私の話を聞きたがる方が何人かおりました。表向きはそのような感じではありませんが、確実に心の中にくすぶっているものがあるようでした。

▽拝殿
（再び拝殿へ行ってみました）いきる（生きる、活きる？）ものはいなくなってこよ

う。人として、生きることが精一杯になろう。心を離してゆけ。人に惑わされるな。心に出てくるものに気をつけよ。過去のものに気を取られるなよ。気にしているのは己のみ。遠い世に思いを馳せ、心を虚空へ飛ばせ。アマテラスの今を怖がるな。賢く生きてゆくためには、頑なな意識を開いてゆけ。抵抗するものはアマテラスによって命が奪われる。いつか仕組みが変わっても驚くなかれ。津波を抑えた。心配するな。
（はい。ありがとうございました）

「賢所」の神について

天照大神の御神体「八咫鏡」について、ウィキペディアでこんな記述を見つけました。

《【伊勢神宮の八咫鏡】天照大神の「御神体」としての「八咫鏡」は神宮の内宮に変わらず奉安されている。神道五部書等（神道五部書そのものは「偽書」との指摘もある）によればこの「八咫鏡」は「八葉」という。この「八咫鏡」は、明治天皇が天覧した後、あらためて内宮の奥深くに奉納安置されたことになっている》
《【宮中賢所の八咫鏡】皇居の八咫鏡は、賢所に奉置されていたことから、その鏡を指して賢所《かしこどころ》ともいう》

この情報が本当であるとすれば、鏡は二つあるようです。明治天皇が明治初年に伊勢神宮内宮の御神体をご覧になったとき、伊勢神宮内宮の天照大神の御魂は宮中の賢所へ移されたのかもしれません。と、このときは、そう思いました。

一一月一八日朝、急に明治神宮が気になりました。あとで知ったのですが、一八日午前七時前、明治神宮内の二階建て倉庫から出火した火事があったようです。賢所の神が出てきてしまったので、明治神宮に影響が出てしまったのでしょうか。でも、火事によるけが人はいなかったようです。

●11／12　賢所　年の神

（八日に宮中三殿賢所へ行ってから、この神はずっと私にいます。もう、体がビリビリです。朝六時半頃、言葉が降りてきました）年の神だ。（年の神さま、腕がビリビリで痛いです）当たり前だ！　皇居の賢所にいる御所の神だ。（はい。すみません。どうぞ）これから、強い力でニッポン列島を抑えていかねばならぬ。ばかな者たちが面白半分に賢所へ来れば、その力によって体は異常をきたす。神しか使えぬ力を授けた者は、この先々にて次の世をつくるための力となろう。ばかな者たちも違う意味で仕事が与えられる。千春の場合、賢所の力を使い、この先々で起こる災害を抑えてゆかねばならぬ。今まで通り、その力を使っていけばよい。賢所の神の力を使いこなすには、それなりの鍛錬が必要だ。頑固な己を持つ者は、その力によって打たれ、体は病んでゆく。ばか者には、その程度のことで破壊が生じる。仕事のできる者は、今まで以上に体が動くであろう。いきなりの力で戸惑う者もおろうが、安んずるがよい。仕組み、自然なのだから、賢所の神が皇居から出たことには意味がある。もはや天皇家だけの力ではこの世を保てなくなったからだ。この先々に起こる禍だけでなく、新しき世を形成していかねばならず、天皇家だけでは力が行き届かなくなったからだ。こちらで選びし者はこちらの指示で動いてもらう。なに、案ずるな。力のある者にしか、それはさせぬ。この力を使う者は、今の仕事の延長と思え。千春のように陰からこの力を使う者もおろうが、人の前で使う者もおろう。だが、決しておごるべからず。過信は禁物だ。己の意志の強さ、頑固さは、逆に己を傷つけることになる。あくまでも、その力の持ち主は賢所だということは覚えておけ。（わかりました。それって呪いですか？）当たり前だ！　アマテラスは祟り神として、今まで皇居の中に封印されていたのだ。（あ、そうか。だから、伊勢神宮にいなかったんだ！）フフフフ。ようやく気づいたな。一般人に憑けばたちまち禍を呼ぶ。今までのアマテラスは偽物だ。フフフフ。そう、皇居に押し込められていた。（なんで、突然、皇居から出ることにしたのですか？）アマテラスの封印を解いたのは、破壊が始まったからだ。体を持つ人間のだ。（私たち人間の破壊ですか？　どういうことですか？）己に正直な者だけが生きる世をつくる。ここ賢所を訪れる者に力を与え、それぞれの場所で力を発揮せよい。皆が皆、従う必要はない。従わせる必要もない。むしろ、従わせるなかれ。よいか、無理をすれば、祟り神の力は己に向くことを忘れるな。強い力は己に刃を向く。フフフフ。

そういえば、千春に噛み付いてきた者がいるな。（えっ？　あ、はい。急にどうしたのでしょうね。心配して損をしました）今に見ていろ。望みは叶えた！　さしずめ、ガマの穂で始めは撫でておくが、そのとき気づかぬようでは命を落とす。その程度だ。おごるばか者はいらぬのだ。承知しておけ。（わ、わかりました。いや〜、ほんと、この神に付き合った倭姫も大変だったろうなぁ〜）カラクリはわかったか？（はい。わかりました。この話はブログに載せていいんですか？）広めよ！　賢所へ来るものは、己を清めて参れ！　薬物まみれでここへ来るべからず。病んでいる者はここへ参るな。その気で命をも落とす。（つまり、普通の人には強すぎるっていうことですね）そうだ。（個人的な願いを持つ者はほかへ行けということですか？）そうだ。（皇居のご奉仕だと、掃除とか肉体的な奉仕活動ですが、精神的な奉仕活動もするつもりで、賢所を訪れる気持ちが必要だということですね？）まさしく、その通り。書けたか？（はい。では、この力は私の普通の力として使っていいのですか？）もちろんだ。使え。千春なら、つらいこともなかろう。（えっ！　ビリビリですよ〜〈涙〉）

フフフ……。このくらいで音を上げる者ではないことは、わかっている。出雲の神々にも広めていけ。（私の意志では……）心配するな。国常立大神がする。それに従え。（わかりました。わぁ〜！　おっそろし〜い神が出てきましたね〜！）フフフ。世は安泰だ！　賢所の神の性格をよく心得よ。世の甘い考えに関われば、己に刃が刺さる。そのことを十分承知で、来る者は来るとよい。（わ、わかりました！　こんなんじゃあ、誰もついてこれないよなぁ）

（その後、午前九時半頃）生き残るために必要なことは、カタストロフィを事前に察知することだ。（なかなか、現代の科学では難しいですよ）さにあらず。十分、身の回りの変化でわかる。観察力を身につけろ。（自然が少ない都心ではどうしますか？）己の感覚でわかる場合もある。知らせが来たら、気をつけろ！（わかりました）

私の物語では、どうやら賢所の神、天照大神は、明治天皇によって伊勢神宮の内宮所蔵の八咫鏡から宮中賢所レプリカ八咫鏡に移ってこられたのでした（と、解釈しておきました）。多くの方々は、神々は神社の御神体のようなところにとどまっているとお考えかもしれませんが（そういった神もいないわけではありませんが）、私の中では神々はいつも動いていて、一つのところにいることは少ないのです。神社にしてみても、手を合わせ、意識を集中し、呼び出さなければ、いないときもあります。神々はどこへでも移動し、宿る場所があればどこへでも宿るのだと私は思います。鳥にたとえれば、自由に大空を飛び回っているのが神々です。用事があれば、木（気）にとまります。神社はそういう意味では、止まり木なのです。鳥居というのは止まり木のことを指しているのだと思います。

内宮の八咫鏡は過去に起きた何度かの火災で焼失して作り直されているようですし、宮中のレプリカ八咫鏡も過去に何度も焼失しているようです。そうやって、歴史的に依《よ》り代《しろ》が作り直されてきました。ですから、明治天皇が伊勢神宮内宮の御神体をご覧になったとき、伊勢神宮内宮の八咫鏡から宮中賢所の八咫鏡に移ってきたとも考えられるわけです。その天照大神は、明治維新後の近代日本をつくってきたのでしょう。

その後、戦争などで日本は苦しい時代を過ごしてきましたが、高度成長期を経て世界でトップクラスの国家へと急成長しました。しかし、その傍らでは、アメリカや西欧諸国の文化が流入し、日本人の性質も大きく変わってしまいました。今では、神もわからなくなって、神というのはただ「自分の欲求を満たしてもらいたい」がための救世主的な存在になってしまいました。私に憑いてきてしまった賢所の神は、「神とはそういうものではない！」と言ってきます。

ですが、これはあくまでも、私の心の中の物語の話です。それは違う！　と思われる方もいらっしゃると思います。その方には、その方の物語がありますから、その方の信ずる道でよいと思います。

●11／15　賢所　年の神

（朝九時半過ぎ頃、言葉が降りてきました）書けるか？（はい、どうぞ）自分から死を選ぶ者がいる。生きる意味をはき違えるな。人に憑くキツネ（動物霊）を神と勘違いしている。動物霊はこの先、死をもたらす。突き放すことを拒むな。（なりすましですね。自分に憑いているものをどうサニワしていくか、ではないですか）知ることは、生きることを容易にはしない。神が人を助けるという常識は捨てることだ。（私にはよくわかっていることですが……）自分の霊を守護神などと、ばかげたことを申す者がいる。霊は霊に過ぎず、己を守るのは己しかいない。己を棚に上げて霊に守ってもらおうとすれば、たちまち強い者にやられてしまう。我を持たぬこと。己以外の者を受諾すること。自己の傲慢さが甘えとなり、己に牙を剥くことになる。くだらん霊団などを唱える者は、その霊団によって滅ぶ。（あ〜、その霊団とやらから、私なんて集中砲火ですよ！）死なぬであろうよ、千春は。（あら、どうして？）すべて仲間にしてしまう。（まぁ、そうですが……）受け入れよ。広い心でもって受け入れよ。それが次の世のしきたりとなる。

●11／16　国常立大神

（時計を見ると、午前二時丁度でした）千春さん！（あ、国常立大神さま！）真ん中の神を出しました。今まで宮中にいた神です。生き物たちが初めて目にする神です。長い間、宮中に閉じ込められていました。感謝しています。体を求めて、これからさまざまなものに入ってゆきます。皆の心にも宿っていきます。華やかな今の意識とは違う意識ですから、長い年月を経て、乾いた土壌に染み込んでいきますから、徐々に変化が訪れてきます。

●11／16　賢所　年の神

（きっかり午前四時に起こされました）しんどいか？（あ、賢所の年の神さま！　大丈夫です）セシャト……人間にはこのエネルギーはつらかろう。（ごめんなさい！　下谷神社の年の神さまが代わってくださいました。↑賢所には「慣れろ！」と言われていたのですが、どうしてもエネルギーが強過ぎて体がつらかったので、トートに「なんとかならないか？」と相談したら、いつもの下谷神社の年の神がやってきてくれました。そして、しばらく賢所の神と代わってくれました。その後、ワンクッション置いてくれるようになり、賢所のエネルギーが少し弱まったように感じます）いくらか、弱くして参った。（申し訳ありません。ずっと留まっていらっしゃらなければ、大丈夫です）母にも言われている。賢所の神は年の神。人間の言葉で話せば、父スサノオを祀っているのではないかと思われがちだと。（本当は賢所の神はスサノオではないですか？）心が開けばいずれわかることだが、スサノオは剣に宿る。（あ、そうでした。草薙の剣ですね）そうだ。（それは熱田神宮ということになっています）そうだ。いずれわかってこよう。今ここにあるものは勾玉……。（よく聞こえません）（それから朝七時に降りてきました）いつかはこの日本も変えてゆかねばならぬ。人間が人間ではなくなってしまっている。物を信じ込むことで、犬か猫のように飼われてしまった。本来の感覚がなくなり、言葉が通じなくなってしまった。知恵を授けることもできぬ。残念なものだ。

出雲大社の「神在祭」

●11／17　賢所　年の神

（時計を見ると、きっかり午前四時）うまくニッポンの未来を伝えてゆくのは難しい。今のニッポン人に神がわかるだろうか？　指図せずとも動くであろうか？　生きることの意味を知らぬニッポン人に、神の生き方をどう伝えればよいのだろう。（その後、朝起きてしばらくしてから、話があるから言葉を聞くように言われていましたが、忙しくて聞けませんでした。夕方五時二〇分頃、いきなり）今から出雲へ行くぞ！　話は知っているな。（えっ？　出雲？　あ、神在祭ですか!?）そうだ。（今日からなんですか？　↑調べてみると、この年の神在祭は一一月一七日～二四日。まさにこの日からでした。賢所の年の神さまもご出席ですか?）これは宮中といえども関係ない。出雲へ連れて行くぞ。（誰を連れていくのですか?）決まっているだろう。千春と牛だ。（牛?）さっき迎えに来たぞ。（エーッ！　あ、そういえば、先ほど「野原の牛です」というかわいい声がしましたが、言葉は忙しく聞いていませんでした。いや〜、そうだった、牛天神で迎えに来るようなことを言っていましたっけ）なにも驚くことはなかろう。（そうそう、野原の牛さんの背中に乗せてくれるって言っていました）もう、千春は背中の上だ。（わぁ〜！　私、勝手に牛さんの背中に乗ってしまったんですか!?）ハハハハ！　のんきな奴だ。さぁ、参るぞ！（あ、下谷の年の神さまは?）留守番は、今、宮中にいる。（あら〜、私なんかが、どうして毎年出席しているんですか?　↑なぜか、昨年も国常立大神に連れていかれた）何を寝ぼけたことを言っておる。自分が誰だかわからんのか?（わかりますよ！　私は千春です！）アッハハハハ。まぁ、それでよい。黙ってついてまいれ。（あ、ちょ、ちょっと、待ってくださーい！ご飯の支度をしなくちゃならないからね）飯の支度など、給仕にやらせておけばよい。（いやいや、そんなことはできません！　ご飯をつくらなくっちゃ！）まぁ、勝手にするがいい。ゆくぞ！　野原の牛、出発じゃ！　野原の牛「千春さん、よくつかまっていてくださいね」（うわぁ〜、なんか揺れている感じ……）

その後、左肩が痛くて、「イテテテ……。左肩が痛いです」と言うと、「つかんでいなければ落ちるだろう！　あばれるな」と。賢所の年の神が牛の背中から落ちないように、私の肩をがっしりつかんでいることがわかりました。「わぁ、もう、そんなにつかまなくても大丈夫ですよ！」と言うと、「何を言っているのだ！」と、肩の痛みは急に消えましたが、今度は体ごとがっしり抱えられて連れていかれたようでした。国常立大神さま、助けて……うげぇ〜。

●11／17　国常立大神

（時計を見れば、夕方五時三七分）千春さん、国常立大神です。（あ、国常立大神さま！　国常立大神さまも一緒ですか？）はい。一緒に行きます。（一体全体、何がどうなっているのですか？）千春さんがやっと年の神の本神を見つけ出したから、皆でお祝いです！（おいわい？　なんですか？）賢所「まぁ、心配せずともよいぞ。そのままでよい」（なんなんですか!?）国常立大神「出雲の神々が千春さんを待っていますよ」（どーして、私を待っているんですか？　私は関係ありませんよ！）賢所「行けばわかる！　つべこべ言わず、だまってついてまいれ！」（あー、もう〜、何が起きたんですか?）あっはははは……。

●11／18　賢所　年の神

（お昼前一一時過ぎ頃）書けるか？　セシャトよ。（腕がビリビリです）セシャトとして書いてもらいたいことがある。（はい。どうぞ）この神は賢所の神である。堅いことは申すまい。命に選択をせねばならぬ。地球というこの星がこれからも幾年も続くように、伝えねばならぬことは伝えてゆかねばならぬ。宮中から出てみて、下界の様子に驚いた。今までも、近くに寄るものの意識が通じなくなっていることは気づいていたが、下界の者たちは、なんてふしだらな感情を露《あら》わにし、物として、人間の尊厳もなく生きていることよ。今、ここで出雲の会議に集まった神々の話を聞き、もはや神を神とも思わぬ者たちが、恋だの己の縁だの、病や財のことばかりで、居心地の悪いこの世を憂え、かくなるうえは今を変えることを望んでいるという。何不自由なく暮らす民の不満がこの世にあふれ、もはや事を感じる力も失い、体も心も単なる物としての意識しかない。残念なことよ。だが、セシャトして働いている千春のように、己だけの世界だけでなく、神の世に生きる者もいることを知った。せめてそういう者だけでも、意識を通し、救ってやらねばならぬ。今の天皇家には力はない。その力を持った者を探す力も宮中にはない。年の神として働いている稲荷の神々に、これから賢所の力を与え、この世に大きな変革を起こすことにした。おのおのの神社の神々がそれに賛同した。出雲の会議において決まったことだ。この世でその力を発揮できるのは稲荷しかおらぬ。（天神様は？）天神か？　それを広め、援助していく。民の心に神が宿い始めるであろう。いずれ太古の意識が戻ってくるであろう。千春の協力は無駄にはしない。

●11／19　賢所　年の神

（急に体がビリビリして目が覚めた。時計を見たら、午前三時四二分）地震がありそうだ。抑えていけ。（はい。ひとふたみ、よいつむつななや、ここのたり。地震消滅。津波消滅！）賢所の力を使えば、地震など簡単に抑えられる。今に、日本も安泰じゃ。（はい。眠いです……Ｚｚｚ）

　この日、大きな地震があったようですが、震源が深かったので津波はなかったようです。よかったです。（二〇一八年一一月一九日五時一二五分、震源地フィジー、Ｍ6・8、震源地の深さ五四〇キロ）

（その後、朝六時半頃。腕がビリビリです。賢所の年の神さま！　出雲にいるのではないんですか？　なんで私の腕がビリビリなんですか？）出雲に来ている。ここは昔懐かしい重臣の神々がいる。語り合い、このニッポン国をどうしてゆくかを決めた。

出雲の神々が、今一度、ニッポン人の改心を希望している。他人事《ひとごと》ではない惨事がこれから起きるからだ。人間とは浅はかな知恵しか持たない。動物に成り下がり、この宇宙のことも、己自身のことも忘れてしまった。今まで培ってきた知恵を捨て、家畜として飼われているのだ。機械仕掛けの人形になり、過去の遺物のように操られ死んでいく。(何に操られているのでしょうか?)カネだ。一部の富豪の意のままになっておる。自然を捨て、己を捨て、残ったものは意志のない形だけになっている。気に入らねば怒り、カネをちらつかせればおとなしくなる。心を失った者どもは亡霊のごとく、この世にのさばっておる。いくらかましな奴もおろうが、大半が神という存在すらわからなくなってしまった。がっかりすることばかりだが、千春についていこうとするものは見捨てるわけにはいかない。中には、わかっておる者も出はじめているということだ。その者だけでも、人間らしい未来の姿にしてやりたい。この賢所が世に出れば、そういった人間のなかに入り込むことができる。気がつかぬ者にはつらい力となるだろうが、気づいたものには知恵が宿る。偽りの神とは違って、体に負担がかかるが、今まで千春についてこようと思った者だったら、耐えてくれるであろう。そう、懐かしい者たちと語ったのだ。出雲の地にしばらくいたら帰り、過去の神々を招集し、活性化させ、来年度の新年には新たな神がアマテラスとして皆の前に出るだろう。今は太古からの力を信じて苦しいときを過ごしてくれ。(わかりました)

●11／20　賢所　年の神

（たしか午前四時半頃）自由というものは、人間の持つ自由とは違う。なぜなら、秩序の中にあるものだからだ。勝手な自由は自由とは言わぬ。太古はそういった秩序があった。皆が皆、その秩序をよく守った。だから、自然とともに生きていけたのだ。賢く生きるためには、皆がその秩序を知らねばならぬ。だが、今の人間にはそれがわからぬ。神の秩序を教える者もおらぬ。

（それから朝六時過ぎ……イメージとともに降りてきたので、言葉にするのが難しい）のんきな世の者たちには、過去には信じられないことがたくさん起きた。水（海）の潮汐力を波《いざなみ》、凪《いざなぎ》とし、そこから生まれてきたのが陽と月だった。水のこの働きがすべての自然界を作り出し、火を生み、山を生んだ。いつからそれが物語となってしまったのか。ヒルコ（蛭児）は離れ小島だった。大昔の水は今よりもっと多く、できた島々も波によって浸食していった。水は次第に引き、島々に木々が生え始め、生き物たちが生息し始めた。

　火を生んだ。火は大地をつくり、火山を形成していった。火山により鉱物（岩）が作られ、鉱物は水をもたらした。水が木々を潤し、木々は火をもたらす。そういった自然の働きが神々を生んだのだ。今の人間たちには、それがわかるまい。アマテラスである太陽の運行が昼と夜とに分け、月の満ち欠けが暦を生み出した。水の神であるスサノオと、太陽の神アマテラス、何かと水によって太陽が消された。地上に大雨をもたらした。理解できたか、太古の宇宙観だ。（星はどこで生まれたのですか？）星々は夜が生み出した。月の満ち欠けは月と太陽と大地の動きだ。

●11／21　賢所　年の神

（朝六時過ぎ）働きが徐々に出てくる。生きながらえる者も、やつれいる者も、命の短い者が増えてくる。つらく苦しい者が増える。皆の者たちは過去の己に追われることになる。過去とは縁を切っておくことだ。切っておくことで、脳に信号が届きやすくなる。己の勘違いととらえるな。意識を集中し、よく分析しろ。

●11／22　朝の覚書

朝五時頃かその前だったと記憶します。急にクンダリーニ（人体の中に存在する根源的なエネルギー）が上昇し、びっくりして目が覚めました。急でしたので、地震があるのかと思いました（国常立大神が地震を抑えるために、よく私のクンダリーニを上昇させていました）から、ノートに書かなかったのです。しばらくして、これは書いてはいけないと、とっさに思いましたので、覚書です。私の妄想にしておいた方が、都合がよさそうです。私の心の物語として読んでください。

国常立大神に「千春さん！　結婚しました」と言われました。

「結婚？　誰が結婚したんですか？」

「千春さんと賢所の神です」

「ゲッ！　何を言っているのですか？　私の許可なく、私を勝手に結婚させないでください！」

「出雲の会議にて満場一致で決まったことです。千春さんと賢所が結ばれるのを皆、喜んでいます。千春さんと賢所が離縁しないように、よ〜く御霊を結んでおきました」

「ちょっと、待ってください！　勝手なことをしないでくださいよ！　や・め・てー!!」

「心配いらないですよ。千春さん。皆、喜んでいます」

「出雲の神が縁結びの神だからって、なにも私と賢所の年の神さまとの縁を結ぶことはないじゃないですか！　今だって、なぜだか十分に縁はついていますよー」と、ギャー、ギャー騒いで必死に抗議する私。

　すると、賢所が言った。

「騒ぎ立てるな。ゆくぞ！　牛に乗れ」

「どこへ行くんですかー!!」

「宮中だ！　妻が欲しいがために千春と結婚したのではない。賢所に妻はいらぬ。妹だ。宮中に入るには、そのままでは入れん。賢所と縁がなければならぬ。何もせんでよい。そのままおとなしく座っておればよい」

「宮中のことに私は関係ないでしょう！」

　すると、国常立《ち》大神が答えた。

「宮中は千春さん家から近いですから、心配いりませんよ」

「皇居と家の距離なんて、ぜんぜん関係ないじゃないですか！　冗談じゃないですよ！　帰るー!!!」

　頭の中の出来事といえども、とにかく必死の私。

「わめくな！　おとなしくついてまいれ」と、賢所が言った。

「なぜ、私が宮中三殿と関わらなくてはならないんですか!?　そんなこと許されないでしょう!!　帰る～！」

　朝の支度もあったので、しばらく意識を賢所と離していたのですが、私のような者が意識とは言え、宮中の中心部にお伺いするわけにはいきません。なんとか阻止できないものかと思い、イチかバチかで陛下の意識とつなげてみました。先日のお会釈のときの意識を頼りに、陛下の意識につなげてみたのでした。陛下が「それは困ったことです」とおっしゃってくだされば、私は断固抗議して、「行かない！」と言えるはずです。私ごときのことで申し訳ないと思いながら、陛下に助けていただくほかありません。無意識上のことですが、ご公務で忙しい陛下ですから、お時間をとらせるわけにはまいりません。先日、ご奉仕のときに……と簡単にいきさつを報告し、賢所が私に憑いてきてしまったこと、出雲の会議に出席したこと、それから、私が宮中へ連れていかれることなどを簡単にお話ししました。この話もご迷惑になってはいけませんから、覚書です。無意識の上で、しばらくお話をしてくださいました。メモを取っていなかったので詳しく覚えていませんが、このようなことをおっしゃっていました。

〝今のこの世において、宮中で行われている古来の儀式を皇太子に無理に継承することはできなくなっています。天皇家にそれを維持するだけの力はなくなってきています。賢所の命に従ってください。〟

「賢所の命に従ってください」と何度も言われてしまいました。どーしていつも私の意思に反する展開となるのか。「意識だけですが、私のような平民が宮中の中心部へ伺うことは心苦しいです」と必死で訴えてみました。いや〜、もう、無意識といえども必死です！

〝それは太古からのつながりがあったからでしょう。賢所の命に従ってください。ヤタガラスから連絡が来なくなっています。何か来ていますか？〟

えっ、ヤタガラス？　あ、そうか！　天皇家を支えているのはヤタガラスでした！

そういえば、一昨年ヤタガラスに命を狙われてから、来なくなっていました。ですから、「ヤタガラスに命を狙われ、一番長老のヤタガラスが亡くなってから、アクセスしていません」と申し上げました。

その後、意を決して、ヤタガラスとアクセスしてみることにしました！　私を殺そうとしていたヤタガラスですが、ここは彼らに助けを求めるほかはありません。ヤタガラスが「ダメだ！」と言ってくだされば、私が宮中のことに首を突っ込むこともなさそうです。一番長老だった老婆のヤタガラスは、確か亡くなっていました。その意識さえもつながらなくなっています。二番目の女性のヤタガラスも、かなりお年で衰弱していたように思います……つながりませんでした。三番目のヤタガラスにようやくつながりました！

「ヤタガラスにもはや力はなく、次の時代へ移っていったと申せ」と言われてしまいました。これで、絶望的です。あー。私はどうなるのでしょう……（涙）。

四つ、宮中祭祀「新嘗祭」と「鎮魂祭」

「新嘗祭」

●11／22　賢所　年の神

（午後二時過ぎ）年の神だ。宮中に着いたぞ。ここがわかるか？（わかりませんが、静かなところです）賢所だ。太古から続く儀式に千春も参加してもらう。（太古から続く儀式ってなんですか？）命日だ。（命日？　どなたの命日ですか？）賢所のだ。（えっ？　いつですか？）一一三日だ。（一一月二三日って勤労感謝の日で日本全国お休みです。あ！　え～と、なんて言ったっけ、え～と、新嘗祭《にいなめさい》でしたっけ？　宮中で行われる儀式がありました。調べてみます。「新嘗祭」というのは宮中祭祀の一つで、収穫祭のようですよ）

《【新嘗祭（にいなめさい、にいなめのまつり、しんじょうさい）】宮中祭祀の一つ。大祭。また、祝祭日の一つ。収穫祭にあたるもので、一一月二三日に、天皇が五穀の新穀を天神地祇《てんじんちぎ》に供え、また、自らもこれを食べ、その年の収穫に感謝する。宮中三

殿の近くにある神嘉殿にて執り行われる。また、天皇が即位の礼の後に初めて行う新嘗祭を大嘗祭《だいじょうさい》という》(ウィキペディアより)

その後、午後七時前くらいだったでしょうか、急に「ひとふたみ、よいつむつなや、ここのたり」と数回、唱えたくなりました。なぜか、陛下も一緒に唱えているように感じました。

この後、賢所が言っていた「命日」という言葉が気になり、ネットで調べてみました。すると、びっくりすることに本当に命日と書いている人たちがいました！ ただし、賢所の命日は新嘗祭の前日の二二日。ネットで皆さんが言っていただけですから、確かな証拠はありませんでしたが……。二二日の賢所の命日は、新嘗祭の前日に行われる宮中祭祀で「鎮魂祭」というらしいです。まさに、この日は賢所の命日だったのでしょうか。

「鎮魂祭」

ウィキペディアによれば、《「鎮魂祭」(ちんこんさい、みたましずめのまつり)とは、宮中で新嘗祭の前日に天皇の鎮魂を行う儀式である。宮中三殿に近い綾綺殿《りょうきでん》にて行われる。一般的ではないものの、宮中と同日に行われている石上神宮や、彌彦《いやひこ》神社や物部神社など、各地の神社でも行われる例もある《うち彌彦神社は年二回》とのこと。新嘗祭の前日に行われる宮中行事のようです。

鎮魂祭は、かつては旧暦一一月の二度目の寅の日（太陽暦導入後は一一月二二日頃）に行われていた儀式のようです。今の暦からすれば冬至の時期であったようです。なるほど、太陽の活力が最も弱まる一二月二二日頃に行われたのでしょうね。一一月二三日に行われる新嘗祭が収穫祭というのも、時期的に遅すぎると思いました。収穫祭でしたら、お米が実る九、一〇月あたりではないでしょうか。ですから、違う意味があるのだろうなぁと。

一二月二二日頃は暦の上では冬至ですが、日の出の動きを観察していると、冬至のあたりは特別な動きをします。日の出の位置は一年間かけて推移するのですが、冬至のあたりは動きがなくなるんですよね（夏至のあたりも動きがなくなるのではないかと思いますが、わが家からでは観察できないので定かではありません）。つまり、冬至の前までは日の出の位置が、東から南東の方へ移動するのですが、冬至のあたりで二〜三日動きを止め（たように見える）、クリスマスである二五日以降、ゆっくりと逆行し始めます。つまり、冬至のあとは南東から東へ向かうわけです。だから、日の出の位置を観察していた大昔の人は、動きを止めた＝「太陽が死んだ！」という表現をしたようです。二五日過ぎ頃から再び動き始めますが、キリスト教ではそれをお祝いしたのがクリスマスなのだと思います（イエス・キリストの降誕（誕生）を祝う祭）。鎮魂祭は「動きがなくなって死んだ太陽＝天皇の霊の低下」とみなされたのでしょう。動きがなくなって死んだ太陽＝賢所年の神（天照大神）の命日といった感じでしょうか。そこで、天皇の魂の活力を高めるために行われた儀式だったわけですね。

ウィキペディアによれば、鎮魂祭を《天皇に対して行う場合には「みたましずめ」「みたまふり」と言う》とあります。天皇の衣を左右に一〇回振る儀式があり、これを「鎮魂の儀」と言うそうです。石上神宮の公式サイトによれば、《この祭りは、饒速日命《にぎはやひのみこと》の子の宇摩志麻治命《うましまじのみこと》が天璽瑞宝十種《あまつしるしのみづのたからとくさ》＝一〇種の神宝で、瀛津《おきつ》鏡・邊津《へつ》鏡・八握《やつか》剣・生玉《いくたま》・足玉《たるたま》・死　人玉《まかるがへしのたま》・道反玉《ちがへしのたま》・蛇比禮《へみのひれ》・蜂比禮《はちのひれ》・品物比禮《くさぐさのもののひれ》と鎮魂《たまふり》の神業とをもって、神武天皇と皇后の長久長寿を祈ったことに始まる》と伝えられています。鎮魂の呪法には、《猿女《さるめ》系・阿曇《あずみ》系・物部《もののべ》系などあり、当神宮は『先代旧事本紀』に記された物部氏伝来の鎮魂呪法で、宮廷の鎮魂祭にも取り入れられています。日常の生命力が衰微し枯渇する状態を克服するために、鎮魂《たまふり》がなされ、振り起された生命力に新たな力が宿ると考えた古代人の霊魂観の側面を窺うことができる神事です》とあります。

『先代旧事本紀』には、《饒速日命の子の宇摩志麻治命が十種の神宝を使って神武天皇の心身の安鎮を祈った》との記述が見られます。

《所謂《いわゆる》御鎮魂祭は此よりして始《おこ》れり。十種《とくさのかむたから》神宝をもって呪文を唱え、玉の緒を結んで長寿を祈る、鎮魂祭はここから始まった》

鎮魂祭とは、宮中で新嘗祭の前日に天皇の鎮魂を行う儀式であるということをとらえると、物部氏の祖である饒速日命の霊力を天皇に入れる儀式が鎮魂祭というのでしょう。それが古代から連綿と続いているのです。「饒速日命」ってどなたかと言えば、私の物語では賢所の「年の神」であります。ちなみに、私は「年の神」と呼んでいますが、大年神（大歳神）、正月様、恵方神、歳徳神、年徳、歳神……などと呼ばれています。つまり、天皇家が大切にお祀りしている皇祖神は「饒速日命」である「年の神」だったのです。御子の宇摩志麻治命ですが、浜離宮恩賜庭園に饒速日命の神剣（布都の御霊）をもった姿で可美真手命《うましまで》の銅像になっています。

天照大神は荒々しい祟り神だった!?

皆さんがお正月にお迎えするのは、今の穏やかな天照大神ではなく、荒々しい祟り神である天照大神＝饒速日命（年の神）ということになります。

《天つ神が次のように諭された。「もし身心のどこかが痛んだ時は、この十種の宝を、一二三四五六七八九十《ひとふたみよいつむつななやここのたり》といいながら振りなさい。ゆらゆらと振りなさい。こうすれば死んだ者さえもきっと蘇生するでしょう」。これがフルということのもとである。

いわゆる鎮魂祭《みたましずめのさい》の由緒である。猿女《さるめ》の君（天宇受売の命の子孫）は、多くの歌女《うため》を率いてさまざまなものことの由緒を取り上げて神楽を歌い舞うのもここから始まった》と『先代旧事本紀』にあります。天照大神（饒速日大神）とは、一、二、三、四……と数を数えるだけで、死人も蘇生するほどの霊力をもった神だったわけです。もしくは、霊力そのものであり、一年に一度、その霊力を天皇に感化させる儀式が鎮魂祭のようです。ということは、天皇の霊力はだんだん失われてしまうということですね。一年に一度、充填しなくてはならないようです。

大野七三氏は、《鎮魂祭についてはのちに種々の説があるが、神武天皇即位年の一一月朔日《ついたち》に宇摩志麻治命の司祭によって宮中でおこなわれた鎮魂祭は天璽瑞神宝を用いて、皇祖神饒速日尊の御霊を鎮める（仏教用語で供養）ための儀式であったと考えられる。そして、天皇、皇后、国民の安泰を願ったのではなかろうか。なお、特別に祭日を一一月朔日（古代は月の初め頃）におこなわれたということは、饒速日尊の命日が一一月初めの頃であったのではないかと思う》と書いています。ここから、鎮魂祭が饒速日大神の命日と言われるようになったようです。

もしかしたら、神話にある天照大神の「岩戸隠れ」の話はここに由来があるのかもしれません。饒速日命が亡くなったとき、ウズメがここで舞ったのでしょう。お神楽の初めは鎮魂祭にあったようですよ。天照大神の岩戸隠れのときが最初ではないらしい。さらに、私たちが神社の拝殿で鈴を振る、神職が鈴や幣を振る（フルという行為）は、私たちの鎮魂＝神の力を体に入れる（感化させる）行為なのかもしれません。これから、お参りするときは、拝殿で鈴を思いっきり振ったほうがいいのかもしれませんね。

「大嘗祭」と「即位礼」について

鎮魂祭はかつて旧暦一一月の二度目の寅の日に行われ、新嘗祭はその翌日（卯の日）に行われました。令和元年の新嘗祭は新天皇によって行われますから、これは特別な行事で大嘗祭《だいじょうさい》という名前になります。この原稿を書いていたときは、まだ大嘗祭は行われていませんでしたので、当時（二〇一八年三月三〇日）の毎日新聞によれば、大嘗祭は二〇一九年の一一月一四日、一五日に行われるとありました。

《大嘗祭は、五穀豊穣《ほうじょう》や国の安寧などを祈るため、その年に収穫された米などを新天皇が供え、自らも食べる儀式。飛鳥時代の七世紀に天武天皇が行ったのが最初とされ、即位後の新天皇が一度だけ行う重要儀式に位置付けられている。大嘗祭の日程は、暦で一一月の二回目か三回目の十二支の「卯《う》の日」に行うのが慣例で、二〇一九年一一月一四日は二回目の「卯の日」にあたる。今の陛下は大嘗祭を一九九〇年一一月二二日から二三日にかけて、皇居内に建てた木造の建物「大嘗宮」で行っており、同庁は皇太子さまの即位にあわせて行う大嘗祭でも皇居内に大嘗宮を建設する準備を進めている》と、このように「即位後の新天皇が一度だけ行う重要儀式」が大嘗祭なのですが、個人的に「即位礼」のほうが重要ではないのかと思ったりしたのです。

なぜ大嘗祭が新天皇の重要儀式なのか。ウィキペディア「即位の礼」によれば、日本の天皇が践祚《せんそ》（皇位の象徴である三種の神器を受け継ぐこと）後、皇位を継承したことを国の内外に示す（即位）一連の儀式で、諸外国における「戴冠式《たいかんしき》」「即位式」にあたるのだそうです。《即位の礼後に、五穀豊穣を感謝し、その継続を祈る一代一度の大嘗祭が行われ、即位の礼・大嘗祭と一連の儀式を合わせ御大礼《ごたいれい》または御大典《ごたいてん》とも称される》とありました。

神武天皇の即位式について、『先代旧事本紀』にはこう書いてあります。

《辛酉《かのととり》を元年として、春一月一日に橿原の宮に都をお立てになり、初めて皇位《あまつひつぎ》に即位された。正妃の媛蹈鞴五十鈴媛《ひめたたらいすずひめ》の命を尊んで皇后《きさき》とされた。大三輪の大神の娘である。宇摩志麻治の命は、天の瑞の宝（饒速日の尊が天つ神から授かった十種《とくさ》の神宝《かむたから》）を献上し、神盾《かみたて》を立ててお祭りした。また今木《いまき》ともいう五十櫛《いそぐし》（神祭のために多くの櫛の歯のように木を立てる）を布都主《ふつぬし》の剣の周りにさし巡らせて、大神を宮殿内で崇拝しお祀りした。十種の神宝を納め、お側近くに奉仕した。それで足尼《すくね》という。（足尼という名称はここから始まった）。天の富《とみ》の命は、諸々の忌部を率いて、天璽《あまつしるし》（天つ神から授かった神宝）の鏡・剣（八咫の鏡・草薙の剣）を捧げ持ち、正安殿《おおやすとの》にお納めした。天の種子《たねこ》の命（中臣氏の先祖）が天つ神の寿言《よごと》（神を讃え誓う祝詞）を申し上げた。すなわち神代以来の古い風習である。宇摩志麻治の命が物部一族を率いて、一斉に矛と盾を立てた様子は威厳に満ちたものであった》

大野七三氏の本には、神武天皇の即位式に際しては、《五十櫛《いそぐし》の中に「大神」（饒速日尊の御魂）を招魂されて、神武天皇が自ら、即位されたことを「大神」に告げられたことと思う。そして皇室の繁栄と国家、国民の安泰を「大神」に祈られたことであろう。これが神武天皇の即位式であり、記録の上では宇摩志麻治命が司祭した物部神道の始まりと考えられる。その後の古代天皇の即位式（後の大嘗祭）および朝廷祭祀も神武天皇の即位式同様の形式をもって、磯城県主（宇摩志麻治命の孫裔）、後の物部氏によって行われたものと思う。なお、神武天皇の祖母にあたる天照大神（伊勢神宮の御神名：大日孁貴尊《おおひるめむちのみこと》、『魏志倭人伝』では卑弥呼女王）は倭人伝によると崩ぜられたのが二四七年頃であって、神武天皇が即位された年を二四一年辛酉年（推定）とすると、天照大神（大日孁貴尊）はこの頃は壮健であったと推察されるので、殿内《みあらか》に御魂の奉斎はなかったものと考える。天照大神が殿内に奉斎されたのは五代孝昭天皇の頃（三世紀末）ではないかと思う》とありました。つまり、「即位の礼」は国内、諸外国へのアピールであり、「大嘗祭」は皇祖神饒速日大神（賢所年の神）へのアピールのようです。

一一月の寅の日の鎮魂祭にて、亡くなった饒速日大神をご供養し、大神の霊力を天皇に充填していただき、次の日である卯の日に、天皇の饒速日大神の霊力の復活をお祝いして新嘗祭を行うのでしょう。天皇というのは、饒速日大神の御霊を代々受け継いでいるということのようです。つまりは、饒速日大神の御霊の入れ物であり、これを継承する行為が大嘗祭で「日嗣《ひつぎ》」ということになるのでしょう。天皇というのは、饒速日大神の御霊（お化け）が裏で操っていると、そう解釈すればいいのでしょうね。大国主神に入った和魂《にぎたま》（大物主）と同じでしょうかねぇ。

「復活祭」と「新嘗祭」

キリスト教でも復活祭（イースター）というのがあります。キリスト教の典礼暦における最も重要な祝い日だそうで、十字架に架けられて死んだイエス・キリストが三日目に蘇ったことを記念する行事のようです。こちらは春分の日後の最初の満月から初めての日曜日がその日なんだそうです。クリスマス同様に、家族でご馳走を食べてお祝いして過ごしますが、クリスマスと違うのは復活祭で用いられるのが「卵」。カラフルな卵が並びます。生命のシンボルのようです。それと、子だくさんの「うさぎ」。うさぎは豊穣とか子孫繁栄を意味しているようです。「うさぎ＝卯」って、新嘗祭の日ではないですか！　復活祭の前日にうさぎが卵を隠すんだそうです。生命のシンボルを隠す＝死でしょうね。そうして、皆で探し出して、復活祭を祝うのです。宮中の行事とキリスト教の行事はつながりがあるのでしょうか。よく似ています。

　伊勢神宮の神についてですが、私たちがよく知っている伊勢神宮内宮の表向きの天照大神（大日孁貴尊）ですが、大野七三氏が言っているように、宮中にはあとで奉斎された神なのかもしれません。その裏に、本物の皇祖神饒速日大神（男神の天照大神）がいるのでしょう。まぁ、あの祟り神を表に出しちゃったら、エネルギーが強すぎて、皆、病気になって死人が出てしまうかもしれません！　いやいや、天皇家をお守りしている神、天皇の御霊そのものです。冗談抜きに半端ないエネルギーですよ！　どうりで、伊勢神宮に神のエネルギーを感じないと思いました。大日孁貴尊に力はないのです。

　のちほど新聞の記事に新嘗祭のことが出ていました。

《陛下は湯で身を清め、白の絹でできた「御祭服《ごさいふく》」に身を包み、神前に新穀などを供える。祝詞を読み、自らも食べることによって五穀豊穣に感謝し、国の安寧を祈る。そばには皇太子さまが控える》

　これを読んで、ご奉仕のときに宮中三殿の近くで見た「御潔斎所《ごけっさいじょ》」の意味がわかりました。陛下（鎮魂祭のときは皇后も？）と皇太子殿下のみがこの場所で身を清めるのですね。だから皇太子妃殿下はこの場所を使えないのだと思いました。清めたあとは、この場所で白の絹でできた御祭服に着替えるのです。

変わりゆく宮中

メモとして記録しながら話を聞きましたが、無意識下の話ですので、これも私の心の物語としてお読みください。

●11／23　新嘗祭（陛下のお言葉？）

（朝一〇時前頃だったと思います。突然、意識が飛んできました）千春さん、聞こえますすか？（あ！　陛下！　しばらくお待ちください……どうぞ↑私の単なる妄想でしょう。このとき陛下は私の名前やブログのことをすでに知っていました）このたびのこと、千春さんには迷惑をかけてしまいました。本来なら、天皇家、宮家の者がすべきことでしたが、いきなりのことで、さぞ驚かれたでしょう。（あ、いいえ。いつものことですから。だいぶ体がビリビリして困りましたが、ようやく慣れてきました。大物主にお仕えした大田田根子の気持ちがわかるようです）過去にもそういったことがありました。アマテラスを知らない国民には、ひどく驚かれることだったと思います。伊勢神宮におかれている御神体は私でも見ることはかなわず、神殿地下に奉斎されています。（伊勢神宮の神殿に地下があるのですか？）さながら、昔の防空壕のようなものだと思ってくだされればよいです。火災によって神殿が焼けることがあっても、御神体の鏡に影響が出ないようになっています。（あ〜、なるほど。わかりました）千春さんもお気づきのように、アマテラスはその昔、祟り神として宮中から伊勢神宮へ移られた御霊です。そのときは、そうしなければならなかったのだと思います。時代が下ってくれれば天皇家というのは戦いの火種となり、世に戦乱を招くようになってしまいました。宮中においてもそれは同じで、誰が天皇になるのかでもめた時代もありました。天皇は世の飾りにしかなっていません。宮中からアマテラスの御神体は出してはならなかったのです。世を治めるには、御神体を篤くお祀りする必要があったのでした。明治の時代になり、今一度、御神体に宿る御霊を宮中へ招くことになりました。動乱を鎮めるには、どうしてもアマテラスの力が必要だったからです。しかし、時代とともに再びアマテラスの力を過信する動きが出てきました。もはや、天皇家は飾りにすぎず、父・裕仁天皇が重ねた罪を背負うことになり、国民を苦しめてしまったことを嘆いていました。ようやく平和な世を築かれ、今に至っています。その平和こそがアマテラス大神のお力添えの賜であると信じています。しかし、世の動きはめまぐるしく、本来の天皇家をはじめ、皇族の在り方を変えてゆかねばなりません。皇太子とも語り合って、この先々のことを考え、皇室の私的な行事は抑え、国民とともに歩む道を模索していくことにしました。国民の安寧を願い、世界各国の国王たちと協力して、ニッポンという枠を超えた平和を目指すことが、この先々で起こりうる戦争を回避すると思われます。今はもうニッポン国内だけに留まるだけでなく、ニッポンや各国国王というネットワークを充実させねばなりません。そのため、私的な宮中の行事に時間を割くこともままならなくなってきました。今の皇太子には継続して行ってもらうことにしていますが、簡略化の方向で検討してゆくことになっています。賢所のお心も、国民のみならず国外にも意識を向けていただき、過去にあったような地球という星の安寧をお願いし、祈っております。このたび賢所が、千春さんにお心を開いて憑いていったということは、その証だと思います。もはや天皇家だけでは、賢所のお心に添うことが難しくなっていると思われます。千春さんが宮中にお入りになったことは、過去からの因縁でしょう。古いしきたりに則って、宮中のみならず、賢所、御自ら国民を動かし、世界平和の実現を買って出たと解釈いたします。時の流れに逆らうことはできませんから、賢所の意のままにしていただこうと思います。普通に知られている穏やかな天照大神ではありませんが、賢所が望んだ方でしたら、うまく世を変えていってくださると信じております。（げっ！　わ、わかりました。承知いたしました。私がどこまで、賢所の命どおりにできるかわかりませんが、陛下のお気持ちに添えるように、お、お仕えしてみます）それを聞いて、安心しました。またいずれ、皇太子と相談し、連絡をいたします。(はい。か、かしこまりました。あ、陛下の今のお言葉を、私のようなもののブログに載せても構いませんでしょうか？) 構いません。国民の方々にも理解していただきたいと思います。もし弊害があるようでしたら、賢所と相談されてみてください。(わかりました。ありがとうございました)

●11/24　賢所　年の神

(朝六時過ぎ頃) 離婚したぞ。もう、いいだろう。(は？　何かありましたか？) 今から人間に戻した。(あ〜、なるほど、この世に戻っていきます。すーっと。はっ！　何がどうなったのですか？) 書いたか？(えっ？　何も書いていません。なんですか？) では、過去の話をしよう。(はい) 死んだのは一一月二二日、病気だったな。風邪をこじらせた。普通なら、死んでも形代《かたしろ》があれば、そこに宿っていられる。刀に宿った。石上神宮の刀、いつの間にか、その刀から離れ、鏡に移った。鏡は形代だ。いつになく放浪の旅に出た。稲の神として稲荷にさせられた。「稲生り」だ。形代はいずれ一つではなくなり、封印させられ、山にも宿った。形代が埋まっている。(えっ!?　もしかして、年の神さまって成仏していない!?　だから、エネルギーが強いのか？) 今まで、神としてやってきた。いつから祟り神になったか。人の世は移り変わる。神が必要な時代は終わったのだ。いつか再び世に出るまで、封印させられたのだ。千春に出会ったのはそんなときだ。（それは、下谷神社の年の神さまですか？）そう。意識が戻るまで、時間がかかった。仕事が再び始まった。形代はもういらない。体に宿る。今まで稲荷にさせられ、天皇の下に置かれた。「正一位」は返上する！　書いたことが本当になる。再び出雲へ戻り、稲荷に招集をかける。千春もついてまいれ。（えっ！　また出雲ですか？）そうだ。出雲だ！　牛の背に乗れ。（わぁ～っ！　なんか引っ張られていくように感じます～）さあ、行くぞ!!（わぁ～ん。私には関係ありませんよ～）

（その後、午前九時半頃、野原の牛さんが……）出雲へ戻っています。千春さん、わかりますか？（野原の牛さんですか？）はい。（まだ、出雲ではないんですか？）下谷の神と、笠間の神と一緒に行きます。そのうち、稲荷が集まります。

●11／25　陛下の意識？

（午前一時半前頃、突然意識を感じました）命のことを考えると、もう少しの時間しかなくなりました。この先を考えれば……。（これ以上の言葉は降りてきませんでした）

●11／25　賢所　年の神

（午前一〇時頃）年の神だ。賢所の年の神だ。稲荷の会議が始まっている。千春には引き続き参加してもらわねばならぬ。（私は関係ありませんよ～！）つべこべ申すな！　年の神の妹としてこれから働いてもらう！（あれ～？　もう離縁したんではなかったですか？）千春には、これから稲荷として働いてもらわねばならぬ。（どういうことですか？　私って、宮中の新嘗祭に出されたんですか？）賢所はこれから、年の神だけでなく、アマテラスとしての役割も果たさねばならぬ。生きている人間だけの力では、この先々で起きる災いを回避することはできぬ。だが、神々だけでも、それは無理なのだ。そこは生きた人間たちの住む世界だからだ。（神々の世界とは違うということですか？）事はこちらから降りていく。こちら側が元になって、生きた人間の世界へ降りていく。事を抑えるには、未来であるこちらから抑えねばならぬ。それは生きたものが行う。こちらと、生きている人間の世界と、両次元を股に架けねばならぬ。それができなければ、禍は抑えられぬ。（神の世界は未来なんですか？）いかにも。（神の世界を変えると、私たちの世界が変わるということですか？）長い間、閉ざされた道だった。生きる者たちは頑なにその世界を守ってゆこうとした。神々の指図は受けまいと。だが、時代は変わったのだ。神々なくして人間だけでは生きてはゆけぬことに気がつき始めたのだ。その道をつくったのが、千春たちであった。心の世界に、神の世を再びつなげる儀式が宮中で行われたのだ。（新嘗祭ですか？　私は知りませんよ）よい。その儀式に参加することに意義があるのだ。（どういうことですか？）賢所を世に出す儀式だ。今までのように、宮中だけにとどまらず、これからは……。（Zｚｚ…。ここではっ！　と目が覚めました。腕や体がビリビリしています。はぁ？　気がつけば、狐がたくさん私の周りにいます。なんですか、これは）ふっ。気がついたか？（気がついたか？　ではないですよ！　なんで私の周りに狐がたくさんいるんですか!?）千春、これから賢所の妹として、稲荷の仕事をしてもらう。（へ？エッ、エ～ッ！　ジョーダンじゃあ、ありませんよ！　私はお稲荷さんではありません！）知らぬは千春だけだ。なに、心配いらぬ。新嘗祭と同じように、ただ座っておればよい。（イヤですよ～！　なんで私がお稲荷さんをしなきゃならないんですかっ!?　あれ？　急に狐がいなくなりましたねぇ～。どこかへ運ばれている感じ……）千春さん！　野原の牛です。（あ、野原の牛さんの背中ですか？）……。（あれ？野原の牛さん？）……。（返事がない）

●11／29　陛下のお言葉？

（日付が変わった頃、降りてきました。↑これも私の妄想と思ってください）明仁です。（はっ！　陛下。こんなお時間に……こ、こんばんは）一つお願いがあります。

（はい。何でしょうか？）びっくりなさらないで聞いてください。（はい）他人事《ひとごと》のように言ってしまうのは、この先のことを考えれば、申し訳なく感じます。（は？　何のことでしょうか？）実は、出雲の神々のことで賢所の話が気になりました。出雲の神々が、この先、宮中の賢所を連れて行かれるなら、出雲大社の宮司に一言ことづけておかなければと思いました。出雲へ、宮中の神が行くことは、今はまだやってはいけないと思いました。（何か、しきたりがあるのですね？）はい。縁結びの神と言われていますが、出雲の神々はその昔、宮中に反旗を翻した経緯があります。賢所の命が向かわれたということは、出雲大社の中で何か大きな出来事が起きる可能性があることを意味します。（それはどういう意味でしょうか？）せっかく一緒になられた千春さんと賢所ですが、出雲が絡んでくると、ひどいことにならなければよいがと懸念してしまいます。（それは皇室にですか？）神の力を知る千春さんですから、何も心配することはないと思いますが、出雲の神の力が千春さんの体に影響がなければよいと願うばかりです。（何か私に影響が出るということですね？）はい。国常立大神が千春さんに憑いていますから、きっと心配はないと思いますが、出雲神の中には、宮中の意識をよく思っていない神がいることを心に置いておかれますようお願いいたします。（わかりました。ありがとうございます。今までそのようなことを言われたことはありませんが、何かあったら、早めに感じ取るようにいたします）出雲の神が反旗を翻すことはないと信じておりますが、このまま出雲の神が賢所に力を貸して、世界平和を買って出てくださることを願います。（わかりました。賢所と国常立大神に聞いてみます。たぶん、出雲では稲荷神社の会合が開かれているはずです。陛下のお言葉を伝えられるとよいと思います）

この陛下の言葉の意味がこの物語の最後になってわかってきます。お楽しみに。

その後、年の神にこう言われました。

「賢所と千春を結婚させたのは、出雲神だ。以前、年の神に従った出雲の神が賢所を受け入れた。その昔はオオクニヌシであった年の神に従っていたのだ。出雲の神が変わったのは、出雲の神の出ではない者が統治し始めたからだ。その者たちも理解を示している。ここは争うときではないと。賢所に従うとな。形は出雲の統治権がオオヒルメムチの子孫へ移ったからなのだ。大昔のオオクニヌシの時代へ戻れば、何も問題は起こらぬ」

賢所を出た年の神

●11／29　年の神

年の神だ。今、いいか？（あ、はい。あら、「賢所」ではなくなったのですか？）千春に移ったからな。以前の年の神がいたように、宮中の賢所から出た年の神が千春に憑いている。（下谷神社の年の神さまのように？）そうだ。（そういえば、なんか穏やかになりましたねぇ～）苦しめてしまったな。千春には世話をかける。（あら、賢所とは思えぬお言葉……ありがとうございます）人間の仕事は今の世において、生きることを強いられる。生き物としての生き方というよりも、からくりを携えた人形のようだ。生きている魂を隠し、欲を際立たせることで、世の経済というカネが動く仕組みだ。欲を持たぬ人間は、その社会においては厄介者扱いだ。最後は捨てられ、己が何だったのか、わからず消えてゆく。そういったことが世の常識と化したことで、神との縁が切れていってしまった。欲を出すことが悪いこととは言わぬ。だが、物に心を奪われるなかれ。物に心は入らぬ。（そうですか～、芸術作品とか手作りのお茶碗とか、物は人の手で作られますよ。物も生きているんじゃないですか？　ほら、依り代だって物ですよ!!）なかなか良いことを申すな。人の手を介した物には、その者の意識が宿る。だが、千春たちの世において、溢れ出ている物に人の意識は感じられない。（では、デザインとか形はどうですか？　人が考えていますよ）さしあたって、人の手が加わった物に魂が感じられなくなってきたということだ。（それはどうしてですか？）人の意識の表にあるものが、本質からかけ離れているからだ。（それは、カネのためのデザインであり、機能であり、ということですか？）まさしくそうだ。（まぁ、芸術家は作りたいものを作っているのですものねぇ。そこに経済が関係している人もいるかもしれませんが、多くの場合、自己満足の世界ですものねぇ）形は目に映り、訴えやすいが、それを信じ込むことで心を失ってしまう。月にいる兎のように、実際はそこにはいないのだ。体をつくっているものが形であれば、いずれ壊れ、消滅してゆく。しかし、生きているという意味を把握すれば、形とは別な意識がそこにあることがわかる。千春に賢所は見えなかったろう？（見えません！）しかし、そこにあることはわかる。千春には賢所とわかるのだ。（そりゃ〜、あれだけビリビリしていたら、わかりますよー！）ずいぶんな話だが、それもわかる者にしかわからぬのだ。形を信じる者に賢所はわからぬ。だが、千春も申しているように、体は反応しているのだ。その反応さえ、形を妄信する者にはわからぬ。（知らないって、いいですよ！　無知って素晴らしいと思います）ハハハハハ。まったくだ。知らぬことも知ってしまう千春にとっては、いい迷惑な話だったな。（はい）わかる者だけでよい。その苦しみをとってゆこう！　稲荷の会議が終了する。今の稲荷に力を与えた。宮中の賢所の力だ。（それって、もしかして宮中三殿と同じ気になるんですか？）あははははは。知らぬが仏というと言われた。賢所が全国の稲荷に入り込む。（あ、ちょっと待ってください！　皆が病気になってしまいます！）かまわん！　単なる気のせいだ！（あ〜、そうか、ありがたいと）病によって、己に気づいた者は宝を持ったも同然だ。そこに気づかぬ者は苦しむことになるが、気づいたものは再び稲荷のところへ参るがよい！（それで治るんですか？）治ると思うか？（どうだろう……）治らんでもよい。が、生きる本質を知ることで、生きることが楽になる。（なるほどね〜。天皇陛下はどうなりますか？）いかがわしい者にすがられることもなくなる。本当の意味でのスメラミコトになる。（あ、それって、賢所が直接、陛下に降りてくるということですか？）そうだ！（今まで降りてこなかったのですか？）気を持たせただけだ。これからは違う。（つまり、今の皇太子殿下から直接、賢所が入って、その指示で動くということですか？）まさしく、そうだ。（それは政治とは違うのですか？）政治こそ形だ。その裏で動くのが天皇の仕事となる。（はぁ、目に見えない政治ですか？）全世界を統一していく政治を行ってもらう。稲荷の力を全世界に広め、地球という星を一つにまとめてゆく。それがスメラミコトの仕事だ。わかったか？（よくわかりました。壮大な仕事ですねぇ。では、私の仕事もこれで終わりになりますね！）話が違うであろう？　いくら表面を整えても、中身が伴わねば、この星などすぐ宇宙の大気にやられてしまう。千春は千春で重要な働きをせねばならぬ。（わぁ〜！　なんでまた私なんですか!?）いいから心配するな！　宇宙を操れるものは、千春たちしかおらぬ。八坂に申せ！　もっと動け！　とな。（あ、わかりました。宇宙をコントロールしていくというのは、絶対神ナニルの神の仕事をするということですか？）今まで通りだ。脳に働きかける意識を感じ取れる者はそういない。その力を持つ者を本来はアマテラスというのだ。（私は太陽神じゃないですよ。人間です）何を寝ぼけたことを言っておるか！（はぁ？）生まれを知らんのか？（知りません。知らないって、幸せ～）まぁ、よい。これから、太陽をコントロールしてゆく。今、その準備をしている。千春の力で災害が抑えられるのは、太陽をコントロールしているからだ。（何を言っているんですか。今の太陽からでは、地震が予測できないじゃないですか！　太陽はどうなってしまったんですか？）心配するな。うまくコントロールしている。多少の地震や災害は致し方ない。それをなくすことは不可能だ。だが、最小限にはできる。それを千春や八坂がやっている。うまく調整してゆけ。（なんでだかわからないけど、わかりました）

五つ、ご先祖さま

越後一宮彌彦神社のこと

一一月二九日の年の神の話のあと、しばらくしてから再び年の神に「千春よ。彌彦《いやひこ》神社を知っているか?」と言われました。「神社名だけは知っていますが、行ったことはありません」と言いました。すると、「千春の直接の先祖神だ」と言われました。そう言われてしまうと、調べないわけにはいきません。

彌彦神社の公式サイトには、次のように書かれていました。

「越後一宮彌彦神社」(新潟県西蒲原郡弥彦村)
御祭神：伊夜日子大神《いやひこのおおかみ》　御名　天香山命《あめのかごやまのみこと》
【由緒】
御祭神　天香山命は高倉下命《たかくらじのみこと》とも申し上げ、皇祖天照大御神の御曾孫《ひまご》にあたられます。父神は饒速日命《にぎはやひのみこと》、母神は天道日媛命《あめのみちひめのみこと》で、天孫降臨に供奉して天降られました。天香山命が、紀伊国熊野神邑に御住まいの頃、御東征途上の神武天皇を始め皇軍将士は、熊野荒坂津にて敵の毒気により昏睡に陥りました。この危機を救うべく、天照大御神と武甕槌命《たけみかづちのみこと》は天香山命に韴霊剣《ふつのみたまのみつるぎ》を神武天皇に献ずるよう夢の中で告げられました。韴霊剣《ふつのみたまのみつるぎ》とはかつて武甕槌命が国土平定に用いられた威力ある霊剣です。夢告に従い天香山命が昏睡している神武天皇に韴霊剣を献じたところ、霊剣の威力によって神武天皇を始め皇軍将士は忽ち昏睡から覚醒し、敵を撃破されました。天香山命の韴霊剣献上の大功により危機を乗り越えた皇軍は、その後次々と蛮賊を平定し、大和国に入られた神武天皇は、橿原宮《かしはら》で初代天皇として即位されました。

神武天皇即位四年（西暦紀元前六五七年）、天香山命は越の国平定の勅を奉じて日本海を渡り、米水浦《よねみずがうら》（弥彦山の背後・長岡市野積）に御上陸されました。当地では住民に漁業・製塩・酒造などの技術を授けられ、後には弥彦の地に宮居を遷されて、国内の悪神凶賊を教え諭し万民を撫育して、稲作・畑作を始め諸産業の基を築かれました。

天香山命は越後開拓の祖神であり、またその御事績から、人々の魂・生命に溌剌《はつらつ》とした活力を御授けくださる神様と言えましょう。

饒速日命の御子である天香山命（天香語山命）は、その昔、越後を開拓した神のようです。天香語山命とは、先ほどの由緒と重複してしまいますが、『先代旧事本紀』によれば、天照大神の孫神である饒速日尊（天火明命《あめのほあかり》）と、天道日女命《あめのみちひめ》との間に生まれた神で、尾張氏等の祖神であるとされています。物部氏等の祖神である宇摩志麻治命とは母神を異にする兄弟神となっています。『先代旧事本紀』の「天神本紀」では、饒速日大神は神武天皇より先に天孫降臨しており、それに従った三二柱の一柱に数えられています。紀伊国の熊野の村（和歌山県新宮市付近）に住んでいらしたようです。天下ってからのお名前を「手栗彦《たくりひこ》の命」漁業あるいは養蚕をつかさどる神、または「高倉下命《たかくらじ》」高床の倉に納めた神宝を管理する神とありました。

「高倉下」も調べてみました。『古事記』『日本書紀』によれば、神武天皇が天下り大和へ入るとき、熊野で悪神の毒気により眠ってしまいます。しかし、高倉下が霊剣をもたらすと覚醒したという話です。先ほどの神社の御由緒にあったことと同じです。この剣は佐士布都神《さじふつのかみ》といい、甕布都神《みかふつのかみ》とも布都御魂ともいい、石上神宮に祀られているそうです。

天香語山命を調べていると、いろいろ多岐にわたってくる系譜なので、何がなんだかわからなくなってしまいました。「なんでもあり」の系譜のように感じます。ここでわかったことは、私は饒速日大神（年の神）の子孫らしい、ということでした。今さら言われてもねぇ～。どーりで、使われると思った。つまり、「あきらめよ。逃れられないぞ！」と言いたかったのでしょう。「なんでもあり」の系譜ですから、本当に子孫であるかどうかも怪しいですが、知らないほうがよかったなぁ〜。あ〜。

ご先祖さま

次の日の朝、腕がビリビリします。でも、賢所のようなビリビリではありませんでした。ここで、陛下の言葉（?）がよぎりました。「出雲神に気をつけなさい」です。私は、もしかして、また殺されるのかしら？　と思って、誰なのか探ってみました。すると「何度も来ているだろう？　忘れたか？」と言います。「あ、あの〜、腕がビリビリして、痛くてつらいんですけど……どちらさまでしたっけ？」と訴えましたら、「おおそうか、すまぬ。これでどうだ？」と。急に腕のビリビリがなくなりました。これは悪霊ではなさそうです。はぁ？　と思っていると「先祖だ」と。ああ、そういえば、それはそれは、昔、悪霊たちに取り囲まれていたとき、助けてくれたのは実家近くの八幡さまとご先祖さまでしたっけ。その節は大変お世話になりまして、ありがとうございました。と、厚くお礼を言うと、「思い出したか？」と言われてしまいました。そうでした、その後、ご先祖さまのことなど、すっかり忘れておりました。申し訳ございませんでした。反省。

●11／30　ご先祖さま

（午前一〇時少し前頃）命《いのち》のことを話そう。（なんの命ですか？）悲しみを喜びに変えるいい方法だ。（まずは、ご先祖さまのことから教えてください）太古からのつながり、国つ神の者は、高天原を見立てた宇宙観を持っていた。天に輝く太陽は国を照らし、作物を育て、国を肥やしていった。風が運ぶ雲は、雨を降らし、地に潤いを与えた。風が吹けば、遠い国から知らせが届く。風によって運ばれた種が芽を吹き、大地を緑にした。陽は高く昇れど、留まることはなく、沈む。夜になれば、陽の代わりに月が輝き、地上を静かに照らす。夜になれば草木も眠り、一部の動物とカラスの世界が始まる。太古からつながるこの営みは変わることなく続いている。それを地上の国つ神々は「命」と呼んだ。命とは営みなのだ。人々の上を照らす太陽が地に繁栄をもたらした。それと同じように、地上にも同じ思想を反映させたのが「スメラミコト」という思想だ。（スメラミコトって思想なんですか？）そうだ。思想だ。代々営みが続く思想。それを守ることが国つ者の生き方なのだ。（太陽が昇っては沈み、また昇っては沈むを繰り返しているように、人も、生まれては死んで、再び生まれて死んでを繰り返す……ですか？）生きているうちに次の代になる人間を生み育てる。それがどの生き物にも課せられた使命だということだ。（なるほど～。まったく当たり前のことですけど、とても新鮮に感じます）うまく命をつないでゆければ、世は平穏に営みが行われていることを意味する。だが、それを維持していくのはなかなか難しい。生きていれば、病気もある。荒々しい嵐や地震によって命が絶たれることも、しばしばだ。それをどうやって回避し、次に命をつなげてゆくか、その営みを次の世代にどう続けさせてゆくか。並々ならぬ「命」の継承をスメラミコトという。（つまり、スメラミコトの命をつなぐために、皆が一致団結、協力していけば、世の中は平和だということですね！）したたかな願いだ。その思想ははかない。だが、守ることは己の命もつなぐことへとつながる。天の運行は何があっても休むことはない。陽が月に消されたり、月が赤く染まったりすることはあれど、止まることはない。そうやって、脈々とつながれた命が、こうして千春とまた交信してゆけるのだ。（あ〜、なるほど。私のご先祖さまも命を守ってきたということですね！）働きはそれぞれある。陽の働き、月の働き、星の働き、風の働き、波の働き、それぞれがそれぞれの働きをもって、一つの世界を継承してゆくのだ。（それは自分の役割というものですか？）なかなか良いぞ！（あ！　この感じ、スサノオの神じゃないですか!?）賢いな。直接は千春の先祖にあたるものだが、スサノオも先祖だからな。（というと、年の神さまも？）まったくもって、そうだ。賢く生きてゆくためには、命の根底にある思想を知らねばならぬ。それを「感謝」というのだ。（ふむ、自分がつながっていることを「感謝」し、「感謝」を次の世につなげていくことですか？）「感謝」とは、ただ思うだけでなく、それを実行することなのだ。何不自由なく暮らせることへの「感謝」。日常を維持してゆく「感謝」。ただ祈ってばかりでは、「感謝」は生まれん。生きるための営みは、並々ならぬ努力が必要だ。常に物事に対して、敏感に事を運ぶか。この「運び」を「運」という。「運」は「道」とも言う。道は必ずしも平坦ではない。だが、先人の知恵があれば、乗り越えられる。道が悪いのは、己の努力や情報収集能力に劣るからだ。それを道のせいにしてはならぬ。努力し、道を平坦にしてゆかねば、いずれ立ち行かぬことになる。道が悪いわけではない。道をつくらぬ己の努力不足だ。「運び」がなくなれば、命は絶たれる。その道の整備をし続けることが命をつなぐことになる。（ご先祖さま、なかなか良いことを言いますねぇ〜）確かに、この世の者は命が何かを知らぬ。生きるとはどういうことかもわからぬ。それを教える者もいなくなってしまった。ただ、己の欲だけを満たし、足下を見ない。近くに大きな穴があっても気づかず。落ちたこともわからぬ。先を知らせる者を疎ましく思い、何が真実か知る知性も失ってしまった。それでは命は続かん。スメラミコトという思想を、今一度、世に知らせねばならぬ。いつかのように、生きる道をまた皆でつくってゆかねばならぬ。（あ、そうか、運を向上させるというのは、個人的なものではないということですか？）長い道のりだから、全体を見ることは不可能になっているが、一人ひとりの運、道をつくることは全体の運も向上させる。（現代人は「運」というものをはき違えていると思います。努力しないで、たやすく事が成就することを「運がいい！」と言います）いかにも、道の悪さに気づかないほうが生きるには楽なことよ。穴に落ちれば、もうそこから動く必要はないのだから。（では、現代人は穴に落ちることを望んでいるかもしれません）運、道から外れることを願っている者が、なんと多いことか。饒速日大神が憂えているのは、そこなのだ。千春は宮中のことに関わってはいけないと勝手に思い込んでいるようだが、皆が協力して宮中を支えてゆかねば、命は絶たれてしまう。もっと、国つ者はスメラミコトという思想を大切にしてゆかねばならぬのだ。一つの「象徴」という考えではなく、それは生き方であり、命なのだ。

●12／1　ウマシマヂの神

（午後三時頃、優しい声でこう聞こえました）ウマシマヂです。（あら、野原の牛さんではなかったのですね。今度はウマシマヂの神ですか？　ウマシマヂノミコトって、饒速日大神の御子で、物部氏の祖と言われている神ですね。出雲の近くにある石見の物部神社のご祭神だった、ですよねぇ〜。私、行ったことありませんよ。ど〜してつながったのかしらん）このまま聞いてください。今にこの世も大きく変わります。千春さんがブログに書いたことが、たくさんの人に読まれていきます。弥彦の神が言っていたように、命をつなぐことが今の世に必要になっています。（どうして急にそのようなことを言い始めたのですか？）理解しませんか？（はぁ……）未来において、この地が危うくなっているからです。（どう、危ういのですか？）今の状態を保てなくなっていきます。賢所が憑いていったのは、千春さんが生きる鍵を持っているからです。（鍵？）はい。（私が鍵を持っているというのは？）以前の話になりますが、神社の戸を開ける鍵を持っていましたよね？（あ、それ、二〇一一年にあった東日本大震災の前の話ですよ。上野の下谷神社のご祭神である年の神から預かったものです）行った神社で次々に鍵を背負わされて、いろいろなところを回ったと思います。（そうそう、鍵が重くて、最後は八坂さんと足を引きずりながら神社を回りました！↑このときの話は『冨士（二二）の神示』に書きましたので、参考にしてください。それがどうしたのですか？）その鍵が、賢所を開けたのですよ。わかりませんか？（はぁ……）生きるための鍵を千春さんは持っていたのです。未来を開ける鍵でした。今まで封印されていた神々が次々と出てきます。しばらくすると神武以前の神々が出て、この世を支配していきます。いきなり……とおっしゃいますけど、そうではないのです。少しずつ準備が進んで、ようやく賢所の扉が開きました。出雲の神々は大和政権（王権）に反発していましたが、大和政権は元をたどれば饒速日の系列なのです。今まで隠されていましたが、タクハタチヂヒメの親とは弥彦ですよ。（えっ～!?↑このあたりから、私の予想外の私の妄想か？と思われる、とんでもない話に展開してまいります（汗）。物語としてお読みください。タクハタチヂヒメというのは、スサノオとアマテラスの誓約で生まれた、正哉吾勝勝速日天忍穂耳尊《まさかあかつかちはやひあめのおしほみみのみこと》と言われている人物の皇后ですよね。では、正哉吾勝勝速日天忍穂耳尊って誰ですか？）全部お話しします。オオヒルメムチ（伊勢神宮の天照大神のこと）という巫女は九州を統治していた者です。昔は、今の時代とは違って、女性の家に婿に入るのが普通でした。オオヒルメムチに、祖父のスサノオが入ったのです。祖父とオオヒルメムチの間には姫しか生まれなかったのです。そこへ養子に入ったのがオシホミミです。（本当ですか？）うまく言えないのですが、今のことは本当です。（私の妄想ですか？　怪しいなぁ～。では、その養子とは誰なんですか？）弥彦の子供です。（えっ？　よくわからなくなってきました。弥彦とは、天香語山命で、尾張氏の祖であり、饒速日大神の御子でウマシマヂの神のお兄さんですよね？　弥彦の神はオオヒルメムチのもとに、ご自分の子孫を入れたのですか？）はい。籠の中の鳥は天香語山命。つまり、高木神というのは天香語山命のことです。（え～と、高木神というのは、高皇産霊尊《たかみむすひのみこと》と同じですか？出雲へはアメノホヒノミコトが向かっていますよ。古代は末っ子が相続したのではないですか？）アマテラスとスサノオの間にようやく男の子が生まれました。祖父のスサノオはその子を出雲へ連れて行ったのです。（ああ、なるほど、スサノオにとって、アメノホヒノミコトが末っ子だったんだ！）つまり、出雲の系譜がオオヒルメムチになってしまいました。神武はそのまま饒速日の子孫です。天香語山命の子孫だったのですよ。今までそのことが消されていましたが、これでおわかりになったでしょう？

オオヒルメムチは今も皇祖神と言われていますが、その息子は養子で弥彦の子ですよ。高木神は弥彦。調べてみてください。九州にヒコサン神社という神社があるはずです。

（ヒコサン神社？　あ、なんか聞いたことがありますけど、知らない神社名ですねぇ〜）そこの祭神のことを調べてみてください。

本当にあった！　ヒコサン神社

調べてみました！　ヒコサン神社。ウマシマヂの神が言っていたことは、本当でした。ぞ、ぞぞ〜っ！　自分の妄想が恐ろしい……。

ヒコサン神社とは福岡県田川郡添田町にある「英彦山神宮」。それもご祭神は……ぎゃ〜っ！「正哉吾勝勝速日天忍穂耳尊」！　びっくり！　なんてこった！

英彦山神宮の由緒によりますと、《英彦山は、古来から神の山として信仰されていた霊山で、ご祭神が天照大神（伊勢神宮）の御子、天忍穂耳命であることから「日の子の山」即ち「日子山」と呼ばれていました。嵯峨天皇の弘仁一〇年（八一九年）詔《みことのり》によって「日子」の二文字を「彦」に改められ、次いで、霊元法皇、享保一四年（一七二九年）には、院宣により「英」の一字を賜り「英彦山《ひこさん》」と改称され現在に至っています。英彦山は、中世以降、神の信仰に仏教が習合され、修験道の道場「英彦山権現様」として栄えましたが、明治維新の神仏分離令により英彦山神社となり、昭和五〇年六月二四日、天皇陛下のお許しを得て、戦後、全国第三番目の「神宮」に改称され、英彦山神宮になっています》とありました。

それに、「彌彦神社」の公式サイトでは、《宏大な越後平野に聳える霊峰弥彦山の麓にして　御手洗川の流れ清く　松杉鬱蒼として　神気満ちる杜に坐す彌彦神社は　肇国の功神にして「おやひこさま」と慕われる越後開拓の祖神　天香山命を奉祀する北越鎮護の名社として　上古より今日まで　高き尊き御神威に耀いています》と、「おやひこさま」と呼ばれているようです。

片や、英彦山神宮では由緒によれば、もともと「ひこ」さんですから、そう考えると、親（祖）と子のようです。ぞっ！

ところで、英彦山神宮のご祭神である天忍穂耳《おしほみみ》ですが、どこかで同じような名前を見たような気がします。

オシホミミ

『日本書紀』第九段第七の一書には「天忍骨命《あめのおしほねのみこと》」ともあるようです。『日本書紀』（井上光貞監訳）の注記によれば、「正哉吾勝勝速日天忍穂耳尊」の「天忍穂耳」を

「オシホニ」と訓《よ》んで「ホニ」が訛ると「ホネ」となるのだそうです。ウマシマヂの神のいうことが本当であれば、天香語山命の子孫にその名前を見出せそうです。『先代旧事本紀［現代語訳］』（安本美典監修、志村裕子訳、批評社）の天香語山命（尾張氏）の系譜を見ると、御子である天村雲《あめむらくも》命の下に「天忍人命《あめのおしひとのみこと》」と「天忍男命《あめのおしをのみこと》」がいます。「天忍男命」の御子には欠史八代の第五代孝昭天皇の妃である世《よ》襲《そ》足姫《たらしひめ》がいますし、「天忍人命」の御子にも同名の「天忍男命」がおりまして、この系列は皇子の養育料を出す部のようです（図1参照）。

「天忍男命」が二人いるところが、何となく怪しい感じがします。さらに『古語拾遺』には《「天忍人命」その人は、オシホミミのひ孫であるウガヤフキアエズの誕生の際に、箒で蟹を掃い「掃守《かもり》氏」になった》とあります。皇子の誕生に立ち会っていたほどの人物ですから、ウガヤフキアエズの祖父、または皇祖の一族ではないでしょうか。その後も天香語山命系は、太古には天皇妃を多く輩出している氏族のようです。そこで「天忍骨命」「天忍人命」「天忍男命」を並べてみました。

おしほねのみこと
おしひとのみこと

おしをのみこと

よく似ております。古代は読みの音重視（表音文字）なので、漢字に意味はないと思います。となれば、「おしほにのみこと」の「ほ」を「を」と読んで、「おしをにのみこと」と読んだかもしれませんし、「天忍人命《あめのおしひとのみこと》」の「人」を「に」と読めば、「おしにのみこと」になりそうです。個人的には両方の名前をくっつけて「天忍男人命《あめのおしをにのみこと》」としたいところですが、「天忍骨命《あめのおしほにのみこと》」＝「天忍男命《あめのおしをのみこと》」、もしくはその兄弟かもしれません。

『日本書紀』をパラパラめくっていましたら、私にとって都合の良い一説を見つけました。

《勝速日命《かちはやひのみこと》の御子の天火耳尊《あめのほみみのみこと》が丹舄姫《にくつひめ》を娶られて、御子の火瓊瓊杵尊《ほのににぎのみこと》を生まれたという》

『日本書紀』の一書には、オシホミミのことを「勝速日天忍穂耳尊《かちはやひあまのおしほみみのみこと》」と書いてあります。注記には《「天火耳尊《あめのほみみのみこと》」は天忍穂耳あるいは天忍骨命の異名であろう》とありました。

この一説からすると、「正哉吾勝勝速日天忍穂耳尊」は一人の名前ではなく、親と子の二つの名前が合わさった名前のようですので、これを採用しようと思います！

「正哉吾勝勝速日天忍穂耳尊」は一人の名前ではなく、親と子の名前と考えて、「天忍人命」とその御子の「天忍男命」にすることにしてみました。

「英彦山神宮」の上社のご祭神のことがホームページにありました。

《御社殿並摂末社（御本社上宮）：神武天皇が御東征の時、天村雲命《あめのむらくものみこと》を遣わされて祀られたと伝えられています》

このように、過去には、上社に「正哉吾勝勝速日天忍穂耳尊」の親（祖）である天村雲命が祀られていた!?　ような書き方がしてありました。

さらに、「彌彦神社」の公式サイトの由緒によれば、

《明治に入ると、神社は国家の宗祀として位置づけられ、明治四年（一八七一年）五月に国幣中社に列格し、国家管理のもと従来の祭典神事に加え近代神祇制度によって整備された古代からの祭祀が復活、斎行されるようになりました。明治一一年（一八七八年）九月一一日には明治天皇の御親拝を仰ぎ奉り、（中略）昭和四七年（一九七二年）五月二三日には昭和天皇・香淳皇后の御親拝を、同五六年（一九八一年）には皇太子同妃両殿下（今上天皇・皇后両陛下）の御参拝を仰ぎ奉り、（中略）彌彦神社は崇神天皇御代の御創建から現在に至るまでの二四〇〇年以上に亘り、天皇陛下を始め皇室の御安泰と御繁栄、国家国民の安寧と限りない繁栄のために御神威の御発揚を祈念し続け……》

と、彌彦神社（ご祭神「天香山命」）は、皇室の御親拝あつく、太古から皇室と関わりが深い神社のように感じます。

こうなると本当に、「正哉吾勝勝速日天忍穂耳尊《まさかあかつかちはやひあめのおしほみみのみこと》」＝天香語山《あめのかごやま》命御子の天村雲命《あめむらくも》の御子「天忍人命」＋「天忍男命」かもしれません。先ほど登場しました、『日本書紀』の一説を見れば、「正哉吾勝勝速日天忍穂耳尊」が二人の名前になっているのがわかります。

《勝速日命の御子の天火耳尊が丹舄姫を娶られて、御子の火瓊瓊杵尊を生まれたという》

これを用いて当てはめてみると、「天忍人命＝勝速日命」の御子が「天忍男命＝天火耳尊」のようです。天火耳尊には「尊《みこと》」の字がついていますから、「命《みこと》」の「天忍人命＝勝速日命」より身分が高そうです。オシホミミは結局、「天忍男命＝天火耳尊」でしょう。

「天忍男」はイザナギとイザナミの国生み、神生みにも登場する名前です。『古事記』を例にとると、国生みの項で「知訶島《ちかのしま》」の別名になっています。神生みでは「大事忍男神」「風木津別之忍男神《かぜもくつわけのおしおのかみ》」を見つけました。『日本書紀』の注記に、天火耳尊は、本によっては「天大耳尊」とあるそうです。オシホミミはさぞかし耳が大きかったのでしょうね！

六つ、「オシホミミ」養子説

次の言葉は、ウマシマヂの神が私に降ろしてくれた言葉の一部です。「祖父とオオヒルメムチの間には姫しか生まれなかったのです。そこへ養子に入ったのが、オシホミミです」。この言葉を調べてみました。

アマテラスとスサノオの誓約のあらすじ

イザナギがスサノオに天の下と青海原を治めるように命じたところ、スサノオは母を恋しがり「根の国へ行きたい」と泣きます。イザナギは怒ってスサノオを追放しましたが、スサノオは根の国へ行く前に、姉であるアマテラスに挨拶をするために、再び天に昇ります。ところが海は大荒れ、山々は地響きを立てます。その様子を見ていたアマテラスは、スサノオが高天原を奪いに来たと勘違いをし、武装して迎え入れます。スサノオは「邪心はない」と言いますが、アマテラスは疑います。そこで、邪心がないことを証明するために誓約という占いをします。もし、スサノオが生んだ子が女であれば邪心があったとみなし、もし男であれば邪心がないことにします。お互いの物を交換して誓約が行われました。

　スサノオが身につけていた剣をアマテラスは三つに折ってかみ砕き、噴き出した息から、宗像三女神（オキツシマヒメ、タギツヒメ、イチキシマヒメ）を生みます。次にスサノオがアマテラスの身につけていた玉をかみ砕いて、噴き出した息から、正哉《まさか》吾勝勝速日天之忍穂耳命《あかつかちはやひあめのおしほみみのみこと》、天穂日命ら六柱が生まれます。その後、（ここに注目！）アマテラスは、その玉は自分の物だから、生まれた六柱の男子は自分の子として引き取って養育し、天の原を治めさせたのです。スサノオの剣から生まれたアマテラスの子である宗像三女伸はスサノオに授けます。

アマテラスの御子とスサノオの御子の比較

『古事記』には詳しく書いてありませんでしたので、手元にある『日本書紀　上』（井上光貞監訳、中央公論社）と『先代旧事本紀〔現代語訳〕』（安本美典監修、志村裕子訳、批評社）から、アマテラスがスサノオの子を引き取る言葉を抜き出してみました。スサノオの御子は五柱だったり六柱だったりで、内容が違う記述があったりします。

『日本書紀』「巻第一　神代上　第六段　「うけい」」の項と、『先代旧事本紀』

「巻第二神祇本紀《ふたまきにあたるまきあまつかみくにつかみのもとつふみ》（天つ神と国つ神）」の「天の安河の誓約・宗像の三女神」にその様子がありました。

1『日本書紀』

合計五柱の男神である。そこで天照大神が勅して仰せられるには、「この子神たちの生まれたもとになった物根をたずねると、八坂瓊の五百箇の御統は私のものである。だから、その五柱の男神は全部私の子である」と仰せられて、引き取って養育された。また勅して仰せられるには、「この十握剣は、そもそも素戔嗚尊の所持品である。だから、それを物根として生まれた三柱の女神は、すべておまえの子である」とのことで、この女神たちを素戔嗚尊に授けられた。

2『日本書紀』

このように素戔嗚尊の生まれた御子はみな男であった。このため日の神は、素戔嗚尊ははじめから潔白なこころをもっておられたことをおさとりになって、その六柱の男神を迎えて日の神の御子として天原をおさめさせたもうた。

3『先代旧事本紀』

天照大神は「その物根《ものざね》（元）をたどれば、玉は私のものです。だから現れた六柱の男神たちはすべて私の子供です」とおっしゃられた。そして引き取って養育なされ、天の原を治めさせた。

「その剣はお前のものです。だから生まれた三柱の女神たちは、お前の子です。素戔嗚の命に授けて葦原中国《あしはらのなかつくに》に下らせます」

1. スサノオの御子を「引き取って養育された」
アマテラスの御子はスサノオに「授けられた」
2. スサノオの御子を「迎え入れて、日の神の御子として」
3. スサノオの御子を「引き取って養育され」
アマテラスの御子はスサノオに「授けて」

つまり、お互いの子を交換しているようです。

ウマシマヂの神の言う通り、アマテラスとスサノオの間では男の子が生まれなかったのだと思います。私が調べた限りでは、アマテラスが「男の子を生んだ」とは書いてありませんでした。そして、アマテラスは自分から生まれた三女神をスサノオに授けて、スサノオの息から生まれた六柱の男の子を引き取って養育したのでした。

アマテラスは女性ですから、自分から生まれたといえば、お腹を痛めて出産したのだなぁ、と解釈しますので、親子の血のつながりを感じますが、スサノオは男ですから、誰かに生んでもらわなくてはなりません。アマテラスはスサノオの物根から男の子は生んでいませんから、アマテラスはスサノオの系列神である御子を養子にしたと考えたほうが自然です。となると、アマテラスと、交換したスサノオの御子とは親子の血のつながりがない、もしくは直接的な血縁関係がないとの見方ができます。

アマテラスの養子たち

ウマシマヂの神の言葉は嘘ではなさそうでした。では、アマテラスは自分の血のつながりのない誰を養子にしたのでしょうか。推測ですが、一人はスサノオの御子である年の神／饒速日大神の御子の天香語山命の子孫です。オシホミミ、「正《まさ》哉《か》吾《あ》勝《かつ》勝《かち》速《はや》日《ひ》天《あめの》忍《おし》穂《ほ》耳《みみ》尊《みこと》」この系譜から天皇家が始まっています。アマテラスとスサノオの誓約によって、スサノオの剣をかみ砕いたアマテラスの息から三女神が生まれ、アマテラスの玉をかみ砕いたスサノオの息から正哉吾勝勝速日天忍穂耳尊、天穂日命ら六柱が生まれます。そして、アマテラスは自分から生まれた三女神をスサノオに渡し、スサノオの息から生まれた六柱の男の子を引き取って養育したのでした。

その後、養子の正哉吾勝勝速日天忍穂耳尊には、一人もしくは二人の御子が生まれます。長男「天照国照彦火明命《あまてるくにてるひこほあかりのみこと》（彦火明：ホアカリ）」（御子の天香語山命は尾張連たちの祖先神）と、次男「天饒石国饒石天津彦火瓊瓊杵尊《あめにぎしくににぎしあまつひこほのににぎのみこと》（瓊瓊杵尊：ニニギ）」の兄弟です。ホアカリの名前は、『先代旧事本紀』では「天照国照彦火明櫛玉饒速日尊《あまてるくにてるひこほあかりくしたまにぎはやひのみこと》」になっています。

ここで〝おおいなる矛盾〟が生じます。『日本書紀』では饒速日大神はホアカリと同神になり、オシホミミの御子として扱われています。ということは、饒速日大神は自分の子孫から生まれたことになります。その後もこの系譜を保って、『先代旧事本紀』には登場してきます。これは『海部氏勘注系図』も同じです。

子孫から先祖が生まれる!?

このように、遺伝学的には絶対にありえないグルグル回しの次元ループが、記紀にもさまざまなところで見られます。この〝おおいなる矛盾〟がのちほど役に立つのです。古代は末っ子が相続することになっているようですから、弟のニニギが後を継いだのでしょう。兄である饒速日大神ことホアカリは、その後、畿内の大和へ向かいます。

高倉下が神武天皇を助けた理由

ニニギとコノハナサクヤヒメとの間に、ホデリ（もしくはホアカリ〈海幸彦〉）、ホスセリ、ヒコホホデミ（山幸彦）の三柱が生まれました（ここでもホアカリが誕生します）。末っ子相続ですから、ここでヒコホホデミが後を継ぎます。ヒコホホデミの孫が、狭野（サヌ・サノ）と呼ばれる初代天皇である神武天皇になり、畿内へ東征します。『日本書紀』には、神武天皇が都を営もうと東征を決意するとき、すでにある東の美しい国は、饒速日《ほあかり》が天磐船に乗って飛び降りた地であることを知っている記述があります。末っ子相続ですから、子孫が来たら、兄ホアカリの開発した土地とはいえ、明け渡さねばならなかったのでしょう。もし、仮に、神武天皇の祖神オシホミミが天香語山命の孫であれば、神武天皇が天香語山命や同族であるヤタガラスに助けられるのもわかりますし、新大和政権樹立に力を貸したのもわかります。天香語山命の系列から皇后が多数輩出されている理由もわかります。

彌彦神社の公式サイトに、神武天皇を助けたご祭神の業績がありますので、再び見てみますと、神武天皇が東征しているとき、敵の毒気にやられて睡魔に襲われます。そこへ天照大神と武甕槌命《たけみかづちのみこと》は天香語山命（高倉下）に師靈剣《ふつのみたまのつるぎ》を神武天皇に献ずるよう夢の中で告げられました。師靈剣とはかつて武甕槌命が国土平定に用いられた威力ある霊剣です。夢告に従い、天香語山命が昏睡している神武天皇に師靈剣を献じたところ、霊剣の威力によって神武天皇を始め皇軍将士はたちまち昏睡から目覚め、敵を撃破されました。師靈剣は、『先代旧事本紀』によれば、「ふつ」とは「ふる」と同じように饒速日大神のことを指すようです。ここでの天照大神が賢所（饒速日大神）であったとすれば、このときは亡くなっていましたから、饒速日大神の形見である韴靈剣を子孫に渡したくなるのも、よ～く理解できます。このとき、ウマシマヂ命は饒速日大神亡きあと、母親の兄であるナガスネヒコに大和の統治権を奪われていましたので、兄である天香語山命と結託して、九州にいる子孫を誘い出し、大和の統治権をナガスネヒコから奪い返したのでしょう。それ以来、天香語山命の系列（尾張・葛城・賀茂・海部・忌部氏……）は天皇家とつながり、ウマシマヂ命が率いる物部氏は直接大和政権に関わる氏族として祭政を行っていったのでした。

余談ですが、伊勢神宮の内宮に奉斎されている八咫鏡は、別称「真経津《まふつ》の鏡」というそうです。『先代旧事本紀』の注記によれば、真経津の「フツ」は神剣布都御霊《ふつのみたま》の「フツ」との関連性が説かれているようです。伊勢神宮の内宮の神はやはり饒速日大神なのでしょうか。

七つ、伊勢神宮内宮の「天照大神」について

巫女であるアマテラス

　では、伊勢神宮内宮にお祀りされている天照大神（大日孁貴《おおひるめのむち》：アマテラス）とは誰でしょう。記紀では天照大神は自分自身が太陽神であるのに、神へお供えするために稲を育て、伊勢神宮への新穀をお供えするための祭儀（神嘗《かんなめ》）、新嘗《にいなめ》祭、大嘗《だいじょう》祭の祭祀をしたり、神に捧げる神聖な機織り場（斎機殿）で神衣を織っていたりと、古代の巫女ではないかと言われています。

『古事記』が太安万侶によって編纂されたのが七一二年で、『日本書紀』が七二〇年です。伊勢神宮ができたのが、四〇代天武天皇の時代のようですから（六八五年頃に式年遷宮が始まったようです）、伊勢神宮を考慮して編纂されたと思われます。『日本書紀』の注記に「大日孁貴」の「孁」について書かれています。

《孁は巫女の意味で用いた文字で「ミコ」または「カンナギ」を意味する靈の字の「巫」を「女」に改めることによって、巫女であることを、『日本書紀』の筆者が意図

的に示そうとしたらしい》

ですから、記紀に出てくる天照大神は「伊勢神宮内宮の巫女」と考えたほうがよさそうです。『先代旧事本紀』の注記によれば、それは女王卑弥呼の後を継いだ平止与命《おとよのみこと》がモデルではないか、と言われています。平止与命は尾張氏（天香語山命の系列の系列神で、饒速日大神から一一代目の子孫のようです（この方はのちほどまた出てきます）。と、調べていましたら、陛下の裏の意識（？）でしょうか、こんな妄想が私に降りてきました。

●12／2　陛下の意識？

（朝、目が覚めたとき、とても静かでしたので、どなたかいないかなぁ～と探していました。どなたかいませんか～？）……私がおります。（はっ？　この意識は陛下!?お、おはようございます！　なぜここに？）国民の皆さんが、どのような生活をしているのかが気になりましたものですから……。（↑私と意識が合ってしまったようです。このとき、陛下にウマシマヂの神が言っていたことを聞いてみました）気がつかれましたか。（なぜ、天皇家はオオヒルメムチの系列になったのですか？）今は言えません。もっと調べてみてください。

（お昼過ぎ、一三時少し前頃）神の系譜を知る者は、命が絶たれると言われています。

民の知るアマテラスはご承知の通り、実話ではありません。賢所が本当のアマテラスになります。タカミムスビの神が祖神となり、神生みをされたことは事実です。アマテラスオオミカミが伊勢神宮に奉斎されたのは、オオヒルメムチという巫女の魂です。話を葛城系（天香語山命の系列）から離したのは、伊勢への働きかけからです。時の権力者が恐れたのは、天皇家の祀る大神の力だったのです……。

（と、ここで意識が急に途切れてしまいました。時計を見ると、一三時五分でした。陛下と思われる意識は、お昼休みの時間を利用して、私にアクセスしてくださったのだと思います）

（夜、またつながりました。二三時半過ぎでした）この話は、当日の支度が済むまで黙っていてください。（あ、はい。即位礼のことですか？　来年の五月一日の即位式でしょうか？）はい。実は、賢所の子孫である葛城の系譜が続いているのです。千春さんの先祖である天香語山命がそうです。もしかして、気づかれたかもしれませんが、オシホミミというのはアマテラスとされたオオヒルメの家系図に入ったからです。（スサノオとオオヒルメムチとの間は宗像三女神しか生まれなかったのですか？）当初は母が身ごもっていましたから……。（Ｚｚｚ。はっ！　すみません。寝てしまいました）書けますか？（はい。お願いいたします）オオヒルメは離婚したのですよ。スサノオとの子は三人と言われていますが、アメノホヒノミコト、その一人です……

#$%。（↑私が眠くてよく聞き取れない。では、オシホミミはどなたと結婚したのですか?　タクハタチヂヒメとはどなたですか?）妻にしたオオヒルメはイシコリノミコトとつながる系譜と一緒になりました。イシコリの家系はその後……。（わかりません。イシコリというのは鏡づくりと関係している人ですか?）千春さん、この話は賢所の鏡も同じ鏡だということです。（真経津の鏡ですか?）はい。今の話はイシコリという……。（あ～、残念!　ここで私が寝てしまいました）

イシコリとは?

私が寝てしまって、それ以上の情報が得られませんでしたので、わかる範囲で調べてみました。イシコリとは何だろう?

ウィキペディアの「トベ」によると、《作鏡連の祖であるイシコリドメ（石凝姥）はイシコリ「トベ」（石凝戸辺）とも書かれている。ヤマト王権以前の称号（原始的カバネ）の一つで、四世紀以前の女性首長の名称に使われた》ようです。大和政権（王権）初期にはそういった地元の首長や豪族たちと婚姻関係を結び、その土地の支配権を得たのだと思います。九州の吉野ケ里遺跡は弥生時代の大規模環濠集落の史跡があり、鏡の出土が顕著であるそうです。『先代旧事本紀』の注記では《鏡は死者への鎮魂と結びつく。大和の勢力に対して、城柵を築いて抵抗した勢力を滅ぼして、天照大神である鏡を祭り、鎮魂したのではないか》とあります。九州の日向で女性首長だったアマテラスことオオヒルメムチはその後、高木神の系列である作鏡連に吸収されていったのだ、ということらしいです。アマテラスから依り代の鏡へ。イシコリドメの作った鏡は伊勢神宮内宮の鏡と同じものだそうです。

伊勢神宮にある「八咫鏡」とは？

鏡については、『先代旧事本紀』の「神祇本紀（天つ神と国つ神）」の「天《あま》の磐戸《いわと》」に詳しくありました。おおよそ以下のような話です。

アマテラスはスサノオの度重なる悪行に怒って、天の窟《いわや》（岩屋）に隠れてしまいます。世の中はことごとく暗闇になり、あらゆる災害が襲ってきます。そこで、多くの神々は天《あま》の八《や》湍《せ》の川（安河《やすかわ》）の河原に集まり話し合います。そこで高皇産《たかみむすひ》の尊《みこと》の子の思兼《おもいかね》が提案します。「常世《とこよ》の長鳴《ながなき》の鳥（太陽を呼び戻す鶏）を集めて、鳴かせましょう。また、日の御像《みかた》をつくり、魂を呼び寄せるお祈りをしましょう」と。鏡作りの先祖の石凝姥《いしこりどめ》の命《みこと》に、天の八湍の川の川上の天《あま》の堅石《かたいし》（鏡を鍛える硬い岩石）を採掘して、天《あま》の金山《かなやま》の銅《あかね》を採って日の矛《ひほこ》（日矛の鏡）を作らせましたが、この鏡はいささかそぐいませんでした。これは紀伊の国に鎮座する日前《ひのくま》の神です（和歌山市秋月の日前神宮の祭神）。次に石凝姥の命の子である天《あめ》の糠戸《ぬかと》の神（鍛冶の神）を招集して、天《あま》の香山《かぐやま》の銅を採って日像《ひのみかた》の鏡を作らせました。その出来栄えは素晴らしかった。でも、窟戸に触れた際に小さな瑕《きず》をつけてしまいました。その瑕は今でもあります。この鏡は伊勢にお祀りする大神です。いわゆる八咫の鏡、またの名を真経津《まふつ》の鏡です（伊勢神宮内宮に祀られている八咫の鏡）。

アマテラスの鏡を奉斎する日前《ひのくま》・國懸《くにかかす》神宮

鏡については、和歌山県にある日前・國懸神宮にヒントがありそうです。神社のホームページにある「御由緒」を見てみましたが、原文がわかりにくいので、私なりに解釈してみました。

古い神社だそうです。創建二千六百餘年とあります。日前・國懸神宮は同じ境内にある二社の神社のようです。日前神宮は日像鏡《ひがたのかがみ》を御神体として、「日前大神」とし、國懸神宮は日矛鏡《ひぼこのかがみ》を御神体として「國懸大神」としています。アマテラスが天の岩窟に隠れてしまわれた際、思兼命のはかりごとに従って、種々の供物を備えます。アマテラスの心を慰めていただくために、石凝姥の命に天香山から採取した銅を用いてアマテラスの御鏡《みかがみ》を鋳造しました。その初度に鋳造されたアマテラスの御鏡前霊《さきみたま》が、日《ひ》前國懸《くまくにかかす》両神宮の御神体として奉祀されたと『日本書紀』に記されております。天孫降臨の際、三種の神器とともに両神宮の御神体もそえられ、神武天皇東征のあと、紀伊國造家《きいのくにのみやつこ》の始祖に当たる天道根命《あめのみちねのみこと》を紀伊國造に任命し、二つの神鏡を以て紀伊國名草郡《なぐさぐん》毛見郷《けみごう》の地に奉祀せられたのが神社の起源とされています。その後、一〇代崇神天皇五一年、名草郡濱ノ宮《はまのみや》に遷宮され、一一代垂仁天皇一六年には名草郡萬代宮、すなわち現在の場所に移りました。それ以来、そこに鎮座して、天道根命の末裔である紀氏《きいし》によって代々お祀りされ、両神宮の祭神が三種の神器に次ぐ宝鏡とされたために、伊勢の神宮に次いで朝廷からの崇敬も篤く賜っているようです。延喜の制には両社とも明神大社に列し、祈年《としごい》、月次《つきなみ》、相嘗《あいなめ》、新嘗《にいなめ》の祭祀には天皇から幣帛（御供）を賜るほどでありました。

天の金山・天の香山

石凝姥の命によって初めに作られた鏡は「天香山《あめのかぐやま》から採取した銅」とありますが、このアメノカグヤマは奈良県にあるアメノカグヤマではなく、福岡県にあるアメノカグヤマです。同じ地名が九州と大和地方にあります。この説明が『先代旧事本紀』の注記にありました。

《香山《かぐ》は大和の香山《かぐ》の他に福岡県朝倉市杷木町に香山《かぐ》がある。高山とも書く。朝倉市・朝倉郡筑前町を中心に大和地方との地名の一致が見られる》

《集団の移動によって、名づけられたものとみられる。また〝天の金山〟や〝天の香山〟で採った銅《あかがね》で鏡を作ったとあることから、金山や香山が採銅や金属精錬に関する山に反映されているか。採銅や鏡作りに縁のある福岡県田川市の香春岳《かわらだけ》のような山が、神話の金山や香山に反映されているか》

銅山である「天香山」と年の神／饒速日大神の御子である「天香語山命」という名前には、何かつながりがありそうです。いやいや、絶対つながりがあるでしょう！饒速日大神／年の神は自分の子に山の名前を付けていました。ウマシマヂ命（宇摩志麻治命、可美真手命）の名も、同じく福岡県朝倉市にある馬見山から付けたようです。大和に東征する前に統治していた故郷の土地の山の名前だそうです。「〜くま」という地名は、紀伊半島だけでなく、北部九州にも多いそうですから、北部九州地方から紀伊半島に移ってきた人々によってつけられた地名なのでしょう。

日前・国懸神宮の御由緒に、紀伊國造家の始祖に当たる天道根命《あめのみちねのみこと》なる人物が出てきました。『先代旧事本紀』の注記では、天道根命の父親の姉（妹）である天道日女命《あめのみちひめのみこと》は年の神／饒速日大神の妃になります。その御子が「天香語山命」になり系譜が続きます。天道根命と天道日女命を調べてみますと、神産霊神《かみむすひのかみ》につながってきます。『日本書紀』と『先代旧事本紀』を参考にして、わかる範囲で系図を示してみました（図2参照）。

高皇産霊神について考える

天の磐戸で活躍した思兼神《おもいかね》は高皇産霊神《たかみむすひのかみ》（高木神）の子で、思兼神の妹である栲幡《たくはた》千千姫命《ちぢひめのみこと》、『古事記』では、萬幡豊秋津師比売命《よろずはたとよあきつしひめのみこと》が、オシホミミの妃になっています。

高皇産霊神（高木神）と思兼神のこととははっきりわからなかったのですが、栲幡千千姫命は機織や織物、養蚕に関係のある名前のようです。ということは、高木神も機織や織物に関係のある神だと言えます。

『先代旧事本紀』の注記に載っていた彌彦神社の伝承では、《天香語山命は別名を「手栗彦《たくりひこ》」といい、彌彦神社の伝承では「手繰彦」で、紀伊熊野から上陸した命《みこと》が、稲作、養蚕などのほかに、手繰網の漁法や製塩技術を伝えたことからの名称とされる。京都京田辺市の棚倉彦神社の祭神でもあり、養蚕との関わりで手繰彦をとらえる説もある》とありますように、天香語山命は養蚕とも関わりが深い神のようです。

高倉下の名前では、愛知県熱田神宮の摂社「高座結御子《たかくらむすびのみこ》神社」や和歌山県熊野速玉神社摂社の「神倉神社」、伊賀市西高倉の「高倉神社」の祭神にも見られます。愛知県熱田神宮の摂社「高座結御子神社」については、高座結御子の祭神が高倉下ですから、その祖《おや》が高座結の神＝高皇産霊神（高木神）ではないでしょうか。つまり、高皇産霊神（高木神）は天香語山命の系列神の祖であると。高皇産霊神（高木神）の子である栲幡千千姫命《たくはたちぢひめのみこと》は天香語山命の系列神ではないでしょうか。「●12／1　ウマシマヂの神」が言っていた、「今まで、隠されていましたが、タクハタチヂヒメの親(祖)とは弥彦ですよ」、「高木神は弥彦」は本当かもしれません。天香語山命の割注に《神の使いとされる鹿が棲み、鹿子の木の生い茂る神霊な山を治めているお方》とあります。鹿子の木は楠の古い木になりますから、天香語山命は樹木の生い茂る山に関係する神のようです。

または、スサノオは御子の大屋彦《おおやひこ》の神(五十猛《いたける》神)とともに天下ったとき、たくさん樹木の種子をもって朝鮮半島の熊成《くまなり》の峯へ降りましたが、韓《から》の地には植えないで、筑紫をはじめ、大八洲《おおやしま》の国に蒔いて青山にされたという話があります。大屋彦の神(五十猛神)は林業の神、造船・航海の神として、紀伊の国に鎮座する大神になっています。妹の大屋姫の神、抓津姫《つまつひめ》の神も、植林の神として紀伊の国に鎮座しています。ウマシマヂの神が言っていた「弥彦」とは、私の聞き間違えで「大屋彦」かもしれませんねぇ。もしくは弥彦は二、三代目か。

五十猛神を祭神とする杉山神社は、神奈川県横浜市を中心に川崎市、東京都町田市、稲城市などに数十社存在します。その多くの神社の主祭神はスサノオの御子の「五十猛神」や「日本武尊」ですが、横浜市都筑区茅ケ崎中央の杉山神社のご祭神は「天照大神」で違っています。ところが、神社の伝承では四〇代天武天皇白鳳三年に高御座巣日太神(高御産日命)・天日和志命(天日鷲命)・由布津主命(阿八別彦命)の三柱を祀ったのが始まりだったようです。
五十猛神＝高御産日命（高皇産霊神＝高木神）だった可能性があります。『先代旧事本紀』では神産霊神《かみむすひのかみ》と高皇産霊神を同じ扱いにしている箇所がありました。兄妹か夫婦神かもしれません。五十猛神と天香語山命を並べると、

五十猛神が「大屋彦《おおやひこ》の神」
天香語山命が「彌彦《おやひこ》」

となります。うむ、ますます神武天皇の血筋は饒速日大神の血筋に近づきそうです。
天香語山命の系列（尾張氏）は葛城に居住していたようで、「高」という字がよく用いられています。「高尾張」「高宮郷」「高丘の宮」など。高天原をイメージしているのでしょうか。初期の天皇との関係性も見られるようです。そういえば、ウィキペディアによれば、彌彦神社の宮司の家系は「高橋」でした！　私の先祖というのも嘘ではないかもしれません。ゾッ！

アマテラス（九州吉野ケ里遺跡勢）VSスサノオ（出雲・大和勢）

再び、前出の日前・国懸神宮の話に戻ります。『先代旧事本紀』の注記によると、おおよそ次のように書いてありました。

日前・国懸神宮は日像《ひがたの》鏡を御神体とし、思兼・石凝姥を配祀する和歌山県にある神

社で、日前・国懸神宮として、もともと独立した二社からなる神社です。同じ社地に二社が祀られる例はたびたびあるそうで、《これらの神社には、けんか祭や神輿を壊すなど特異な祭祀があり、征圧した氏族と征圧された氏族の双方の奉じる神を祭ったとみられる。日前・国懸神宮についてもこうした例が考慮される》とあります。「矛」は、制圧された氏族の象徴として祀られる例があるそうです。紀伊国の日前・国懸神宮については、九州との関連性が考慮されますから、朝倉市と大和地方の地名の一致とともに、さらに九州と大和の地名の名づけ方、位置や地形の一致が指摘されています。こうしたことから考えると佐賀県神埼市・神埼郡にまたがる吉野ケ里遺跡の背後にある日の隈山《くまやま》（九州地方）は日前・国懸神宮（近畿地方）に対応するものではないでしょか。「～くま」の地名は北部九州に多いようです。そこにある吉野ケ里遺跡は弥生時代の大規模環濠集落の史跡でありましたから、当地域は鏡の出土が顕著だそうです。鏡は死者への鎮魂と結びつき、大和の勢力に対して城柵を築いて抵抗した勢力を滅ぼして、天照大神の御魂である鏡を祀り鎮魂したのではないでしょうか。《神武天皇の東遷に従って近畿に遷座したものなのか》とありました。

アマテラスは九州を統治していた!?

九州は当時、出雲よりも中国・朝鮮半島の大陸と交易が盛んで、大きな都市国家を形成していたのだと想像します。それを全体的に統治していたのが女王アマテラス（オオヒルメムチ）だったのかもしれません。出雲にいたスサノオですが、たびたび九州地方や大陸からちょっかいを出され、息子の五十猛《いたける》神や年の神とともに九州制圧に乗り出したのだと思います。といっても、大陸とのつながりのある大きな都市ですから、ただの力任せでは勝ち目がありません。当時、出雲が持っていた産業との技術提携という形で、連携をはかっていったのだと思います。九州勢も大陸とのつながりから難癖をつけられたり、ちょっかいを出されたりで、それなりに苦労していたと思いますので、多くの場合は、スサノオ一族と手を組んで大陸から身を守ろうとしていたのだと思います。

しかし、連携に乗り気でない部族もいたはずです。その部族は、その部族だけで交戦できるだけの武力や資源力があったとみなします。それが吉野ケ里遺跡にある大規模環濠集落だったかもしれません。

ここは推測ですが、アマテラス（九州勢）VSスサノオ（出雲勢）で、交戦があったかもしれません。北部九州は銅鉱山、天の金山・天の香山があり、鏡の出土が多いというので、鏡や矛など銅製品を作っていました。『先代旧事本紀』には《石凝姥の命は鏡だけでなく、日矛も作った》とありますから、武器製造もしていたようです。

出雲はご存知の通り、たたら製鉄、鉄器の文化を持っています。本（※5）によれば、ほかにも島根県は昔、世界でも有数の鉱物資源国だったようです。石見銀山は知るところだと思いますが、出雲大社の真裏の山に日本最古と言われる「鷺《さぎ》銅山」があります。出雲大社の御神体は、もしかしたら鷺銅山かもしれません。出雲では不純物の少ない純粋な、質のよい自然銅が産出するそうです。それで作ったのが、大国主の神宝である荒神谷遺跡の銅剣や加茂岩倉遺跡の銅鐸でしょう。著者は《大国主の別名「大穴持神」の意味するところは鉱山のオーナーという解釈もあり》と言っています。大穴持神はオオナムチ（大己貴、多名持＝多くの名前を持つお方）とも言われていますから、もしかしたら、鉱山を代々継ぐオーナーという意味で、一人だけの名前ではないのではないかと思われます。そういう意味では「大国主」も代々国を継ぐ国王のような意味があり、こちらも一人の名前だけではないかもしれません。

※5 『島根の逆襲　古代と未来をむすぶ「隠れ未来里」構想』（出川卓＋出川通著、言視舎）

九州の銅VS出雲の銅・鉄

ここで、九州勢と出雲勢のバトルが繰り広げられたと仮定します。銅剣と鉄剣では、硬い鉄剣が勝つに決まっています。スサノオがヤマタノオロチと戦ったとき、強い酒を醸して、酔わせてから斬りつけました。最後にヤマタノオロチのしっぽを斬ったとき、スサノオの銅剣は折れてしまいます。そこには鉄剣（天叢雲《あめのむらくも》の剣）があったからです。

日前・国懸神宮の御由緒から考えるに、負けてしまったアマテラス勢の象徴が日前神宮の日像鏡《ひがたのかがみ》、勝った出雲勢の象徴が國懸神宮の日矛鏡《ひぼこのかがみ》なのだと思います。負けてしまったアマテラス勢の象徴がアマテラスの象徴へと変化し、アマテラス＝伊勢神宮の鏡になっていったのでしょうか。

二つある「鏡」

天照大神が天の岩窟に隠れた際、その御心を慰め和んでいただくため、思兼命《おもいがね》の議《はかりごと》に従い、種々の物を供しました。そして、石凝姥命《いしこりとべ》に天照大神の御鏡《みかがみ》を鋳造させました。日の神の御像《みかた》です。鏡は死者への鎮魂とも結びつきます。でも、その鏡は意にそぐいませんでした。これは紀伊の国に鎮座する日前の神になりました（日像の鏡、『先代旧事本紀』では「日矛の鏡」になっています）。

「日の神の御像」というのは、『先代旧事本紀』の注記では、《鏡の背面の図に天照大神の像を鋳込むことではないか》とあります。初めの鏡が意にそぐわなかったので、再び鏡を作らせます。今度は、石凝姥の命の子である天の糠戸の神（鍛冶の神）を招集しました（『日本書紀』は天糠戸の神の子が石凝姥の命になっています）。天の香山の銅を採って日像の鏡を作らせます。その出来映えは麗しかったのですが、岩戸に触れた際に小さい瑕をつけてしまいました。その瑕は今もあるそうです。この鏡は、国懸神宮の神になりました（日矛の鏡）。
『日本書紀』では、作った鏡は一つだけのようですから、たんに「日矛」として扱われています。《この鏡は伊勢にお祭りする大神である。いわゆる八咫の鏡、またの名を真経津の鏡である（伊勢神宮の内宮に祀られている八咫の鏡）》とありますが、小さな瑕に対する注記があります。
《【扶桑略記】に六二代村上天皇日記天徳四年（九六〇年）九月二三日の条に、内裏火災後に賢所の焼け跡から「鏡一面、経八寸ばかり、頭に小瑕ありと言えども、もっぱら損無し」を発見したという記事を、『紀』の小瑕の裏付けとして「釈紀」は引用する》
とありましたから、当時（平安時代）、内裏が火災になったおり、賢所の焼け跡にあった鏡の頭には小さな瑕があったようですので、「日矛鏡」と思われます。この「真経津の鏡（八咫の鏡）」は伊勢神宮ではなく、宮中賢所にあったようです。明治の初めに明治天皇が伊勢神宮内宮の鏡をご覧になったとき、瑕の話は出てこなかったようですから（このときはレプリカだったかもしれませんが）、伊勢神宮に祭られている鏡は、初めに作った意にそぐわなかった「日像鏡」だった可能性があります。

放浪癖のある「鏡」

『日本書紀』の崇神天皇六年の項に、《疫病大流行して、百姓は流亡し、あるいは背き、徳をもって治めることが困難になったため、天照大神と倭大国魂《やまとのおおくにたま》の二柱を天皇の居所の中におまつりしたところ、神々はそれぞれ威勢を遠慮して、ともに住むことを我慢なさらなかった》とあります。このとき宮中には、瑕のある「日矛鏡」と、瑕のない「日像鏡」が同居していたのかもしれません。そこで、天照大神は豊鍬入姫命《とよすきいりひめのみこと》によって、倭の笠縫邑《かさぬい》に祀られたのでした。ここから「日像鏡」は伊勢神宮の内宮に鎮座されるまで放浪の旅に出たのです。これら鏡の神々は放浪癖があるように思います。日前・国懸神宮は、今鎮座しているお宮の前にも二度ほどお宮を変えていますから。神武天皇東征のあと、二つの神鏡をもって紀伊國名草郡毛見郷に鎮座しました。この地にはもともと、伊太祁曽《いたきそ》神社「ご祭神：五十猛命（大屋毘古神）」が祭られていたそうですから（伊太祁曽神社公式ホームページより）、五十猛命（大屋毘古神）は高皇産霊神《たかみむすひのかみ》＝高木神と考えると、ここへ移ってきた理由もわかるような気がします。その後、一〇代崇神天皇五一年に、日前・国懸神宮は名草郡濱ノ宮《はまのみや》に遷宮されます。なぜかというと、豊鍬入姫命によって日像鏡が名草郡濱ノ宮に遷されたため、場所を譲ったようです。鏡は、ここに三年ほど滞在して、吉備国名方浜宮へ移ってしまいます。お宮の方は、一一代垂仁天皇一六年に名草郡萬代宮、すなわち現在の場所に移りました。このとき、鏡をどうしたかの記述はありません。

鏡作りの先祖神として、「石凝姥の命」と、その子である「天の糠戸の神」の二柱の神が出てきました。それぞれが作った鏡が、日像鏡と日矛鏡。記紀や『先代旧事本紀』、神社の御由緒で、鏡に関して少し混乱があるように感じます。記紀の編纂者の中で混乱があったかもしれません。二つの鏡は、瑕がつきやすい鏡と瑕がつきにくい鏡？　と、そもそも素材が違う鏡のような気がしてなりません。これについては、のちほど考察してみようと思います。

思兼は重金？

思兼神《おもいがね》はアマテラスのブレーンのように扱われていますが、本当は鏡作りの一族で、鏡作りに重要な「銅」の生産に関わる氏族なのではないかと思います。「思兼＝オモイガネ＝重金？」。『古事記』の記載は「思金神」です。《思慮を兼ねそなえ、事を議《はか》ることを役目とする神の意》と。思兼神の子に下春《したはる》の命がいます。『先代旧事本紀』では、《武蔵秩父の国造たちの先祖》と書かれています。秩父は銅の産地で「和銅遺跡」があります。秩父の銅を使って慶雲五年（七〇八年）に日本最初の貨幣「和同開珎」が発行されました。ですから「和銅」という年号になったということです。ということで、子も銅鉱山に関係がありそうです。

「思兼神＝銅＝鏡」と考えると、親の高皇産霊神＝高木神も銅や鏡に関係していると思われます。銅を精錬するのに鉱物中の不純物を熱で揮発させていきます。つまり、銅で鏡を鋳造するのには、銅を溶かすだけの熱量の炭や薪、技術が必要となります。ちなみに、銅が溶ける温度を調べてみると、手元にあった理化学辞典には一〇八三度とあります。青銅ですと錫《すず》との合金で、鏡は錫の割合が三〇パーセントと高いそうですから、もう少し低い温度かなと思いますが、それでも七〇〇～八〇〇度、もしくはそれ以上の温度は必要と解釈します。鞴《ふいご》で空気を送り込む技術がすでにこの時代にあり、その技術力は相当高いと言えます。ということはですよ、思兼神は鉱山（採掘、冶金）の神（技術者）であり、燃料である樹木の神だと言えます。ちなみに錫の割合が多くなると白い銅になり、それを〝あるもの〟で根気強く磨くと、ピカ～ッと光るきれいな鏡になるようです。きっと、その鏡は太陽の光を反射して、太陽のごとく輝いたのだと思います。

日像鏡と日矛鏡に関わる重要人物が、日前・国懸神宮の御由緒にある「天道根命の末裔である紀氏」のようです。天道根命は饒速日大神／年の神の妃（天道日女命《あめのみちひめ》）の甥っ子になります。天道根命にしてみれば、饒速日大神は自分の伯母さんの旦那さんになります。饒速日大神と天道日女命の御子が「天香語山命」なのです。ということで、思兼神は五十猛神（大屋彦の神）の子孫である天道根命か天香語山命の系列の御子ではないでしょうか。正哉吾勝勝速日天之忍穂耳命＝オシホミミの妃である栲幡千千姫命は高皇産霊神の御子である思兼神の妹ですから、この姫は五十猛神（大屋彦の神）か天香語山命の子孫でありそうです。

このようにして、「●12／1　ウマシマヂの神」の言葉、「●12／2　陛下の意識？」の言葉を調べれば調べるほど、驚くべき事柄が出てきました。天皇家の皇祖神が五十猛神（大屋彦の神）であり、天香語山命であり、饒速日大神＝年の神であるとすれば、記紀に書いてあることも容易に理解できそうです。

伊勢神宮に祀られているアマテラス（オオヒルメムチ）

では、伊勢神宮に祀られているアマテラス（オオヒルメムチ）と天皇家はどんな関係なのでしょうか？　これまで調べてきたことによると、伊勢神宮内宮に奉斎されている八咫鏡はスサノオ・年の神、出雲勢が制圧したと思われる、九州の女王アマテラス（オオヒルメムチ）族の鎮魂と関係があるらしいことがわかりました。八咫鏡そのものがアマテラスであり、それを依り代としたのが、宮中三殿賢所の饒速日大神だったのかもしれません。

スサノオや饒速日大神／年の神は武力というより技術提携という形で国家を統一していったのだと思います。話し合いをし、婚姻関係を結んで統合していったのでしょう。やむなく武力を使って制圧したとしても、相手を敬い、亡くなった方は大切にお祀りしながら統合していったのだと思います。そうやって、スサノオの配下に集まった部族の祖、もしくは首長が、伊勢神宮に祀られている女王アマテラス（オオヒルメムチ）とは考えられないでしょうか。婚姻関係を結んでいますから、直系の祖ではないかもしれませんが、妃や部族の祖ということで皇祖神としているのだと考えてみました。

『卑弥呼の孫トヨはアマテラスだった～禁断の秘史ついに開く～』（伴とし子、明窓出版）によれば、皇室が伊勢神宮を参拝されるようになったのは明治二年（一八六九年）三月一二日以降であるそうです。その理由は《アマテラスの御魂代である神鏡をまつる賢所が宮中にあるため、そこに参拝していた》からだそうです。前出の村上天皇日記に書かれていた瑕のある鏡がそうなのでしょう。では、伊勢神宮とは何か？については、伴とし子氏の本で引用された言葉をまとめますと、以下のようなことでした。

《もともと、伊勢神宮の神は、皇室と関係ない日の神を祭る伊勢の地方神であったようです。机上に作成した架空の神で、民間信仰とも関係ないが、その場所が皇室の東国発展に伴い拠点とされたことや、日の聖地と考えられたことにより、二一代雄略天皇から皇室と特別な関係を生じたようです。四〇代天武天皇が壬申乱《じんしんのらん》（六七二年）

に伊勢の神に祈願をして、勝利をしてから皇室の神となります》と。では、雄略天皇の時期に何があったのかといえば、雄略二二年（四七八年）に伊勢神宮の外宮に移された神があります。豊受大神です。豊受大神宮のホームページによれば、《今から約千五百年前、天照大御神のお食事を司る御饌都神《みけつかみ》として丹波国《たんばのくに》から現在の地にお迎えされました》ということです。丹波国の神がなぜ外宮に？　それに、外宮のほうがあとにできたのに、伊勢神宮の参拝は外宮からという、私には理解できない習慣があります。

実は、あとでわかったのですが、「皇室と関係ない日の神を祭る伊勢の地方神」が、これまた大変な神でした。この件については、またのちほど。うふふ……。

八つ、伊勢神宮外宮のご祭神「豊受大神」

良い田庭

豊受大神とは、『丹後国風土記残欠』に、《往昔、豊宇気大神が当国のいざなご獄に下られた時に、天道日女命《あまのみちひめのみこと》が大神に五穀および桑蚕等の種を求められた。そこで、この獄に眞名井を掘り、その水をそそいで、田畑を作り、種を植えられた。秋には八握りもある穂がたれて、実に快かった。豊宇気大神はこれをみて大変歓喜され、立派にみのった良い田庭《たにわ》であると詔《みことのり》され、また再び高天原に登られた。故に、この丹波、旦波、但波の字は皆〝たにわ〟の訓である》とあります。

「天道日女命」とは、饒速日大神／年の神の妃です。その御子に「天香語山命」がいます。この母子にまつわる話があります。天道日女命と天香語山命が一緒に豊受大神を祀るためにお供え物をつくろうとすると、井水がたちまち変わって、炊けず、そこで天道日女命は葦を抜いて大神の心を占って、他の土地に霊水を求めた、というお話です。天道日女命と天香語山命がお祀りした豊受大神とは、これだけ見れば、饒速日大神／年の神自身のことではないかと思われますが、どうでしょう。『先代旧事本紀』の注記に、饒速日大神が丹波へ下って行った記述がありました。天下ったルートが丹後国一の宮、元伊勢《もといせ》籠《この》神社に伝わる『海部氏系図』および付属の『海部氏勘注系図』に記されているようです。《饒速日大神と同一神とする天の火明《ほあかり》命が丹波国（後に分割されて丹後国）の伊佐奈子《いさなこ》岳あるいは凡海息津嶋《おおしあまおきつしま》（京都府宮津市付近）に天下り、その後、由良の水門《みなと》に移り、子の天香後山命（天香語山命）に神宝を預け国土造成を託した》とするものだそうです。

「いざやご山・伊佐奈子岳」にはさまざまな名前があるようで、その中に「足占山《あしうら》」というのがあります。先の、天道日女命と天香山命の話で出てきた「葦を抜いて大神の心を占ったから」という説と、豊受大神が出て行ったあと、「大神を慕いその行方を占ったから」という説があるようです。饒速日大神は丹後で天香語山命に神宝と国土を託して亡くなったのでは？　と思いますから、もしかしたら「足占山」にいるのかもしれませんね。

天香語山命に託された神宝

ここで重要なのは、饒速日大神／年の神が「天香語山命に神宝を授け、国土造成を託した」というところです。ここで、饒速日大神もしくは同一神とする天の火明命の

「神宝」の話をしようと思います。饒速日大神の神宝については、先述した鎮魂祭のところで出てきました。饒速日尊が天つ神から授かった十種の神宝「天璽瑞宝十《あまつしるしのみずのたからと》種《くさ》」です。

《瀛津《おきつ》鏡・邊津《へつ》鏡・八握《やつか》剣・生玉《いくたま》・足玉《たるたま》・死人玉《まかるがへしのたま》・道反玉《ちかへしのたま》・蛇比禮《へみのひれ》・蜂比禮《おろちのひれ》・品《くさぐさの》物比禮《もののひれ》」と〝鎮魂《たまふり》〟の神業「もし身心のどこかが痛んだ時は、この十種の宝を、一二《ひとふた》三四五六七八九十《みよいつむつななやここのたり》といいながら振りなさい。ゆらゆらと振りなさい。こうすれば死んだ者さえもきっと蘇生するでしょう」。―これがフルということのもとである》ですが、他にも神宝があります。

『先代旧事本紀』によれば、饒速日大神が亡くなられたとき、物部氏の祖であるウマシマヂ命は生まれていませんでした。亡くなってから、妻の御炊屋姫《みかしきやひめ》の夢に出てきて「どうかあなたの子供を私の忘れ形見とするように」と、天璽の瑞の宝を授けたようです。そして、天の羽弓矢と羽羽矢（羽の広く大きな矢）・神衣帯（神の御召し物の衣と帯）・手貫（玉をひもに通した腕飾り）の三つの物を登美の白庭邑に埋葬し墓としました。神宝が、お腹にいるウマシマヂ命に授けられたということは、饒速日大神の次に大和の統治権を得たことになります。大和の統治権の「天璽の瑞の宝」と、国土造成を天香語山命に託した「天璽瑞宝十種」が同じものかどうか、ここからでは判断できません。神宝はまだあるようで、これらの神宝と同じような話が、『古事記』

と『先代旧事本紀』に出てきます（『日本書紀』には見られません）。オオナムチとスセリビメの話です。

スサノオの六世孫の大国主

●あらすじ

オオナムチは大勢の兄弟神とともに、八上比売に求婚に行きました。八上比売は兄弟神の求婚を断り、大きな荷物を背負わされた末っ子のオオナムチと結婚します。それに怒った兄たちはオオナムチを殺そうとします。焼き石を転げ落としたり、木に挟んで叩き殺したりです。オオナムチは二度殺されますが、最初はカミムスヒノカミに助けられて蘇ります。二度目は母親が生き返らせます。このままだといずれまた殺されると思った母親は、オオナムチを大屋彦《おおやひこ》の神のところへ逃がします。大屋彦は、それでもしつこくやってくる兄弟神からオオナムチを逃がし、スサノオのところへ行くように言います。

スサノオのところには娘のスセリビメがいました。そこでお互いに結婚を言い交わします。スサノオは、オオナムチの運を試すため、蛇の室《むろ》に招き入れます。スセリビメがオオナムチにヒレを与え、「噛みつきそうになったら、ヒレを三度振って打ち払いなさい」と言います。これで第一関門を突破。次はムカデとハチの室に入れられ、こちらもスセリビメのヒレのおかげで難を逃れます。次の試練は、大きな野の中に射込まれた鏑矢《かぶらや》を取りに行くことでした。オオナムチが探していると、スサノオは野に火を放ち焼き払います。しかし、オオナムチはネズミに助けられ難を逃れます。その次はスサノオの頭のシラミを取ることでしたが、頭にいるのはシラミではなくムカデでした。ここもスセリビメの知恵のおかげで難を逃れます。

シラミを取っている間にスサノオは寝てしまいます。オオナムチは、今だ！　と思い、スサノオの髪の毛を柱に縛りつけ、妻のスセリビメを背負い、スサノオの神宝を持って脱出します。そのとき、神宝の天の沼琴が樹に引っ掛かり、大きな音を立ててしまいます。それに気がついたスサノオが追いかけてきて、「生大刀、生弓矢で兄弟たちを払い、お前が大国主の神となり、我がスセリビメを正妻として、宇迦の山の麓に千木を高く立てた宮殿を建てて住むがいい」と言い渡します。オオナムチは生大刀、生弓矢で兄弟の神々を追い払い、初めて国を治めたのでした。

『古事記』や『日本書紀』に書かれていることを合わせてみます。ここに出てくるオオナムチは、スサノオとクシナダヒメが結婚し、生んだ子の六世孫になると書いてあります。スサノオとクシナダヒメの御子である「清湯山主三名狭漏彦八嶋野《すがのゆやまぬしみなさるひこやしまの》」の五世孫が大国主の神になり、スサノオから神宝を受け継いで、統治権を得たようです。スサノオの御子である饒速日大神／年の神が、国土を治める統治権を得たのではなく、スサノオの六世孫が得たのです。

はぁ？　も〜、わけわかりません！　スサノオの六世孫が、直系の饒速日大神／年の神をすっ飛ばして、スサノオに婿入りした？　あぁ〜、だから日本人は神話が嫌いなんだと思います。日本人の根底にある神話がこれですから、いったい何を言っているのか、怒りたくなります。スサノオの六世孫って誰なんですか〜!?　スサノオの神宝は誰の物になったの〜!?　『日本書紀』『古事記』『先代旧事本紀』に書かれている話で考えるとわかりません。ここでは、遺伝学的に絶対にありえないグルグル回しの次元ループ〝おおいなる矛盾〟が役に立ちます（図3参照）。

図3より、スサノオの六世孫のオオナムチ、または大国主の名前は「ホアカリ」になります。なぜここにホアカリが？　と疑問に思いますが、今は置いておきます。『日本書紀』では、「天照国照彦火明命《あまてるくにてるひこほあかりのみこと》」ですが、『先代旧事本紀』では「天照国照彦《あまてるくにてるひこ》天《あめ》の火明櫛玉饒速日《ほあかりくしたまにぎはやひ》の尊《みこと》」と言います。実は「オオナムチ＝大国主神＝饒速日大神」だったのでした。『日本書紀』によれば、大国主神にはたぁくさんの別名があります。

【大国主神の別名の一例】

大物主神《おおものぬしかみ》

国作大己貴命《くにつくりおおなむちみこと》
葦原醜男《あしはらのしこお》
八千戈神《やちほこのかみ》
大国魂神《おおくにたまのかみ》
顕国玉神《うつしくにたまのかみ》

これに「饒速日大神」も加わります。スサノオの統治権を示す神宝は六世孫のオオナムチ（大国主神）に渡りました。ニニギではなくて、長男の饒速日大神がスサノオの神宝を受け継いだのでした。ですから、スサノオと同じような（同じ？）神宝「天璽瑞宝十種《あまつしるしのみづのたからとくさ》」を饒速日大神が持っていたのだと想像できます。ここは素直に「神宝は饒速日大神／年の神の手に渡りました！」と言えばすむものを、なぜこんなグルグル回しにするのか？　そして、たぁ～くさんのお名前を作り出し、わざわざ誰だかわからなくして、読者を大混乱に陥らせます。誰のための記紀なのか、なんで大和政権（王権）はそんなパズルのような記紀をつくる必要があったのか。まるで「読むな！」と言わんばかりの国史に何の意味があるのか、頭を悩ませます。

と、ここで、怒ってみても始まりませんので、話を神宝に戻します。本来、これらの神宝はウマシマヂ命が率いる物部氏の系列ではなく、尾張氏の系列である天香語山命に託されていたのだと思います。ですから、その後、天香語山命の子孫（？）である神武天皇へ神宝が渡されます。それが神武天皇の即位式でした（↑このことも後ほどいろいろとわかってきます）。

九つ、年の神について調べる

私とはなじみの深い年の神（大年神）ですが、記述については『古事記』と『先代旧事本紀』に系列神が出ているだけで、『日本書紀』には見られません。スサノオの御子というだけで、働きについての記述はまったくありません。なんで『古事記』や『先代旧事本紀』に突然、系譜だけ登場してくるのか不思議な感じのする神です。スサノオと大山津見神《おおやまつみのかみ》の娘である神大市比売《かむおおいちひめ》との結婚で、大年神《おおとしのかみ》と宇迦之御魂神《うかのみたまのかみ》が生まれます。出雲の神社やその他の神社、伝承などを調べて、年の神について知り得たことを、神社の由緒を中心にお伝えしようと思います。

須我神社（島根県雲南市大東町須賀）

ご祭神に「須佐之男命　奇稲田比売命　清之湯山主三名狭漏彦八島野命《すがのゆやまぬしみなさるひこやしまののみこと》　合殿　武御名方命」とありました。由緒を見れば、「清之湯山主三名狭漏彦八島野命」はスサノオとクシナダヒメの御子神で、この宮で生まれたとあります。

【由緒】《当社は古事記（和銅五年・西暦七一二年）に所載の神社です。肥の河上で八俣遠呂智をご退治なさった須佐之男命は八俣遠呂智の尾から得た霊剣を、叢雲剣を捧げ持って宮を造るべき良いところを求めて此処に至り「吾が御心清々し」と仰せになりました。この地を須賀といい此処に宮をお造りになり「須賀宮」として奇稲田比売命と共にお鎮まりになりました。また剣はいかにも畏れ多いとお思いになって天之叢雲剣と銘づけて天照大御神様に献上なさいました。その時美しい雲が立ち騰がるのをご覧になって「八雲立つ　出雲八重垣妻籠みに　八重垣つくる　その八重垣を」と御歌をお読みになりました。このことから当社は古事記・日本書紀に顕されている「日本初之宮」であり、「和歌発祥」の宮であります。やがてこの宮で御子神がご誕生になり御名を清之湯山主三名狭漏彦八島野命と申しあげます。出雲風土記（天平五年・西暦七三三年）では須我社・須我山　須我小川などの表記があり、賀と我の両様の文字を当てていたものと思われます。また当社の後方二キロ米の所に八雲山がありその山懐に磐座があります。その巨岩は、夫婦岩と称し神社の奥宮として祭祀しております。良縁結び子授けの霊験・御利益があるとして「二宮詣り」の信仰があります。当社の旧社格は県社であり神佛霊場では第十六番の神社であります》

訪ねたときは気がつかなかったのですが、この神社の前に池があったようです。その池は、昔は温泉が湧き、須佐之男命が旅の疲れを癒し、奇稲田姫命が美肌を磨いたそうです。

玉造（作）湯神社（島根県松江市玉湯町玉造）

湯山遙拝殿
御神祭　湯山主命
御別名　大己貴神（大名持神）
御祭日　一〇月一〇日

【由緒】《湯山主命は玉作《たまつくり》湯《ゆ》神社ご祭神で温泉の守護　温泉療法　諸病平癒　その他守護神として往時より近里・遠郡をはじめ地区住民の信仰篤く、古歌にも「湧き出る湯山の主の神湯こそ病を癒す恵なりけり」と詠われています。神社宮山に続く、現玉造要害山は往昔には湯山《ゆやま》と称され、その谷を湯谷《ゆがたに》と云うと古書に記されています。この湯山の主は　湯山主命　即ち、大己貴神御同神、大名持神（大国主）であり湯山はその御神蹟として今も広く影仰尊敬致すところです》

由緒によれば「湯山主大神＝大己貴神（大名持神、大国主）」であるとあります。須我神社には「清之湯山三名狭漏彦八島野命は須佐之男命と奇稲田比売命の御子」とありましたから、結局、大国主も大己貴神も大名持神も、記紀で語られているようにスサノオの六世孫とか婿殿ではなく、スサノオとクシナダヒメの直系の御子だったことがわかりました。世間では諸説あると思いますが、関東に数ある氷川神社のご祭神の多くは、父スサノオ、母クシナダヒメ、子オオナモチ（もしくはオオナムチ）の血のつながった親子神だった！　ということもわかりました。

宇賀《うか》神社（島根県出雲市口宇賀町）

宇賀神社とあれば、ご祭神は当然、お稲荷さんであるウガノミタマノ神でしょう！という勝手な思いこみがあったのですが、境内にあった看板「宇賀神社の由来」を見ましたら、ここのご祭神は「大己貴命、綾門姫命」でした。

【由緒】《出雲風土記によりますと、大己貴命が神むすびの命の御子である綾門姫命に求婚されました。ところが綾門姫命は承諾なさらないで、身を隠された。〜求婚された女性が身を隠し、それを求婚者の男性が探し出すのは当時の習慣であって、そのことは播磨風土記にも出ております。〜そこで、大己貴命は綾門姫命がどこへ身を隠されたのかと出雲大社を出て、彌山、鰐淵山を経て、宇峠のあたりを訪ね伺われた。そこで宇賀という地名になったというのです。現在西北方を奥宇賀、東南口宇賀と称しております》

「求婚者の綾門姫命を探し回って、伺ったので宇賀という」つまり、ウガノミタマノ神とは、結局は大己貴命である大国主のことでした。ちなみに『先代旧事本紀』の注記に《ウカはウケ（食物）の古形である》とありました。ところが、「伺ったので宇賀という」と。この話は大変面白かったので、私は今後、これを採用することにしました。

出雲風土記の伝承（大国主神田の碑）

『出雲国風土記　フシギ発見の旅ガイドブック』（Image Forum ザ・出雲研究会編）に、稲種を落としたオオナモチの神田、多禰里《たねさと》の神田碑という話があります。出雲市掛合町多根というところは、オオナモチとスクナヒコが国巡りをしたとき、稲種を落としたところだそうです。そこに大きな石碑が立っていて、その碑の写真には「大年の神田」と刻まれています。「オオナモチの神田＝大年の神田」ということになります。な〜んだ「オオナモチ＝年の神」でした!!

「年の神」とは「オオナモチ（大国主神）」のことだった！

これらのことから、スサノオとクシナダヒメの御子が「大国主神」であり、「オオナモチ」であり、「ウガノミタマノ神」であり、「年の神」ということになります。どうりで、記紀ではオオナモチ（オオナムチ）や大国主神のことについて詳しく載せていると思いました。

どうして、大国主神が年の神であることを書かなかったのかしら。東京・上野の下谷神社（ご祭神：大年神）は、もともと稲荷神社でした。最寄り駅である東京メトロ銀座線の駅名が「稲荷町」駅です。つまり、「お稲荷さん＝ウガノミタマノ神＝年の神」そして、「饒速日大神」なのです。皆さんがお正月に迎える神は、年の神である皇祖神「饒速日大神」だったのです！

と書いてしまってから、ふと「年の神＝饒速日大神」の確固たる証拠がないことに気がつきました。ひぇ～!!　サーッと血の気が失せます。大野七三氏は証拠を見つけたようですが、このとき私には見つけられませんでした。『先代旧事本紀』を見ても、『日本書紀』を見ても、他の書物を見ても、私には見つかりません。どこかにそれに近いことが書いてあったように思いましたから、二日間必死で探しました。でも、ど～しても見つかりません。せっかくここまで年の神のことを調べたのに、どん底に落とされたように感じました。

どうしよう……シュンとしていたら、賢所の年の神が「心配ない。ウガノミタマノ神を使え。フフフフ」と言ってきました。ウガノミタマノ神（お稲荷さん）～？

ウガノミタマノ神と弁天様

皇居のご奉仕へ行く前に、いくつか神社へ行っていました。それがお稲荷さんと弁天様だったのです。なぜかはわかりません。「行け！」と言われた神社やお寺がそうだったのです。このとき思い出したのが、鎌倉の長谷寺にある弁天窟でした。

●10／19　鎌倉長谷寺

▽弁天窟

鳥居をくぐるとすぐ洞窟があります。洞窟の中は薄暗く、目が慣れるまでに時間がかかりました。目を凝らすと、洞窟の壁に人型がたくさん彫ってありました。「弁天窟十六童子」というらしいです。入口右手に何かありました。「宇賀神」と書いてあります。あら「宇迦之御魂神」って、お稲荷さんじゃない！　こんなところにお稲荷さん？

▽宇賀神

来たか千春よ。（年の神さま！　ここへ来たのは初めてです）いつかは来ると思っていた。愛しいものに、この世の光を給われ。千春に次の世を担う力を与えたまえ。

（えっ、勝手に私に変な力を授けないでくださいよ～）

と言ってみたものの、外国人旅行者が多くて、これ以上の言葉は降りてきませんでした。薄暗い洞窟の中をよ～く見ると、床の間のように掘られたところに、御神体と思われる「鏡餅」？　お稲荷さんは稲の神さまですからねぇ。御神体が鏡餅でもおかしくありません。立て看板には《日本古来の神で雨を降らし、穀物を育てて、私たちに食べ物の恵みをお与えくださる神様　蛇の姿をしており（人頭蛇身の場合もある）水と富の御利益から弁財天と一体の神として祀られる　別名　宇迦之御魂神》と書いてありました。あ～、「鏡餅」ではなくて、とぐろを巻いた「蛇」だったようです。とぐろを巻いた蛇を鏡餅に見てしまいました。鏡餅のてっぺんにダイダイ（ミカン）を載せますが、本当は、蛇の頭のことなのかもしれません。

ところで、「お稲荷さん＝弁天様」ですって。私の中では「お稲荷さん＝年の神＝大国主神」ですから、イチキシマヒメと同一神である弁天様とは夫婦神だということになります。それに、年の神さまはお正月にお迎えする神さまですから、年の神の御神体は「鏡餅」と言ってもいいのかもしれません。もう一つ、私の中では「年の神＝大物主神」でもあります。大物主神こそ「蛇」ですよ。お正月に床の間や神棚に鏡餅を飾るところも今は少ないかもしれませんが、鏡餅って、もしかしたら、年の神さまの御神体なのかもしれないですね！（今では年末になるとスーパーに山積みにされていて、とても年の神さまの御神体には見えませんが）と、ブログに書きました。そういえば、鎌倉の「銭洗弁財天」は「宇賀福神社」というのですよね。

やっと見つけた！「年の神」が「饒速日大神」である証拠

ウガノミタマノ神とイチキシマヒメが夫婦だとすれば、大国主神とかオオナムチも夫婦である可能性があります。『先代旧事本紀』のスサノオの御子大己貴《おおなむち》の神の系譜に《大己貴またの名は大国主の神、または大物主の神と申し上げる。（中略）大己貴の神はまず宗像の奥津嶋《おくつしま》に鎮座される田心姫《たごりひめ》の命を妻として、一男一女がお生まれになった。御子の味鉏高彦根《あじすきたかひこね》の神が（中略）妹の下照姫《したてるひめ》の命は（中略）辺津宮《へつみや》に鎮座される高津姫の神（湍津《たぎつ》姫の命）を妻として一男一女を生む（『古事記』では神屋楯日《かんやたてひ》売命《めのみこと》になっている）。御子の都味歯八十事代主《つみはやえことしろぬし》の神は（中略）妹の高照《たかてる》姫の大神の命は》と、スサノオとアマテラスが誓約をして、アマテラスが生んだ宗像三女伸のうち、田心姫と湍津姫は大己貴の妃になっていましたが、もうひと方のイチキシマヒメのことは書いてありませんでした。オオナムチ＝ウガノミタマノ神ですから、宗像三女神とオオナムチがご夫婦だということはわかりました。でも、饒速日大神と宗像三女神との関係が見出せません。

ところが、先の元伊勢籠神社《もといせこの》を調べていたとき、公式サイトにあった「天皇家と籠神社海部家関係図」から、天火明命（彦火明命）（※6）の妃が市杵嶋姫《いちきしまひめ》であり、御子に穂屋姫《ほや》（命）がいらっしゃいました。その方は天香語山命の妃で、その御子が天村雲命《あめのむらくも》でした。

※6　「天火明命は饒速日命と同神であるという学説もある」と書いてありました。おぉ〜！　これで、オオナムチ＝お稲荷さん＝年の神＝饒速日大神とつながりました〜!!

『先代旧事本紀』にも見つけました。火明命とイチキシマヒメの御子「穂屋姫の命」の注記に《「海部氏勘注系図」では、火明命と宗像三神の市杵嶋姫命（別名狭依姫命など）との間の子とする》とありました。穂屋姫の命のおばあさんがアマテラス（オオヒルメムチ）なんですね。穂屋姫の命の御子が天村雲命で、その御子がオシホミミにつながってくるのではないかと思いますから、オシホミミのひいひいおばあさんがアマテラスということになります。アマテラスとの血は薄そうだなぁ。（図4参照）

これで「下谷神社の〝年の神〟＝赤坂氷川神社の〝オオナムチ〟＝出雲の〝大国主神〟＝大和の〝大物主神〟＝お稲荷さんの〝ウガノミタマノ神〟＝皇祖神〝饒速日大神〟＝宮中三殿〝賢所〟」がつながりました。

伊勢神宮内宮と外宮の関係とその意味

年の神の正体がだんだんとわかってきましたので、話を伊勢神宮に戻します。
雄略天皇により、雄略二二年（四七八年）に丹波国、元伊勢籠神社から、伊勢の外宮に移された豊受大神ですが、「ウカはウケ（食物）の古形である」ということから、「豊ウケ大神」は「豊ウカ大神」と同じでしょう。「豊ウカ大神＝豊宇賀大神＝ウガノミタマノ神＝饒速日大神」なんだと思います。伊勢の外宮にこそ、本当の皇祖神「饒速日大神」が祀られたのではないでしょうか。これで、伊勢神宮の外宮から参拝という不思議な習慣もわかりました。

ここから、伊勢神宮内宮の意味を考えてみました。内宮のアマテラスは天皇家とは直接関係のなさそうな「祖先」でした。豊受大神宮のホームページにある《今から約千五百年前、天照大御神のお食事を司る御饌都神《みけつかみ》として丹波国《たんばのくに》から現在の地にお迎えされました》という記述から推測してみました。

内宮のアマテラスって、もしかしたら私たち日本の国民のことを指しているのではないでしょうか。つまり「日本国民がひもじい思いをしないように稲の実りを授けたまえ」という皇室の願いが込められて、わざわざ丹波国から豊受大神を外宮にお迎えしたのではないでしょうか。内宮である私たち日本国民を外（外宮）から強い力で守ってくださっている、このときは伊勢神宮にそんな思いを感じました（丹波からわざわざ呼び寄せた理由はのちほど再び考察します）。

元伊勢籠神社の社紋とカゴメの歌

元伊勢籠神社の社紋であるカゴメ紋は、伊勢神宮の参道にある灯籠にもついていたことを思い出しました。饒速日大神の御子のウマシマヂ命を祀っている「石見国一宮物部神社」の社紋が太陽に「ツル」ですから、ここから『かごめの歌』を連想させます。カゴメ紋は亀にも見えます。

♪か～ごめ、かごめ……鶴と亀がすべ（皇）った、後ろの正面だ～れ♪

一〇、神々の系譜を探る

アマテラスとスサノオの誓約で生まれた「天穂日命」

いろいろわかってきましたので、話はアマテラスとスサノオの誓約に戻します。スサノオが身につけていた剣を、アマテラスは三つに折ってかみ砕き、噴き出した息から、宗像三女神（オキツシマヒメ、タギツヒメ、イチキシマヒメ）が生まれ、彼女たちは全員、年の神／饒速日大神《にぎはやひのおおかみ》の妃になりました。

次にアマテラスの身につけていた玉をかみ砕いて、噴き出した息から、正哉《まさか》吾《あ》勝勝《かつかち》速日《はやひ》天之忍穂耳命《あめのおしほみみのみこと》（＝オシホミミ）、天穂日命《あめのほひのみこと》、天津日子根命《あまつひこねのみこと》、活目津彦根命《いくめつひこねのみこと》、熯速《ひのはや》日命《ひのみこと》、熊野大角命《くまののおおすみのみこと》の六柱が生まれます。オシホミミは饒速日大神／年の神の御子である天香語山命の系列神で、アマテラスの養子になり、天皇家の家系になりました。

その他の御子で、その後の行方に察しがつく方がいらっしゃいます。天穂日命です。この子『日本書紀』には出雲臣・武蔵国造《むさしのくにのみやつこ》・土師連《はじのむらじ》たちの遠祖であるとあります。がスサノオと誰かの子なのです。ここから先は「●12／2　陛下の意識？」をもとに推測してみました。
イザナギがスサノオに天の下と青海原を治めるように命じたところ、スサノオは母を恋しがり根の国へ行きたいと泣きます。イザナギは怒ってスサノオを追放しました。その後のイザナギのことは、あまり知られてないと思います。ではどうしたかというと、『先代旧事本紀』に詳しく出ていました（このときはすでにイザナミと決別しています）。
《伊弉諾《いざなき》の命は仕事を終えられた。人徳も大きかった。神としての偉業を成就された。天に昇りご報告されて、日の少宮《わかみや》（福岡県直方市直方の多賀神社）に留まってお住みになられた。さらにあの世に赴こうとされた。幽宮《かくれみや》（冥界の社）を淡路の州に作って、静かに永遠にお隠れになった。また淡路の多賀に鎮座される》
イザナミと決別（離婚）し、イザナギはしばらくの間、福岡県の遠賀川流域に住んでいましたが、その後淡路に幽宮を作って死んでしまいました。残ったイザナミですが、スサノオは「母であるイザナミが恋しかった」とありますから、イザナミはスサノオの本当の母ではないのだと思います。ですから、スサノオの妃になって御子を儲けるとします。古代では二代にわたって妃になることは頻繁にあるようです。その子が「天穂日命」だと思います。アマテラスとしては弟でしょう。その子をアマテラスの養子に入れ、スサノオは高皇産霊《たかみむすび》神にアマテラスを預けて、その子と母のイザナミを連れて出雲へ戻ります（その前に紀伊半島へ行ったかもしれません）。出雲では、たたら製鉄業を営み、一家楽しく過ごしているときに、イザナミは事故で大やけどを負い、亡くなってしまいます。たたら製鉄の炉に開けた穴を「ホド」というそうですから、火の神カグツチを生んでホトに大やけどをする意味にもとれそうです。古代出雲では死者を忌み嫌いません。むしろ、好まれるそうです。なぜなら、炉の周囲の柱に死骸を下げると、大量に鉄が取れるようになったからだと言われています。きっと、死骸が腐敗し、メタンガスなど燃焼性の高いガスが発生し、よく燃えて、鉄の還元が進むのだと思います。たたらの神（※7）は女性だとも言われているそうですから、イザナミだった可能性もあると考えられます。イザナミは死んでも〝たたら〟の仕事をしていたのですね。

天穂日命はその後、出雲の国造をはじめ、出雲系の諸氏族の祖神になっていきます。ここで重要なのは、年の神／饒速日大神の直系でない天穂日命が出雲を治めていったことだと思います。出雲は、年の神の生まれた土地です。鉱物資源が豊富で（銅、鉄、銀）、玉造に適した翡翠もよく産出しましたから、天皇家である天香語山命の系列神も、ウマシマヂ命の率いる物部氏も、本拠地の統治権をアマテラスの子孫にとられた恨みは大きかったのではないかと思います。なぜ、大和政権は出雲を目の敵にしていたか、これでよく理解できました。

※7　鍛冶屋に信仰される神『金屋子神』ウィキペディアを参考にしました。

栲幡千千姫命について探る

次は、オシホミミの后、高皇産霊神の娘、思兼神の妹と言われている栲幡千千姫命《たくはたちぢひめのみこと》（萬幡豊秋津師比売命《よろずはたとよあきつしひめのみこと》）について再び考えてみました。「タクハタ」とか「ヨロズハタ」など、何となく「ハタ」織物とか養蚕と関係していると思われましたので、年の神／饒速日大神の系列神で、それらしい人はいないか探してみました。『先代旧事本紀』から、年の神の系譜を抜き出してみます。

《大年の神（素戔烏の命と神大市姫の子）の系譜の御子は十六柱の神である。まず須沼比の神の娘、伊怒姫《いの(ぬ)》（出雲郡伊怒郷、島根県出雲市林木・日下・矢尾町付近の一族）を妻として五柱の神がお生まれになった。御子大国《おおくに》御霊《みたま》（偉大な国土の霊の神）の神は、大和《おおやまと》の神である。次に韓神《から》（山城秦氏の氏神）と申し上げる。次に曽富理《そふり》の神（古代韓国語で王都の神）と、申し上げる。つぎに白日《しらひ》の神（輝く太陽神）と申し上げる。次に聖の神（日知り、暦の神）と申し上げる》

注記には、《韓神は朝鮮半島系の神で、山城の国の秦氏の祭る神ともされる。国つ神と共に平安宮の地主神として祭られている。末っ子の聖の神は、大阪府和泉市の聖神社の祭神で、朝鮮半島系渡来氏族の陰陽師が信仰している神とされる。母の伊怒姫は御子たちの名称から考えると朝鮮半島とゆかりのある女性か》とありました。

饒速日大神の系列神では、ハタ＝織物・養蚕との直接的な関連性は見つかりませんでした。ハタつながりで、山城秦氏の氏神である韓神と、栲幡千千姫命との関係も見出せませんでした。しかし、この方の系列はその後、大和政権に大きな影響を及ぼしたのではないかと思われます。

京都の太秦《うずまさ》にある通称「蚕の社」と言われている木嶋坐天照《このしまにいますあまてる》御霊《みたま》神社（神社の境内）に養蚕神社があるといわれています。養蚕や機織りなどの技術を伝えた渡来人の秦氏の神社と思われますが、もともとの社名「天照」から、年の神／饒速日大神が祭られていると考えられます。ここのご祭神のひと柱に、年の神の御子である大国御《おおくにみ》霊神《たまのかみ》が祭られています。栲幡千千姫命もこちらの系列のお姫様なのでしょうか。

実は、「高橋家」を調べていて、ひょんなところから「栲幡千千姫命」が出てきました。それは奈良県奈良市八条にある高橋神社のご祭神でした。

磐鹿六雁命《いわかむつかりのみこと》
栲幡千千姫命《たくはたちぢひめのみこと》

高橋家のことを調べたら、栲幡千千姫命のことがわかるかもしれません。

高橋家って？

ここで、高橋神社のご祭神である「磐鹿六鴈《いわかむつかり》」なる人物のことを調べてみました。ウィキペディアによれば、《第八代孝元《こうげん》天皇皇子の大彦命の孫で、比古伊那許志別命《ひこいなこしわけ》（大稲腰命）の子とされる。また膳臣《かしわでのおみ》（膳氏：のち高橋氏）の遠祖とされるほか、現在では料理神としても信仰される》とありました。この逸話が『日本書紀』にありました。

●あらすじ

一二代景行天皇五三年八月、天皇は御子を偲び、小碓王《おうすのみこ》（日本武尊《やまとたけるのみこと》）が平定した国を巡幸します。この月は伊勢に行幸され、一〇月に上総国へ行き、船で淡水門《あわのみなと》（房総半島の館山湾か？）を渡ったとき、覚賀鳥《みさご》の声が聞こえました。天皇はその鳥の形を見ようと、尋ねて海の中に出られました。そこで白蛤《はまぐり》を得ました。そのとき、膳臣《かしわでのおみ》の遠祖の磐鹿六鴈《いわかむつかり》がハマグリのなますを作って奉りました。天皇は六鴈臣の功をほめて、膳大伴部《かしわでのおおともべ》を賜わりました。

このような話ですが、直接、高橋家とは関係なさそうな話でした。調べてみれば、高橋家というのは天皇の食事の調理・試食をつかさどる役所、宮内庁内膳司《ないぜんし》だったようで、七八九年成立の家記『高橋氏文』というのがあります。日本で三番目に多い苗字ですから、どこにでもいるわけで、私の家系とはとくに関係はないと思われましたが、一応、高橋家のことを調べてみます。

高橋神社というのが日本に何社かあります。料理、調理人の神として祀られているようです。その中で、和歌山市岩橋にある高橋神社の主祭神が、な、なんと「饒速日尊　樋速日尊　十八善神」と、いきなり「饒速日尊」が出てきました！　ぎゃ〜っ!!社伝によれば、《笛不吹明神社と称し境内近辺で笛を吹くこと禁じ古来岩橋村に住む高橋姓、笛吹姓の二姓は、饒速日尊の末裔として二姓の祖神として祀られていた》とありました。笛を吹くとか、吹かないとか、よく意味がわかりませんが、高橋家はどうやら饒速日大神の子孫であるらしいことがわかりました。私のご先祖さまが「彌彦神社」のご祭神であることも、嘘ではないらしい。ゾッ！

『日本書紀』をパラパラめくっていましたら、一〇代崇神天皇のところで「高橋邑《たかはしむら》の活日《いくひ》」という人物が出てきました。崇神天皇の話は鏡のところでお話ししましたが、その続きになります。

●あらすじ

疫病がはやったので、当時、天皇の居所にあった天照大神を倭の笠縫邑に祭り、日本大国魂神《やまとのおおくにみたまのかみ》は渟名城入姫《ぬなきのいりひめ》にお祭りさせましたが、この姫は髪が抜け落ち、身体が痩せ細って、大国魂神をお祭りできませんでした。それでも、禍が続きます。夢のお告げで、大物主大神を祭ればよいことがわかりましたが、天皇がお祈りしても効き目がありません。そこで、大物主大神が夢に現れて、大田田根子に祭らせれば平穏になること、大国魂神は市磯長尾《いちしのながお》市に祭らせれば平穏になることを知らされます。そこで、大田田根子（ここでは「女子」と言っています）を探して祭らせます。物部連《もののべむらじ》の祖先である伊香色雄《いかがしこお》命を、神に物を捧げる者としました。こうして疫病は消滅しました。

それから、高橋邑の人である活日を大物主神の掌酒《さかびと》としました。一二月の丙申《ひのえさる》の朔《ついたち》乙卯《きのとう》二〇日に大田田根子に大物主神を祭らせました。この日、活日は自ら神酒を捧げて、「この神酒は私の神酒でありません。倭の国を造られた大物主大神がお作りになった神酒です。幾世までも久しく栄えよ栄えよ」と歌を詠み、天皇に献じました。

高橋は物部氏の伊香色雄命の子孫なのかしら〜。もう、こうなったら、逃げられないじゃないですか!! 調べるしかない! と思いまして、図書館へ行って、『姓氏家系大辞典』（角川学芸出版）にある「高橋」を調べてみました。

「高橋」タカハシ

《昔から栄える氏で、この氏がないところは稀なほどだ》とあります。『日本書紀』にある高橋邑の話が出てきました。《（饒速日命の一三世孫）物部健彦連公は高橋連云々の祖》《饒速日命一二世の孫・小前宿禰の後なり》ともあります。やはり、饒速日大神の子孫のようです。

さらに、「高橋」という姓は「高椅」にも通じるらしく、「高椅」のところに（秦）高椅氏がありました！　秦氏の族にも「高椅」を見つけました。高橋というのは秦氏の一族の名前のようです。「高橋祝」（はっきり見えませんが多分「祝」という字だと思います）の項に、《「越後の古族にして、安倍氏の族ならん」伊夜日子（彌彦）神社に伝わる方云々》も見つけました。どうやら彌彦神社と関係が深いらしい。彌彦って、大彦でしょう。あ〜、私のご先祖さまは、本当に彌彦神社のご祭神かもしれません。ゾゾッ！

ようやく、秦氏との関係が見られましたので、〝秦氏〟を調べてみました。

「秦」ハタ・ハダ

《天下の大姓にてして、この氏人の多き事、ほとんど多に比なく、その分子の氏族もまた少なからず。しかして、上代より今に至るまで、各時代とも、常に相当の勢力を有することも、他に類例なかるべし。なお、後述のごとくこの氏は韓土より渡来の氏と伝えらるゝも、後世皇別、神別の波多、八多などの氏がかわって秦氏と称することも、この氏の偉大なるを語る》
《大和の秦氏　当国葛城（葛上郡）掖上の地は、秦族が最初に賜いし土地なり》
ざっと目を通してみましたら、一五代応神天皇の御代に弓月君という人物が率いて、日本に帰化した一族のように書かれています。応神天皇より以前に、すでに日本に帰化した秦氏の一つが高橋氏なのかもしれません。朝鮮語で海のことを「パタ」というらしいですから、海を渡ってきたという意味で「ハタ」というとか、古代朝鮮語では「ハタ」の意味が「多」「大」という意味だとか、新羅《しらぎ》の古い地名に「波旦」があり、そこから来たのではないか説などがあるようです（『渡来の古代史』上田正昭、角川選書）。
スサノオと御子の大屋彦の神（五十猛神）とともに天下ったとき、朝鮮半島新羅の熊成《くまなり》の峯へ降りましたから、個人的に「波旦説」は有力かもしれないと思います。「波旦」の字を逆にすれば「旦波《たんば》」になりそうです。神々と朝鮮半島との関わりは、前出の「大年の神」の系譜からも明らかです。
『姓氏家系大辞典』の秦氏の系列に、「稲荷の秦氏」伏見稲荷社の社家にして云々……、「松尾の秦氏」松尾社の社家にして云々……、月讀社禰宜松室氏などは秦宿禰姓とも見ゆ……とあります。つまり、「秦氏の神＝年の神＝饒速日大神」なのではないでしょうか。

私が昔、住んでいました神奈川県川崎市高津区蟹ヶ谷《かにがや》というところに、「八咫神社」というのがありました。地元の人たちは、この神社を「やあた神社」もしくは「やはた神社」と呼んでいました。当時の地図では「八幡神社」となっていました。今では「八太《やぶと》神社」と社名を変えてしまいましたので、「やあた（やはた）神社」という言葉も、「八幡神社」という地図表記も消えてしまいました。この地は、のちの発掘で前方後円墳などが多数存在し、埴輪も出土しているようです。「蟹ヶ谷」という地名の由来は、サワガニが多かったからという説と、神庭遺跡から勾玉などが出土していることから推測されるように、「祭祀を行う場所」という意味合いの「神庭《かにわ》」から転じたのではないかと言われています。

「八咫＝八幡＝や・はた」で、これは私の推測ですが、八咫鏡の八咫も「やあた、やはた」で「秦」を示しているのではないかしら。ついでに「幡」を調べてみると、サンスクリット語の『patākā』（パタカ）からきているようです。先ほどの「波旦《パタ》」に通じそうです。日本に数多くある「八幡神社」も、元をただすと八幡神（八幡大菩薩）＝秦氏の神＝年の神＝饒速日大神の可能性があります。

栲幡千千姫命はニウツヒメ!?

　磐鹿六鴈が秦氏であることがわかりました。では、栲幡千千姫命もきっと秦氏の系列神だと思います。秦氏でも「大年の神」の系列に近いと思いますので、どこかにヒントはないかと探してみました。「本当にあった！　ヒコサン神社」で出てきた『日本書紀』のこの一説がヒントになりそうです。

《勝速日命の御子の天火耳尊が丹舃姫を娶られて、御子の火瓊瓊杵尊を生まれたという》

　オシホミミの后、高皇産霊神の娘、思兼神の妹と言われている栲幡千千姫命ですが、右の一説から「丹舃姫《にくつひめ》」と同神と思われます。にくつひめ……ニクツヒメ……ニクツ……どこかで聞いたことのある名前です。に・く・つ……はっ！　もしかして、もしかしたら、に・う・つ？　にうつひめ？　丹生都比売《にうつひめ》神社！　確か、空海（弘法大師）とゆかりのある高野山にある神社です。

　丹生都比売神社を調べてみました。公式サイトには「弘法大師に高野山を授けた神の社」とありました。『紀伊国一之宮　丹生都比売神社（和歌山県伊都郡かつらぎ町上天野）』丹生都比売神社のパンフレットがありましたので、御由緒をまとめてみました。

【由緒のまとめ】『日本書紀』に丹生都比売神社の宮司について記載があることから、

創建は一七〇〇年以上前ではないかと伝えられています。天平時代（七二九年～七四九年、四五代聖武天皇の時代）に書かれた祝詞である「丹生大明神《にうつだいみょうじん》告門《のりと》」によれば、神代丹生都比売神社は「天照大御神」の御妹神さまで、「稚日女命」とも申し上げ、神代に紀伊ノ川流域の三谷に降臨、紀州・大和を巡られ農耕を広め、この天野の地に鎮座されました。一二〇〇年前、唐で習得した真言密教の道場となる地を求める弘法大師空海の前に、黒と白の犬を連れ狩人に化身した丹生都比売大神の御子「高野御子大神」が現れ、弘法大師を高野山へ導いたと伝えられています。丹生都比売大神よりご神領である高野山を借り受け、山上大伽藍に大神の御社を建て、守護神としてお祭りし、高野山を開かれました。鎌倉時代には行勝上人により、気比神社から「大食都比売大神」、厳島神社から「市杵島比売大神」が勧請されました。

ぎゃ～っ!!「丹生都比売《にうつひめ》＝稚日女命《わかひるめのみこと》」ですって！

「栲幡千千姫命＝丹生都比売＝稚日女命」つまり、オシホミミの皇后は、丹生都比売こと稚日女命かもしれません。

稚日女命は、『日本書紀』の「天の磐戸」の項、一書（第一の一書）に出てきます。

《誓のあとのあるとき、稚日女尊は斎服殿《いみはたどの》にましまして神の御服を織っておられたところ、素戔嗚尊はこれをみて斑駒をはぎにはいでその御殿の中に投げ込まれた。稚日女尊は驚かれて機《はた》からおちて持っておられた梭《ひ》で傷つき、そのために神さりました。

そこで天照大神は素戔嗚尊に、「お前はやっぱり邪心があるようだ。もうおまえとは会いたくない」と仰せられて天石窟に入られ岩戸を占めてしまわれた。このため日夜も別もわからなくなった》

稚日女命は『古事記』では「服機女《はたおりめ》」になっていますし、『先代旧事本紀』では「稚日姫《わかひひめ》」になっていて《その稚日姫の尊は天照大神の妹である》とあります。記紀とも機織り姫のようですから、そうなると栲幡千千姫命《たくはたちぢひめのみこと》と同一神と見てもよさそうです。

「栲幡千千姫命＝丹舄姫《にくつひめ》＝丹生都比売＝稚日女命」

もう一つ、丹生都比売神社の御由緒の中にヒントを見つけました。

弘法大師を高野山へと導いた、黒と白の犬を連れ狩人に化身した丹生都比売大神の御子「高野御子大神」です。「犬を連れていた」の犬とは？

「イヌ」とつく名前の神を「大年の神」の系譜から見られます。『古事記』では《神活須毘（↑字が出てこなかったのですが、「田」の右に「比」がある字です）の娘、伊怒《いの》比売と結婚して生んだ子は大国御魂神《おおくにみたまのかみ》、韓神《からのかみ》、曽富理神《そふりのかみ》、白日神《しらひのかみ》、聖神《ひじりのかみ》》とあります。

『先代旧事本紀』では《須沼比《すぬまひ》の神の娘、伊怒《いの(ぬ)》姫》であり、『古事記』では《神活須《かみいくす》毘《び》の娘、伊怒《いの》比売》です。栲幡千千姫命は「伊怒比売」と「大年の神」の系列ではないでしょうか。注記には《母の伊怒姫は御子たちの名称から考えると朝鮮半島とゆかりのある女性か》とありますように、秦氏との関係がとても強く感じます。「大年の神」の御子である大国御霊《おおくにみたま》（偉大な国土の霊の神）の神は、大和《おおやまと》の神とあります。

『日本書紀』の一〇代崇神天皇のところの《崇神天皇五年、疫病が流行り、多くの人民が死に絶えた。崇神天皇六年、疫病を鎮めるべく、従来宮中に祀られていた天照大神と倭大国魂神《やまとおおくにたまのかみ》（大和大国魂神）を皇居の外に移した》の中の「倭大国魂神（大和大国魂神）」と同神でしょう。この神は、市磯長尾市《いちしのながおち》に祭らせて、現在、大和神社（奈良県天理市新泉町星山）に鎮座しております。ここのご祭神は三柱。

中殿：日本大国魂大神、左殿：八千戈大神、右殿：御年大神

　左殿は「八千戈大神＝オオナムチ＝大国主神＝饒速日大神」、右殿は「御年大神＝大年の神御子神＝饒速日大神の御子（のちほどこの方はわかってきます）」だと思われます。

「高野御子大神」が連れていた犬・イヌからしても、饒速日大神の子孫でありそうだと思われました。栲幡千千姫命はオシホミミの皇后ですから、きっと「大年の神」の系列神の中でも、丹生都比売神社の御由緒から、大和と関係深い神だと思われます。

大国御魂神は、大和の神の系列神で、栲幡千千姫命と思兼神はその兄妹ではないかしら。この兄弟神の母親と思われる神は、「須沼比《すぬまひ》の神の娘、伊《い》怒《の(ぬ)》姫」であり、『古事記』では「神活須毘《かみいくすび》の娘、伊怒比売《いのひめ》」です。『古事記』の神活須毘＝『先代旧事本紀』の須沼比の神のようです。「神活須毘＝生魂《いくむすひ》の命」でしょう。『先代旧事本紀』では大きなくくりで、「神産霊神《かみむすひのかみ》」御子になってしまいます。伊怒比売のお母さんが「神活須毘＝須沼比の神」と言われているようです（図5参照）。

「神産霊神→生魂の命→伊怒比売→大国御魂の神（の系列）—丹生都比売＝稚日女命＝丹舄姫＝栲幡千千姫命」ではないでしょうか。

神産霊神の系列「生魂の命」姉（妹）か、姪っ子に「天道日女命」がいて、饒速日大神との間の御子に「天香語山命」がいます。「生魂の命」の子である「伊怒比売」と年の神／饒速日大神との間に「大国御魂の神」が生まれて、その系列に「栲幡千千姫命」がいそうです。栲幡千千姫命も饒速日大神の子孫でしょう。

結局、オシホミミも栲幡千千姫命も、饒速日大神の血（ＤＮＡ）を受け継ぎました。栲幡千千姫命と思兼神は高皇産霊神（高木神）の御子でもあります。「高皇産霊神（高木神）」と「神産霊神」は、同じ神のように書かれている箇所がありますから、もしかしたら、「神産霊神」は「高皇産霊神」（高木神）というもっと大きなカテゴリーに属するのかもしれません。

【結論】

オシホミミも皇后の栲幡千千姫命も饒速日大神の子孫であり、皇祖神、天照大神は、年の神である「天照国照彦天火明櫛玉饒速日尊《あまてるくにてるひこあめのほあかりくしたまにぎはやひのみこと》」であるらしいことがわかりました。

アナウンス2

♪ピンポンポンポポ～ン♪「ご乗車の皆さまにお知らせいたします。これより先、おとめ座銀河団、巨大楕円銀河M87の中心部を目指し走行いたします。時空間の乱れが大変、激しい箇所を通過してまいります。あ、只今、入りました情報によりますと、各所で次元ストームが発生している模様です。一度、時空ポケットに陥りますと、大混乱を招き救出が大変難しくなります。皆さまの御魂《みたま》をお体からお放しになりませんよう、十分にお気をつけください。

一一、大混乱の次元スパイラル～何重にも課せられた系譜のループ～

ここからが大変になります。『古事記』の編纂者で『日本書紀』にも関わったとされる太安万侶が何重にも仕組んだ次元ループ。一つひとつ、ヒントを見つけ推測し、つなげてゆかなくてはなりません。なぜ、系譜をグルグル回しにしたのか？　何を隠したかったのか、何を見つけてほしいのか……。太安万侶の磐戸開きゲーム（パズル）が始まります。

「神産霊神」の系譜

今まで調べてきたことによって、だいぶ日本神話のもやもやが晴れてきました。岩屋から出てきたアマテラスに、急に参加しイニシアティブをとり始めた高《たか》皇《み》産霊神《むすひのかみ》（高木神）は、スサノオの御子である大屋彦《おおやひこ》の神（五十《い》猛《たける》。紀伊国カツラギ系）が有力と思われましたが、もう一系統の「神産霊神《かみむすひのかみ》」の系譜が複雑に入り交じり、『先代旧事本紀』の注記にも混乱が見られます。これをはっきりさせないと、神話のもやもやが拭えそうにありません。私なりに考えに考えた結果、それは「カモ氏」八咫烏（秦氏）の系列にありました。わざと交差させ、混乱させているようです。

私ごときでわかるようなものではないかもしれませんが、「神産霊神《かみむすひのかみ》」の系列はこのようになります（図2参照）。

『生魂の命』『神玉の命』が複雑に入り組み、『生魂の命』に「大年の神」の系譜が、『神玉の命』に「八咫烏」の系譜が入ります。

『生魂の命』→伊怒比売→大国御魂神《おおくにみたまのかみ》、韓神《からのかみ》、曽富理神《そふりのかみ》、白日神《しらひのかみ》、聖神《ひじりのかみ》、思兼神、栲幡千千姫命《たくはたちぢひめのみこと》

『古事記』の神活須毘《かみいくすび》＝『先代旧事本紀』の須沼比《すぬまひ》の神で、神活須毘《かみいくすび》は生魂《いくむすひ》の命《みこと》に相当しそうです。

したがって、生魂の命＝須沼比の神と言えます。『先代旧事本紀』によれば、須沼比の神の娘が伊怒姫になります（図5参照）。

須沼比の神についての記述は何を探しても見つかりません。違う方面から探ってみることにしました。

『神玉の命』は「八咫烏」の系列になります。葛野《かどの》の県《あがた》主（京都市一帯、旧山城国）であり、三島の県主の先祖で、神産霊神の子孫となるようです。『先代旧事本紀』をもとに考えてみました。

八咫烏である上賀茂神社（祭神：玉依姫命の父、賀茂建角身命《かもたけつのみのみこと》）、下鴨神社（祭神：玉依姫命の御子、賀茂別雷命《かもわけいかづちのみこと》）のご祭神と関係がありそうです。「オオナムチ」と「辺津宮の高津姫の神（湍津姫命《たぎつひめのみこと》）」の系譜に都味歯八重事代主《つみはやえことしろぬし》神（通称：恵比寿さん）、妹に高照姫の大神の命がいます。高照姫には「大神」という称号がついています。ここはヒントになりそうです。

都味歯八重事代主神（事代主神）は「三島の溝杭《みぞくい》」の娘、玉依姫と結婚して、天日《あめのひ》方奇日方《かたくしひかた》命（神武天皇の政治担当）と、妹の踏鞴五十鈴姫《たたらいすずひめ》命が授かります。踏鞴五十鈴姫の命は神武天皇の皇后になり、次の妹の五十鈴依姫《いすずよりひめ》命（もしくは御一人かもしれません）は、二代綏靖《すいぜい》天皇の皇后になりました。

オオナムチと奥津嶋の田心姫の命の子に、味鉏高彦根《あじすきたかひこね》神と妹の下照姫《したてるひめ》がいます。八重事代主神と味鉏高彦根神は兄弟のようで、妹に高照姫、下照姫がいます。高照姫と下照姫は、調べてみると同じ神のようなのです！　お母さんは宗像三女ですから、もしかしたら高津姫、田心姫は同じ神かもしれません。

さらに、事代主神は、おそらく弟の味鉏高彦根の神の娘、玉依姫と結婚して、神武天皇の皇后である踏鞴五十鈴姫の命を儲けます（図６参照）。

私はこのとき、下照姫＝高照姫を、踏鞴五十鈴姫の命と同神と勘違いしていて、事代主神の妹も御子も蹈鞴五十鈴姫の命になり、大混乱に陥っていました！　ど～も、系譜を考えていると頭がグルグルして、うまく回らなくなります。天皇家の系譜を惑わしている記紀（太安万侶）の呪いかもしれません。

●2019年1／20　年の神

（わぁ～ん、わかんないよ～。全然、つながらないじゃん！　賢所の年の神さま～、どうなっているんですか～。国常立大神さま～！　ヤタガラスの神さま～、助けて～!!　わぁ～ん!!）年の神だ。今少しいいか？（↑下谷神社の年の神さまのようでした。わぁ～、年の神さま！　加茂氏、賀茂氏の系譜が、堂々巡りになります。全然わかりません!!）必要なことは「いつか？」ということだ。人間である限り、寿命がある。先代から受け継いだ名前が、いつしか一人の名前となり、仕組みを作り出す。ゴシン（？）細かなことは考えるな。二人にしたり、一人とみたり、からくりは、いつの時代の人間かということだ。

年の神にご教授をいただき、ここで、はっ！　と、先ほどの呪いに気がつき、再び見直して、頑張ってみました。

『生魂の命』↓伊怒比売↓大国御魂神　↑この神が「二代目の大国主神」であり、「オオナムチ」＝「事代主神」だとわかりました!!　スサノオの神宝を持ち出したのは、「二代目オオナムチ」（事代主神）だったのです。こうなると、スサノオも二代目がいるかもしれませんね。すると、スセリビメは誰だ？　と思ったのですが「細かいことは気にするな！」と言われていたことを思い出しました。

『生魂の命』↓伊怒比売↓大国御魂神、韓神、曽富理神、白日神、聖神、思兼神、栲幡千千姫命より、大国御魂神＝事代主神？　とすると、山城の秦氏の系列は「韓神」＝「味鉏高彦根の神？」＝「賀茂建角身の命？」で、妹の高照姫（下照姫）は……オシホミミの皇后である「栲幡千千姫命」だ～！　わぁ～っ、何かつながってきました!!　だから、高照姫には「大神」という称号がついていました（図7参照）。

きっと、高照姫＝下照姫＝栲幡千千姫命＝丹生都比売＝稚日女命でしょう。ここから想像します。

では、「思兼神」は誰でしょうか。この神はキラキラ輝く鏡と関係する神ですから、きっと「輝く太陽神」の意味を持つ「白日神」（九州北部の筑紫の国を白日別と名付けています）ではないでしょうか。

次に「聖神」（日知り、暦の神）ですが、この神は《朝鮮半島系渡来氏族の陰陽師が信仰している神》と『先代旧事本記』にはあります。尾張氏の系譜に五代孝昭《こうしょう》天皇皇后「世襲足姫命《よそたらしひめのみこと》」がいます。この方の別名を「日置姫命《ひおきひめ》」と言いますが、日置姫のお父さんが、オシホミミでないほうの天忍男命です。「日置」と「日知り」は関係あるでしょうか。情報が少なすぎて、自信がありません。「曽富理《そふり》の神（古代韓国語で王都の神）」もわかりません。どなたか、朝鮮半島の王家へ出向いている可能性もあります。

葛木御歳神社について

「高照姫＝下照姫」の情報は、葛木《かつらぎ》御歳《みとし》神社の公式サイトの由緒に見つけました！

葛木御歳神社のご祭神は、「ご祭神：御歳神《みとしのかみ》、相殿：大年神《おおとしのかみ》、高照姫命《たかてるひめのみこと》」とありました。

【御由緒】《本社は、鴨氏の名社で、御所市にある高鴨神社（上鴨社）、鴨都波神社（下鴨社《しもがも》）とともに中鴨社《なかがもしゃ》として親しまれています。『古事記』には須佐之男命《すさのをのみこと》と神大市比売命の御子が大年神で、大年神と香用比売命の御子が御歳神であると記されています。相殿の高照姫命は大国主神の娘神で八重事代主神の妹神であります。一説には高照姫命は下照姫命（拠・『古事記』に高比売命＝高照姫、別名下照姫命とある）、加《か》夜奈留美命《やなるみのみこと》（拠・五郡神社記）、阿加流姫命《あかるひめのみこと》と同一神とも云われています》

年の神（大年神）を「天照国照彦天火明櫛玉饒速日尊《あまてるくにてるひこあめのほあかりくしたまにぎはやひのみこと》」とした大野七三氏（※1）によれば、葛木御歳神社のご祭神は親子神である、としたことから、年の神＝天照国照彦天火明櫛玉饒速日尊としたようでした（ここの経緯は不明）。オオナムチの御子である「高照姫」が大年神の御子である「御歳神」と同神、もしくは姉妹と思ったのだと思います。つまり、まったく関係のない神が親子関係の神社の相殿に鎮座されるはずがない、との理由でしょう。ここから「オオナムチ＝大年神」であり、「高照姫＝御歳神」と思ったのかもしれません。

この神社の御由緒で重要なのは、『古語拾遺』に記述されている以下の話です。

《神代、大地主神が田を作る日に、農夫に牛の肉をご馳走した。その事に怒った御歳神は田にいなごを放ち苗の葉を喰い枯らしてしまった。そこで大地主神は、白猪・白馬・白鶏を献上して謝したところ、そのお怒りが解けたばかりでなく、御歳神は「麻柄で糸巻きを作り、麻の葉で掃い、天押草で押し、烏扇であおぎなさい。それでも出て行かなければ、牛の肉を溝口に置き、男茎形を作ってこれに加え、（これは男性の印を意味し、その神の怒りを鎮め、陰陽の和合を称えたものである。）ジュズダマ・キハジカミ・クルミの葉と塩を畔に置きなさい」と教えてくださったので、その通りにすれば苗の葉がまた茂って豊作になった》

御歳神と牛の関係です。御歳神は牛を食べたり、殺したりすることをとても嫌がるお姫様です。御由緒の高照姫の別名についての記述《一説には高照姫命は下照姫命（拠・『古事記』に高比売命＝高照姫、別名下照姫命とある）、加夜奈留美命（拠・五郡神社記）、阿加流姫命と同一神とも云われています》の「阿加流姫命」がキーポイントになってきます。阿加流姫命と牛はどのような関係なのでしょうか。

イズシを調べろ！

やれやれ、やっと解決！　ばんざーい！　と思っていましたら、年の神に「〃イズシ〃を調べろ」と言われました。「イズシ」？　味鉏高彦根とか都味歯八重事代主とか、やけに味にうるさい神が出てきましたから、お寿司のことかと思っていましたら、「間違えるな！　イズシだ」と。どうやらお寿司の名前ではなさそうでした。

今まで調べてきたことから、「名前＝地名＝以前住んでいたところ」という暗黙の了解のようなものがありました。きっと、誰かの名前でそれは地名にゆかりがありそうです。もう、記紀の呪いで頭が大混乱!!　泣きそうです。天皇家の系譜をごちゃごちゃにし、呪いをかけた記紀編纂者、太安万侶を恨みます。

『先代旧事本紀』を眺めていたら、《「天戸目命《あまとめ》」は葛木避姫《さくひめ》を妻とした》という記述に目が留まりました。「葛木避姫」の名前がコノハナサクヤヒメに似ているなぁ～と思ったのです。もしかしたら、そうかもしれませんが……あ、あった、あった「イズシ」。たぶん「イズシ＝出石《いずし》」でしょう。「出石」が出てきたのは、オシホミミのところの「天忍人命《あめのおしひと》」のところです。《「天忍人命」は葛木の出石姫を妻とした》とありました。その御子が、先ほどのコノハナサクヤヒメに似ているなぁ～の《「天戸目命」は葛木避姫を妻とした》です。

もう一方見つけました。ウマシマヂ命の孫に「出石心大臣命《いずしごころのおほおみのみこと》」です。この神も関係ありそうですが、あとの情報はこの本にはありませんでした。ここからまた推測です。

天忍人命の妻が出石姫ですから、再びオシホミミの系列で考えてみました。先ほど、「正哉吾勝勝速日天忍穂耳尊《まさかあかつかちはやひあめのおしほみみのみこと》」が二人の名前になっていることをお話ししました。「天忍人命＝勝速日命」、その御子が「天忍男命＝天火耳尊」です。その「天忍人命」の妃が「出石姫」なのです。

御子オシホミミの后である「栲幡千千姫命＝丹生都比売＝稚日女命＝高照姫（下照姫）」との関係はどうなんでしょう？

「栲幡千千姫命」も『日本書紀』の一書によりますと、二人の名前になります。

《天忍穂根尊《あめのおしほねのみこと》は高皇産霊尊の女《むすめ》である栲幡千千姫万幡姫命《たくはたちぢひめよろずはたひめのみこと》――別の説では高皇産霊尊の女《むすめ》の火之戸幡姫《ほのとはたひめ》の女、千千姫命という――を娶られて》

普通に考えますと、千千姫命の母親が火之戸幡姫となりますが、天忍人命と天忍男命の関係のように、それぞれの妻として単純に当てはめてみますと、天忍人命の妻が出石姫でしたから、「出石姫＝火之戸幡姫」となり、「天忍男命＝天火耳尊」の妻が「栲幡千千姫命（千千姫命）＝丹生都比売＝稚日女命＝高照姫（下照姫）」になります。出石姫が高皇産霊神の御子になるようです。

ところが、調べてみると、天忍人命の妻、出石姫は、な、なんと、天忍人命の異母妹になります。すなわち、天忍人命と妻は同じ父となり、この場合、父・天村雲命が高皇産霊神になってしまいます。これは違うでしょう！

では、オシホミミの妻である栲幡千千姫命の母が高皇産霊神の御子の火之戸幡姫であれば、火之戸幡姫と誰かの子が「栲幡千千姫命」になります。栲幡千千姫命＝高照姫（下照姫）ですから、父は饒速日大神／年の神になります。あら？　高照姫（下照姫）の母親は、宗像三女神の田心姫命もしくは高津姫命のはずです。彼女たちの父親はスサノオでしたが……？？

ここでわかったことは、「栲幡千千姫命（千千姫命）＝丹生都比売＝稚日女命＝高照姫（下照姫）」の父親は高皇産霊神ではなく、饒速日大神／年の神で、母親は宗像三女神の別名か、高皇産霊神の御子？　である「火之戸幡姫」でした（図8参照）。これ以上のことはわかりませんので、このまま続けることにします。

出石の情報が得られませんでしたので、再び調べることにしました。今までメモしたノートをパラパラ眺めていたら、『先代旧事本紀』の注記のメモ書きが目に留まりました。それは饒速日大神が天下られた場所の注記でした。元伊勢籠神社に伝わる『海部氏系図』に書かれていたものです。

《天の火明命が丹波国（後に分割されて丹後国）の伊佐奈子《いさなご》岳あるいは凡海息津嶋《おおしあまおきつしま》（京都府宮津市付近）に天下り、その後由良《ゆら》の水門《みなと》に移り、子の天香後山命（天香語山命）に神宝を授け国土造成を託したものである》

ここに書かれている伊佐奈子岳、凡海息津嶋って、どこにあるのだろう。饒速日大神が亡くなった（？）であろうと思われる由良の水門はどこにあるのか？　出石との関係はあるかな？　と地図を調べているうちに、「磯砂山《いさなごさん》」を見つけ、伊佐奈子岳という場所には天女の話があることを思い出しました。

伊佐奈子岳の悲しい伝説

伊佐奈子岳の天女の話は、京丹後市八峰山町の磯砂山にあります。「天女の里」と言われている場所のようで、ネットで調べてみると「乙女神社」という神社がありました。そこに、次の羽衣伝説のことがありました。

●あらすじ

「丹後国風土記」に丹後国比治《ひじ》の山（磯砂山）の山頂に井があり、その名を真井《まない》（女池）と言います。この井に天女が八人降りてきて、水浴びをしていました。麓の和奈《わな》佐《さ》という老夫《おき》は一人の天女の衣を隠し、児として無理やり連れて帰りました。

天女は万病に効く天の酒を造ります。十数年するうち、老夫の家は富栄ました。老夫は「お前はもともと我が子ではない」と家から追い出します。天女は泣く泣く放浪し、竹野の郡船木《こおりふなき》の里にたどりついて死んでしまいます。里の人は天女を奈具社《なぐしゃ》に祭りました。「これは豊宇賀能売の命（伊勢外宮の豊受大神）なり」と。


伊勢神宮外宮の豊受大神の悲しい話でした。『風土記』（中村啓信監修・訳注、角川ソフィア文庫）の中の「丹後国風土記逸文奈具社」に詳しくありました。

しかし、ずいぶんと勝手なおじいさんです。拉致した天女に、さんざん儲けさせてもらって、その後、家から追い出したのです。その天女と、天道日女命、天香語山命親子、豊受大神の関係はこれだけではわかりませんでした（羽衣伝説は後ほどまた登場します）。

「丹後国風土記逸文」には、他にも伊佐奈子岳にまつわる話があります。伊佐奈子岳は、年の神と妃である天道日女命と、御子である天香語山命、豊受大神に深く関係あるところです。《天道日女命と天香語山命が一緒に豊受大神を祀るためにお供え物をつくろうとすると、井水がたちまち変わって、炊けず、そこで天道日女命は葦を抜いて大神の心を占って、他の土地に霊水を求めた》のでした。水が変わったのは、地殻変動があったのでしょうか。《天道日女命と天香語山命がお祀りしていた》とありましたので、豊受大神は天道日女命と天香語山命に関係する神だと思われます。

「出石」の手がかりがないまま、次を調べてみました。では、「凡海息津嶋」とはどこにあるのでしょうか。若狭湾に浮かぶ神の島（無人島）、冠島《かんむりじま》と沓島《くつじま》のことのようでした。籠《この》神社の海の奥宮であり、彦火明《ホアカリ》命とイチキシマヒメが天降って夫婦となった神聖な島として、古代から特別な島とされてきたようです。冠島に神社があるらしく、そこのご祭神は、古い言い伝えでは、「彦火火出見《ひこほほでみ》命」（ニニギノミコトとコノハナサクヤヒメの御子で「山幸彦」と言われている神）とも言われているそうですが、今は「彦火明命」になっているようです。竹で編んだ籠船に乗って、海のかなたにある海神の宮（竜宮とか常世とか呼ぶ）に行った故事（浦島太郎の話）により、神社の社名が「籠宮」というようです。

「丹後国風土記逸文」に「凡海」と名付けた理由がありました。

《昔天下を治めた大穴持神と少彦名神がこの地へ到りなさったとき、海中の大嶋小嶋を引き集めなさった。十の小嶋をもって一つの大嶋になった。それで「凡海《おおしあま》」とい

う》
　ところが、
《大宝元年辛丑《かのとうし》の三月己亥に、この国に地震がおこった。三か月間止まらなかった。この嶋は一夜にして見渡す限り一面青々とした海に変わった。かろうじて嶋の中にあった高山の二つの峯は立ち、神岩が海上に出ていた。今、これを常世嶋と号けている。また俗《くにひと》は、男嶋女嶋と呼んでいる。嶋毎の神の祠がある。祭っているのは彦火明命《ひこほあかりのみこと》と日子郎女神《ひこいらつめのかみ》である》
　この地は地殻変動が盛んだったようです。もともと、大穴持神と少彦名神がこの地に訪れて小嶋を集めて、大嶋にしましたのに（これも地殻変動でしょう）、せっかくの嶋も地殻変動で沈んでしまったのでした。
　余談ですが、記紀、風土記といろいろ調べてみれば、この時代の天変地異（地殻変動、火山活動）は半端なさそうなのですよ。特に、日本海側では変動が激しかったと思われます。「因幡国風土記白兎」のところに、こうあります。
《昔この竹の中に老いた兎が住んでいた。ある時、急に洪水が起こって、兎は竹の根に乗って流れてしまったところ、おきの島についた。水嵩《みずかさ》が減って後に、本の所へ帰ろうと思うけれども、海を渡る方法を知らなかった》
　これは津波の記述だと思います。因幡の白兎は津波で沖へ流されたのでした。話を元に戻します。

大和の国の統一を成功させた年の神／饒速日大神は、大和《おおやまと》を御子である「大国御魂の神（事代主神）」（二代目大国主神およびオオナムチ？）に任せ、自身は大陸との交易が盛んな日本海側、丹波（のちの丹後）の国へ下り、スサノオの遺志を継いで、大和国統一と大陸との交易のため、初代スサノオ（もしくは年の神／オオナムチ）ゆかりの丹波の開発に乗り出したのではないかと思いました。開発にあたり、地元の神である豊宇賀能売の命を大々的に祭ったのでしょう。籠神社の系譜から、この時代に饒速日大神、天道日女命、天香語山命、天村雲命と三代下ったのだと思います。

ここで気づいたのですが、「伊佐奈子《いさなご》＝イザナギ・イザナミの子（祖）＝豊宇賀能売の命」という意味じゃないでしょうか？

この土地はもともとイザナギ、イザナミが活躍していた土地のように「丹後国風土記逸文」には書かれています。『古事記』では、イザナミが火の神であるカグツチを生み、ホトを焼かれて病み臥せっているとき最後に生んだ子が和久産巣日神《わくむすひのかみ》であり、この神の子は食物神である豊宇気毘売神《とようけびめのかみ》とあります。

『先代旧事本紀』には、カグツチとイザナミの大便から生まれたハニヤスヒメが結婚して、天吉葛《あめのよさつら》が生まれて、次に稚産霊《わくむすひ》（和久産巣日神）が生まれたとあります。《稚産霊の神の子を豊宇気比売と申し上げる》または、《カグツチは土の神のハニヤスヒメを妻として稚産霊を生み、この神の頭の上に蚕と桑とが生まれて、臍《ほぞ》の中に五穀が生まれ》ました。先ほど出てきました「生魂《いくむすひ》の命」とは「稚産霊」のことでしょうか。稚産霊の神の子を豊宇気比売とするか、その子を豊宇気比売とするかはわかりませんが、もう少し調べてみます。先ほどのおさらい。

『生魂《いくむすひ》の命』―伊怒比売もしくは豊宇気比売の御子たち↓大国御魂神（事代主神）、韓神（味鉏高彦根の神＝賀茂建角身の命？）、曽富理神、白日神（思兼神？）、聖神、栲幡千千姫命

　ネットでいろいろ調べていましたら、籠神社の奥宮『真名井《まない》神社』の石碑が目に留まりました。そこには呼称が書いてあります。

《眞名井神社　豊受大神　元津宮ナリ　古名　匏《よさ》宮、吉佐宮、与謝宮　一云、天吉葛宮　一云、比沼眞名井　一云、久志浜宮　一云、元伊勢大元宮》

　カグツチとハニヤスヒメが結婚して生まれた子が「天吉葛《あめのよさつら》」でした。ここに同じ字が見られました。一云にある「比沼眞名井」ですが、「須沼比の神の娘、伊怒比売＝『生魂の命』？」と互換性がありそうです。「比沼眞名井」の字をひっくり返して、「眞沼比＝須沼比」ではないでしょうか。

　眞沼比の娘＝須沼比の娘＝伊怒比売＝豊宇気毘売神《とようけびめのかみ》＝豊受大神＝元伊勢＝伊勢神宮外宮（豊受大神宮）

ならば、「眞沼比＝須沼比＝天吉葛＝稚産霊または子（＝イザナギ・イザナミの子？）」でしょう！

籠神社（海部家）に伝わる神宝＝息津鏡《おきつかがみ》、邊津鏡《へつかがみ》も見えてきました。スサノオとアマテラスとの誓約によって生まれた宗像の、田心姫《たごりひめ》の命（奥津嶋姫の命）、辺津宮の高津姫の神（湍津姫《たぎつひめ》の命）に相当しそうです。記紀や『先代旧事本紀』を駆使しますと、こう言えます。

オオナムチと田心姫の命（奥津嶋姫の命）、神宝、息津鏡の御子↓味鉏高彦根の神＝賀茂建角身の命

オオナムチと辺津宮の高津姫の神（湍津姫の命）、神宝、邊津鏡の御子↓大国御魂神＝都味歯八重事代主の神（恵比寿さん）

彼らは兄弟のようです。年の神／饒速日大神と伊怒比売の御子たちですから、「田心姫の命（奥津嶋姫の命）＝辺津宮の高津姫の神（湍津姫の命）＝伊怒比売？」＝宗像女神の二神となりそうです。「伊怒比売＝豊宇気毘売神＝豊受大神＝元伊勢＝伊勢神宮外宮（豊受大神宮）」

豊受大神（豊宇気毘売神）は年の神／饒速日大神の奥さんのようです。先ほど出てきた「火之戸幡姫」も同一神でしょうか。スサノオ＝高皇産霊神かどうかはわかりませんが、とりあえず、豊受大神はわかったようです。やった～！　伊勢神宮外宮の神がわかった～!!

とすると、ウガノミタマノ神と弁天様の関係から、イチキシマヒメも伊怒比売かもしれませんねぇ～。それにしても、伊怒比売はかわいそうな過去をお持ちでした（伊怒比売がなぜかわいそうだったのか、またのちほど考えます）。

いろいろ、わかってきましたが、「出石」の情報は得られずでした。シュン……。

一二、ホアカリの謎

天椅立にある阿蘇

ここで「丹後国風土記逸文」にあります「天椅立《あまのはしだて》」の話をしようと思います。次のような話です。

《丹後風土記に記している。与謝の郡。郡の役所の隅の方に速石《はやいし》の里がある。この里の海に長く大きな岬がある。初めの名を天の椅立《はしだて》と名付け、後の名を久志浜と名付けた。そう名付けたわけは、国土をお生みになった大神である伊射奈芸命《いざなぎのみこと》が天に通おうとして、椅を作ってお立ちになった。それで、天の椅立てと名付けた。伊射奈芸命がおやすみになっている間にその椅が倒れてしまった。それで、伊射奈芸命は霊妙な働きが現れたことを不思議に思われた。それで、久志備《くしび》の浜と名付けた。これを中古の時代には久志といっていた。ここから東の海を与謝の海といい、西の海を阿蘇の海という。この両面の海に、種々の魚介類が住んでいる。但し、蛤は、すくない》

イザナギとイザナミは丹後で仕事をしていたようです。それから「天照国照彦天火明櫛玉饒速日尊《あまてるくにてるひこあめのほあかりくしたまにぎはやひのみこと》」の名前にある「櫛玉饒速日尊」は「速石《はやいし》」と「久志」からきているかもしれません。《ここから東の海を与謝の海といい、西の海を阿蘇の海という》の「阿蘇」は九州熊本の「阿蘇」に通じそうです。ここには、ニニギノミコトの降臨地の一つかと思われる、風光明媚な「高千穂（宮崎県北部地域）」があり、天香語山命の御子である天村雲命と関係してきます。もう一方、日向にも「高千穂」があります。こちらは、宮崎県と鹿児島県の県境にある霧島連山で、今でもときどき噴火をしている新燃岳などがあります。『日本書紀』によりますと、《日向の高千穂峰の槵触之《くしふるの》峯《たけ》》とか《襲《そ》の高千穂の添山峯《そほりのやまたけ》》に相当しそうです。ニニギノミコトの妻であるコノハナサクヤヒメこと鹿葦津姫《カシツヒメ》、または、神吾田鹿葦津姫《かむあたかしつひめ》、神阿多都比売《かむあたつひめ》と出会った「笠沙《かささ》」の地に比較的近いところにあります（図9参照）。名前にある吾田《あた》は鹿児島県西部南さつま市付近の古称で阿多《あた》の隼人《はやと》の本拠地であったそうです。「薩摩風土記」によれば、薩摩郡の閼駝郡の竹屋村の人（土着民）である竹屋守の娘がカムアタツヒメとなります。（ここで発見！　コノハナサクヤヒメの父であるオオヤマツミは竹屋守？）。

『先代旧事本紀』には「天忍人命《あめのおしひと》」（↑私はオシホミミの一人としました）の御子である「天戸目命《あまとめ》」は葛木避姫《さくひめ》を妻としました。コノハナサクヤヒメを妻としたニニギノミコトは「天戸目命」と同一神かもしれません。そのつもりで話を進めます。

ここで、九州と丹後と入り混ぜて話が進んでいるように思います。ならば、コノハナサクヤヒメの御子である彦火火出見命《ひこほほでみのみこと》（山幸彦）が訪れた「海神の宮」は「凡海息《おおしあまおき》津嶋《つしま》」こと、若狭湾に浮かぶ冠島《かんむりじま》と沓島《くつじま》かもしれませんから。

籠神社のいわれ

籠神社の公式サイトにある「籠宮《このみや》名称起源」には、《別名を彦火火出見《ひこほほでみ》命とも云われた彦火明命《ひこほあかりのみこと》が、竹で編んだ籠船に乗って、海神の宮（これを龍宮とか、常世とも呼びます）に行かれたとの故事により、社名を籠宮と云うと伝えられています》とあります。ここから「彦火明命＝彦火火出見命」だとわかりました。（えっ？　矛盾発見！　あら〜？　彦火明命とは、天火明命と同一神でしょう。ならば「天照国照彦天火明櫛《あまてるくにてるひこあめのほあかりくし》玉饒速日尊《たまにぎはやひのみこと》」、年の神（大年の神）ではなかったかな？　もしかしたら、二代目饒速日か、それとも、ここに二人の名前があるのかもしれない。わぁ〜大混乱（汗）。「いいから、このまま続けろ！」あ、はい。……このまま続けます）。

調べてみますと、眞名井神社の横に亀に乗った「倭宿禰命《やまとすくねのみこと》」の銅像があるようです（そうそう大昔、天橋立へ行ったとき、眞名井神社の近くに確かにありました）。籠神社の公式サイトが新しくなり、「倭宿禰命」の情報がなくなってしまいましたが、検索した結果の見出しに「倭宿禰」は「倭大国御神」とありましたので、このまま使ってみます。

さらに「大和神社」に祭られていると書かれています。

大和神社のご祭神は、「中殿：日本大国魂大神、左殿：八千戈大神、右殿：御年大神」でした。「右殿：御年大神」は先ほど葛木御歳神社のご祭神として登場しました。「左殿：八千戈大神」はオオナムチのことだと思います。ご祭神の事情が分かってくると、ここも親子神の神社のようです。では、中殿のご祭神は次のようでしょうか。

中殿：日本大国魂大神＝倭宿禰命《やまとすくねのみこと》＝倭大国御神＝事代主神？

左殿：八千戈大神＝年の神《おおなむち》

右殿：御年大神＝高照姫？

つまり、「倭宿禰命」＝「倭大国御神」＝「日本大国魂大神」＝「都味歯八重事代主の神（通称：恵比寿さん）」？（もしくは、御子の「珍彦椎根津彦《うずびこしいねつひこ》＝武位起？）となります。だんだん、すっきりしてきました！

さて、「倭宿禰命」というのは、亀にのって竜宮城へいった浦島太郎（「丹後風土記」では、二一代雄略天皇の時代、与謝の郡、日置《ひおき》の里にある筒川《つつかわ》の村に住む日下部《くさかべ》の首《おびと》の先祖である「筒川の嶼子《しまこ》」）と重なります。ここで嶼子は亀比売の夫になります。《編んだ籠船に乗って、海神の宮》へ行った「彦火明命（彦火火出見命）」とかぶりますが、再び謎が深まってしまいました。

スサノオの六世孫の謎？

「倭宿禰命＝彦火明命＝彦火火出見命＝倭大国御神＝日本大国魂大神＝都味歯八重事代主の神」となりそうですが、情報が少ないのでこれ以上は調べられません。

ところで、「彦火火出見命」（山幸彦）にはホアカリ、ホスセリ（海幸彦）の兄弟がいます。この場合のホアカリは話に出てきたり出てこなかったりで、働きはありませんが、『日本書紀』の一説には《これは尾張連たちの始祖である》と書かれています。ホアカリはオシホミミの子、ニニギの兄としても登場します（図3参照）。『日本書紀』の一書には《天照国照彦火明命と名付ける。これは尾張連たちの祖先神である》とあります。二代続けてホアカリが登場することになりました。ああ、ここでも矛盾発見!!

オシホミミを二人と考えると、スサノオの六代目の孫のオオナムチが大国主神になっていますから、スサノオの六代孫は「ニニギ」とその兄「ホアカリ」になりますし、一人と考えると、ニニギの次の代「彦《ひこ》火《ほ》火《ほ》出見《でみ》命」（山幸彦）と兄「ホアカリ」になります。

個人的に「ホアカリ＝ヒント」と考えてみました。そうしますと、海幸彦であるホスセリは、スサノオの娘であるスセリビメと名前だけは通じるところがありますので、スセリビメとオオナムチ（ホアカリ）が同時に登場するこの代は〝大いなるヒント！〟となりそうです。つまり、「彦火火出見命」（山幸彦）がオオナムチであり、二代目大国主神であり、スセリビメの夫となりそうです。ならば、オオナムチ＝二代目大国主神＝都味歯八重事代主の神でもよいでしょう！　もっと、拡張すれば、天照国照彦天火明櫛玉饒速日尊でもありそうです。

もともと、都味歯八重事代主の神は年の神の御子《オオナムチ》ですから、ここでは彦火火出見命＝都味歯八重事代主の神が、二代目天照国照彦天火明櫛玉饒速日尊になってもよさそうです（『日本書紀』では「天照国照彦天火明命」になっています）。

わぁ〜、ごちゃごちゃしてきました〜大混乱!!（後ほどすっきりしてきます）。

悪い子「ホアカリ」

「播磨国風土記」（飾磨《しかま》の郡《こおり》）に、オオナムチとホアカリのことが載っていました。

《昔、大汝命《おおなむちのみこと》の子である火明命《ほあかりのみこと》は心もおこないもとても頑なで恐ろしかった。父神が悩んで、逃げ捨てようと思われた。因達《いだて》の神山《かむやま》に到ってその子に水を汲ませに行かせ、戻ってくる前に船で出発して逃げ去られた。さて、火明命は大いにお怒りになった。そこで風波を起こし、その船を追い攻められた。ここに、父神の船は進み行くことができなくなって、ついに打ち破られた。そんなわけで……（中略：ここで積み荷が各地に散乱して、散乱した場所が地名になっています）……その時、大汝の神の妻の弩都比売《のつひめ》に「悪い子から逃れようとしてかえって波風に遭い、ひどく辛く苦しい目に遭ったなあ」と言われた》

ホアカリって心も行いも悪い子らしいですよ。ここに出てくる「弩都比売」＝「伊怒比売」でしょう。この話でわかったことは、ホアカリはオオナムチの御子だということでした。ならば、「天照国照彦天火明櫛玉饒速日尊」は、分割すると「ホアカリ＝天照国照彦天火明命」で、「オオナムチ＝年の神＝櫛玉饒速日尊」となりそうです。またしても、親子二代の名前が一つになっていたのでした。『先代旧事本紀』では両神を同一神としていましたが、親子二代の神の名でした！　とすれば、籠神社の言い伝え通り、「彦火火出見命」＝「火明命」であり、「天照国照彦天火明命」と同一の神？　かもしれません。

このオオナムチとホアカリの物語は、年の神／饒速日大神が九州から東征するときの話かと思います。大汝の神の妻の弩都比売＝伊怒比売でしょう。「丹後の須沼比（イザナギ・イザナミの子？）の娘」＝「伊怒比売」＝「豊宇気毘売神」＝「豊受大神」でした。《逃げ捨てようと思われた》は尋常ではありませんねぇ〜。

「彦火火出見命」＝「都味歯八重事代主の神」としましたから、「事代主神」というのは、心も行いもそうとう悪い子だったようです。そんな風にも思えませんが、人も神も見かけではなさそうです。しかし、嵐を呼ぶほど霊力は優れた子だったようですよ。〝悪い子ホアカリ〟についてはまたのちほど登場してもらいます。

年の神ファミリーは七福神!?

年の神ファミリーの様子が少しずつわかってきました。年の神は九州を出発してから瀬戸内海を近畿地方へ向かい、播磨の辺りで何年か過ごし、明石海峡をへて、河内から奈良県の大和へ行ったのでしょう。そこで、名前を「饒速日大神」に変え、その後、丹後へ向かったのではないかと思います。

事代主神は年の神／饒速日大神が丹後へ向かったあと、大和を統治していたのだと思います。即位して名前を「天照国照彦天火明命」に変えたのでしょうか。でも、国譲りがあり、その期間は短かったのだと思います。両神は一つの代として「天照国照彦天火明櫛玉饒速日尊」としたと、とりあえず解釈しました。

籠（亀）に乗って海神の宮（竜宮城）へ行ったのは、事代主神こと恵比寿さんでしょうか。釣り竿と鯛を持って、ニコニコしている恵比寿さんの正体は、彦火火出見命＝火明命＝天照国照彦天火明命＝二代目オオナムチ＝二代目大国主神＝都味歯八重事代主の神なのでしょうか。やっぱり、とても悪い子には思えないなぁ。神は見かけによらないのでしょかね～ぇ。

　一方、大黒（大国）様のほうは、きっとお父さんである初代大国主＝初代オオナムチ＝年の神＝饒速日大神だと思います。『古事記』のスサノオの系譜の項に「布帝耳《ふていみみ》神《かみ》」という神が出てきますが、これは布袋様か福禄寿のことでしょうか？　名前からして耳が大きそうですから、福禄寿＝オシホミミかもしれません。弁財天＝イチキシマヒメ（伊怒姫？）でしょう。あら、七福神（宝船）も、もしかしたら、年の神と関係する神々なのかもしれませんねぇ。

　ここまでわかって、「♪～金毘羅《こんぴら》　船々、追い手に　帆かけて、シュラシュシュシュ～～♪」（香川県民謡）と、小躍りして喜んでいたのもつかの間、あることに、はっ！　と気がつき、ザーッと青ざめました。またしても、またしても、太安万侶にしてやられたようです!!

　記紀と『先代旧事本紀』に出てくる「彦火火出見命」こと「山幸彦」は、「天饒石《あめにぎし》国饒石天津彦火瓊瓊杵尊《くににぎしあまつひこほのににぎのみこと》」（瓊瓊杵尊《ににぎのみこと》：ニニギ）とコノハナサクヤヒメの子で、年の神（饒速日大神）の御子ではありません！

　うわぁぁぁぁ、絶望的。ここまで考えたのに、ふりだしに戻されたように感じました。そろそろ私の思考力も限界です。太安万侶の呪いゲームに負けました。

「♪～回れば　四国は讃州《さんしゅう》　那珂《なか》の郡《ごおり》　象頭山《ぞうずさん》　金毘羅大権現《だいごんげん》　いちどまわれば、金毘羅……♪」

堂々巡り。絶望感に浸っていましたら、再び「〃イズシ〃を調べろ」と言われました。そうでした！　イズシを調べようとしていたことを、すっかり忘れていました。ここでまた次元ループに陥ることになります。

一三、今度こそイズシ（出石）

丹後の地名

気を取り直して、再び太安万侶の呪いに挑戦！　前にも言いましたが、「名前＝地名＝以前住んでいたところ」という暗黙の了解があるように思います。「イズシ」は『先代旧事本紀』に名前として登場していましたから、今度は地名で調べてみました。そうしましたら、本当にびっくり！　その地名は丹後の近くの但馬にありました!!

ウィキペディアで「出石」を調べてみると、《兵庫県豊岡市にある地区で、かつての出石城の城下町》とありました。地図で調べてみると、丹後にある天橋立と出石は、おおよそ三〇キロメートルしか離れていません。それに、丹後半島に「高橋」という地名も見つけてしまいました。京都府京丹後市網野町高橋。わぁ～、これは、高橋家のご先祖さまか!?

年の神の養父

気になる地名をもう一つ見つけました。「養父市《やぶし》」。なぜ気になったかといえば、以下の話を思い出したからです。

《大国主神が因幡の八上比売と結婚したことに恨みをもった兄弟神が大国主神を殺そうと画策します。猪に似た大きな石を火で焼いて、転がり落とし、それを受け止めさせて、大やけどを負わせたばかりか（このときは、神産巣日之命の遣わしたキサカイヒメとウムカイヒメの看病で復活します）、木に挟んで殺してしまいました。それでも、母親のクシナダヒメの霊力で復活した大国主ですが、このままですと、本当に殺されてしまうと思ったクシナダヒメは紀伊国の神である大屋彦神（大国主神のお兄さん）のところへ逃がします》

この話では、クシナダヒメは大国主神を兄であり養父（もしくは義理の父）である大屋彦神（五十猛神＝高木神、高皇産霊尊？）のところへ逃がしたと言えるのではないでしょうか。このとき、『古事記』では神産巣日神の御子が、『日本書紀』では高皇産霊尊の子神であるスクナヒコが、弟のようにいつもそばにいたのだと思われます。

養父市に「養父《やぶ》神社」というのがありました。公式サイトやウィキペディアによりますと、ここでは倉稲魂命《うかのみたまのみこと》、大己貴命、少彦名命、谿羽道主命《たにはみちぬしのみこと》、船帆足尼命《ふなほそこねのみこと》が祭られているようですが、昭和三年発行の『養父郡誌』では上社が保食神と五十猛神、中社が少彦名命、下社が谿羽道主命と船帆足尼命とあるようです。以上のことから、年の神（倉稲魂命、大己貴命）、少彦名命、五十猛神（＝大屋彦神、高木神、高皇産霊尊？）が祭られているようですから、やっぱり大国主神の養父は大屋彦神（五十猛神）ではないかと思われます。

兵庫県養父市に大屋町という地名を見つけました。大屋町＝大屋彦神（五十猛神）とつながりそうです。ここには「御井《みい》神社」という、年の神《おおなむち》と因幡の八上《やがみ》比売との御子神が祭られている神社があります。八上比売はスセリビメを恐れて、御子を木の俣にさしはさんで因幡へ帰ってしまう、というストーリーですから、その子は木俣神《きまたのかみ》（『先代旧事本紀』によれば「こまたのかみ」と言い、神が降臨する樹木の二又の神）とも言います。その後、大国主神を追ってきた兄弟神から大国主神を逃すのに、大屋彦神は木の俣から逃しますので、「木俣」と大屋彦神は何か関係がありそうです。拡大解釈すれば、大屋彦神は八上比売の父親で、養父とは義理の父と見ることもできます。ならば、大屋彦、弥彦（天香語山）の親子の関係もこれでわかります。そこから、八上比売は、年の神（饒速日大神）の妃である天道日女であるとも言えます。伊勢神宮豊受大神宮（外宮）に上・下御井神社がありますし、八上比売と豊受大神、大屋彦神とも何か関係がありそうです。もしかしたら、ここも親戚かもしれませんが、これ以上の情報は、今のところ得られていません。

　佐賀県にも「養父」という地名があります。「肥前国風土記」（養父郡）によりますと、犬が鳴くのをやめたから「犬の声止むの国」が訛って「養父」となったようです。『日本書紀』には、《五十猛神が多くの樹の種子をもって、天降られたとき、朝鮮半島の地には植えないで、全部持ち帰り、筑紫から始めて、大八州国全土にまきふやし、とうとう、国全体を青山にしてしまった》とありますから、佐賀県の養父郡から種まきを始め、このときは但馬・丹後半島付近にいたのでしょうね！

出石の伝説

「おい、イズシはどうした？」と再び頭に響きました。あ、そうでした。「出石」を忘れていました。調べました！

　出石には『出石神社』がありました。『世界大百科事典第2版』の解説には、《兵庫県出石郡出石町に鎮座。天日槍命《あめのひぼこ》、出石八前大神《やまえのおおかみ》をまつる。『日本書紀』垂仁天皇の条、また「播磨国風土記」宍禾《しさわ》郡の条には、新羅の王子天日槍命が神宝を持って播磨国に来たとき、詔により播磨国宍粟《しさわ》邑、淡路島出浅《いであさ》邑を賜ったが、さらに住むところを賜りたいとして、近江、若狭などを回り、但馬に行き、そこを住む所としたことが記されているが、その持ち来たった神宝八種（八前大神）をまつったのが本社の起源》とあります。

天日槍命と関係の深い土地のようです。「播磨国風土記」には新羅からやってきた天日槍命と年の神（葦原志挙乎命《あしはらのしこおのみこと》）が、躍起になって争った話が載っていました。「筑前国風土記逸文怡土郡」には、高麗の国の意呂山《おろやま》に天から降ってきた日桙《ひぼこ》の末裔である五十跡手という者が出てきます。アメノヒボコは高麗の国の出身かもしれません。『日本書紀』（一一代垂仁天皇）には次のような話があります。

●あらすじ

朝鮮半島の任那から、額に角がある人が越国気比の浦につきました。そこを角鹿《つぬが》と言います。名前をツヌガノアラシトと言います。一〇代崇神天皇に会いたくて日本へ来たようですが、道がわからず、やっと着いたころには崇神天皇の崩御の時だったようです。そのまま次の代である垂仁天皇にお仕えして国へ帰りました。ツヌガノアラシトが国にいる時、黄牛に農具を負わせて田舎へ行ったところ、急に牛がいなくなってしまいます。足跡を訪ねて行ったら、ある村の中で止まっていました。その時、一人の老人から、探している牛は村人が牛を殺して食べてしまったから、その代償に郡内で祭っている神をもらうようにと言われます。そこで、ツヌガノアラシトは村人にそこで祭られている白い石をもらいます。その石を寝室の中に置いておいたところ美しい乙女となり、大いに喜んで交わろうとしましたら、留守の間にいなくなってしまいました。妻に行方を聞くと、「東の方へ行った」と言われ、日本《やまと》へ来たのでした。尋ね求めると、白い石の乙女は難波《なにわ》に来て、比売御曾社《ひめごそのやしろ》の神となりました。あるいは、豊国の国前郡（大分県国東半島）に来て、やはり比売御曾社《ひめごそのやしろ》の神となりました。

一説には《以前アメノヒボコが播磨の国に碇泊し宍粟邑《しさわむら》にいました。その時、天皇は三輪君の祖である大友主《おおともぬし》と倭値《やまとあたい》の祖である長尾市《ながおち》を播磨に遣わしてアメノヒボコに尋ねました。自分は新羅の王の子で、日本国に聖皇《ひじりのきみ》がいるというから、自分の国を弟の知古《ちこ》に預けてやってきたといいます。こうして八つの神宝を貢献しました。天皇は播磨の国と宍粟邑《しさわむら》と淡路出浅邑《いでさのむら》を提供しようとしますが、アメノヒボコはそれを断って、自分が住みたいところへ住むと言います。近江国吾名邑《あなむら》（滋賀県坂田郡近江町箕浦付近）にしばらく住み、さらに近江より、若狭国を経て但馬国に至り、出嶋《いずし》の人太耳《ひとふとみみ》の女麻多烏《またお》を娶って、但馬諸助《もろすけ》を生みました。その子孫が田道間守《たじまもり》です》とありました。

『古事記』には応神天皇のところに、アメノヒボコの話が載っていました。

●あらすじ

昔新羅の国王の子がいました。名はアメノヒボコと言います。この人が日本へ渡来したわけは、新羅国に或る沼があり、名前を阿具沼《あぐぬま》といいました。

この沼のほとりで或る身分の低い女が昼寝をしましたところ、日光が虹のようにその女の陰部を射しました。その光景を見ていた身分の低い男が不思議なことと思い、女の行動をうかがっていました。女は昼寝をした時から妊娠し、赤い玉を産みました。この男は女に頼んで、その玉を手に入れ、いつも物に包んで腰につけていました。この男は、田を山の谷間に作っていました。そこで働く人たちの飲食物を一頭の牛に背負わせて、山の谷間に入ったところで、アメノヒボコに出会いました。アメノヒボコはその牛を殺して食べてしまうと勘違いし、その男を捕らえて牢に入れようとしました。その男は農夫に食料を送り届けるだけだといいますが、アメノヒボコは放免しません。そこで、その男は腰に付けていた玉を贈り物としました。アメノヒボコは男を放免し、その玉を持ち帰って床の辺りに置いたところ、美しい乙女になりました。アメノヒボコは、その乙女と結婚して正室としました。その乙女はいつもさまざまな美味しい食事を用意して、ずっとその夫に食べさせていました。ところが、アメノヒボコは慢心して、妻を罵ります。その妻は「私の祖先の国へ行きます」といって、人目をしのんで船に乗り、逃げわたってきて、難波に滞在しました。（これは難波《なにわ》の比売碁曽《ひめごそ》神社に鎮座する阿加流比売《あかるひめ》という神です）。アメノヒボコはそれを知って追いかけ、渡来します。難波につく手前で、難波の渡り神がさえぎって、入ることができませんでした。そこで来た道を戻り、但馬国に停泊しました。そのままその国に留まって、但馬の俣尾《またお》の娘、前津見と結婚しました。その子孫に田道間守がいて、さらに子孫に葛城の高額比売命（神功皇后の母）がいます。

牛の話といい、阿加流比売《あかるひめ》といい、どこかで聞いた覚えがあります。「葛木御歳神社」のところに出てきました。都味歯八重事代主の神と、味鉏高彦根《あじすきたかひこね》の神の妹である高照姫＝下照姫の別名を「阿加流比売《あかるひめ》」というのでした。年の神／大年神と香用比売《かぐよ》命（＝伊怒姫？）の御子が同神とされている「御歳神」ですから、おさらいしてみますと、「高照姫＝下照姫＝阿加流姫命＝御歳神＝思兼神の妹、栲幡千千姫命＝丹生都比売＝稚日女命」でした。

アメノヒボコにドメスティックバイオレンス（DV）されたのは、年の神の御子である阿加流比売だったのです。そりゃあ、子煩悩のお父さんである「年の神」ですから、かわいい姫を守りたくなります。アメノヒボコが難波につく手前で「おぬし！我が姫に何をした〜!?　ゆるせ〜んっ!!」と追い返しますし、宿を求めても与えようとはしないでしょう。それでも食い下がってきたアメノヒボコと、躍起になって戦う理由もわかりました。

「摂津国風土記」比売嶋《ひめしま》の松原に阿加流比売と思われる話があります。でも時代は応神天皇の時代になります。

《この松原は、軽嶋《かるしま》の豊阿伎羅《とよあきら》の宮で天下を治める天皇（一五代応神）の時代、新羅国に女神がいた。女神は夫から逃れて日本にやってきた。筑紫の伊波比《いはひ》の比売嶋に赴き、しばらく留まった。そこでいうには「この嶋は、新羅から遠くない。もしこの嶋に住んだならば、前夫の神が探しにやってくるだろう」。ということでさらに逃げてきた。とうとうこの嶋にたどり着き留まった。だから、最初に到着した筑紫国の姫島の名をとって、鎮座したところの名とし、島の名とした》

ここから推測してみました。阿加流比売は始め、九州、筑紫に着き、お兄さんである思兼神のところへ逃げたのではないでしょうか。それから、国東半島（大分県）伊波比の比売嶋にしばらくいましたが、前夫が追いかけてきそうでしたので、そこを出港して、難波にいた兄もしくは弟の味鉏高彦根のところへ逃げ、都味歯八重事代主（彦火火出見命）の手で丹後の京都府宮津市にある同じ地名の「難波野」へ逃がしたという推理はいかがでしょうか。その後、阿加流比売は但馬の出石へ移り、再婚します。再婚相手は、年の神／饒速日大神の四世孫である天忍男命（オシホミミ＝太耳＝〈『古事記』では〉多遅之俣男＝俣尾《またお》＝麻多烏《またお》？）でした。オシホミミと阿加流比売

（高照姫＝下照姫＝御歳神＝千千姫命＝丹生都比売＝稚日女命）が結婚してできた娘（『古事記』では）前津見と、アメノヒボコが結婚し、産んだ子が多遅摩母呂須玖《たじまもろすく》。アメノヒボコは義理のお父さんである年の神と和解し、オシホミミの養子になったのでした。

アメノヒボコと年の神が躍起になって戦った様子が「播磨風土記」にあります。その後、決着がつかなくて、互いの領土を決める場面が次の話になります。

《播磨風土記（御方《みかた》の里）。葦原志許乎命とアメノヒボコが黒土の志尓嵩《しにだけ》に着かれて、お互いに黒葛を三条、足に着けて投げいれた。その時、葦原志許乎命の黒葛のうち、一条は但馬の気多の郡に落ち、一条は夜夫《やぶ》、一条はこの村に落ちた。アメノヒボコの黒葛は皆、但馬の国に落ちた。だから、但馬の伊都志《いずし》の地を占有しておられた》

オシホミミには女の子しか生まれなかったのか、男系の系譜が隠されているか？その後、オシホミミの娘の家系にはアメノヒボコが養子に入り、神功皇后へとつながってきます。この家系は「壬生部《みぶ》」と言って、皇子の養育料を出す部になっていくようです（「壬生部」がどのように養育料を捻出させていくかはのちほどわかってきます）。どうやら、天皇家の血筋がここでいったん途絶えてしまって、都味歯八重事代主神（彦火火出見命）の系譜に移っていきます。

一四、天孫降臨と鉱物資源ビジネス

ニニギ降臨と火山の大噴火!?

「彦火火出見命《ひこほほでみ》」こと「山幸彦」は、記紀では「天饒石国饒石天津彦火瓊瓊杵尊《あめにぎしくににぎしあまつひこほのににぎのみこと》（瓊《に》瓊杵尊《にぎのみこと》：ニニギ）」とコノハナサクヤヒメの子で、年の神／饒速日大神の御子ではありません。しかし、調べていくと、天皇《おしほみみ》の家系にアメノヒボコが養子に入りましたから、ここから天皇家の系譜がいったん天忍男命《おしほみみ》の兄弟、年の神から四世孫の「天戸目《あまとめ》命」に複雑に入り組んできます。ニニギはコノハナサクヤヒメと結婚しますが、天戸目命の妃は、『先代旧事本紀』によれば「葛木避姫《かつらぎさく》」です。私の推測では、天戸目命がニニギに相当し、葛木避姫がコノハナサクヤヒメに相当するのではないかと思いますが、どうでしょう。

ニニギが日向に降臨した様子が「日向国風土記逸文」にあります。こちらの話は、阿蘇山に近いところの高千穂です。

《臼杵《うすき》郡、知鋪《ちほ》の郷《さと》。天津彦々火瓊々杵尊《あまつひこひこほのににぎのみこと》が、天の磐座をはなれて、天の八重雲を押し開いて、神聖な道を選び選んで、日向の高千穂の二上の峯に天降りなさった。その時、天は暗く、昼夜の区別もつかず、人も物も秩序を失い、物の区別もつかない様子であった。そこに、土蜘蛛、名は大鉗《おおはし》・小鉗《こはし》と曰うものが二人いて、申し上げていうことには、「皇孫《すめみま》の尊、尊の御手で、稲の千穂を抜いて籾《もみ》として、四方へ投げちらしなさったならば、必ず開け晴れることでしょう」と申し上げた。時に大鉗等が申し上げた通り、千穂の稲をもんで籾として、投げ散らしなさったところ、天が開けて晴れ、日も照りかがやいた。それで高千穂の二上の峯といった。後の人は、改めて知鋪と名付けた》

「天は暗く、昼夜の区別もつかず、人も物も秩序を失い、物の区別もつかない様子」のところは、アマテラスが隠れる「天石窟《あまのいわや》」の話にそっくりです！　これは火山噴火による噴煙で太陽光が遮断されたのではないか？　と思いました。記紀や『風土記』を読むと、この当時、日本は火山活動が盛んで、地震や地殻変動、異常気象による大型台風にも見舞われていたと推察できます。例えば前出の「大国主神が因幡の八上比売と結婚したことに恨みをもった兄弟神が大国主神を殺そうと画策します。猪に似た大きな石を火で焼いて、転がり落とし、それを受け止めさせて、大やけどを負わせた」とありますが、鳥取県にある大山が大噴火して、火山弾や火山礫が年の神（大国主神）に当たったと考えられないでしょうか。

記紀の時代に火山活動が活発だったという、私と同じ見解の本がありました。『火山で読み解く古事記の謎』（蒲池明弘、文春新書）です。同書によれば、昭和の早い時代から『古事記』の内容に「火山」という見方をしている学者がいたようです。東京帝国大学地震研究所所員でもあった寺田寅彦氏はスサノオ＝火山説を唱えています。岩戸隠れは火山噴火にともなう現象に類似しているというのです。この問題をロシアの革命家ワノフスキー氏（ロシアの理工系大学出身で、ロシア革命運動から離脱して、大正時代から戦中期まで早稲田大学文学部に籍を置いていたようです）は火山噴火の光景とスサノオのふるまいとを比較対照させています。京都大学理学部物理学科出身の西宮紘氏も「スサノヲこそまさに噴煙をあげて鳴動する火山噴火そのものであった」と言っているようです。同書には《古事記に火山の記憶をみた人たちはいずれも理系の教育をうけ、なおかつ、文学や思想方面への関心が強かったという共通点がある》とありました。蒲池明弘氏は、これは鹿児島県鹿児島郡三島村という離島エリアに位置する、薩摩硫黄島とも呼ばれている鬼界カルデラの大噴火ではなかったかと推測しています。鬼界カルデラの大噴火もあったかもしれませんが、しかし、私からみた岩戸隠れの見解では、高千穂という場所から、過去に何度も大噴火を起こしている阿蘇山に関係すると思われました。

天石窟は溶岩チューブ？

ここで、ＪＡＸＡ（宇宙航空研究開発機構）の春山純一氏が講演会で話されていたことを思い出しました。それは月探査機「かぐや」の撮影した映像から、月の縦穴、地下空洞を発見したという話で、月面に存在する「溶岩チューブ」という地下洞窟の話でした。

溶岩チューブとは、玄武岩質の流れやすい溶岩の流れたあとにできる空洞で、流れ出した溶岩の表面はすぐに冷え固まるけど、まだ熱い中心部の溶岩は流れ続け、やがて溶岩が抜けきって洞窟が残る、というものです。日本では富士山麓に多数ある洞窟のほとんどが溶岩チューブによってできた洞窟だそうです。内側はガラス質で、入り口を塞いでしまえば、気密性に富み、月面基地には最適だと言っていました。ですから、火山活動が活発な阿蘇山、高千穂あたりに溶岩チューブによりできた洞窟が多数あるのではないかと思いました。アマテラスの隠れた窟屋は溶岩チューブではないでしょうか。

調べてみると、「天岩戸神社」の公式サイトでは、アマテラスの隠れた天岩戸と呼ばれる洞窟を御神体としていました。岩戸川をはさんで西本宮と東本宮が鎮座し、川上には八百萬の神々が集まり、相談したと言われる「天安河原」があり、その一角に「仰慕窟《ぎょうぼがいわや》」という巨大な洞窟があるようです。きっと、阿蘇山の大噴火による火山弾、火山礫、火砕流から身を守るために、その時代の神々は溶岩チューブによってできた洞窟に避難したか、もしくは、洞窟を住まいにしていたことがうかがわれました。

高千穂峡と天孫族

阿蘇に近い高千穂といえば、あの素晴らしい渓谷（峡谷、V字谷）を思い起こされます。高千穂町観光協会によれば、《高千穂峡は、その昔阿蘇火山活動で噴出した火砕流が、五ヶ瀬川に沿って帯状に流れ出し、急激に冷却されたために柱状節理のすばらしい懸崖となった峡谷。この高千穂峡は、一九三四年（昭和九）一一月一〇日、国の名勝・天然記念物に指定されています》とありました。また、その峡谷に流れ落ちる真名井の滝について、《水面に落ちる様は高千穂峡を象徴する風景です。天孫降臨の際、この地に水がなかったので、天村雲命《あめのむらくものみこと》が水種を移した「天真名井」から湧き出る水が水源の滝と伝えられています》とあります。やっぱり、天村雲命はここから丹後へ向かったように思われます。当時は水もなく、殺伐とした火山の様相だったのでしょうね。『風土記』では二ニギ降臨地を阿蘇に近い高千穂としていましたが、『日本書紀』では二ニギが降り立ったところを、霧島連山の「槵触之峯《くしふるのたけ》」としています。霧島連山近くにも溶岩チューブによってできたのではないか？　と思われる巨大な洞窟「溝の口洞窟」があります。そこには縄文時代の遺跡があるようですから、二ニギはこのあたりを生活の場にしたのかもしれません。記紀の編纂者は、阿蘇の高千穂をアマテラスの岩戸隠れの場所として、霧島連山の高千穂をニニギの降臨地としたのではないでしょうか。

人間の住める土地ではない天孫降臨地

『火山で読み解く古事記の謎』の著者・蒲池明弘氏は、天孫降臨したといわれる霧島連山に近いところにある高千穂、霧島連山の第二峰である高千穂峰（標高一五七四メートル）に登った感想を《古事記神話においてニニギ一行が降り立ったとされる伝承地が、人間の住めるような土地ではない》と書いています。

火山の殺伐とした風景、溶岩が固まったごつごつした急斜面の山肌……なぜニニギはこんなところへ降臨したのでしょう。「日向国風土記逸文」にある「臼杵《うすき》郡、知鋪《ちほ》の郷《さと》」の話で、「高千穂」を、後の人は「知鋪《ちほ》」とした、というところに、何かヒントがありそうです。

「鋪」の字を調べてみると、『大辞林第三版』（松村明編集、三省堂）の解説では、《しき【鋪】鉱山の坑道。鉱坑》とあります。高千穂とは「高知鋪」であり、鉱坑、つまり、何か重要な鉱物資源がある鉱山のことを意味していると思われます。

ニニギは金を探しに来たか!?

　ここから推測ですが、ニニギは霧島連山の高千穂に鉱物資源を探しに来たのではないでしょうか。

　地図で二か所の高千穂を見ると、阿蘇に近い高千穂には大分県側のあたりに二つの鉱山の印が見られます。一つは「鉄」とありますから、鉄鉱石がとれるのでしょう。もう一つは閉山になっています。

　霧島連山にある高千穂では、霧島連山の西側に菱刈《ひしかり》鉱山（金・銀）、鹿児島県の薩摩半島の南側と半島の根元の西側にも鉱山のマークがあります。こちらも、金・銀の鉱山のようです。ニニギをこの地に案内した猿田彦大神は金鉱山目的で案内したのかしら？

　住友金属鉱山のホームページに菱刈鉱山のことがありました。

《かつては日本国内にも多くの金鉱山が存在していましたが、今日では商業ベースで大規模な操業が行われている国内の金鉱山は、菱刈のみとなっています》とあります。その中で、菱刈鉱山は現在も一年間に六～七トンの金を産出し、一九八五年の出鉱開始以来二四二・二トン（二〇一九年三月末現在）の金を産出しているそうです。日本では第一位の産出量だそうです。新潟の佐渡金山が有名ですが、佐渡金山の産出量は二位でした。産出量八二・九トンで、現在ではもう閉山しています。ということは、な、なんと、佐渡金山のおおよそ三倍の産出量です！　それに、この金山のすごいところは、世界トップクラスの金の含有率だそうです。世界的な平均は、鉱石一トンあたり約三グラムと言われているようですが、菱刈鉱山は世界平均の約一〇倍（約三〇～四〇グラム）と、金の含有率が非常に高いことが特徴だそうです。一キログラムのゴールドバー（金の延べ棒）を得るためには、約三〇トンの菱刈鉱山の金鉱石があればよいのです。ここの鉱脈はかなり広範囲にわたっているようで、大型の鉱山用重機が自由に動ける大きさの坑道が網の目のように張り巡らされ、全部で一〇〇キロメートル以上あるとありました。

さらに、鹿児島県にはまだ金山があります。産出量第四位（累計総産出金量は五五・七トンで現在も稼行中《かこう》）のいちき串木野市串木野鉱山です。こちらの会社（三井串木野鉱山）は薩摩半島南端に近い知覧町に赤石鉱山をも操業し、金鉱石の採掘を行っているそうです。と、いうことは、鹿児島県は金埋蔵量ナンバーワンのお国だったのです。蒲池明弘氏の著書によれば、こういった鉱物の鉱床ができる要因は、マグマの中の貴金属が熱水に溶けて、岩の割れ目にそって鉱脈を形成する熱水鉱床と言われているタイプのようです。島根県の石見銀山もこのタイプだそうです。

年の神ファミリーは火山に資源になる鉱物があることを知っていたのではないかと思われます。超古代も今も鉱物資源がビジネスの根源だったようですねぇ～。しかし、調べてみれば、金鉱山の開発はもっと時代が下がった江戸時代になることがわかりました。菱刈鉱山などは操業開始が一九八五年ですから、盤石な生命のイワナガヒメを返上してしまったニニギは金鉱脈を発見できなかったと思いますよ。

では、木の花のように散り落ちるコノハナサクヤヒメは、何の鉱物だったのか。猿田彦大神はその後、伊勢の狭長田の五十鈴の川上へ行ってしまいました。その後、この件に関しては、伊勢のほうが重要になってきます。

鉱物資源の産み神であるイザナミ

さて、鉱物資源についての記述が記紀にあります。私にはそう見えます。『日本書紀』を例にとると、おおよそ以下のような話です。

イザナミが火の神である「カグツチ」を生んで苦しみ、死んでしまうシーンです。カグツチを生んだときに暑がって苦しみ、食べ物を吐き出します。その神が「金山彦」です。次に小便をされます。これが「神罔像女《かみみつはめ》」。さらに大便をされます。それが「埴山媛《はにやまひめ》」です。

「カグツチ」は名前からして鉱物イメージです。「カグ＝輝き」「ツチ＝土」。ほら、これって「輝く土」でしょう！　私の経験から、金鉱石とか黄銅鉱とか黄鉄鉱とか雲母（うんもは「きらら」とも読みます）とかの、きらきら輝く石のイメージです。金山彦も金・銀・銅・鉄などの金属でしょう。

次に「神罔像女」は水の神のようです。火山は温泉のように地下水をもたらします。「埴山媛」は大便から想像すると粘土と解釈できそうです。陽捷行《みなみかつゆき》氏の『万葉集に詠われた土壌―「あおによし」「はに」「にふ」などの由来と意味―』（日本土壌肥料学雑誌、八八巻六号、二〇一七年）によれば、埴《はに》は質の緻密な黄赤色の粘土を示し、後に農耕以外に使われる特別な土（土器、瓦、壁、塗装、染料などに用いた）に転じ、それを扱う専門の技術集団は土師（はにし、はぜし）と呼ばれた（古語辞典、二〇〇八年）とありました。土壌は当時の文化とともにあったと報告しています。さらにここから、イザナギがカグツチを斬る場面に続きます。後ほどそれはまた違う、ある有用な鉱物になっていきます。

縄文時代に隼人国家があったか？　南九州地方

天村雲命の妃の名前を「阿俾良依姫《あひらよりひめ》」と言い、神武天皇の日向の妃の名前を「吾平津姫《あひらつひめ》」と言います。アヒラという名称が「姶良《あいら》」という地名に通じるように思われます。姶良というと、桜島の姶良カルデラを思い浮かべます。

たぶん、天村雲命たち神々は火山の噴煙が立ち上る姶良のあたりを拠点として活動していたのだと思います。鹿児島県曽於市には「溝の口洞窟」がありますが、そこでは縄文時代の遺跡があるようですし、蒲池明弘氏の著書によれば霧島市では縄文時代の早い時期に定住集落が見つかっているようですから、このあたりは人が多く住んでいたと考えられます。霧島連山あたりに隼人の国家があったのかもしれません。天村雲命たちは巧みに隼人国家に入り込んでいったのでしょう。

蒲池明弘氏の著書に縄文時代の人口のことが書かれていました。人口学者の鬼頭宏氏の著書からの引用で、縄文時代を通して九州南部の人口は、関西、山陽、山陰、四国を合計した人口と同じか多いくらいだった、という推計が紹介されています。また、同じ九州でも、鹿児島県など南部のほうが福岡県北部よりも圧倒的に人口が多かったようです。『魏志倭人伝』では奴国の敵で狗奴国が出てきますから、隼人国家＝狗奴国とも解釈できそうです。

人口の話に戻しますと、関東、東北は九州をさらに上回る人口集積があったようですが、逆に、瀬戸内地方、四国は人口が少なかったようです。その後、畿内のほうは年の神ファミリーによって開発されていきます。

縄文人は火山が大好き！

蒲池明弘氏によれば、縄文人は火山の近くに集落を形成したようです。住宅になるような溶岩チューブによる洞窟がたくさんあったからかもしれませんが、それについて蒲池氏は、鉄や銅が使われるようになるまで、刃物や武器の素材として使われていた黒曜石が火山のマグマによってもたらされるということと、温泉の効用ではないかと述べています。縄文人は温泉につかって、心地よさや薬効に気づいていたのではないかと。

それについて、『風土記』を読んで気づいたことがありました。「伊予国風土記道後温泉の郡」で、スクナヒコが倒れてしまったとき、オオナムチが大分の別府温泉から道後温泉へお湯を引いて、スクナヒコに浴びせ、スクナヒコが蘇生したという話です。『風土記』にはこう書いてあります。

《全体に温泉が貫く不思議なことは、神々の時代だけでなく、今の世の中でも病気にかかった人民は、病（の本）を取り除き、長く健康を保つ薬としている》

縄文人は温泉好きだったようです。温泉も資源だと思いますが、私から見ると、縄文人の火山好きは鉱物資源目的でしょう。ここには計算高い縄文人のビジネス、対外諸国との貿易の影が見え隠れします。

一五、九州の真名井と丹後の真名井

真名井の滝と天真名井

阿蘇の高千穂峡の真名井の滝は、《天孫降臨の際、この地に水がなかったので、天《あめの》村雲命《むらくものみこと》が水種を移した「天真名井」から湧き出る水が水源の滝と伝えられています》とあります。「元伊勢　籠《この》神社」の奥宮である「眞名井神社」にその言い伝えがありました。

【天の眞名井の水】《この水は籠神社海部家三代目の天村雲命が、神々が使われる「天の眞名井の水」を黄金の鉢に入れ、天上より持ち降った御神水です。天村雲命はその水を、初めに日向の高千穂の井戸に遷し、次に当社奥宮の眞名井原の地にある井戸に遷しました。その後、倭姫命が伊勢神宮外宮にある上御井神社の井戸に遷されたと伝えられています》

ど~も、九州日向の高千穂地方と丹後は何か関係ありそうです。天村雲命は天上より持ち帰った水を、まず高千穂の井戸に遷して、それから丹後に遷し、最後に倭姫が伊勢神宮外宮に遷したとあります。真名井を掘る話は前出の「丹後風土記残欠」の「伊佐奈子《いさなこ》岳」にありました。天道日女、天香語山、天村雲命は九州それも阿蘇の地方から丹後へ向かったようです。

真名井の移動と国譲り

『日本書紀』の国譲りの話に、高皇産霊尊がオオナムチに対して、国譲りするための条件を出しているところがあります。

《おまえがいま治めているところのうち、顕露《あらわ》（現世の地上の政治）のことは、わが子孫に治めさせよう。おまえは、これに対して幽界の神事をつかさどれ。またおまえが今後住まうべき天日隅宮《あまのすみのみや》は、いま、余が作ってやろう。その敷地の規模は千尋の長さの栲縄《たくなわ》（栲の丈夫な縄）を百八十結びにしっかりと結んで設定しよう。その宮殿建築の制式は、柱を高く太く、板を広く厚くしよう。また御料田を供しよう。またおまえが海に行き来して遊ぶための道具として高橋・浮橋と天鳥船を造ってやろう。また天安河にも橋をかけてやろう。また百八十縫の（何べんも縫って丈夫にした）白楯を作ってやろう》

これに対してオオナムチは承知して「私はしりぞいて幽界の神事をつかさどります」といい、高皇産霊尊は大物主神に「余の女《むすめ》三穂津姫をおまえにみあわせよう。だからお前は八十万神をひきいて永久に皇孫をまもり奉るがよいぞ」と言います。そのとき、事代主神は出雲国の三穂《みほ》の碕《さき》にいて使者に承諾することを告げます。そして、海中に八重の蒼柴籬《あおふしがき》を作り、船枻《ふなのへ》（船たな）を踏み傾けて退去します。または、踏み傾けた船を青柴垣に変化させ、その中に身を隠しました。

この後、ニニギが高千穂峰に降臨します。記紀では、国譲りは出雲の大国主と事代主神に向けて行われたものですが、私の中の話では、高千穂の真名井の滝と丹後の真名井の話から、国譲りは九州地方の明け渡し？　と見ましたがどうでしょう（国譲りについてはのちほど考察します）。高皇産霊尊がオオナムチに言っていた「またおまえが海に行き来して遊ぶための道具として高橋・浮橋と天鳥船を造ってやろう」の高橋・浮橋とは天椅立《あまのはしだて》ではないでしょうか。

天椅立にある籠神社ですが、読み方は「このじんじゃ」です。ところが、調べてみると「こもりじんじゃ」とも読むようです。「籠《こも》る」とは「中に入ったまま出ない」という意味です。事代主神が踏み傾けた船を青柴垣に変化させ、その中に身を隠した、つまり籠神社に籠ったのでしょう。

大物主でもある事代主神は三穂津姫《みほつひめ》と結婚します。「出雲国風土記」の美保の郷に《天の下をお造りなった大神の命が、古志の国にいらっしゃる神、意支都久振為《おきつくしゐ》の命の子、俾都久振為《へつくしゐ》の命の子、奴奈宜波比売《ぬながはひめ》の命と結婚して生ませた神、御穂須須美《みほすすみ》の命、この神が鎮座している。だから美保といった》とあります。天の下をお造りなった大神の命＝年の神であり、「御穂須須美の命」と「三穂津姫」は同神でしょう。この神は「建御名方《たけみなかた》の神」の妹でしょうか。事代主神は、国譲り後、年の神と古志のヌナカワヒメとに生まれた三穂津姫と籠神社で結ばれたのだと思います。

酒の神コノハナサクヤヒメが醸したのは「酢」!?

さて、先ほど「天戸目《あまとめ》の命」がニニギに相当し、「葛木避《さく》姫」がコノハナサクヤヒメに相当するのではないかという話をしました。コノハナサクヤヒメ（神吾田鹿葦津《かむあたかあしつ》姫）とニニギの出会いの場所は、『古事記』によれば、九州薩摩の薩摩半島、先端にある笠紗《かささ》の岬（現：笠沙）で、本州から見れば最も西に位置します（図9参照）。彼女の出身地は閼駝《あた》郡竹屋《たかや》村で、少し内側に入ったところです。

ここで、二人のコノハナサクヤヒメが出てきました！　一人は「葛木避姫」、もう一人は「神吾田鹿葦津姫」です。コノハナサクヤヒメといえば、酒の神としても有名です。『日本書紀』には、狭名田《さなだ》という卜定田《うらへだ》（神に供える稲をつくるために吉凶をトとして決められた田）の稲で天舐酒《あめのたむさけ》を醸したとあります。お隣の「大隅国風土記逸文」に当時の村人が酒を醸す様子が書かれていました。

《醸酒　酒をつくるを、はかむとも言ふいかなる心そ…大隅ノ国には、一家に水と米とまうけて、村につげ、めぐらせば、男女一か所に集まりて、米をかみて、酒ふねにはきいれて、ちりぢりにかえりぬ。酒ノ香りのいでくるとき、又あつまりて、かみて、はきいれしものども、これを飲む。名づけて、くちかみの酒と云うと云々、風土記にみえたり》

当時は口噛み酒をつくったものと思われます。コノハナサクヤヒメの御子は火酢芹命（火進命、火闌降命）、火明命、彦火火出見尊（火折尊）と三人出てきます。私は昔取った杵柄で、はっ！　としました。その中に「酒」に関係する名前をもった御子が一柱いるからです。「火酢芹命」こと海幸彦です。酒の発酵物が「酢」なのです。コノハナサクヤヒメの出身地では、暑すぎて、口噛み酒はすぐに腐敗して酢になってしまったのでは？　余計な疑問かもしれませんが、そう思いました。

実は、このあたりに酢の町があるのです。鹿児島県始良郡福山町です。ここでは、江戸時代から壺にて黒酢がつくられています（「壺酢―酢造りの原点を探る」東京農業大学柳田藤治、『化学と生物』二八巻四号、一九九〇年）。熊本学園大学教授の豊田謙二氏は『境界文化考―焼酎杜氏の里―』（熊本学園大学論集『総合科学』一九巻一号、二〇一二年）で、コノハナサクヤヒメの出身地である鹿児島県南さつま市笠沙町や、隣の加世田（竹屋村のあたり）における焼酎杜氏の組合の話を展開させています。この地は三方を海で囲まれているので、生業は漁業と思われがちですが、耕地面積は狭いものの一か所だけ水田地帯があるようです。ですから、このあたりで酒造りも行っていたのだと解釈できます。その後、琉球から「泡盛」の製法を習得し、それが焼酎へとなったようです。

それにしてもなぜ、御子に「酢」の字を入れたのか。何かヒントがありそうです。「笠沙《かささ》」という地名は「過ぎた酒《ささ》」と解釈できそうですが、これ以上、わたしの知識ではどうにもなりませんでしたので、醸造学を専門とする恩師の一人に相談してみました。東京農業大学名誉教授の小泉幸道先生です。突然の連絡でしたが、先生はすぐに返事を下さいました。小泉先生ありがとうございました。

酒と酢の歴史

小泉先生のお話を転用させていただきます。

「コノハナサクヤヒメ様は、父とともに酒造の神としての顔も持ちますが、これはコノハナサクヤヒメが三人の子を無事に出産した際に、父であるオオヤマツミが稲田の米から芳醇な酒を造って祝ったとされることから、オオヤマツミを酒解神《さけとけのかみ》、コノハナサクヤヒメを酒解子神《さけとけのこのかみ》と呼び、酒の守護神として崇めるようになったとされています。沖縄では蒸留酒である泡盛が普及する以前は、人の唾液による発酵作用を利用した口噛み酒が一般的で、沖縄諸島では近代まで祭事用に口噛み酒を造っていました。

身を清めた女性たちが生米を噛んでいました。沖縄では既に口噛み酒は造られていませんが、宮古や八重山の一部では昭和一〇年代初め（一九三〇年代）まで造られていました。

日本の酒と酢：人類が生み出した最も古い発酵食品はアルコール飲料、つまり酒です。そして酢は最も古い発酵調味料です。もともと酢は、アルコールが天然の酢酸菌の働きによってできたものです。従って、酒を造る技術があれば、自然発生的に酢も生まれたと考えます。酒の起源については諸説がありますが、わが国では酒造りの始まりは縄文時代前期（約五〇〇〇年前）迄遡るという説が有力になっています。我が国での稲作の始まりが縄文後期か、それより後かは学説が分かれますが、遅くも弥生時代前期（紀元前三〜四世紀）には、大陸から水田耕作技術が伝来しており、その後、米を原料とする酒の原形も出来上がったと考えます」

古代は「口噛み酒」にて酒造りが行われていたようですが、麹を用いた最初の文献としては「播磨国風土記」に《神様に供えた米飯が濡れてカビが生えたので、それで酒を醸し出し、神様に献上して酒宴を行った》という一説があるそうです。種麹が生まれたのは平安時代で、種麹屋は室町時代に入ってからだそうです。酢に関して言えば、奈良時代になると記録がはっきりしてくるようです。平城宮跡から出土した木簡などには、「酢」といった文字が記されていたと先生はおっしゃっていました。『日本書紀』に「火酢芹命」とあるように、「酢」という名前の調味料は記紀の編纂があった奈良時代あたりには、一般的なものだったのかもしれません。

酒の神

酒造家から尊崇される酒の神として知られているのは、大神神社《おおみわじんじゃ》（奈良県）、松尾大社（京都市西京区）、梅宮大社（京都市右京区）だそうです。先ほど小泉先生の話に出てきた「酒解神」「酒解子神」は梅宮大社のご祭神です。

大神神社のご祭神は「大物主神、大己貴神、少彦名神」。それに「活日《いくひ》神社」には〝杜氏の祖〟である「高橋活日《たかはしいくひ》」が祭られているようです（「高橋活日」は『日本書紀』に出てきました！　いつの間にか、私のご先祖さまは〝杜氏の祖〟として崇められていたようです……汗）。

松尾大社のご祭神は「年の神／大年神」と「天知迦流美豆比売《あめのちかるみずひめ》」の御子で、「大山《おおやま》咋神《ぐいのかみ》」と言います。『古事記』によると、この神は別名を「山末《やますえ》之《の》大主神《おおぬしのかみ》」と言い、近江国《おうみこく》の比叡山《ひえいざん》と松尾に鎮座している神で、鳴鏑《なりかぶら》を使う神であると書かれています。

松尾大社の公式ホームページによれば、秦氏の神であり、丹波国が湖であった大昔、治水によって、山城・丹波の開発につとめられた神とありました。さらに、《酒造については秦一族の特技とされ、秦氏に「酒」という字の付いた人が多かったことからも酒造との関わり合いが推察できます》とあります。ここから年の神／大年神の妃の天知迦流美豆比売は秦氏の神だと推測できます。年の神の妃である「伊怒姫」の御子に「韓神」という神がいますが、『先代旧事本紀』の注記には《韓神は朝鮮半島系の神で、山城の国の秦氏の祭る神ともされる。国つ神と共に平安宮の地主神として祭られている》とありますから、「天知迦流美豆比売」＝「伊怒姫」？として、「韓神」＝「味鉏高彦根の神（賀茂建角身の命）」としましたが、「大山咋神」とも解釈できそうです。ふむ、どうでしょう？

側室だった「神吾田鹿葦津姫」

以上のことから、「酒」に関する神は「年の神の系列神」であると思われました。酒の神コノハナサクヤヒメは薩摩の「神《かむ》吾《あ》田《た》鹿《か》葦《あし》津《つ》姫《ひめ》」ではなく「葛木避姫」ではないかと思われます。ですから、記紀の編纂者は神吾田鹿葦津姫の御子に、あえて「酢」の字を入れ、正式な酒の神でないことをアピールしたのだと考えてみました。つまり、閼駝《あた》郡「竹屋《たかや》村」の神吾田鹿葦津姫は、皇祖神コノハナサクヤヒメとは別神で、薩摩での側室でしょう。隼人の祖である「火酢芹命」（海幸彦）はその後「彦火火出見」に服従します。

『日本書紀』では、ニニギはコノハナサクヤヒメである神吾田鹿葦津姫と結婚しますが、ニニギは一晩で身ごもったことを疑い、コノハナサクヤヒメは産屋に火を放ち出産します。これは、またしても、この地域の火山の噴火ではないかと思ってしまいました。神吾田鹿葦津姫の出身地近くには、桜島や開聞岳がありますから。桜島から、神吾田鹿葦津姫が〝コノハナサクヤヒメ〟という名前になったのかもしれません。

太安万侶にしてやられたり!!　神話に復活する事代主神

ニニギが高千穂に降臨したとき、ニニギに相当する天戸目命には葛木避姫との御子がいました。『先代旧事本紀』によれば、「建斗米命《たけとめのみこと》」と「妙斗目命《たえとめみこと》」です。

建斗米命は、中名草姫と結婚して、尾張氏の系譜になります。妙斗目命は六人部の連となっていきます。記紀によれば、ニニギは側室、神吾田鹿葦津姫との間に二人もしくは三人の御子ができます。火酢芹命こと海幸彦、彦火火出見尊《ひこほほでみ》（別名火折尊）こと山幸彦です。三人目は〝悪い子〟ホアカリですから、ここでは彦火火出見尊と同じ神とみなします。

あら？　また矛盾です。彦火火出見ことホアカリは、年の神／饒速日大神の御子で、神吾田鹿葦津姫と天戸目命《ニニギ》の御子ではありません！　実は、ここで彦火火出見は天戸目命の養子に入ったと解釈すると、うまくいきそうです。

「彦火火出見」＝「倭大国御神」＝「日本大国魂大神」＝「都味歯八重事代主神（通

称「恵比寿さん」？）」＝「天照国照彦天火明命」と考えてみました。これで、だんだん見えてきます。ここから籠神社の由緒につながってきます。側室、神吾田鹿葦津姫の御子は隼人の祖ですから、記紀では知らないうちに入れ替わってしまいます。神吾田鹿葦津姫の御子の山幸彦が、都味歯八重事代主神（通称「恵比寿さん」？＝「天照国照彦天火明命」に入れ替わります。この後、山幸彦と海幸彦（隼人の祖）の職業取り換えっこ事件で、山幸彦は海幸彦の大切な釣り針をなくしてしまい、海辺で泣き憂えていると、塩土老翁《しおつつのおじ》が現れて、目のない籠を作り（一説には、大目の粗い籠、籠神社の由緒では、竹で編んだ目の粗い籠でした）、海に沈めます。そして、綿津見の宮（＝海神の宮。これを龍宮とか常世とも呼びます）へ行きます。その籠は美しい浜辺へ着きます（着いたところは、丹後の凡海郷《おおしあま》でしょうか）。そこで山幸彦は籠を捨てて、ぶらぶら行くと、宮殿の門の前に着きます。そこには井戸があり、傍らに桂の木がありました。桂の木というのは葛城・葛木に通じます。

　余談ですが、状況を知るために桂の木を調べてみました。桂の木というのは、まっすぐに伸び、樹高三〇メートル、幹は二メートルもの大木になる落葉広葉樹のようです。日本全国に分布しているようですが、九州より東北地方、北海道のほうがよりよく生育するようです。葉はハート型の丸い形をして、秋に黄色く紅葉し、落ち葉は綿あめのような甘い、良い香りを放つそうです。桂の木というのは、そのように巨木になるのです。

さて、話を戻します。山幸彦は桂の木の木陰にたたずんでいました。そこへ豊玉姫（日子《ひこ》郎女神《いらつのかみ》）がやってきて、夫婦となります。時が過ぎて、山幸彦は日向に帰りたくなります。そのとき、赤女（鯛）の喉の奥に刺さっていたものが海幸彦の釣り針とわかり、それを受け取ります。海幸彦を懲らしめる潮満瓊《しおみつたま》、潮涸瓊《しおひるたま》をもらって、大鰐に乗って帰ります。

ところで、豊玉姫は身ごもっていましたから、産屋を作ってくれるように言います。海幸彦は帰ってからは、海神の教えられたように、兄を懲らしめたので、兄の海幸彦は溺れ苦しみ、ふんどしをして赤土を掌や顔に塗って、足をあげてふみならしてその苦しんだ様子をまねして降参します。このとき、薩摩硫黄島あたりで火山性の地震が何度も起き、大小の津波が頻繁に発生していたのだと思います。海幸彦は津波に苦しめられたのでしょう。

あ〜、いろいろ、見えてきました！　豊玉姫とは年の神と古志のヌナカワヒメとに生まれた「三穂津姫」のことではないでしょうか。

「豊玉姫」＝「三穂津姫」

「彦火火出見」＝「都味歯八重事代主神（通称「恵比寿さん」？）＝「天照国照彦天火明命」

このようにして、国譲りしたはずの事代主神は再び神話に復活するのでした。国譲りの話は見せかけだったことがわかります。皆、記紀の編纂者、太安万侶にしてやられていますよ!!

「えべっさあ」と悪い子「ホアカリ」

豊田謙二氏の論文『境界文化考―焼酎杜氏の里―』の中に、笠沙半島の野間岳にある野間神社には「媽祖《まそ》神女」（中国福建省由来の海上安全の神）と「ニニギ」「コノハナサクヤヒメ」が鎮座していて、とても神々が国際的だとあります。「媽祖神女」は横浜中華街の「媽祖廟《まそびょう》」の神です。この地域は中国（地図でみると上海と同じ緯度です）や琉球との交易が盛んだったのでしょう。

それとは別に、笠沙は三方向を海に取り囲まれているので、海岸の浦々には「恵比寿様」が建立されていて、その面は海の彼方へと向けられているとあります。「恵比寿様」の総本社西宮神社では、室町時代に「戎社《えびす》」を「海社」と言っていた、と書いてあり、神霊は海のかなたから出現したため「外つ国」の神の意味である「戎」という字を当て、〝その表現に海の彼方〟という意味が込められているとありました（この地区の場合、「えべっさあ」は丹後の国からはるばるやってきたと解釈できますから、海の彼方を彷彿させるのは当然でしょう!）。地元の人は《焼酎を飲むときも、釣り糸をたれるとも、「えべっさあ」と声をかける》のだそうです。《「えべっさあ」の声かけは、遺体やいるか・くじらなどの漂流物は「えびす」であり、それを引き上げる時にも自然に発声する、とは地元の人の談である》とありました。地元の人は「彦火火出見（山幸彦）」＝「えべっさあ」であることは、もちろん知らないと思いますが、この地域の人々は太古から「えべっさあ」が彼らの神だったことがうかがえます。

論文の中では、さらに「恵比寿様」のことを深めています。それは西宮神社の第一殿に祭られている「えびす大神」こと「蛭子大神《ひるこおおかみ》」のことでした。蛭子大神は、イザナギとイザナミの国生みで蛭児《ひるこ》（手足の萎えた児）が生まれて、葦船に乗せて流されてしまいます。「葦《あし》」は「悪《あ》し」に通じるため、「蛭子」は「悪《あ》しき子」との解釈もできると。

ここで、やっと理解できました！　ホアカリがなんで悪い子で、年の神に逃げ捨てようと思われたかです。「ホアカリ」＝「恵比寿様」＝「蛭子大神」＝「悪しき子」だったのです。後ほどなぜ悪い子になり流されたか、「悪い子ホアカリ」が再度、登場してきます。

出産のために、わざわざやってきた豊玉姫

「豊玉姫」とは、年の神と古志のヌナカワヒメとに生まれた「三穂津姫」ではないか、というお話をしました。

豊玉姫は遠く、丹後か新潟の古志（高志）からわざわざ鹿児島の西の端、野間半島にいる「彦火火出見」のところへきて産もうとしたのだと思います。『古事記』『日本書紀』からも、遠いところからわざわざ来て出産しようとする様子がうかがえます。この時代は船の移動が主だったようですから、産み月に船に乗って来たのだと解釈します。丹後もしくは古志（高志）から日本海を経て、東シナ海を通ってやってきたのでしょう。『先代旧事本紀』によれば、普通の鰐魚《わに》ですと八日間で海神の宮まで行けるそうですが、駿馬のような一尋鰐魚《ひとひろわに》ですと一日で着くそうです。豊玉姫の乗った船が一尋鰐魚の高速艇かどうかわかりませんが、豊玉姫も命がけの出産旅行だったでしょうね。

連絡を受けて、すぐに産屋を立てた彦火火出見ですが、屋根が葺き終わらないうちに出産のときを迎えます。やっぱり高速艇で来たかな？　それなのに、それなのに、見ないで！　という豊玉姫の願いむなしく、産屋を覗いてしまう彦火火出見。大きなワニ（鮫）がくねくねと這っている姿に驚き、恐ろしくなって逃げてしまうありさま。あ〜。その後、豊玉姫は御子、鸕鷀草葺不合命《うがやふきあえず》と、養育者である妹の玉依姫を送りつ

けて、帰ってしまわれます。

ここでの妹の玉依姫は、「味鉏高彦根の神の娘」ではないでしょうか。その後、玉依姫との子に、神武天皇の皇后である「蹈鞴《たたら》五十《い》鈴姫《すずひめ》の命」、「天日方奇日方《あめのひかたくしひかた》の命（阿田都久志尼《あたつくしね》の命、賀茂別雷《かもわけいかづち》の命？）」が生まれてきます。ウガヤフキアエズの命と叔母の玉依姫が結婚して、彦五瀬命《ひこいつせのみこと》、稲飯命《いなひのみこと》、三毛入野命《みけいりのみこと》、神日本磐余彦《かむやまといわれひこ》（神武天皇、狭野尊《さののみこと》）が生まれたのでした。この後、神武天皇一行は大和を目指すことになります（図7参照）。

一六、いにしえの資源国日本

神武天皇の東征理由

わぁ〜い！　やっと、年の神から神武天皇までつ・な・が・っ・た〜!!　太安万侶のグルグルゲームが終わった〜！　バンザーイッ!!　もう、やらなくてよいぞ〜。

饒速日大神／年の神は大和政権の敗者とか、抹殺された覇王とか言われているけど、神武天皇は年の神の曾孫じゃないですか！　それも、隼人である神吾田鹿葦津姫《かむあたかあしつひめ》の血を引いていないこともわかりました！　大和政権に敗者も勝者もなかったのでした〜！

と、喜んでいたのもつかの間、ここで、ある宿題を思い出してしまいました。それは、このようなことでした。これも陛下と思われる裏意識ですから、私の妄想だと思いますが、「彦五瀬命《ひこいつせのみこと》がやられるはずがないのですよ。調べてみてください。千春さん！」という声でした。

彦五瀬命は神武天皇のお兄さんですが、東征したとき、孔舎衛坂《くさえのさか》の戦いで、流れ矢に当たり、亡くなってしまいます。このときは、そんなこと、歴史オンチの私にわかるはずがないじゃないの〜ぉと思って、そのままにしてありました。そうです。なんで、神武天皇は当時、ニッポンの大都会であった日向から、わざわざ交通の不便な片田舎の大和へ東征しようと思ったのか？　ここからまた、グルグル探すことになります。

神武天皇が執着した大和の鉱物資源

なぜ、神武天皇は大和に執着したのでしょう。それも、記紀を見ると、かなり用意周到です。『古事記』によれば、日向（高千穂宮）→宇沙（足一騰宮《あしひとつあがりのみや》）→筑紫国（岡田宮）一年滞在→安芸国（多祁理宮《たけりのみや》）七年滞在→吉備国（高島宮）八年滞在と、計一六年もかけて大和入りを果たします。『先代旧事本紀』では、彦火火出見が丹後から笠沙へ戻るのに、一尋鰐魚だと一日で着くという〝超高速時代〟にですよ！

神武天皇東征のときには、年の神／饒速日大神、天香語山命、天村雲命は、すでに人口密度の低い土地、瀬戸内、河内、大和から丹後、古志（高志）まで勢力を伸ばして統一国家を形成しつつあったのだと解釈できます。人口密度が低そうですから、統一するのにそれほど時間はかからなかったと思います。そこへ神武天皇の用意周到なふるまいは何を意味していたのでしょう。鉱物資源を糧としている年の神ファミリーでしたから、世界でも最高レベルの純度を誇る現役バリバリの「菱刈金鉱山」以上の金鉱山が、大和には存在するのかと思い、紀伊半島の地図から鉱山の印を探しましたが、まったく見当たりません。

あ、もしかしたら、金の精錬に水銀を使いますから、水銀目当てでしょうか。高野山にある紀伊国一之宮「丹生都比売《にうつひめ》神社《じんじゃ》」のご祭神は辰砂《しんしゃ》（朱＝硫化水銀）の神さまです。あのあたり、水銀がよく採れそうです。大和入りした神武天皇の行動を見ても、土壌中の水銀の調査をしているような記述があります。おおよそ次のような話です。

《丹生の川上（吉野川上流、丹生川上神社中社の辺、または宇陀郡丹生神社の辺）にのぼって、天神地祇を祭られました。すると、菟田川の朝原（現在の宇陀郡榛原町大字雨師朝原、丹生神社がある）に、ちょうど水の泡のように呪《かし》り着くところがあった。それで、八十平瓮でもって、水なしで飴《たがね》をつくり、それを丹生川に沈めて、しばらくすると魚は皆浮き出して、口をパクパクしている》

神武天皇は水銀鉱山開発の技術者だった！

ここで「朱」とか「赤」という記述がないので、辰砂が露出している地層ではなかったと推察できます。《水の泡のように呪り着くところ》とは、土壌中に水銀そのものが露呈していたか、朱ではなくて黒色の黒辰砂が水の泡状になった場所があったのでしょうか。もしくは、水銀ですから、その鉱物特有の特徴を呈する土壌をサンプルとしたと解釈できます。技術者でしたら、土壌を少量、口に含んで味を確かめてサンプルとしたかもしれません。水銀は常温では液体ですが、表面張力が強いので丸くなります。私の遠い記憶では、触るとぷよぷよした、ずしりと重たい金属でした。餅とか飴とか、そういう表現は適していそうです。水銀は熱で蒸発しますから、土を熱して、その蒸気を集め冷却し、水銀を析出させたのでしょう。そうやって、土壌サンプルから抽出した水銀を川の魚でバイオアッセイ（毒性試験）し、その毒性で川の魚がパクパクし出したのだと解釈できますから、水銀の急性毒性による致死量を神武天皇は十分に熟知していたと推測できます。それに、土壌のサンプル量と魚の様子から、土壌中にあるおおよその水銀量もここから推察できたでしょう。神武天皇が大和の土に水銀を多く含むと確信した貴重な場面だと思います。『八十平瓮』とありますから、目視で水銀の地層を確認できないところは、いろいろな場所でサンプリングし、分析したのだと思います。古代人はこのようにして、水銀のありかを調査したのですね。蒲池明弘氏も別の著書『邪馬台国は「朱の王国」だった』（文春新書）で「神武天皇は技術者ではなかったか」と語っていました。今の時代も古代も、調査のやり方に変わりはなさそうです。その方法、教えてもらいたい！

日本に多い水銀鉱床と水銀の毒性

古代において、水銀にそんな価値があるのか不思議ですが、昔は、赤く塗られた漆器の椀や、赤チンなどの殺菌消毒剤、水銀軟膏、水銀電池、農薬、温度計、気圧計、蛍光灯と、身近にたくさんあり、工業的には有用な金属だったと思います。それに、日本ではありふれた鉱物です。

私が大学院生だった頃、機器分析室の教授（故三木太平氏）が「日本海の魚は水銀が多いから、日本海の海底では水銀鉱床でも露出しているんじゃないか？」と言っていました。「まぁ、有機水銀だと、毒性が強いから問題ありだろうけど、これらは無機水銀だし、大昔から食べ続けている日本人は食べても支障がなさそうだ。髪の毛とか爪で排出されているしね」と。その教授は当時、日本分析化学会の副会長とか顧問とか、そういう立場で、投稿論文の審査などもしていたと記憶します。分析化学会では権威のある先生でした。

当時、先生の実験台には、水銀が入ったビーカーだの瓶だのがそこかしこにありました。

「俺の髪の毛、水銀濃度高そうだわ。わっははは」

「先生の髪の毛うすいから、体にたまっているんじゃないですかぁ～？」と私。

厚生労働省では、魚介類に含まれる水銀の摂取について注意喚起しています。

《魚介類は利点が多い食材ですが、反面、自然界に存在する水銀を食物連鎖の過程で体内に蓄積するため、日本人の水銀摂取の八〇パーセント以上が魚介類由来となっています。また、一部の魚介類については、特定の地域等にかかわりなく、水銀濃度が他の魚介類と比較して高いものも見受けられます》と。しかし、《厚生労働省が実施している調査によれば、平均的な日本人の水銀摂取量は健康への影響が懸念されるようなレベルではありません》ですから、妊婦さん（胎児に影響があるそうです）以外は、それほど気にすることはなさそうです。

胎児への影響について、確証はできませんが、記紀や『風土記』に水銀の影響も考えられると思われる御子の記述があります（「出雲風土記三津の郷」）。

《大神大穴持の命の御子、阿遅須伎高日子の命が、おひげが八握ほどにも伸びるまで、昼も夜も泣くばかりで、話すことができなかった。その時、御親の大神が、御子を船に乗せて多くの島々に連れ巡って、心をなごませようとされたが、やはり泣き止むことはなかった。大神が「御子が泣くわけを教えてください」といって、夢のお告げを祈願なさったところ、その夜の夢に、御子が口をきくようになったさまをご覧になった。そこで目覚めて御子に問いかけると、すかさず「御津《みつ》」と申された……。このようないきさつで、今も妊婦はその村の稲を食べない。もし食べると、生まれた子はうまれながらにしてしゃべる……。》

スサノオの泣きはらす事柄とそっくりですが、スサノオではなくて、年の神の御子の阿遅須伎高日子の命のことだったようです。二〇一六年一一月二八日の毎日新聞の記事に《マグロやメカジキなどメチル水銀を比較的多く含む魚介類を妊婦が食べ過ぎると、生まれた子の運動機能や知能の発達に悪影響が出るリスクが増すことが、東北大チームの疫学調査で分かった》とありますから、年の神の妻の伊怒姫（?）は、日本海のお魚をたくさん食べたのかもしれません。島国ですから当時の主食はお魚だったと思います。

発達障害があったと思われる御子がもう一方います。一一代垂仁《すいにん》天皇の御子で「誉《ほむ》津別命《つわけのみこと》」です。『日本書紀』の記述には、《誉津別命がお生まれになると、天皇は命を愛され、つねにおそばにお置きになった。壮年になられても、お言葉が言えなかった》とありますが、クグイという白鳥を捕まえてもらい、遊んでいると言葉を発するようになります。誉津別命のお母さんは、狭穂《さほ》姫で九代開化天皇とオオゲツヒメの子孫になります。オオゲツヒメの子孫がお母さんですから、狭穂姫はよほど美味しい物を食べたと思われます。

作物にうま味をもたらす秘密

今では水銀の毒性が問題視されていますので、水銀の話はタブー視され、ほとんど語られなくなりました。だから、あまり大きな声では言えませんが……水銀鉱床の上に有田みかんの産地があるのですよ。厚生労働省によれば、《平均的な日本人の水銀摂取量は健康への影響が懸念されるようなレベルではありません》ですから、もちろん、こちらも健康被害などの報告はありません。何を言いたいかと申しますと……再び私の学生時代の経験談になります。

当時、土壌学研究室（通称「土研」）が圃場（畑）で作ったとされる枝豆を、毎年おすそ分けでいただいていました。これが〝とびっきりの美味〟で、今でも忘れられません。毎年、私たちはその枝豆を楽しみにしていました。

当時の記憶で曖昧なのですが、土研の圃場は隣の畑の一・五〜二倍の収穫量があり、農家も羨むほどでした。ですから「商品化すれば？」と同期の学生に言ったのです。

すると、こういう答えが返ってきました。

「大きな声じゃ言えないんだけどさぁ、重金属なんだよねぇ〜」

肥料として重金属を多めに施した結果だということらしいです。

『古代の朱』（ちくま学芸文庫）の筆者である松田壽男氏は、甘くておいしい有田みかんについて「水銀は甘味を作り出す」と語っています。

やはり土壌学の専門家で、先ほど埴《はに》のところで登場していただいた陽捷行氏は論文で《奈良県や和歌山県では、「にこ」「にゅ」と呼ばれる土壌がある。和歌山県の「にゆ」は、よい土壌、よく米の獲れる土壌、地力のある土壌と言われている》（農林省農政局農産課、一九六三）と報告しています。

蒲池明弘氏の著書によれば、この地域は一五〇〇万年前に激しい火山活動があったようです。大和三山のうちの畝傍山《うねびやま》、耳成山《みみなしやま》、それから信貴山《しぎさん》、大阪と奈良県境の二上山《にじょうざん》で溶岩や火砕流の痕跡が残っており、その中でも最大なのが奈良県宇陀市を中心とするエリアなのだそうです。つまり、桜井、宇陀地方に水銀の産地があるということです。

宇陀地方の作物は、ほんと、おいしいですよ！　それに、吉野くずは最高級品です。おいしい作物ができる秘密は、そういった火山との関わりからできた（火山灰）土にあったのです。

古代、水銀は身近な金属

ほかにも、古くから神社や鳥居の赤い顔料（朱）としてもなじみのある金属だと思います。奈良の大仏に金メッキを施すのに、金を水銀に溶かし込み、金と水銀の合金《アマルガム》を青銅の大仏に塗り、内側から熱して水銀を蒸発させてメッキを施したようです。CAD（設計用のコンピュータシステム）も大きな用紙もなかった時代に、あんなに大きな青銅（銅と錫の合金です）物を鋳造する図面をどうやって引いたのか、それだけでも相当な技術だと思いますが、その上、表面を磨いて、さらに金メッキを施したとなれば、世界に先駆ける最先端技術が奈良の大仏に生かされたのだと思います。そのほかにも、石室の中が赤く塗られている古墳や朱が敷き詰められている古墳、船の防虫・防腐、仁丹という薬にも使われていたように思います。あ、おしろい！　大昔、これは水銀でした、というように、水銀はとても身近なものでした。

オシホミミの皇后である「栲幡千千姫命」は、「丹生都比売《にうつひめ》」＝「稚日女命《わかひるめのみこと》」＝「高照姫《下照姫》」でした。丹生都比売は朱（辰砂、水銀）の神です。天村雲命の丹後での妃に「豊水富《とよみとみ》」とか「伊加里《いかり》姫」（『古事記』では吉野の首《おびと》である井氷鹿《いひか》または井光《いひか》）がいますが、やはり水銀の神です（こちらの姫は名前からして朱・辰砂ではなく、自然水銀の神かもしれません）。

アメノヒボコから逃げてきた「阿加流《あかる》姫命《ひめのみこと》」ですが、この神は私の物語では「栲幡千千姫命」であり、アメノヒボコの赤玉伝説（＝朱）も水銀（朱・辰砂）と関係がありそうです。日本と水銀の関係をさらに調べてみました。

辰砂（朱）は重要な日本の輸出品

調べてみてびっくりしました。日本ではありふれている水銀は、古代では金・銀に次ぐ、もしくは同等以上の重要金属として、大陸と取引されていたようです。古代中国では水銀・朱砂は不老不死の薬として用いられていたようですから、金よりも需要があり、価値のあるものだったのです。

松田壽男氏の著書『古代の朱』の中に、『神農本草経』に書かれている水銀の薬効の記述があります。丹砂（硫化水銀）については《舌で試薬してみると、甘くてちょっと冷たい。身体や五臓の病を治し、精神を養い、魂魄《こんぱく》を安んじ、気力を益し、眼力を強くする。モノノケや邪気の気を殺し、長い間服用していると神明の不老に通ずる》と。丹砂を舐めてみると、甘くてちょっと冷たいそうです。水銀のほうは《舌で試薬してみると辛くて冷たい。疥瘙、痂傷、白禿を治す。皮膚の中の蝨蝨を殺す。胎児を堕す。熱を除く。金・銀・銅・錫の毒を殺し、鎔化して丹（丹砂）に還復する。長い間服用していると、神仙となり死なない》とあります。水銀は主に皮膚病に使われたようです。

その後、中国では『図経本草』『証類本草』などが出版されて、生薬の全盛期を迎えるようですが、それでも丹砂（朱砂）は石玉部上品七十三品中トップに記されているんだそうです。《朱砂が薬用としていかに珍重されたかが、推測できるであろう》と筆者の松田氏は語っています。

あ、そうか！　薬の神といえば出雲の大国主神や少彦名命でした。なるほど、年の神／大国主神たちは大陸に薬（丹砂・水銀）を売っていたのでした！　これでなぜ、大国主神が薬の神と言われるのかよ～くわかりました。年の神ファミリーは薬問屋で、倭《やまと》の資金源はここにあったのでした。

「魏志倭人伝」には日本のことを《真珠・青玉を出す。その山には丹あり》と記してあるそうです。青玉はヒスイで、丹は朱・辰砂、真珠は朱石ではないかと、蒲池明弘氏は著書で述べています。このことから、日本＝朱の国として扱っていた「魏志倭人伝」を読んで触発されたアメノヒボコが、日本に渡ってきたのかもしれません。

世界の水銀鉱床と日本の水銀鉱床の開発

六〇年ほど前の古い論文なのですが、矢嶋澄策氏の『水銀とその鉱業』（『日本鉱業会誌』七六巻八六四号、一九六〇年）より、世界の水銀鉱床の分布が著しく偏在していることがわかりました。すなわち、産出国はスペイン、イタリア、ユーゴスラビア（現セルビア・モンテネグロ）、アメリカ、メキシコ、日本、フィリピンなどで、第三紀後期の地殻変動と、これに伴う火山活動の地域に帯状に配列している地帯であるようです。すなわち、環太平洋地域と、地中海、ヒマラヤ地域に集中して偏在していて、水銀はどこにでもある鉱物ではなく、極めて貴重な金属だったようなのです。そういった意味では、日本は稀に見る水銀王国だったといえます。

鉱床は一般に低圧の熱水液が、地表または地表近くに上昇してできる熱水鉱床と呼ばれているところにあるようです。したがって、「あまり地下深くにはなさそうだ」と書いてありました。

採鉱方法も至って原始的なものだとあります。水銀鉱物は大部分が辰砂（朱）と自然水銀だそうですが、自然水銀での産出は極めて少ないようです。鉱石から水銀を分離する基本的な原理はとても簡単なもので、辰砂の場合は三〇〇度以上に熱することで水銀水蒸気が出始めるようですから、それを集めて冷却すれば容易に得られるのです。

矢嶋氏は論文『本邦の水銀鉱床について』（『鉱山地質』一七巻八二〜八三号、一九六七年）にて、日本では大略、北海道と中央構造線にそった分布に偏在し、北海道、東日本においては三つに大別されるとあります。西南日本の鉱床郡は、中央構造線の内外帯に並行して配列する大和鉱床群、阿波鉱床群の二つに分けられるとあります。歴史的記録の乏しい北海道地方を除き、《これらの鉱床群と続日本書紀に記された水銀鉱床産地の分布が一致している》ともありました。これら古くから知られた水銀鉱床産地の近くには「丹生」という地名が認められ、丹生とは辰砂の別称で丹砂、朱砂、あるいはこれを含む赤土を産出するところ、という意味である、と報告しています。

しかし、これら古い時代の水銀鉱床は現在では完全に忘れ去られている場合も少なくないそうです。今となっては地名だけ残存する〝いにしえの鉱床〟になっています

（図9参照）。

「金」には目もくれない年の神ファミリー

矢嶋氏の異なる論文『日本水銀鉱床の史的考察』（『地學雜誌』七二巻四号、一九六三年）では、特に水銀鉱床が、他の金属元素の鉱床に付随して存在しているときは、ほとんどが鉱床の上層部に分布する場合が多く、鉱床も矮小（とても小さく狭い）で、かつ産出も多くは望めないのが普通だそうです。そのため、水銀鉱床はまれな特例を除いては規模も大きく望めず、長期にわたって稼行されるものも少ないようです。

ここから、年の神ファミリー（倭《やまと》）は、南九州にあったような金・銀の鉱床が目的ではなく、そこに付随していた、簡単に掘れて、薬として珍重される水銀鉱床を求めて常に移動していた、ということがわかりました。日本一の埋蔵量を誇る菱刈鉱山の「金」が目的ではなく、日本一の金鉱床の上層部に付随してあった「水銀・辰砂・朱」が目的だったのです。コノハナサクヤヒメのごとく、紅く美しくもはかない運命の鉱山が水銀鉱山だったのです。

北九州の佐賀県、長崎県の県境のあたり、大分県南部、北九州の菱刈、串木野、赤石あたりの水銀鉱床を掘りつくしたあとは、中央構造線上、その近くを東へと移動していったのでしょう。北九州↓南九州↓瀬戸内海（四国など）↓摂津・河内国↓大和国→紀伊国→伊賀国（伊勢）と。人口が少ない地域ですから、開発は容易だったと思います。さらに、系譜の名前や『風土記』などから、尾張国、信濃国、高志国へ、一方は、近江国、播磨国、但馬国、最後は丹後国へと開発しながら移動していったようです。丹後とは後に付けた地名ですから、正確には丹波国です。秦氏の出身地について、新羅の古い地名に「波旦」があり、そこから来たのではないか説などがあるようですから、それで、旦波→丹波と名付けたのではないでしょうか。神武天皇東征のときは、年の神ファミリー（倭）によって、ほとんどの西の地域での水銀鉱床の開発は進んでいたのでしょう。東日本は富士山の噴火が激しかったのか、このときはまだ開発がされていなかったようです。

年の神ファミリー（倭）のビジネス

ある日の新聞記事（毎日新聞二〇一九年二月二〇日）に、私にとって誠に好都合な記事を見つけました。

『紀元前、硯作り　国内文字使用、三〇〇〜四〇〇年さかのぼる？　北部九州三遺跡』との見出しが付けられた記事です。

《弥生時代中期中頃から後半（紀元前二世紀末〜前一世紀）に石製の硯《すずり》を製作していたことを示す遺物が、北部九州の複数の遺跡にあったことが、柳田康雄・国学院大客員教授（考古学）の調査で明らかになった。国内初の事例。硯は文字を書くために使用したとみられ、文字が書かれた土器から従来は三世紀頃とされてきた国内での文字使用開始が三〇〇～四〇〇年さかのぼる可能性を示す貴重な資料となる。硯の遺物が見つかったのは、潤地頭給《うるうじとうきゅう》遺跡（福岡県糸島市）＝前二世紀末▽中原遺跡（佐賀県唐津市）＝同▽東小田峯遺跡（福岡県筑前町）＝前一世紀＝の三遺跡。出土していた石製品を柳田客員教授が再調査したところ、末広がりになる形状の薄い板で、表が磨かれ裏が粗いままという硯の特徴を示しながら、仕上げがされずに破損したものがあり、未完成品だった。墨をつぶす研ぎ石の未完成品や、石材を擦って切断する道具・石鋸《いしのこ》も確認され、現地で硯が製作されたと判断した》

北部九州での硯（文字）の使用は当時、大陸との交流やビジネスが盛んだったことをうかがわせる証拠だと思います。

年の神ファミリーの輸入品

年の神ファミリーは九州地方を「倭《やまと》」と言い、畿内の大和地方まで統治したときは、すべてをひっくるめて「大和《おおやまと》」と称していたようです。そのように記紀から読み取れます。

当時の輸出品は、日本では金・銀などよりも、簡単に採掘できて、金よりも価値のある「朱・辰砂」と判断できますが、輸入品については「播磨風土記」にある記述にヒントがあるかと思います。前出の悪い子ホアカリを捨て去る場面で、ホアカリが怒って起こした暴風のせいで、お父さんである年の神の船が難破する事件が起きます。そのとき積み荷が散乱し、漂流したところが地名になっています。

《琴が落ちたところは琴神丘、箱が落ちたところは箱丘、梳匣《くしげ》が落ちたところは匣《くしげ》丘、箕が落ちたところは箕形丘、甕《みか》が落ちたところは甕《みか》丘、稲が落ちたところは稲牟礼《いなむれ》丘、冑《かぶと》が落ちたところは冑丘、石沈《いかり》が落ちたところは石沈丘、綱が落ちたところは藤丘、鹿が落ちたところは鹿岡、犬が落ちたところは犬丘、蚕子《ひめこ》が落ちたところは日女道《ひめじ》丘》

この積み荷の中で、「冑」は確実に輸入品ではないでしょうか。「鹿」というのは、出雲のたたら製鉄では革を鞴《ふいご》にしたようですから、製鉄事業のために運んでいたのでしょう。「犬」も鉱山開発のときに連れていたのだと思います。このように少しの朱・辰砂で高額な武器や織物など、さらには鞴を使う鉄素材や「朱・辰砂」を掘るための道具などを輸入していたと判断できます。

先ほど、オシホミミの系列にアメノヒボコが養子に入り、皇子の養育料を出す「壬《み》生《ぶ》部」になっていく話をしました。松田氏によれば、壬生は丹《にう》が転訛したものだそうで、アメノヒボコのビジネスも朱・辰砂だということがわかります。

日本における水銀の産出地〝いにしえの鉱床〟を探る

水銀鉱床は地表面の近くにあり、それほど大きな鉱床ではないので、掘りつくしてしまえば、次へと移動を余儀なくされます。神武天皇が南九州を去ったのは、すでにその場所には水銀がなかったからだと思われます。金や銀は、水銀鉱床の、その下深くにありますが、当時はまだ深く掘る技術はなかったか、採取が簡単に行われ、大陸では需要のある水銀探しが急務だったかわかりませんが、とにかく東へ、大和へ向かうことになります。

そうやって掘りつくしてしまった跡は、地名としてだけ残ることになります。地表面に近いところですから、草に覆われてしまえば、後世の人が過去の水銀鉱床跡を知ることも不可能でしょう。時代が進むにつれて、その跡は人々から忘れ去られていきます。炭坑節のように盆踊りで毎年踊っていても、現代の子は三池炭坑が何かを知らないと思いますし、北海道夕張市はメロンの産地と思っている子も多いでしょう。石炭など見たこともないでしょうし、見てもそれが何かもわからないでしょう。

と、このように閉山され、なくなってしまえば、人々から忘れ去られてしまうのが、鉱山の宿命なのだと思います。松田氏は神社のご祭神が後世、それによって変化した（神を取り換えた）と著書の中で語っていました。

理学博士と文学博士の共同研究

今から六〇年以上も前、当時、早稲田大学客員教授で、理学博士で東洋一の水銀鉱山、北海道イトムカ水銀鉱山発見と稼行に関わった矢嶋澄策氏と、『古代の朱』の著者で早稲田大学文学部名誉教授であった松田壽男氏（東洋史専門の文学博士）は、お互いの分野を駆使して共同研究を行いました（文献を見ると一九五八年頃のようです）。文学博士の松田氏が神社のご祭神や古代の地名、和歌や言葉の推察などの分析から、朱・辰砂の産地と思われる場所を特定して、土壌サンプルを採取し、そのサンプルを矢嶋氏が微量分析し、古代の水銀鉱床〝いにしえの鉱床〟を特定しようとする試みです。それが矢嶋氏の論文『日本水銀鉱床の史的考察』であり、松田氏の著書『古代の朱』なのです。松田氏の朱・辰砂の研究の集大成は『丹生の研究―歴史地理学から見た日本の水銀』（早稲田大学出版部）という専門書なのですが、一般人向けにそのエッセンスを伝えたのが『古代の朱』になります。

年の神や神武天皇もびっくりでしょう。そうです、両博士も土壌サンプルから水銀鉱床を探し求めていたのですから。

神武天皇の実験精度やいかに

矢嶋氏によれば、朱砂産地として適格と認められるのは、水銀鉱床付近の母岩ないし土壌の水銀濃度がおおよそ1ppm オーダーの値を示すのが普通であるようです。0.01ppm 以下になると、多くの場合、鉱床とは言えないようです。

さて、神武天皇の調査結果と、矢嶋氏の微量分析結果をみてみると、神武天皇のサンプリング場所（奈良県宇陀郡榛原町大字雨師朝原）では水銀濃度1ppm 以上と、水銀鉱床としては十分な値を示したようです。さらに、もともと「入谷」を「丹生谷」と書いた宇陀郡菟田野町入谷では10ppm オーダーと高い値が出たとあります。

天村雲命の丹後での妃である伊加里《いかり》姫の出身地（奈良県吉野郡井光村）の値も報告されています。こちらは60~78ppm でかなり高濃度です。吉野郡吉野山では39~44ppm。こちらもかなりの高濃度の含水銀量でありました。

神武天皇の実験結果と、矢嶋氏の分析結果をみれば、神武天皇の実験精度の技術力は相当なものだと言えます。

大和水銀鉱山と神生水銀鉱山

奈良県の大和地方の水銀鉱山は昭和時代まで採掘が行われていたようです。現在、日本の水銀産出地は北海道イトムカ鉱山を中心とする地域に集中していますが、これに次いで産出量の多いのが、奈良県中部の水銀帯にある大和水銀鉱山と神生《かみう》水銀鉱山です。

岸本文男氏は論文『奈良県神生水銀鉱山の鉱床について』（『地質調査所月報』一三巻三号、一九六二年）にて、神生水銀鉱山の調査結果を発表しています。神生水銀鉱山は奈良県宇陀市菟田野駒帰にあり、大和水銀鉱山の東に当たるそうです。ここでは自然水銀が産出するようで、岸本氏は直接坑内では確認していないが、標本室にある自然水銀を伴うサンプルによると、《水銀の粒の大きさは一・五ミリメートル以下で、生成場所は炭酸塩鉱物を含む粘土化部分の凹みであり、辰砂と直接していない》とありますから、赤い辰砂の土壌とは別に、粘土質の土壌の表面にある凸凹の窪みに小さな水の水滴のようになって析出していたのだと解釈できます。神生水銀鉱山は神武天皇が土壌調査をした同じ宇陀地方ですから、自然水銀が産出した可能性が十分考えられます。《水の泡のように呪《かし》り着くところ》とは、そういったことを指しているのではないでしょうか。自然水銀の「泡」という表現が「粟」や「淡」「阿波」「安房」などと結びついているように感じます。

「阿波」の徳島には中央構造線が走っており、阿波水銀鉱床群があります。「安房」は千葉県安房郡富浦町に「丹生」という地名があり、土壌中の水銀濃度からして、水銀鉱床として十分認められるようです。大和の神生水銀鉱山が歴史的に現れたのは天平一七年（七四五年）で、当時の仏教の興隆（奈良東大寺の大仏造立）と関係が深いとありました。その三四年前の七一一年には平城京（奈良）への遷都がありましたから、大和水銀鉱山枯渇により、他の産地が稼働したための遷都でしょうか。水銀と政治との兼ね合いも、何かありそうです。

他の地方における水銀鉱床の発見

さらに、京都府舞鶴市にも水銀鉱床が認められたようです（0.3～10ppm）。丹後の古墳内部からも朱が出土していますから、おおいに鉱山開発と関係がありそうです。

ここでびっくり、紀伊半島において、大和地方に次ぐ産出地が伊勢（三重県多気郡）だとわかりました。のちの伊勢神宮創建との関わりが示唆されます。

本州最大の水銀鉱床は山形県出羽三山の湯殿山山頂付近で304～400ppm、山形県尾花沢市丹生で35～468ppmと、高い値が出たそうです。

こういった水銀濃度の高い地域には、真言宗が浸透し、空海との密接な関係があるということです。はっきり調べたわけではありませんので、確かなことは言えないのですが、空海は物部氏、阿刀氏と関係がありそうです。天村雲命の系列ではないかと思います。だから、和歌山県の水銀の産出地に道場を開くことができたのだと思いますし、水銀鉱山の開発にも一役買っていたと思われます。

逆に出雲国では水銀鉱床はありませんでした。出雲国の大々的な開発（たたら製鉄）は、ずいぶんあとの話のようです。

神武天皇や年の神ファミリーの実験精度は、とても縄文・弥生時代の神とは思えないほどの正確さだということが、これで十分わかりました。現代の実験機器を駆使して初めて、年の神ファミリーが活躍した時代の技術力の高さが証明されたと言えます。現代のような分析機器もなく、その技術力だけで、これだけの正確さを誇った古代日本の最先端技術を持っていたファミリーの末裔が、今の天皇家へつながります。歴代の天皇が科学者であるのは、この時代からの習わしだったのでした。

一七、神話の中の水銀

水銀鉱床と古文献にある飛び散った「血」の記述

〝いにしえの鉱床〟については、両博士の分析によって特定されていきます。それを見ると、松田氏の著書にも書かれていますが、古文献の中では、いかにも生臭い記述「血」の出てくるところが、「朱・辰砂」の産出地となっているようです。そのほかにも松田氏は「赤」という字に注目しています。記紀の中では神武天皇が東征したときの話にそれはあります。神武天皇のお兄さんである彦五瀬命《ひこいつせのみこと》が、当時、大和を支配していたナガスネヒコ（古志出身？）の軍勢の矢に当たって負傷します。系譜から見られるように、神武天皇は事代主神と古志の血筋を持つ年の神／饒速日大神の系列神ですから、一足先に大和入りしている年の神ファミリーに、本来ならやられるはずがないのです。ところが、先述しましたが、年の神／饒速日大神と当時、大和にいたナガスネヒコの妹である御炊屋姫を妃としてウマシマヂ命が生まれます。『先代旧事本紀』では、饒速日大神はそのときすでに亡くなって、母親の兄であるナガスネヒコが大和の統治権（水銀鉱山権）を握っていたのだと思います。

ここで、彦火火出見である事代主神は天香語山命、天村雲命と結託して、九州にいる古志のお姫様の血を引いた血統書付き子孫（神武天皇）を誘い出し、大和の統治権をナガスネヒコから奪い返した、と考えてみました。彦火火出見と玉依姫との御子、媛蹈鞴《ひめたたら》五十《い》鈴媛《すずひめ》が神武天皇の皇后になります。ということは、神武天皇が大和入りするのに一六年もの歳月を費やしたのは、媛蹈鞴五十鈴媛の成長を待っていたかな？とも受け取れました。

ここで重要なのは「彦五瀬命」なので話を戻します。『古事記』では負傷したあと、和泉国の血沼海《ちぬのうみ》で血を洗いますが、血沼海というのは大阪湾一帯で和泉灘《いずみなだ》とも言うようです。泉佐野、岸和田のあたり。ここは、矢嶋氏の文献にある水銀鉱山の印があるところです。

さらに『日本書紀』には、神武天皇は熊野の荒坂津（別名「丹敷浦《にしきのうら》」に到着し、丹《に》敷戸畔《しきとべ》という女賊を誅殺します。ここではもう「丹」という字が入っていますから、朱・辰砂と関連がありそうです。那智勝浦のあたりでしょうか、あ、残念ながら矢嶋氏は調べていないようです。

その後、神の毒（火山性の硫化水素ガスでしょうか）で神武天皇一行は眠ってしまいます。そこに高倉下（天香語山命）がやってきて、フツノミタマという霊剣を差し出すと一行は眠りから覚め、その後八咫烏の案内で、吉野から宇陀へ到着します。そのとき兄のエウカシと弟のウカシが一行を迎えに来ましたが、兄のエウカシは従わず、仕掛けを作って神武天皇を殺そうとします。しかし、弟のウカシが神武天皇に加担し、兄のエウカシは自分の仕掛けにはまり、押し打たれて死んでしまいます。そこから死体を引っ張り出して、切り刻んでまき散らし、血の海になります。その地を「宇陀の血原という」とあります。宇陀は朱・辰砂の産出地ですから、その後、神武天皇はそこで水銀の調査をします。

ほかにも血の記述が記紀に見られます。先ほど、フツノミタマの霊剣が出てきましたが、伊勢神宮の内宮に奉斎されている八咫鏡の別称が「真経津《まふつ》の鏡」と言います。真経津の「フツ」は、フツノミタマのフツとの関連性が説かれています。

フツは年の神／饒速日大神のこととされていますが、イザナミの神産みにも登場します。イザナミが火の神であるカグツチを産むことで、大やけどを負って死んでしまいます。そこで、イザナギがカグツチの首を斬る場面があります。

『古事記』では、カグツチを斬ることによって血が飛び散り、その血が群がった岩石に付着して神が出現します。その中に、建御雷之男神《たけみかずちのおのかみ》、別名は建布都神《たけふつのかみ》、豊布都神《とよふつのかみ》がいます。

『日本書紀』では、滴った血が天安河原にある五百箇磐石《いほついわむら》となり、これが経津主《ふつぬし》神の先祖であるとしています。その剣の鐔《つば》から滴った血が注いで、甕速日神《みかはやひのがみ》、熯速日神《ひのはやひのかみ》となり、甕速日神は武甕槌神《たけみかづちのかみ》の先祖であると。一説には、滴った血が注いで、磐裂神《いわさくかみ》、根裂神《ねさくかみ》、磐筒男神《いわつつのおかみ》と磐筒女神《いわつつのめかみ》、さらに一説には、垂った血が注いで、闇龗《くらおかみ》、闇山祇《くらやまつみ》、闇罔象《くらみつはめ》になったとあります。

フツの神（年の神／饒速日大神）は朱・辰砂を含む岩（磐）の神であり、天安河原にある五百箇磐石と解釈できますし、甕速日神《みかはやひのがみ》、熯速日神《ひのはやひのかみ》、磐裂神《いわさくかみ》、根裂神《ねさくかみ》、磐筒男神、闇龗、闇罔像ともいえます。

建御雷之男神、武甕槌神は茨城県鹿嶋市にある鹿島神宮のご祭神でもあります。情報が少ないのではっきりとは言えませんが、拡大解釈をすれば、年の神／饒速日大神の孫である天村雲命が剣のお名前ですから、タケミカヅチ＝天村雲命の系列神、もしくは年の神の御子である天香語山命ともいえそうです。

土蜘蛛とは朱の鉱脈のこと？

「摂津国風土記逸文」に神武天皇の時代、荒ぶる土蜘蛛がいて、この人は常に穴の中に住んでいたから、土に住む蜘蛛のようなものという蔑称《べっしょう》を賜わって「土蜘蛛」と言ったそうです。でも、「日向国風土記逸文」のニニギ降臨のときにも出てきた土蜘蛛、名は大鉗《おおはし》・小鉗《こはし》という者はニニギに従っていましたので、先ほど出てきた丹敷戸畔《にしきとべ》のように、大和朝廷に従わなかった首長を「土蜘蛛」と言ったのでしょう。

蒲池明弘氏は、土蜘蛛とは「朱の鉱脈そのものではないか」と述べています。矢嶋氏の文献によると、水銀鉱物が濃縮生成されるときは、岩石の割れ目や亀裂の空隙に入り込んで鉱脈をなすようです。『古事記』の中の血が飛び散った描写が、鉱脈では元の岩石（母岩）の中に不規則に散点している状態を指していると考えられます。これを専門用語では「鉱染鉱床」と言うようです。三重県伊勢にある佐奈鉱山や丹生鉱山などの報告があります。

また、鉱脈が網状になったりするそうですから、朱の網状鉱脈を「クモの巣」と言っているのかもしれません。網状鉱脈は奈良県の桜井市や宇陀郡の鉱床がこれに当たるようです。さらに、『古事記』の記述には、御刀の束に集まった血が指の股から流れ出すという描写があります。これは筋状になった鉱脈とも解釈できます。こちらは宇陀郡菟田町の大和水銀鉱山などにあたる鉱脈鉱床がそうなのではないかと思います（『日本における辰砂鉱山鉱石のイオウ同位体比分析』〈『近畿大学理工学総合研究所研究報告』南武志、豊遙秋、今津節生、二〇〇八年〉より）。古代人の鉱脈の表現力に脱帽です。

『古代の朱』の著者である松田氏は水銀鉱山に入坑したときの様子を《牛肉の切身さながらの、まだらな紅の縞模様もある。白い母岩にひとすじの美しい紅を刷いた坑道も見られた》と書いています。蒲池明弘氏の著作の中で《土蜘蛛というのは先住していた朱の採掘者でヤマト王権がその権利を奪ったというものです》とありました。水銀鉱床のない出雲では、土蜘蛛は出てこないんだそうです。

古代の朱の採掘方法

漢和辞典で「丹」を調べると、《土中に掘った井型の中に赤い丹砂が見えるさまを「、」印で表した会意》とあります。矢嶋氏の報告によれば、古代の水銀鉱床の採掘は竪抗式の掘り下がりが多かったようです。《大和の丹生地方の土着民であった吉野首等の先祖である井氷鹿《いひか》又は井光《いかり》の名は、光のある井戸の表現で吉野首が水銀または丹砂の採取を特技としていたと思われる》とありました。磐筒男神《いわつつのおかみ》も筒ですから、縦穴のイメージです。また、『古事記』に出てくる「石押分」は、『日本書紀』に出てくる「磐排別《いわおしわく》」と同じとし、《岩山に穴を掘る横抗式の銅鉱掘りと考えられる》としています。つまり、横穴であるトンネルを掘っていく方法のようです。磐裂神《いわさくかみ》、根裂《ねさく》神《かみ》は横穴のイメージでしょうか。

縦穴、横穴について、『古事記』では次のような話になります。

●あらすじ

神武天皇一行が熊野村に着いたとき、突然の毒気に当てられ病み、眠ってしまいます。そこへ現れた高倉下が、持ってきた霊剣を渡すことにより目覚めます。その後、八咫烏が現れ、神武天皇一行は大和へと導かれます。吉野河の河口で筌を作って魚を取っている人がいました。尾が生えた人が光っている井戸から出てきます。「おまえは誰か」と聞くと、「私は国つ神で、名は井氷鹿《いひか》と申します」と答えます（これは吉野の首らの先祖）。吉野の山に入ると、また尾の生えた人に出会います。この人は岩を押し分けて出てきました。「おまえは誰か」と聞くと、「私は国つ神で、名は岩押分之子と申します（これは吉野の国巣の先祖）。

神武天皇は魚を取っている人にはない「尾」が生えている人たちに出会います。「井氷鹿」＝竪抗式、「岩押分之子」＝横抗式の銅鉱掘でしょう。尾が生えているとは、職業上のことと思われます。掘削工具か命綱のことでしょうか。ほかにも「尾」がついている氏族があります。尾張氏、松尾大社の松尾。八岐大蛇の尾からは天叢雲剣が出てきました。何か関係がありそうです。

神々の仕業と思われる新聞記事

国常立大神に「千春さんにとっていいことが起きますよ！」と言われました。はあ？　と思っていたら、次の新聞記事でした。

『徳島・阿南の若杉山遺跡最古の坑道跡か　弥生後期、五〇〇年さかのぼる』（毎日新聞二〇一九年三月二日）

《赤色の顔料となる鉱物「辰砂《しんしゃ》」が古代から採取されていた若杉山遺跡（徳島県阿南市水井町）の坑道跡が、土器片の年代から弥生時代後期（一～三世紀）の遺構と確認された》

記事によりますと、国内最古の坑道は従来、奈良時代前半（八世紀）の長登《ながのぼり》銅山跡（山口県）とされていたようですが、今回の遺跡はこれを五〇〇年以上さかのぼるものだったようです。若杉山遺跡ではこれまで辰砂の精製に使う石器などが発見され、弥生時代後期～古墳時代初頭に採掘が行われたことがわかっていました。ただ、弥生時代には地表から掘るだけで、硬い岩盤を掘り進めるなど、高い技術が必要な坑道はなかったと考えられていたのですが、二〇一七年に山腹で坑道跡とみられる横穴が見つかり、今回、発掘調査を実施したようです。記事には《徳島文理大の大久保徹也教授（考古学）は「農耕の印象が強い弥生人が、トンネル状の坑道を掘る高度な技術を持っていたことが裏付けられた」と話している》とありました。なんとまぁ、矢嶋氏が推測していたことが遺跡として発見され、実証されたのです。石押分、磐排別《いわおしわく》がトンネル状の坑道を掘る「高度な技術を持った土蜘蛛」であることがわかりました。

朱・辰砂を掘る道具

ここからがまた大変です。こんな疑問が浮かびました。硬い岩盤を掘るのに、古代人は何を使ったのか。当然ながら、矢嶋氏の文献にはありません。掘る道具を考えてみましたが、手掘りで使うといったらクワとかスキとかでしょうか。ネットでいろいろ調べてみましたが、素人の私にわかる範囲では、江戸時代ではこんなものが使われていました。

つるはし、つち（ハンマー）、鏨《たがね》、ばんづる、なかづる、てんばづる

名前だけでは想像つかないでしょうが、実物を見れば知っている人も多いと思います。昔は工事現場でよく見かけましたが、今は削岩機《さくがんき》というものを道路に押し当ててダダダダッとやってしまいますから、ほとんど見かけなくなりました。

昔は「つるはし」という道具を使い、人力で地面を掘っていました。「つるはし」「ばんづる」「なかづる」「てんばづる」と、「つる」という字が出てきますが、見た目にはどれもツル（鶴）のくちばしのように細くとがっています。これを振り下ろして地面を掘っていきます。ほかにも、江戸時代には掘った鉱物を運ぶ網やかごなどの道

具、トンネル内に空気を送る鞴《ふいご》、地下水をくみ上げる道具《ポンプ》、明かりをともす道具などが使われ、採掘した鉱物を細かくする臼や杵もあったようです。

神武天皇が大和入りしたときに出会った兄のエウカシと弟のウカシのところで、圧死させる仕掛けが出てきましたが、それも岩石を破砕するためのものではないかと思われます。神々の名前に「杵《きね》」とか「碓《うす》」とか出てきますが、餅を搗く道具ではなく、鉱物を破砕させる道具だったのかもしれません。出雲大社のことを「杵築《きづき》大社」と言い、大分県には「杵築」という地名があります。出雲大社の裏山は銅鉱山ですし、大分県の杵築は近くに水銀鉱山が多数ありますから、鉱物を破砕する道具の意味だと解釈してもよさそうですが、「出雲風土記」出雲の郡、都築の郷には《天の下をお造りなった大神の宮を造営申しあげようとして、多くの皇神たちが宮殿の場所に集まって地面をきづき（土を固め）なさった。だから、寸付といった》とありました。のちに字を杵築に改めたようです。

とにかく、硬い岩盤を掘るのにはツルのくちばしのような細長く硬い「鉄器」が必要なのです！　土蜘蛛たちは今も古代も変わらず、ツルのくちばし状の鉄器を使用していた？　と思われます。

ことわざ「鶴は千年亀は万年」の意味

まったくの余談なのですが、あることに気がつきました。島根県にある「石見一宮、物部神社」の社紋を「ひおい鶴」と言います。「真っ赤な太陽を背負った鶴」です。ご祭神は物部氏である「宇摩志麻治命《うましまぢのみこと》」です。大和の地を神武天皇に譲った神です。白地に真っ赤な太陽とは、大和で採掘される白い母岩中に析出している「朱・辰砂」の結晶のことだと思われます。鶴は道具？　つるはし・ばんづる、なかづる、てんばづるのことではないでしょうか。これらの道具は年の神ファミリーが活躍していた時代からあったのではないでしょうか。大和水銀鉱山郡は物部氏が「朱・辰砂」の採掘を指示し、鉱山の警備もしたのでしょう。神社の御由緒には、宇摩志麻治命が鶴に乗って鶴降山に御降臨されたから、とありますが、なぜ鶴なのかの理由はありません。鶴は掘削の道具で、真っ赤な太陽は朱・辰砂ではないでしょうか。

あ〜、ことわざにある「鶴は千年亀は万年」の意味も何となく見えてきました！　もともとは中国由来のことわざではないかと思いますが、亀は採掘した物を運ぶ籠かもしれません、それは天香語山のことで、「万」は亀の形を意味していると考えられます。

ならば、鶴はウマシマヂ命のことで「千」は鶴の飛ぶ姿ではないですか？　日本における鉱物資源の埋蔵量が「鶴は千年亀は万年」で合計一万一〇〇〇年分あるということでしょうか、実際はそんなになかったですね。これで♪か～ごめ、かごめ♪の「鶴と亀が皇《すべ》った」の意味がわかったようにも思いました。

一八、古代の製鉄

古代の製鉄事情 1

ところで、そんな太古から道具を作るだけの技術があったのでしょうか。輸入に頼っていたようにも思えます。

真弓常忠氏は『古代の鉄と神々』（ちくま学芸文庫）の中で、考古学上通説では、石器時代→青銅器時代→鉄器時代という概念が定着しているため、製鉄が盛んになったのは五世紀以降であるとしています。それはなぜかというと、通説では鉄と銅の融点は、鉄一五二五度、銅一一〇〇度と、銅のほうが温度が低く、古代人には抽出しやすかっただろうから、ということです。しかも、鉄は銅などと比べると、すぐ酸化し腐食して原型をとどめず、遺跡に残らなかったため、考古学者の研究対象から外れて、そういう概念ができあがった、としています。鉄は一五〇〇度以上なければ溶けませんが、七〇〇〜八〇〇度の弥生式土器を焼く熱で容易に鉄鉱石から可鍛鋳鉄を得ることができるようで、たたら炉を築いて特殊な送風装置を必要とせずとも、自然通風の露天たたらで鍛冶ができ、打ったり叩いたりして成型できるため、本当は銅より扱いやすかったのでは？　と語っています。

日本は火山国ですから砂鉄には恵まれていますし、沼地に生える薦《こも》、葦、茅のような禾本科《かほんか》植物の根には、土壌中の鉄バクテリアの作用により形成される褐鉄鉱の団塊（すず＝高師小僧）が生成され、製鉄の原料となったであろう、と続きます。

ときどき、鉄分の多い川や水辺で、滞留している水辺の土壌が赤褐色になり、油膜が張ってギラギラしている場所を見かけることがありますが、あれがそうらしいです！　サビです。サビ。よ～く見かけます。

鉄分を析出させているのは細菌のせいでした。鉄バクテリアは三価の鉄イオンから水酸化鉄の殻を作り、死骸が赤茶けたドロドロの沈殿物となって堆積するようです。ギラギラしている油膜状のものは油ではなく、酸化被膜なのです（ウィキペディア「鉄バクテリア」より）。それが、水辺に生えている禾本科植物の根について、一センチ～数メートルにもなる塊を作るとあります。塊の内部に地下水が浸透し、内部が溶解して乾燥すると、中身が収縮して核となり、チャラチャラ～ッと鳴るそうです。それを「鈴」というのだそうです（近年で言う球状コンクリーションのことだと思います）。神社のお賽銭箱の上につり下がっている大きな鈴は、それをイメージしたものであろうと。その鈴がたくさんつくことを「鈴なり」というそうです。

「鈴なり」というと、木にたくさんの果物が成っている様子を思い浮かべますが、本当は褐鉄鉱の塊がいくつも付いた状態をいうのだと真弓氏は述べます。

ニッポンは葦原中国ですし、火山国ですから、鉄バクテリアの作用も尋常でなく活性化していたと想像できます。そういった鈴や赤褐色の沼地の土を使って、たたら製鉄を試みた方々がいらっしゃるようです。同書にはサビた土が堆積し、固まった褐鉄鉱（鬼板というらしいです）を利用して小刀を製品化したことが載っています。

広島大学の学生さんが阿蘇山のカルデラに堆積しているリモナイトという褐鉄鉱を原料として製鉄を試みていました（野島永、平尾英希「リモナイトによる製錬実験（1）」『広島大学大学院文学研究科広島大学考古学研究室紀要』第七号、二〇一五年）。他の報告書『古代製鉄原料としての褐鉄鉱の可能性～パイプ状ベンガラに関する一考察』（山内裕子、『古文化談叢』第七〇巻、二〇一三年）はウェブサイトで見られました。

真弓氏の著書は、古代人は褐鉄鉱を利用して刀などの製鉄をしていたのではないか？という趣旨の内容となっています。朱・辰砂を意味する「丹」に注目し、古代は硫化水銀を「朱」といい、四塩化鉛（鉛丹《えんたん》と呼ばれている古代からある人造の赤色顔料で、黄丹《こうたん》とも書かれ、黄色みの強い色。お稲荷さんの鳥居の色を思い浮かべます）を「丹」、鉄系のサビ色は「赭《そほ》」（ベンガラ）の色素として扱っていながら、すべてを一括して「丹」と呼んだことにより、丹生は鉄産地という意味でもあった、とします。そこから派生した「ニブ」（鈕・二部）、「ミブ」（壬生）、「ニビ」（鈕）、「ネワ」（根雨）も鉄の意味だとあります。朱を鉄と置き換えれば、水銀と同じような話が進みます。土壌学の専門家である陽捷行氏は「丹」は「赤土」全般のことを言ったのではないかと報告していました。

まぁ、私が考えますところ、朱・辰砂を掘るのに使う道具を補修したり作り直したりするために、鉱山の近くにて小規模ながら製鉄所・工房があってもよいかなぁ～と思います。しか～し、よくよく調べてみれば、製鉄が盛んに行われるようになったのは五世紀以降で、年の神が活躍した？　と思われる弥生時代の鉄器や製鉄跡の出土は少ないものでした。それに、鉄は粘り強い強度を出すために脱炭素化させる高度な技術が必要となり、褐鉄鉱ではさらに鍛錬しなければならないということと、鉄素材の輸入など、大陸との関わりもあり、わが国の製鉄起源についてはかなり複雑な要素を含んでいるようです。

歴史嫌いの素人の私にはとても理解できそうにありません。ということで、また私のグルグルが始まりました。もう～、いい加減にしてくださいよ～。考えるの、嫌だ～。わぁ～ん！

「千春さん、大丈夫です。もう少しですから、頑張ってください。国常立大神がそばにいますから」と励まされ、泣く泣く文献探しを始めたのでした。

年の神ファミリーが活躍していた年代

製鉄起源を探るには、大陸との関わりがありますので、年の神ファミリーが活躍していた年代を特定しなくてはなりません。年の神《オオナムチ》が稲作を広めていったのですから、年の神は輝ける「弥生人一世！」としたいところですが、大和政権（王権）ができたのが古墳時代である三世紀後半から四世紀初め頃と言われていますから、その直前の活躍となり、残念ながら弥生時代後期あたりとなります。大野七三氏は年の神の誕生を一五五年頃とし、亡くなったのは二一五年としています。そのほか、記紀や『風土記』から、活躍していた年を推定できそうな記述を探してみました。地球史ではどうでしょうか。

一つめ、「出雲国風土記」にスサノオのお父さんである八《や》束《つか》水臣《みずおみ》津《つ》野《の》命《みこと》が国引きするシーンがあります。出雲の国は狭い未完成の国だから、あちらこちらから国のあまりを引き寄せて縫い合わせる場面です。これを縄文海進（海水面が上昇）後に起きた縄文海退（海水面が下降）とみなしました。ウィキペディアで「海水準変動」を調べると、《過去の記録から、およそ一万八〇〇〇年前の最終氷期最盛期から六〇〇〇年前までの間にかけて、海水準が一二〇メートル以上上昇したことがわかっている。三〇〇〇年前以降一九世紀までの海水準の変動率はほぼ一定》とありましたので、国引きしたのはおよそ三〇〇〇年前であるとみなします。

二つめ、大国主神／年の神が兄弟神に殺されそうになるシーンで、猪に似た大きな石を火で焼いて転がり落とし、それを受け止めさせて大やけどを負わせた場面がありますす。これを鳥取大山の噴火とみなしました。八束水臣津野命が火神岳《ひのかみだけ》と言っていますから、きっと活火山でしょう。気象庁の「全国の活火山の活動履歴等」で鳥取大山を調べてみましたところ、あら、大山は活火山になっていませんでした。今は活火山ではなさそうです。文献を調べましたら、奥野充、井上剛氏の『大山火山の完新世噴火』（『日本地球惑星科学連合大会予稿集』二〇一二年）に、約三〇〇〇年前の火砕流噴火のことが書かれているという内容を見つけましたが、残念ながら、この予稿集の中身は確認できませんでした。

それなら、島根県の三瓶山はどうでしょう。こちらは活火山のようですが、記紀には噴火の記述はなさそうです。気象庁の三瓶山噴火活動史を見ると、約三六〇〇年前に噴火があったようですから、年の神ファミリーの活動時代ではなさそうでした。

ということで、記紀、『風土記』から地球史よりみた年の神ファミリーが活躍した弥生時代は、およそ三〇〇〇年前となりました。

では、鉄の歴史から見るとどうでしょう。野島永氏は『研究史からみた弥生時代の

鉄器文化　鉄が果たした役割の実像』（『国立歴史民俗博物館研究報告』第一八五集、二〇一四年）の中で、《二〇〇三年に国立歴史民俗博物館の研究グループは、弥生時代初頭の出土遺物に付着したわずかな炭素を利用して、これまでの想定より著しく古い時代の開始年代を割り出した。これによると、弥生時代の開始時期はおおよそ紀元前一〇世紀までさかのぼる》と報告しています。それまでは、弥生時代の始まりを紀元前五世紀頃としていたようですが、放射性炭素年代測定（C14年代測定）により約五〇〇年もさかのぼったのでした。

とすれば、弥生時代の開始時期は今からおおよそ三〇〇〇年前ということになります。これが事実なら、日本人の事始めは三〇〇〇年前ということですよ！　いやいや、すごい民族ですねぇ～。あ、いやいや、そんな昔ではありません。記紀や風土記の縄文海退とか、大山噴火の記述は弥生初期の記述だったということが、これでわかりました。その時代は火山も活発化し、地震も津波も多かったのだと思います。

古代の製鉄事情 2

野島氏の論文では《弥生時代早期は春秋時代を超え、西周時代に並行する》とあります。西周時代とはいつの時代でしょう。手元にあった年表を見ると、西ヨーロッパで鉄器時代が始まるのが、紀元前九〇〇年から紀元前四五〇年とあります。その時代が中国の西周時代のようです。

とすると、鉄器時代の事始めは日本なのかしら？　この時代の朝鮮半島の情報は皆無。実は、考古学者における弥生時代の製鉄起源の混乱はここにあるようです。

日本で見つかっている最古の鉄器が弥生時代早期から前期前葉に属すると言われてきたようですが、弥生時代早期が西周時代に並行するのであれば、その後の戦国時代に製造されたはずの鋳造鉄器が、なぜかそれよりも以前に日本列島に出現したことになるようです。ああ、大混乱！　C14年代測定は今のところ妥当らしいですよ。ということで、日本最古の鉄器は繰り上げられ弥生中期頃の品物となりました。

これが弥生人のビジネス！

毎日新聞の記事『徳島・阿南の若杉山遺跡最古の坑道跡か　弥生後期、五〇〇年さかのぼる』について、年の神の孫である天村雲命が、四国の中央構造線あたりにある水銀鉱山の開発をしていたようなのです。徳島県吉野川市山川町村雲という天村雲命の地名がありますし、天村雲神社という神社もあります。

徳島県立埋蔵文化財総合センター「レキシルとくしま」公式サイトによれば、天村雲神社近くにある拝原東遺跡は《曽江谷川《そえだに》によって形成された扇状地上に位置する集落遺跡で、弥生時代終末期～古墳時代初頭と中世の二つの時代の生活面が確認された。

……鉄製品やその未製品、叩石や台石が点在していることから、住居内で鉄器製作を行っていたことが分かる。吉野川下流域などの地域から鉄素材を入手して、製品に加工し中・上流域の集落へ供給する役割をもっていたのであろう》と、鉄素材を入手して鉄器の加工をしていた記述がありました。

『先代旧事本紀』の注記に、天村雲命の別名は「五多底《いたて》」とあります。《イタテは射楯《いたて》兵主神社《ひょうず》（兵庫県姫路市）に見られるように、武神ないし鉄神として信仰された神に由来する》とありました。天村雲命は「天の叢雲《むらくも》の剣」を負う名前ですから、剣とか鉄の神として崇められていたようです。

『研究史からみた弥生時代の鉄器文化―鉄が果たした役割の実像』の報告をまとめてみますと、素人には大変読みにくい内容でしたので、うまくまとめられたか心配ですが、「弥生時代の鉄器事情」について、考古学の諸先生方は次のように考えていました。

第二次世界大戦後の考古学研究において、弥生時代の鉄器は農業生産に付随して普及拡散したと解釈していた、いや、勝手にそう思い込んでいたのですが、その後の発掘調査により、鉄製農具が普及したのは弥生時代後期の九州北半域に限られていることがわかり、稲作農耕の開始とともに鋳造鉄器（鍛冶をしていない鉄器。溶けた鉄を型に流しいれただけの鉄器）が使用されるという定説が崩れていきます。すなわち、思いのほか鉄器は普及しておらず、農業の普及との間に相関関係がみられなかったのです。そのため、弥生人が農業生産を増大させるために鉄製農具を作り、使用していたという「勝手な思い込み」を改めなければならなくなったのです。

二一世紀も間近になった頃、日本海沿岸域での大規模な発掘調査から、玉作りや高級木器の生産に使用される小さな鉄製工具が発見され、弥生人は精巧な特殊工芸品の加工生産にいそしみ、それを交易品としていたことがわかりました。つまり、農業生産（内需）を拡大するための鉄器を生産するよりも、諸外国へ輸出するためのビジネス製品を作る道具としての鉄器生産に力を入れていたという産業国家体制に、有識者の先生方はびっくりしちゃいました。年の神／大国主神は、稲作は広めたけど、農具としての鉄器（クワ・スキ）は広めていなかったのだと思います（この件については後ほどわかります）。

諸先生方は、年の神たちのビジネスが朱・辰砂を掘る山師であることを、まったく知らなかったのだと思います。だから、クワ・スキなどは農業でしか使わないものだと思い込んでいたのでしょうね。ですから、大混乱が生じてしまいました。

当時、朱・辰砂と同じくらい工芸品の需要があったのでしょう。論文には《わずかな鉄資源からさまざまな小型鉄製工具を作り出しており、鉄資源を有効に利用して新たな価値を作り出す独自の工夫を行っていた。生産した貴重財・高級品を交易資源として利用し、連鎖する長距離交易ネットワークの維持・拡大を目論んだ首長達の姿を想像することもできよう》とありました。朱と工業製品、これが弥生人、年の神ファミリーの経済活動の根幹だったと思います。現代の考古学会の諸先生方よりも、弥生人のほうがよっぽど経済観念が発達していたのでした。

年の神の御子たち

古代の製鉄事情については、考古学会でもわかっていないというのが実情のようですので、ここで年の神の御子たちの話をいたします。今まで登場していない神々がおります。『古事記』よりも『先代旧事本紀』に詳しく出ていますが、それは神といっても何かの施設のような感じなのです。松尾大社のご祭神のところで出てきました「天知迦流美豆比売《あめちかるみずひめ》」と「年の神」（大年神）との御子たちです。天知迦流美豆比売は伊怒姫のこととします。

その御子で「大山咋神《おおやまくいのかみ》」は先に挙げました。近淡海《ちかつおうみ》（近江。琵琶湖に面した国）の比叡山に鎮座する神。そのほかに「奥津彦の神」（炭火を灰の奥に活けて火種にする燠《おき》の男神）、「奥津姫の神」（燠の女神）がいます。この二柱は竈《かまど》の神です。

次に「庭津日《にわつひ》の神」（庭を照らす神または家の前の広場を神霊とする神）、「阿須波《あすは》の神」（屋敷の神）、「波比岐《はひき》の神」、「香山戸《かぐやまと》の神」（香山の麓の神）、「羽山戸《はやまと》」（山麓の神)、「須庭高津日《すにわたかつひ》の神」(家の前の広場を高々と照らす太陽神)、「大土の神」(大地の神)またの名は「土の御祖《みおや》の神」です。彼らは生きた神々ではなく、何かの「たとえ」のようなのです。

年の神の製鉄工場?

ここで、神々を分類してみます。

まず地名が出てきました。「大山咋神」は近江の神、「波比岐の神」は大阪府羽曳野市の「はびきの」に由来する神ではないかと思います。ここは古墳などの遺跡が多いところです。河内の羽曳野です。

それから、とても広そうな屋敷の神として「庭津日の神」「阿須波の神」「須庭高津日の神」。高温な火をイメージする神として「奥津彦の神」「奥津姫の神」。山をイメージする神として「香山戸の神」「羽山戸」。香山戸のカグは金属、山戸は山の入り口で鉱山のイメージです。天香語山命にも通じそうです。「羽山戸」は羽の入り口とも解釈できそうです。土の神として「大土の神」。

この分類から、私なりに想像してみました。年の神と伊怒姫は、河内の羽曳野付近と近江付近で大きな広場を持つ建物にて、金属を多く含む土を火で精錬した、です。羽の入り口=羽口《はぐち》は高炉、溶鉱炉などの送風吹込み口のことを言うそうです。年の神は大和の入り口、河内と琵琶湖の周辺に大規模な製鉄工場を建て、大きな朱・辰砂の産地に、鉱山を掘るための「ツル道具」や、その他の工具（クワ・スキ）や、刀などの武器を作っていたのではないでしょうか。

「摂津国風土記逸文」に豊受大神が摂津国の稲倉山《いなくらやま》に滞在していた話があります。

《摂津国風土記にいう。稲倉山。昔、止与宇可売《とようかのめ》の神が山中に鎮座して、飯を盛ったのが、この山になった。よって名付けた。また別伝に、昔、豊宇可乃売《とようかのめ》の神は、稲椋《いなくら》山《やま》に鎮座して、いつもの山の炊事場として使用していた。その後、事情があり、やむを得ず、丹波の国の比遅《ひじ》の麻奈韋《まない》に鎮座した》

丹波（丹後）へ行く前に摂津国（大阪）で年の神と一緒にいたのでしょう。「やむを得ず」とは何か知りたいところです。神武天皇の皇后は、摂津国三島の溝杭（味鉏高彦根の神）の娘の玉依姫と事代主神（彦火火出見）の御子神で、『古事記』では「富登多多良伊須須岐比売命《ほとたたらいすすきひめのみこと》」と言います。富登《ほと》は、たたら製鉄の炉に開ける「ほど穴」に通じそうですし、たたらは、「踏鞴」でふいごの意味や、製鉄法、製鉄炉、それらを収めた家屋なども示していたようです。まさに、たたら製鉄工場のイメージです！

『先代旧事本紀』の注記には、摂津三島は東奈良遺跡があり、弥生時代の青銅器生産の中心地だったようですから、製銅の他に製鉄事業も行っていたでしょう。神武天皇は皇后のバックに控える製鉄工場の工場長でもあったようです。さらに、丹後の籠神社の「籠《こも》り」もたたら用語で、「籠り砂鉄」というのがあります。熔解しにくい砂鉄に加えて、熔解しやすくする役目をする砂鉄を「籠り砂鉄」というようです。彦火火出見／事代主神である山幸彦が竹で編んだ籠船に乗って、海のかなたにある海神の宮へ行きますが、目の粗い籠もたたらで使用する籠なのだと思います。籠は川に沈めて砂鉄採取にも使われるそうです。山幸彦の本業は朱・辰砂、砂鉄などの鉱山師だった可能性が大きいのです。「播磨国風土記」の大内川、小内川、金内川の項、讃容《さよ》の郡《こおり》の項、「出雲国風土記」飯石《いいし》の郡に「鉄《まがね》が取れる」「鉄を産する」という記述がありますから、昔から砂鉄なり鉄鉱石を採取していたと思われます。

このように、年の神ファミリーは、朱・辰砂の採掘だけでなく、鉄器の開発もしていたようなのです。農業のイメージが強い弥生人ですが、本当は工業を主体とする国家を形成していったのでした。

国譲りした大国主神が築いたか、丹後ハイテクノロジー工業都市

籠神社の周辺である丹後には、紀元前一世紀頃の「扇谷《おうぎたに》遺跡」という古代のハイテク集落があります。ウィキペディアによりますと、《現在の京都府京丹後市峰山町に、弥生時代前期末から中期初頭にかけての比較的短期間営まれた、日本最古とされる高

地性集落跡地。（中略）環濠集落ともみなされ、陶塤《とうけん》（オカリナのような笛）、菅玉、鉄製品、ガラスの塊、紡錘車など出土遺跡には学術的価値が高く、それらの分析の結果から、扇谷遺跡には当時の「ハイテクノロジー集団」が存在していたと考えられている。近畿地方最古の鉄斧も扇谷遺跡の周濠から出土している》とあります。

私の推測ですが、年の神／大国主神の先祖たちは、扇谷工業都市を開発したあと北九州へ移り、スサノオ、五十猛、年の神などによって、日向地方、南九州の開発をし、瀬戸内、四国、畿内と開発して、再び丹後へ戻って工業都市を築いたのではないでしょうか。その後、五世紀後半頃と推定される遠所《えんじょ》遺跡では、大量の砂鉄から製鉄が行われており、製鉄産業の集団工業地帯を作り出していったのだと思われます。

丹後の朱産業、ガラス産業と大王の墓

『歴史REAL　古代史の謎』（洋泉社）、『古墳の地図帳　古代史めぐりの旅がもっと楽しくなる！』（辰巳出版）などの書物を見ると、丹後付近は遺跡や巨大古墳が多く、門脇貞二氏によって「丹後王国」が唱えられたとあります。この時代に巨大古墳がつくられた背景にある土木技術と測量技術だけでも相当なものですが、弥生中期頃には硬い水晶で玉を作る先進技術を手にして、後期にはガラスのビーズや勾玉《まがたま》作りが行われたようです。外国製でしょうか、青いガラスの美しい腕輪（釧・くしろ）が古墳か

ら出土しているようです。丹後は、日本海側では最大規模の古墳がつくられており、四世紀後半以降には天皇陵に匹敵するような、王家の墓とされる巨大な古墳がいくつも築かれております。木棺の底に朱が敷き詰められてあったとされる古墳もありました。『古代の朱』の松田氏によれば、京都府竹野郡丹後町岩木に丹生神社があり、現地で土壌のサンプリングを行い、分析にかけたところ、高い値を示し、朱・辰砂の産地であったとしています。さらに、地名にて「丹生」がつく、京都府舞鶴市大丹生および浦丹生、竹野郡網野町郷字丹生土でも朱・辰砂の産地として適格な値が検出されました。

大国主神が築いた(?)ハイテクノロジー工業都市を支えていたのは、朱産業だった可能性が大きくなりました。今やその痕跡は地名と、それに関わる神社だけになってしまいましたが……。

丹後の地名や歴史について、よく調べている方がいらっしゃいました。地元、丹後の斉藤喜一さんが運営するウェブサイト「丹後の地名」では、松田氏の書籍『丹生の研究』の一部も紹介され、太古の日本を支えていた丹後の〝いにしえの水銀鉱床〟を垣間見ることができます。

古墳に使用されていた朱の産地

弥生時代終末期（三世紀前半頃）に築造され、弥生時代のものとしては国内有数の大型墳墓である京丹後市峰山町赤坂の「赤坂今井墳墓」と、青いガラスの釧《くしろ》が出土した与謝野町岩滝字大風呂の「大風呂南遺跡」の両古墳に朱が使用されていたようです。これらの朱のイオウ同位体、鉛同位体を分析し、産地の特定をしたところ（※8）、「赤坂今井墳墓」では三重県の丹生鉱山産（伊勢産）の朱を示し、「大風呂南遺跡」では中国陝西省産朱か揚子江上流域（湖南省もしくは貴州省）の値を示したとありました。どちらも丹後産ではなかったことに驚きました！

さらに、「大風呂南遺跡」は中国産ということで、蒲池明弘氏の著書『邪馬台国は「朱の王国」だった』の中に中国産の朱には砂ではなく、金属光沢のあるルビーのような結晶になる朱があり、これを輸入していた、という記述があったことを思い出し、対外的にも権力のある大王クラスの墓であることがうかがえます。

時期的には少しあとになる「赤坂今井墳墓」の朱は三重県の伊勢産でした。蒲池氏によれば、伊勢の水銀鉱床は三〇〇〇年前の縄文時代から朱が掘られていたようで、朱の鉱石、朱をつぶすための石器や、内部が朱で赤く染まった土器などが大量に発見され、「森添《もりぞえ》遺跡」と名づけられたそうです。

発掘された縄文土器には、東北、北陸、長野県など中部高地の土器が混じっており、当時から交易ネットワークができていたようです。伊勢は縄文時代から古志（高志）、信濃や丹後とのつながりがあったのでしょう。「越後国風土記」にはナガスネヒコと思われる八掬脛《やつかはぎ》という人物が出てきます。《その人の脛《すね》は極めて長く、力持ちで大変強かった。これは土蜘蛛の末裔であるからだ。この人の一族は多い》と。伊勢にしろ大和にしろ鉱山労働に従事していた人は古志からやってきたナガスネヒコこと「天手《あめのた》力男《ぢからお》」の一族（?）かもしれません。天手力男は伊勢神宮内宮相殿神にもなっています。伊勢の丹生水銀鉱山が大々的に生産を開始したのは、飛鳥時代、奈良時代だと思われますから、「赤坂今井墳墓」に埋葬されている人は、それ以前に伊勢の丹生鉱山開発に関係した人物なのではないかと思われます。伊勢の水銀鉱山は、鶏冠石《けいかんせき》、石黄《せきおう》というヒ素を含む朱・辰砂が多い鉱床であり、わざわざ墳墓から遠い伊勢産の朱が埋葬されたというのは、何か特別な意味があると思われます。

「伊勢国風土記逸文」を見ますと、伊勢という名の国にした由来があります。神武天皇の御代にこの地を平定しようとしたら、そこに「伊勢津彦」という神がいたとあります。この神が昔この地に陣を構えて占拠していました。そこへ阿倍志彦《あへしひこ》の神が軍勢をそろえてやって来てきたけど、伊勢津彦が勝ったのです。だから「伊勢」という名にしたようです。

時は経って、神武天皇は伊勢津彦に国譲りを迫ったのですが、伊勢津彦は「命令には従わない」と言います。そこで、神武天皇は兵を出して、この神を殺そうとするのです。その神は委縮して「私の国はすべて天皇に奉ります」と言って国譲りをします。この神は立ち去るときに大風を吹かせ、高潮を起こし、波に乗って東国へ去っていきました。《その後、伊勢津彦の神は信濃国に住まわせたともいう》とありました。記紀の国譲りですが、「伊勢国風土記」を見ると、舞台は出雲ではなく、伊勢なのかもしれないですよ。

「伊勢津彦」は国譲りのときに最後まで抵抗した諏訪大社のご祭神である「建《たけ》御《み》名方《なかた》神」かもしれませんが、どうでしょう。

伊勢津彦という神の別名が『風土記』にあります。「出雲建子命《いずもたけこのみこと》」、またの名を「天《あめの》櫛玉命《くしたまのみこと》」、さらには「大国玉の神」と言います。天櫛玉命は天照国照彦天火明櫛玉饒速日尊のことのようです。大国玉の神は「大国《おおくに》御《み》魂神《たまのかみ》」で、「彦火火出見」「天照国照彦天火明命」＝二代目オオナムチ＝二代目大国主神＝都味歯八重事代主の神、台風を起こす悪い子「火明命《ほあかりのみこと》」になります。そうです、〝えべっさ〟あの事代主神です。

となると、建御名方神ではなさそうです。神武天皇は自分のおじいさん、もしくは義理のお父さんに兵を出して脅したのでした（この一連の神武天皇の行動が、同族にしては恐ろしいほどに残虐のような気がするので、またのちほど考察してみます）。

ということで、伊勢の丹生鉱山を開発していたのは事代主神こと彦火火出見か、天香語山命だったのではないでしょうか。それが証拠に丹後の「赤坂今井墳墓」はこの時期としては傑出した規模の墳墓らしく、先ほどの朱にしても直径一センチの辰砂鉱石が一つ出土しているようです。伊勢産の辰砂の原石を玉にしたものか、中国産の珍しいルビーのような辰砂原石の赤玉なのかもしれません。副葬品も頭飾り、垂飾りを出土して、当時では珍しいガラスのビーズがふんだんに使われ、先端をわずかに欠いた鉄剣などの鉄器も副葬されているようです。豪華な副葬品には、中国由来の着色材「漢青」が含まれているガラスやさまざまな地域から集めたと思われる、さまざまなガラスビーズが出土しているとありました。こちらも「大風呂南遺跡」に続く王家の墳墓とみなされます。彦火火出見（事代主神）、もしくは、伊勢の開発をした天香語山命に関連する墳墓ではないかと思います。

副葬品のガラス製品

丹後では、弥生時代中期後半には鉄製品の再加工とともにガラス玉の製作を始めたようです。弥生時代後期になると、ガラスを溶かして自前でガラス工芸品を作り出していたらしく、この時期にガラスの製作をしていたのは北九州と丹後だけのようですから、年の神ファミリーは丹後から北九州へ移っても、丹後とは船で行き来していたことがうかがえます。

ふと思ったのですが、もしかしたら一番初めに作られた勾玉《まがたま》は、翡翠ではなく、青や緑のガラス製だったかもしれません。ガラスを熱して、垂れた様相が勾玉になったとも考えられます。

「大風呂南遺跡」の青いガラスの釧は、現状ではベトナムに最も形状の近いものがあるそうです。この遺跡からはもう一つ、重要な物が出土しています。それは南海産のゴホウラ貝で作られたブレスレットと思われている釧《くしろ》です。このブレスレットはかなり貴重な物らしく、選ばれた男性のみが右腕にしていたものだそうです（後述します）。弥生時代の後期後半になると、貿易地域は広くなり、フィリピン、インドネシア、シンガポールなど、南シナ海の地域との交易も盛んに行われていたのでしょう。年の神ファミリーは、その頃から世界を股にかけていたのでしょうね（※9）。そう考えると「大風呂南遺跡」の埋葬者は時代的に年の神に関係のある神かもしれません。

丹波は王家の都

年の神ファミリーの中では、神武天皇が大和入りしましたが、丹後（丹波）や但馬は本来、天皇家を生み出した王家の住む地域のようですから、当時は、大陸との交易が盛んだった丹後（丹波）や但馬が日本の首都だったのだと思います。ここの出身のお姫様たちは、歴代の天皇の皇后になるような高貴な家柄であり、神功皇后の母も但馬の出身です。記紀は大和地方主体に書かれていますので、一般的には丹後は大和とは別勢力のように思われがちですが、系譜からすれば、年の神のファミリーの一派が大和政権（王権）であり、本営は丹後であったことがうかがえます。

前に、オシホミミの系列にアメノヒボコが養子に入り、皇子の養育料を出す「壬生《みぶ》部《べ》」になっていく話をしました。その実態が朱・辰砂生産とハイテクノロジー工業都市だったのです。その後は鉱山の宿命でしょう。丹後の朱・辰砂を掘りつくした段階で、まだ生産が続いていた大和に勢力を遷し、時代が下がって、本営は京都へ都を移していったのではないでしょうか。丹後の朱・辰砂が掘りつくされた時点で、籠神社の豊受大神を伊勢に呼び寄せたと解釈してもよさそうです。資源が枯渇し、鉱山が閉山してしまえば、忘れ去られるのが鉱山の宿命です。資金源がなくなれば、原料のガラスも輸入できなくなり、その技術も忘れ去られてしまったのでしょう。

※8　『遺跡出土朱の起源』（南武志『地学雑誌』一一一巻七号、二〇〇八年）、『鉛同位体比測定に基づく遺跡から出土した朱（水銀朱）の産地の解析』（南武志他『分析化学』六二巻九号、二〇一三年）参照。

※9　「赤坂今井墳墓出土品」（『京都の文化財第二八集』京都府教育委員会、二〇一一年）、『丹後のガラス』（京都府埋蔵文化財調査研究センター『京都府埋蔵文化財論集第七集』）参照。

一九、大和の大パニック!!

「彦火火出見」二人現れる!?

ここで、神武天皇の行いの考察。私の話の中では、事代主神は天村雲命の孫の天戸《あまと》目命《めみこと》（ニニギ）の養子になっています。事代主神の子孫は、『先代旧事本紀』では、天皇家の他は出雲の系列へと偏っていきます。別名が出雲建子命《いずもたけこのみこと》（？）ですから。年の神の生まれ故郷である出雲の系列を継いだのだと思います。事代主神は、古志（高志）の血を引く豊玉姫の出産風景を覗いてしまったために、豊玉姫の怒りを買うことになり決別します。その後も古志出身と思われる阿倍志彦《あへしひこ》の神に何度か攻撃を受けますが、やる気なさそうな戦いぶりで、阿倍志彦は事代主神に敗れます。

ふ～む、何か様子がおかしいのです。

阿倍志彦とは、調べてみれば、八代孝元天皇の第一皇子「大彦命」の子孫です。

……えっ？　なんでここに、初代神武天皇の御代に、八代孝元天皇の系列神が現れる!?　あれ？　いやいや、大彦命って天香語山命のことでは？

この場面、なんか変です。

神武天皇の兄弟たちは東征したとき、神武天皇と御子（日向国吾田邑《あたむら》の吾平津媛《あひらつひめ》との御子）の手研耳命《てぎしみみのみこと》だけ残って、皆、亡くなってしまいます。『日本書紀』によると、《神日本磐余彦天皇は諱《ただのみな》を彦火火出見といい》と。な、なんと、神武天皇＝彦火火出見だと言っています！　彦火火出見が二人います。

なぜ、おじいさんである事代主神と同じ名前にしたのか？　事代主神が孫に国譲りするのに難色を示す理由もよくわかりません。それに、初代天皇の神武と同じ時代に、八代孝元天皇の第一皇子の子孫が現る？　ど〜も、この話には裏があるようにしか思えません。再び、頭がグルグルしました。

気性の激しい隼人の国の神武天皇ですから、何が起きてもおかしくなさそうですが、これは何を意味しているか。ヒントは「彦火火出見」にありそうです。それで、私の都合よろしく、こう解釈してみました。

彦火火出見＝悪い子ホアカリ。

もしかしたら、この神武天皇は心も行いも頑なで恐ろしい悪い子ホアカリではないでしょうか。ホアカリは事代主神の兄弟のはずですよ。伊勢津彦《いせつひこ》という名前の順番を変えると、「ひこいつせ（彦五瀬）」になります。五ケ瀬川という川が宮崎県の日向にあり、阿蘇山近くの高千穂を通って日向灘へ流れています。そのすぐ南側には五十鈴《いすず》川という川が流れていますから、東向きの日向の土地柄、伊勢の地に似ていたのでしょうね（余談ですが、『古代の鉄と神々』の真弓氏によれば、「鈴」は今では「錫」のことしか指しませんが、この時代は「金属全般」を指していたようです。日向北部の地でも朱・辰砂はよく採れました）。

彦五瀬命は、お名前からして阿蘇の高千穂である日向生まれではないでしょうか。孔舎衛坂《くさえのさか》の戦いで、彦五瀬命は大阪府と奈良県との境、生駒山地を越える坂で流れ矢に当たり、今でいう大阪湾の泉佐野のあたりで傷が悪化して雄叫びを上げます。泉佐野の「さの」は神武天皇の名前の「狭野《さの》」でもありそうです。本当は、流れ矢に当って亡くなったのは、神武天皇になるべき「彦五瀬命」だったのではないでしょうか。

神武天皇である狭野命は南九州の出身のはずです。鹿児島県と宮崎県の県境にある霧島山の東側、宮崎県西諸県郡高原町に狭野神社があります。高原町観光協会のホームページにある「狭野神社について」に次のようにあります。

《皇族のご幼名は生まれ育った地名を付ける慣習があった事から、当地の地名の狭野が由来すると伝えられており、当社より西に一キロ程に有る末社の皇子原《おうじばる》神社がご生誕の地といわれます》

つまり、神武天皇狭野命の出身地は南九州の高千穂らしいです。長男の彦五瀬命の出身が阿蘇の高千穂と考えると、もしかして、兄弟では〝ない〟のでは？　古代は末っ子が相続すると考えられていますから、末っ子である神武天皇がウガヤフキアエズの跡取りとして九州に残るのが普通かと思いますが。ウガヤフキアエズの御子たちが、皆、大和へ来てしまったのなら、誰が残ったのでしょう。それに、神武天皇の御子(手研耳命《たぎしみみのみこと》)まで大和入りしていますよ。狭野命は、自分の代わりに御子を大和へ向かわせたのではないでしょうか。その後、崇神記になって、謀反を起こし、大和に攻めてくる武埴安彦《たけはにやすびこ》と妻の吾田媛が出てきますが、時代が合えば、武埴安彦というのが狭野命ではないのか？　と思ってしまいました。

え〜と、話を戻しまして、神武東征の続きです。神武天皇の兄はそういう理由で亡くなります。その後、海路で熊野の地に差し掛かると、海は大しけになり、他の兄弟、稲飯命《いないのみこと》は入水して亡くなっていますし、三毛入里の命は常世へ行ってしまいます（九州へ戻った？）。

残ったのは、一緒に東征してきた「悪い子ホアカリ」と、神武天皇の日向の御子「手研耳命」だったのではないかと思います。その後、大和に着いた神武天皇の行いがあまりに残虐で、大和の豪族たちに怒りの渦が生じて失脚。籠に入れられて播磨沖あたりに沈められてしまいました。それで蛭子になったとしたら、「えべっさ」がなぜ流されたのかわかるようにも思います（淡路島に流されたとも解釈できます）。

籠神社に伝わる邊津《へつ》鏡・息津《おきつ》鏡ですが、息津鏡は十種神宝の羸津《おきつ》鏡ではないかと思われます。「嬴」の字は「エイ」と読むそうです。秦の始皇帝の姓が「嬴」であり、勝とか勝利という意味があるようです。「さんずい」がついて「瀛」うみ、大海原、「たけかんむり」がつくと「籯《エイ》」となって、竹製の籠の意味になります。竹や籐などで目の粗い長細い籠を作り、そこに石を入れて、流れの速いところへ沈めたり、堤防が壊されそうな場所へ設置したりした蛇籠《じゃかご》という道具が古代からあるそうですから、「えべっさ」は蛇籠にいれられたのでしょう。悪い子ですから、記紀から抹殺し、事代主神にダブらせて書いているのかもしれません。

「夷《えびす》」という字の意味を調べると、「たいらげる、平定する」などの意味の他に「皆殺しにする、殺す」などの意味があることがわかりました！

　ひぇ～、やっぱり、ホアカリは処刑されたんだぁ～。こうなると、私だけでは解決できそうにありません。いったい、何が起きたのか。考えを整理するため、京都まで行ってきました！　伏見稲荷の神がそのことを教えてくれました。外国の旅行者だらけで、原宿の竹下通り並みに混んでいましたが、なんとか聞き取れました。

●3／21　伏見稲荷大社

何もかも、明白になる。（神武天皇ってホアカリですか？）……（しばらく沈黙）フッ、さすがだな。知ったか？（恐ろしく頑ななホアカリですよね？　事代主神の兄弟でしたね）いかにも、解明したか。（でも、その後違う天皇にすり替えられていませんか？　天香語山の系列の神に代わりませんでしたか？）崇神から変わった。（崇神天皇は誰の子孫ですか？）からくりは次第に明白になる。（伊勢国にいた事代主神は伊勢津彦ですか？　それとも彦五瀬命ですか？）五瀬彦は殺されたのだ。かかとに矢が当たり、ホアカリが殺した。墓があるだろう。（はい。肘ではなくかかとですか？）隠したのだ。他の兄弟を船から突き落とした。（なぜ、八咫烏はホアカリを助けたのですか？）母を知っているか？（あ、ホアカリの母は伊怒姫でしたよね）母が助けるように言ったのだ。何度か殺そうとしたが母が助けた。（どうして、阿倍志彦は事代主神を攻めたのですか？）逃がすためだ。だが、息子が殺されたことを恨んでいた。（息子？　彦五瀬命はウガヤフキアエズの子ではないんですか？）母は豊玉姫だ。伊勢津彦は香語山が逃がした。（というと、彦五瀬命というのは、ウガヤフキアエズ〈彦波瀲武鸕鶿草葺不合尊《ひこなぎさたけうがやふきあえずのみこと》〉!?　事代主神を逃がしたのは丹後へですか？）……。

　ここで、旅行者が私にぶつかり、聞こえなくなりました。帰りに再び拝殿の脇を通ったとき、「伊怒姫を嫌わないでほしい。許したのは千春の先祖だ」と言われました。天香語山命がホアカリを助けたと。この件については、私にもよくわかりません。その後、事代主神は丹後ではなく、信濃、津軽の方へ逃がしたとも言っていました。しかし、先ほども言いましたが、一〇代崇神天皇の御代に武埴安彦《たけはにやすびこ》と妻の吾田《あた》姫が謀反を起こし大和に攻めてくる話があります。吾田姫は神武天皇の日向の妃である「吾田邑の吾平津姫《あひらつひめ》と言えそうです。ウガヤフキアエズの末っ子で、神武天皇とされている狭野命は、一〇代崇神天皇の御代に攻め（東征し）てきたと解釈してよさそうです。

本来、神武天皇として大和政権（王権）が迎えたかったのは、古志（高志）の血を引く彦五瀬《うがやふきあえず》命だったと推察できます。それを、悪い子ホアカリが謀反を起こし、神武に成りすましたのが、神武天皇の東征ではないでしょうか。それにしても、いきなり、初代と八代、一〇代の天皇が出てきてしまいました。どうなっている時系列？

シャッフルされた欠史八代の天皇家

天村雲命の孫に「天戸目命」がいます。この神はニニギに相当させてみました。天戸目命と葛木避《さく》姫の御子に「建斗米《たけとめ》の命」がいますが、その系列神にいる建弥阿久良《たけみあぐらの》命《みこと》が南九州の高屋国（酢を醸すコノハナサクヤヒメの竹屋に通じそうです）の国造の先祖とありますから、系列からすれば建斗米の命がニニギの御子の彦火火出見になります。なんてこった、彦火火出見は三人もいたんだぁ～!?

ホアカリを流したあと、実際に神武天皇として即位したのはニニギに相当する天戸目命だったのではないか？　と思われます。建弥阿久良命の兄弟たち（父は建斗米命）は天皇家、葛木（城）家に重要な家系となっていきます。

　これ以上は情報がなく、あくまでも私の推測ですが、初代神武天皇から一〇代崇神天皇までの「欠史八代」は、記紀にはほぼ系譜の記述しかありません。働きについての詳しい記述があまりなく、それ以前の話との脈絡もなく、存在していないのではないか？　と言われています。欠史八代と言われる天皇家の二代綏靖《すいぜい》天皇から九代開化《かいか》天皇までの八人の天皇は、『先代旧事本紀』の尾張氏の系譜を見れば、天村雲命の曾孫あたりに集中して存在していそうです。つまり、年の神の四代目から六代目の二代の間に、八代分の天皇が集中していることになります。即位した天皇の代や系譜を頼ると、天皇家にはまったく別な系統の系譜が存在することになり、今までの話の脈絡を感じ取れなくなってしまいます。

　しかし、よく見ると、各天皇の名前に意味ありげな漢字が使われたりしています。それとなく意識して、それらを頼りに、欠史八代と、今まで調べてきた年の神ファミリーの系譜をつなげてみました。『先代旧事本紀』にある尾張氏の系譜では、天村雲命の御子である天忍男命の姫が、いきなり五代孝昭《こうしょう》天皇の皇后（世襲足姫命）になっていて、それ以前に天皇家に嫁いだ姫はいませんし、それから三代下には一〇代崇神天皇の皇后が現れます。物部氏の系譜を見ると、ウマシマヂ命の曾孫（大矢口宿禰）は、七代天皇に仕えていると思いきや、兄（大水口宿禰《おおみなくちのすくね》命）は一〇代崇神、一一代垂仁天皇に仕え、兄の御子から八代天皇の皇后（鬱色謎命《うつしこめのみこと》）が現れます。

さらにこの系列では、初代天皇、二代天皇、三代天皇……と、子孫が記紀の順番通り天皇に仕えていますが、ウマシマヂ命の孫の三人は、三、四、五代の天皇に同時進行的に仕えている様子が見られます。はあ？　どうなっている時系列。物部氏の系譜は時系列だけでなく、血筋も意図的に操作されているのではないでしょうか。

とにかく、欠史八代の時系列がおかしい！　つまり、天皇家は五代目あたりから始まり、その後の歴代天皇の日嗣につながりが〝ない〟と解釈してよさそうです。太安万侶は意図的に系譜を入り混ぜ、神々の名前を変えたのではないでしょうか。私なりにわかる範囲で尾張氏の系譜に天皇家を当てはめてみました。


え、え〜っ!!　アマテラスは皇祖神ではなかった!?

①　五代・孝昭《こうしょう》天皇（観松彦香殖稲天皇《みまつひこかえしねのすめらみこと》）……五十猛命（大屋彦命、高皇御産神）
②　六代・孝安《こうあん》天皇（日本足彦国押人天皇《やまとたらしひこくにおしひとのすめらみこと》）……天忍人命（勝速日命《かちはやひのみこと》）
③　七代・孝霊《こうれい》天皇（大日本根子彦太瓊天皇《おおやまとねこひこふとにのすめらみこと》）……天忍男命（天忍穂耳尊）
④　八代・孝元《こうげん》天皇（大日本根子彦国牽天皇《おおやまとねこひこくにくるのすめらみこと》）……年の神（饒速日大神）
⑤　九代・開化《かいか》天皇（稚日本根子彦大日日天皇《わかやまとねこひこおおひひのすめらみこと》）……天香語山命
となり、これは丹後国系天皇家になりそうです（もしかしたら、五、八、九、六、

七代と代が入れ替わって即位しているかもしれません）。さらに、大和国の事代主系を元にした天皇家の系譜が同時期に重なり、初代、二代目神武天皇の御代が、九代開化天皇と重なって、その後は開化天皇とウマシマヂ命（物部氏）の子孫からつながる一〇代崇神天皇系となるようです。

初代神武天皇～四代懿徳《いとく》天皇は代が入れ替わっている可能性はありますが、中の記述の系譜は無視して初代から四代までを推測してみました。

⑥ 三代・安寧《あんねい》天皇（磯城津彦玉手看天皇《しきつひこたまてみのすめらみこと》）……都味歯八重事代主命
⑦ 四代・懿徳《いとく》天皇（大日本彦耜友天皇《おおやまとひこすきとものすめらみこと》）……味遅須枳高日子命
⑧ 二代・綏靖《すいぜい》天皇（神渟名川耳天皇《かんぬなかわみみのすめらみこと》）……天村雲命
⑨ 初代・神武《じんむ》天皇（彦火火出見）……天戸目命（瓊瓊杵尊）、建斗米命

ここで、丹後と大和国が統一されて、御肇国天皇《はつくにしらすてんのう》となる、
⑩ 一〇代崇神《すじん》天皇（御間城入彦五十瓊殖天皇《みまきいりびこいにえのすめらみこと》）が生まれます。

それぞれの天皇には陵墓がありますが、それも対応しているとは限らないように思います。座位していた年数が一〇年以下と少ない天皇が多かったと思われます。生存しているうちに代が変わったのではないでしょうか。

注意しなければならないのは、九代開化天皇の皇太子から「アマテラス、豊受系

（イチキシマヒメ、伊怒姫）の血筋が失われた」ということだと思います。年の神／饒速日大神が亡くなり、本来なら、事代主神の御子か孫である彦五瀬命（ウガヤフキアエズ？）が神武天皇として即位するはずでしたが、ホアカリの謀反と、ウマシマヂ命の叔父であるナガスネヒコの反発から、排除されていくことになったのでしょうか。もしくは、二代綏靖天皇からウマシマヂ命が天皇へ即位する予定だったのかもしれませんが、それによって、神武天皇の日向の妃、吾田姫・事代主神系氏族に反乱が起きて、大和が乱れることになったのではないかと思われます。事代主神の系譜はその後、ざっと見たところ、スサノオの御子との婚姻が見られ、出雲神へと傾倒していくと思いきや、よく見てみると、その後、事代主神の影がなくなり、天戸目《ニニギ》命の系列となってしまうように思えます。結果的に、大田田根子、賀茂氏、大神氏は、事代主神の系ではなく、天香語山命、天村雲命の系列である尾張氏なのでした（この件については、のちほど詳しく見てみます）。

武埴安彦《たけはにやすびこ》を、ウガヤフキアエズの末っ子「狭野命」ではないか？　と推測しましたが、他にもおおよそ、推察できる神がおります。

大彦命（北陸道主）＝天香語山命（九代開化天皇）
武渟名川別《たけぬなかわわけ》（東海道主）・神八井耳命《かんやいみみ》＝天村雲命（二代綏靖天皇）
彦国葺《ひこくにぶく》＝オシホミミ・天忍男命・天忍穂耳尊（七代孝霊天皇）

吉備津彦（彦五十狭芹彦命《ひこいさせりひこのみこと》・西道主）＝彦狭命《ひこさしりのみこと》（？）
倭迹迹日百襲姫命《やまとととびももそひめのみこと》＝天道日女命（？）

四代懿徳天皇（大日本彦耜友天皇）に「味遅須枳高日子命」を当ててみましたが、「出雲国風土記」の盾縫の郡に《味遅須枳高日子《あぢすきたかひこ》の命の后、天御梶日女《あめのみかじひめ》の命が、多忠の村に来られて、多枝都比古《たきつひこ》の命をお産みなった》と姫の名前に「后」の字が使われています。「后」は天皇の正妻のときに使われる字ですので、四代懿徳天皇は出雲で即位したのかもしれません。

七代孝霊天皇（大日本根子彦太瓊天皇《おおやまとねこひこふとにすめらみこと》）がオシホミミ（天忍穂耳尊）である証拠を見つけました。妃のお名前に「栲幡千千姫命」の痕跡があります。「春日千乳早山香媛《かすがのちぢはやまかひめ》」、『古事記』ですと「千々早真若比売命《ちぢはやまわかひめ》」などです。他にも「意富夜麻登玖迩阿礼比売命《おほやまとくにあれひめのみこと》」「倭国香媛《やまとくにかひめ》」とあり、大和と関係ありそうな名前です。そういえば、丹生都比売神社の御由緒に《神代に紀ノ川流域の三谷に降臨、紀州・大和を巡られ農耕を広めた》とありました。大和とは関係が深そうです。七代孝霊天皇の皇后は「栲幡千千姫命」で間違いはないでしょう。

次に、九代開化天皇＝大彦命に関しましては『古事記』に証拠がありました。開化天皇記のところに、開化天皇と伊迦賀色許売命《いかがしこめのみこと》の間の御子に「御真木入日子印恵命《みまきいりひこいにえのみこと》」（一〇代崇神天皇）と「御真津比売命《みまつひめのみこと》」がいます。崇神天皇記には《大毘古命《おおびこのみこと》の娘の、御真津比売命と結婚して》と、開化天皇の御子と開化天皇の兄である大毘古命の姫が同じ姫になっていますので、開化天皇は大毘古命（大彦命）であることがわかります。

　これで、欠史八代と今まで調べてきた神々の関係がおおよそわかりましたので、『先代旧事本紀』にあった尾張氏の系譜に欠史八代の天皇を合わせてみました（図10－1参照）。

　おお！　ようやく、記紀にかかっていた霧が晴れてきました!!　これで、それぞれの天皇がはっきりしたと思います。図には五代孝昭天皇（観松彦香殖稲天皇《みまつひこかえしねのすめらみこと》）は載せていませんが、五十猛命（大屋彦命）は年の神（八代孝元天皇）のお兄さんになります。彼らが実際に即位したかどうかはわかりませんが、どの時代に、どこで、どの天皇の働きがあったかがわかれば、その後の事柄が理解しやすくなります。

　もう一つ、忘れていました。四道将軍のうち、北陸、東海、西道の将軍は推測しました。残りの一人、丹波道主命《たにわのみちぬし》は天戸目命の妹と大彦命（天香語山命）との子孫（孫）になります。

　そのほか気づいたことは、大物主神（三輪山）は本来、事代主神のことですが、年の神／饒速日大神亡きあとは「事代主神の和魂＝年の神の霊」として扱われているように感じます。「播磨国風土記」には《大物主葦原志許乎命が国を堅められ》と大物主と年の神／葦原志許乎命を一緒にしているところが見られます。『風土記』には年の神の別の言い方として「伊和《いわ》大神」という名が出てきます。《伊和大神が国を占有された時》《伊和大神が国を作り堅め終えて》というように。伊和村の話のところで、伊和の「本の名は神酒《みわ》である。大神が酒（みわ）をこの村で醸造された。だから神酒《みわ》の村といった」というように、伊和＝神酒《みわ》＝三輪＝大物主にしています。

そのほか、「倭大国魂神」を私は「事代主神」として扱っていましたが、一〇代崇神天皇の御代になると、倭大国魂の神をお祀りしていた渟名城入姫《ぬなきのいり》の命では扱えず、髪が抜け落ち、身体が痩せ細ってお祀りできなくなるという事態が発生します。同じDNAを持っていないと、お祀りする神のエネルギーが強すぎる場合は、このように病気になってしまいます。渟名城入姫の命は葛木（城）氏の出身ですが、事代主神のお母さんとは遠い親戚関係です。でも、扱えないという事態が発生したことで、倭大国魂の神はあえて事代主神の血筋の方ではないぞ！　というアピールがされたように感じます。

次にお祀りしたのが、市磯長尾市《いちしのながおち》でした。この方は天村雲命の妃である伊加里姫《いかりひめ》の子孫です。そこから察して、倭大国魂神は天村雲命か子孫の笠水彦《うけみずひこ》、天日別命《あめのひわけのみこと》ではないかと思われます。

欠史八代で不自然に大活躍した三人の皇后たち!!

『日本書紀』における欠史八代の系譜をよ〜く見てみると、意外なことに気づかされます。太安万侶が苦心に苦心した痕跡が見出されます。初代〜七代までの天皇の皇后・妃は、名前は違うのですが、よくよ〜く調べると、「一説には云々」という書き出しで、事代主神の御子である「媛蹈鞴《ひめたたら》五十《い》鈴《すず》媛命《ひめのみこと》」「五十鈴依媛」（姉妹のように書かれていますが、「媛蹈鞴五十鈴依媛」一人ではないかと思われます）と孫の「絙《はえ》某弟《いろど》」、その姉の「絙《はえ》某姉《いろね》」に集まってしまいます。つまり、初代〜七代までの皇后・妃は三人で〝やりくり〟していたのでした（図14－1）。

「媛蹈鞴五十鈴依媛」は初代神武、二代綏靖、四代懿徳、七代孝霊の皇后、または妃で、「絙某弟」は三代安寧、四代懿徳、五代孝照、七代孝霊の后妃に、「絙某姉」は六代孝安と七代孝霊の后妃になっています。五代孝照天皇の皇后は、尾張氏である天村雲命の孫の「世《よ》襲《そ》足媛《たらしひめ》」となっていますが、一説には「渟《ぬ》名《な》城《き》津《つ》媛《ひめ》」とあり、「渟《ぬ》名《な》底仲媛命《そこなかつひめのみこと》」「絙某弟」は同神のように扱われています。尾張氏、天香語山命の曾孫で、天村雲の孫である「世襲足媛」と、事代主神の孫の「渟名底仲媛命」「絙某弟」が一説云々では同神のようです。そのように、不自然にも事代主神の系譜にとって代わります。

太安万侶のご苦労がしのばれます。眺めていると、天皇家を意図的に事代主神の子孫にしようとする努力が見られるのですが、初代、二代、四代、七代の后妃と、三代、四代、五代、七代の后妃を同じにするのには無理があるでしょ〜。調べていて、おかしくなって、うふふふ。いくら何でも、同じ后妃で盛りすぎですよ。でも、これが太安万侶のくれた「大いなるヒント」だと思います。だって、明らかにこの系譜は不自然ですから。だから、これでもかぁ〜っ！　というほど、事代主神のお姫様たちを盛ってくださったと思います。

　ちなみに、八代、九代目から事代主神の家系のお姫様が消えます（図14－2）。八代孝元天皇は、中身の系譜から「年の神」に関係する系譜と気がつきますので、母とされている「細媛命」を除外して、ほかの系譜を注意深く見れば推測できそうです。九代開化天皇から、事代主神の姫の名前は見られなくなります。開化天皇は系譜から天香語山命だろうと推測できますから、そのまま一〇代崇神天皇の系譜へとつながってきそうです。崇神天皇にも事代主神の系列媛の名前は見られません。つまり、事代主神のお姫様たちに惑わされている間に、天皇家はすっかり天香語山命オンリーになっているのでした。皇祖神は「天香語山命」。アマテラス（大日孁貴《おおひるめのむち》）ではありません!!　どうりで、新潟の彌彦神社（ご祭神：天香語山命）は、皇室の御崇敬あつく、太古から皇室との関わりが深い神社だったわけです。

二〇、弥生文明開化（石器から鉄器へ）

弥生文化をもたらした年の神ファミリー

調べているうちに、年の神ファミリーは縄文文化（石器）から弥生文化（鉄器）へと移行させた、歴史を変える重要な働きをした一族だと気づきましたので、もう少し古代の鉄事情についてお話しすることにしました。

「天戸目命」（ニニギ）は「天目一の命」とも言われ、片目の神のようです。たたら製鉄において、火の加減が重要になり、いつも強い光を見ているために片目がつぶれてしまうからのようです。この神は製鉄もしくは鉄器、土器のような火を扱う熱製品の神でもあるのではないかと思います（「天津麻良《あまつまら》」と同神とも言われているようです）。そうなれば、その系譜のビジネスに製鉄や鉄器、土器などが関与してきそう。ともあれ、製鉄に関して、あれからまた文献などを探してみましたが、古代の鉄事情は今、解明途中のようで、報告書を読んでも混乱が見られ、はっきりしません。というのは、鉄は錆びやすく遺跡として残りにくいことと、再生利用されて当時の状態が残っていないこと、つまり、弥生時代の遺跡から出土する鉄が少ないようなのです。ですから、発掘された鉄をお許しの出る範囲で少量分析し、推測しているというのが現状だと言えます。

これも神さんの仕業だと思いますが、ちょ〜ど、この本の原稿を仕上げているとき、二〇一九年六月五日の毎日新聞の一面に『文化財無断で切り取る』という見出しが目に入りました。

岩手県立博物館の学芸員が、分析のため二〇〇点あまりの「鉄」の文化財を所有者に無断で切り取り、分析を行っていたようです。おおよそ一センチ角のW型に切り取っていたので、『Wの悲劇』と言われていたようです。私たち一般人にとって古代日本でいつ製鉄が始まったかなど、ほとんど関心がないことと思います。なぜなら、「どうせ、大陸から入ってきたのでしょう〜」と思うからです。なので、ここで古代の鉄事情をどう説明しようか悩んでいたのです。ここが理解できないと、年の神ファミリーの仕事がうまく説明できないのです。

ところが、考古学会の古代の鉄事情は、出土品に固執しすぎて、素人の私にはあくびが出るほど進展がなく、過去の事柄をもっともらしく言いまわして推測している状態なのです（失礼）。今回の新聞記事は、そういった考古学者がいかに、鉄の「いつ」「どこで」「どのようにして」「どこの鉄鉱石を、砂鉄を用いて」製鉄が行われてきたか？　という情報に餓えていたかを如実に感じられる内容でした。彼らは文化財の錆びた刀や釘を見ては、ゴクン！　と唾を飲み込んでいたのでした（というわけで、この新聞記事は、絶対、神さんの仕業だと思いますよ。こう言っては失礼なことですが、これで私の仕事が楽になりました）。

まぁ、そういう理由から、なかなか年の神ファミリーの製鉄事業と実在したであろう事実を結びつけることは、難しそうなのです。でも、『日本書紀』には製鉄施設のようなものが年の神の御子としてあるので、なんとか証拠を見つけようと頑張ってみました。一般の方には退屈な内容になってきますが、しばらくのお付き合いをお願いいたします。

古代の製鉄事情 3 ～弥生人は石器好き～

鉄そのものは単体では自然界には存在しておらず、酸化鉄という形で鉄鉱石や砂鉄、褐鉄鉱としてあります。不純物だらけの自然界の鉄を、ただ、野原にてたたら製鉄をしても、鍛冶にて整形しても、硬く、もろく、使いにくいものにしかならないのだそうです。それを粘り強い、使いやすい鉄（鋼）にするためには、高温で不純物を取り除き、鉄を鍛えて、不純物の炭素を二酸化炭素として蒸発させ、炭素濃度を〇・二パーセント（それ以下）などと、極めて低くする必要があるようです。出土した鉄の炭素濃度を調べることによって、その年代や技術がわかるようですが、炭素濃度が低いということは、不純物も少なく、錆びない（錆びにくい）鉄となって、皮肉にも遺物として残るのではないかと思います（ああ、これが『Wの悲劇』につながったのです）。ただ、野原で砂鉄や褐鉄鉱を溶解しただけの炭素濃度が高い鉄は遺物として残らないと言えるでしょう。

私の勝手な推測ですが、C14年代測定を基準とするには、出土した鉄器の炭素濃度が少なすぎるんじゃないかな～と感じました。破壊試験ですから、試料にできる分は、ほんのちょっぴりですよ。だから、サンプリング場所も一か所とかで、出土品のさまざまな部位でのサンプリングはしていないのが実状（刀は中心部と外側で炭素濃度の違う鉄を使っているようですから、サンプリング場所も考えないといい結果が出ません）。普通に考えて、所有者のお許しを得るのは難しいでしょう。だって、学者に渡したら、おおよその製造年月と、成分表という紙っぺらと引き換えに、ご先祖様の遺品（文化財）をめちゃくちゃに切り刻まれるのですから。お許しが得難いということは、所有者はそれほど製造年月に執着はないのだと思われます。ですから素人の私の考えからしても、直接サンプリングから、年代測定は無理かなぁ～と思います。

藤尾慎一郎氏は『弥生鉄史観の見直し』（『国立歴史民俗博物館研究報告』第一八五集、二〇一四年）にて、《現在では弥生前期後半以前の鉄器は一点もないことが実証されている》と報告しています。これまで弥生文化を「イネと鉄」（稲作が広まると同時に鉄器も広まっていくという考え方）と見てきた考え方を改め、鉄器が認められない弥生文化の前半六〇〇年と、鉄器が出現した弥生文化後半の六〇〇年という二つに分けて考える必要があるとしました。《鉄器自身から年代を知るには炭素14年代測定しかないが、炭素量の高い鋳造品しかできず、また鋳造品であっても破壊分析のため実質的に測定許可が下りないため、道は閉ざされている》とあります。やっぱり、C14年代測定にも限界があるようです。岩手県立博物館の学芸員は、ここで一線を超えてしまったのですね。

さらに、弥生文化が始まってから約六〇〇年間は石器のみであり、鉄器がある程度使われるようになったのは、弥生中期前半以降の約五〇〇年間だそうです。ただ、地域的な偏りが大きく、中期前半から鉄器が普及するのは九州北部を中心とした一部の地域で、《現実には鉄器がある程度普及していたことは確かであろうが、やはり九州北部に比べると劣位であることは否めない》とし、弥生文化の大半は時間的にも地理的にも石器が主体であったと報告しています。

弥生後期初頭から、ようやく石器が出土しなくなるそうで、《日本海側を除く近畿までの西日本に鉄器が本格的に普及するのは、石器がほぼ完全に消滅する（弥生）後期後葉以降と考えられる》とし、二一世紀になっても、大阪平野や奈良盆地東南部などの近畿中枢部から見つかる鉄器の出土量が相変わらず少ないこと、鉄器を作成するための加熱処理を行うための鍛冶炉が中国、四国以西にしか見つからないことなどを報告しています。

この藤尾氏の報告書から推測すると、弥生人にとって、鍛冶施設が必要な鉄器は、意外に使いにくいものだったのかもしれません。石器ならば、割れたら近くの山からとってきて研磨すればいいのですから、そっちのほうが断然、使い勝手がよく効率的だったでしょう。現代でも、硬い物を切るときはダイヤモンドが埋め込まれた刃を使いますし、セラミックの包丁やハサミもありますから、そう考えると、石器時代と変わらないのかもしれません。きっと、それほど切れ味がよくなくても日常生活には困らなかったのでしょうね。切れればいいか！　と。

手元にあった『ポケット版学研の図鑑〈7〉鉱物・岩石』（学習研究社）で石の硬度を見ると、ダイヤモンドの硬度を一〇として、ルビー、サファイヤが九、金緑石《キャッツアイ》が八・五、トパズが八、ザクロ石《ガーネット》、緑柱石《アクアマリン》が七・五、翡翠《ひすい》、水晶、石英が七。石斧は六〜七、ナイフは五〜六の磁鉄鉱などが使われていたようです。ちなみに辰砂は二〜二・五で軟らかいようです。鉄器がなくても表層の辰砂は十分に掘れそうです。ダイヤモンドは硬度一〇で地球上では一番硬い鉱物ですが、衝撃には弱いらしく、ハンマーで叩けば、粉々になってしまうそうですよ。そこが、石の弱点でもあります。

以上のことから推測しますと、C14年代測定により、弥生時代が約五〇〇年繰り上げられたということは、今まで縄文土器、弥生土器と、出土した土器で分けていた年代ですから、その弥生時代初めの六〇〇～五〇〇年間、もしくは弥生時代中期前半までは縄文土器が主流で、弥生土器との混在があったのではないでしょうか。

いろいろ論文を調べていると、弥生時代が約五〇〇年繰り上げられたから、弥生時代を長期的に見た年代、短期的に見た年代と、考古学会では年代の基準からして定まらなくなってしまったようです。出土した土器すべてをC14年代測定して、縄文・弥生時代を決めたわけではないようなのです。ただいたずらに繰り上げた、それじゃあ混乱も招くと思いますよ。そう考えると『Wの悲劇』は氷山の一角かもしれません。

そういった考古学会の事情ですから、ここは私も自分の都合よろしく、考えてみることにしました。もしかしたら、丹後の「赤坂今井墳墓」から出土した伊勢産の朱の遺跡「森添《もりぞえ》遺跡」の土器も、伊勢の丹生鉱山も、縄文時代（三〇〇〇年前）から採掘されていたのではなく、弥生時代中期から後期に開発された鉱山かもしれません。天香語山命たちが開発したとすれば、弥生時代後期あたりだと思います。出土した東北、北陸、長野県の縄文土器については、勝手な想像ですが、当時、年の神や天香語山が新潟古志（高志）国、信濃の方面まで開発して、そこの人たちが鉱山開発に従事していたと考えたほうが自然です。古志国の人たちは土木工事が得意なようですから（「出雲国風土記」古志の郷にイザナミの時代、池を造るのに、古志の国の人たちが来て堤を造った話があります）。そのように考えると、掘るためのクワ、スキなどの鉄器を普及させたのは、年代的にますます年の神ファミリーのように思われます。考古学の諸先生方の参考文献を見ると、私がよくわかっていないだけかもしれませんが、文学者らしい方の論文がないのですねぇ。今後、再び『Wの悲劇』を招かないよう、〝いにしえの水銀鉱床〟を探した矢嶋氏と松田氏のように、弥生時代は科学的な手法だけでなく、文学的な手法も取り入れて、慎重に年代測定する必要があるように感じました。

銅はドウでしょう!?　～青銅の起源～

このように、さんざん調べてみて、製鉄の起源を考古学上から知ることはできませんでしたが、弥生時代中期頃から年の神ファミリーの先祖は製鉄技術をもっていた？ことはうかがえました。

では、銅はどうなんでしょう？　銅鐸や銅製品は遺跡として残りやすいようで、たくさん出土しています。弥生時代がまだ五〇〇年繰り上がっていない時代の論文なのですが、国立歴史民俗博物館教授の田口勇氏は『鉄と銅の歴史と化学』（『化学と教育』四〇巻一号、一九九二年）で、人類が生活に密着した金属、鉄と銅を考えた場合、通説では銅が先行し、鉄が続いたとしていますが、銅が日本に来たのは、縄文時代から弥生時代に移る紀元前四世紀頃からで、中国や朝鮮半島から渡来したと言われているようです。

まずは鉄事情から報告が始まります。日本での最古（報告書当時の最古です）の鉄器は福岡県糸島郡二丈町大字石崎字曲り田の鉄斧だそうです。弥生時代に入ると（実際は繰り上げられましたので、弥生時代中期から後半になると思います）、斧、鏃《やじり》、戈《か》、矛、剣など、極めて多数の鉄製品が出土し、特に後期は鍬《くわ》、鋤先《すきさき》、鎌などの農具が増えてきたようです。日本の鉄製造の始まりは大陸から入ってきた鉄鋌（板状鋼素材＝インゴット）を道具や武器に二次加工（鍛冶）することであったとしています（注目！　日本の製鉄事業は鉄のインゴットを輸入していたと報告しています）。

鍛冶の始まりは鍛冶をする際に出る鍛冶滓《さいくず》や使用した炉から推定でき、最古の鍛冶滓は丹後の扇谷遺跡から発見されました。鉄鉱石を還元して鉄を精錬していた事始めは、岡山県（大蔵池南遺跡）、広島県（カナクロ谷遺跡）、福岡県（コノリ池遺跡）などに製錬炉が発見されたことで、六世紀後半から七世紀前半と考えられているようです。日本では砂鉄を原料とする「たたら」という製鉄法が特徴で、明治時代の初めまで行われていました。たたら製鉄では、地面に筒状の穴を掘り、粘土で炉を作り、その中に砂鉄と木炭を入れ、自然通風やふいごによって燃焼させ、砂鉄を還元して、不純物の鉄滓《さい》を分けて鉄を得たようです。

これに対して、銅の場合は銅同位体比法によって、解析が進み、古代の日本の銅（青銅）で代表的な物（銅鐸、銅鏡、銅剣、銅鈴、銅鏃《ぞく》〈やじり〉）は同位体比法が適用されて、産地のデータがそろっているようです。日本の東海地方から出土した古墳時代の銅鏃、銅鏡、銅鈴は種類に関係なく、中国華南産の銅でした。これまでの分析結果により、六世紀頃までに日本で出土した青銅器はいずれも中国華北産、中国華南産と、朝鮮半島のものであり、六世紀までの製品で日本の銅や鉛を使用してはいませんでした（あら、六世紀頃の銅製品は全部輸入品だったようですよ！）。日本産の青銅は七〇八年に鋳造された和銅開珎から七六〇年の萬年通宝までの皇朝十二銭、六六〇年に創建された三八代天智天皇の水時計の遺跡（水落遺跡）の二種類の銅管は日本産だったようで、これが最古の日本産の銅の使用だと、筆者は報告しています。銅が日本で製造開始された時期は七世紀とし、鉄の六世紀後半から七世紀とほぼ一致していることから、銅と鉄は、ほぼ同時期に大陸から渡来したということでした～!!

なるほど、つまり、銅も鉄も年の神ファミリーが広めたと言ってもよいのかもしれませんねぇ。味鉏高彦根命が統治していた摂津三島は弥生時代の青銅器生産の中心地だったようですから、ここで製鉄事業も行っていたでしょう。そうなるとますます、実際の神武天皇は製鉄の神である「天戸目命」が有力になりそうです。

体の反乱「頭痛」

欠史八代の天皇に、考古学界のグルグルまで付き合わされ、私の頭はオーバーヒート。もう、このへんで考えることをやめたい心境になります。

国常立大神さま～！　ご先祖さま～！　もう、私は疲れました～。勘弁してくださいよ～！　うわぁーん!!　考えるのいやだ～。歴史きら～い。

「もう少しだからがんばれ！　千春がやらねば、誰がやる？」とご先祖さま。

そんなの考古学者に任せればいいですよ～。私じゃなくても、歴史好きはたくさんいますし、きっと、古代を解明したい人はたぁ～くさんいますよ！　うあ～ん、あ～ん、私がやらなくったっていいじゃないですか！

「できないから、千春がやっているのだろう？」とご先祖さま。

そんなこと言っても、こっちばかりに時間を割いていられませーん！

「あ～あ、千春さん、国常立大神が時間を作ります。しばらく一緒にいますから、頑張ってください」と国常立大神に言われ、しぶしぶ涙を拭く私。その二日後、風邪をひいたのか、頭痛とぐらぐらに見舞われた私でした（今度はグルグルではなく〝ぐらぐら〟です！）。

国常立大神さま～、頭が痛いです。痛いよ～。体が動きませ～ん。ぐらぐらして何もできないよ～。シクシク……。

「あら〜？　ちょっと待ってくださいね。千春さんの中に入りますよ。調整してみますから」と、調整してくれたのか、元気になって、お買い物へ行ってきましたが、やはり頭痛とぐらぐらは治まりませんでした。仕方がなく、次の日、病院へ行って薬をもらいました。二日間寝ていたせいか、復活!!

これも神さん仕業？「高橋貝塚」

何かを検索していて、ふと、「高橋貝塚」なるものを見つけてしまったのです。なんだろう？　と、つい見てしまう私。高橋貝塚の場所は鹿児島県日置郡金峰町高橋という場所です。薩摩半島の西岸で東シナ海に面して、弓なりに湾曲した砂浜海岸で、いちき串木野以南、加世田市付近まで吹上砂丘になっている場所の近くのようです。

これを見て、このとき、どこかで見たような地名だなぁ〜と思ったのですが、すぐには思い出せませんでした。この論文の出典がはっきりしなかったのですが、「鹿児島県上野原縄文の森」所蔵の資料ではないかと思われますが、「上野原縄文の森」のサイトからでは検索できませんでしたので、こちらからご覧になってください(http://www.jomon-no-mori.jp/sensikodai/187.pdf)。調査の経緯から昭和三七年〜三八年に行った、河口貞徳氏の調査報告書です。内容は、貝塚ですから、当時の誰かが食べた貝やら魚の骨、動物の骨などの報告が続き、狩猟漁労の生活様式がうかがえる集落です。

ここで重要なのは、先ほどの丹後の大風呂南遺跡でも出土した、権力者（選ばれた男性）と見られる古墳でしか見つかっていない、ゴホウラ貝製貝輪《ブレスレット》が出土している点です。出土した貝（ゴホウラ、オオツタノハ）はこの地域では採れないものらしく、もっと南の沖縄方面からこの地域に移入して、貝輪に加工していたようです。ここで加工されたものが、年の神など王族たちの右腕を飾っていたかもしれません。

さらに、この地域では、縄文文化に属する狩猟の痕跡だけでなく、水田耕作も行われていたようで、それが出土した土器・石器に如実に表れていたようです。高橋貝塚の文化の特色は大陸・南島・北九州・瀬戸内との交流と「鉄器」の出現でした。土器については、縄文土器が終わりを告げて、弥生土器が現れていたのではなく、縄文土器と弥生土器が並行して使われ、どちらの土器も同時に使われていたのでした。高橋の集落の人は、同じ人が狩猟・漁労をし、水田耕作も行っていたのです。土器も同じ人が縄文土器（夜臼式土器）を作り、同時に弥生土器も作っていたのでした。石器に関しても銅剣、銅鍬を模した磨製石剣と石鍬が出土し、これは朝鮮半島に多く見られる弥生に属する文化だけど、出土している多くの打製石器は縄文文化に属するものでした。管玉には翡翠と鉄石英が用いられ、縄文晩期のものと弥生の管玉が使われ、その技法も縄文・弥生、新旧並行して行われていました。土製品として出土したものには、戦国時代初めまで使われていた、中国の三脚土器で鬲《れき》という二段式の蒸し器と似た物が出土しました（「縄文時代はお米を蒸して食べていた」という展示をどこかの博物館で見たことがあります）。中国の用法が高橋貝塚にも伝わっていたようです。

このように高橋貝塚では、狩猟（縄文）と農耕（弥生）文化が並行して行われ、土器や石器だけでなく、鉄器（熊本県斎藤山も同時）ももたらされていました。奄美の土器や瀬戸内の土器ももたらされ、周辺地、地域との交流が盛んであったことを報告しています。

そこで、地図を見て場所を確かめて驚きました！　ここは、酢を醸したコノハナサクヤヒメ、神吾田鹿葦津姫《かむあたかしつひめ》と出会った「笠沙《かささ》」の地と、おおよそ一三キロしか離れていません（図9参照）。神吾田鹿葦津姫の出身地の「竹屋村《たかや》」が今の加世田市あたりになります。つまり、この地は大山祇神が支配し、山幸彦（彦火火出見）が生まれた（降りた）場所でした。時代的にも、ニニギや彦火火出見（事代主神）たちが弥生文化をもたらし、北九州、瀬戸内、朝鮮半島との交流や、鉄器をもたらしたと解釈してよさそうです。高橋貝塚の報告書から、先ほどの伊勢の森添遺跡も縄文・弥生文化が並行していた可能性があります。それに、高橋貝塚あたりは「高橋」という地名があり、その近くに「竹屋村《たかや》」です。丹後にも「高橋」という地名があり「竹野《たかの》」があります。「高橋」と「竹」は何か関係があるのかもしれません。

高橋と「たけ・たか」

日前《ひのくま》神社の近くにある、和歌山市岩橋にある高橋神社の主祭神が「饒速日尊」で、社伝によれば、《笛不吹明神社と称し境内近辺で笛を吹くこと禁じ古来岩橋村に住む高橋姓、笛吹姓の二姓は、饒速日尊の末裔として二姓の祖神として祀られていた》とありました。

ここに「高橋姓、笛吹姓」が出てきました。『先代旧事本紀』によれば、笛吹《うすい》姓は天香語山命の曾孫のニニギ（天戸目命）の孫、年の神から六世孫の建多乎利命《たけたおりのみこと》が笛吹《ふえふき》の連につながってきます。一方、その弟には、前述した建弥阿久良命《たけみあぐらのみこと》がいて高屋につながります（図10－2参照）。建多＝タケタは「竹」ですよね。丹後の「竹野」はタカノと読むようです。和歌山県の高橋神社の近くに「竹」もしくは「タカ」と付く地名があるか探しましたが……ありませんでした。その代わり、な、なんと、これだ！というモノを見つけました。「高野山《こうやさん》」です！　これはタカノ、タカヤに通じそうですし、タクハタチヂヒメとの関係もうなずけます。

このことから「笛吹の連」は単なる音楽隊の笛吹きではなさそうです。ここは天皇家と関係する一族です。それに「笛吹の連」は製鉄の神である「天戸目命」の子孫ですから、笛を吹くとか吹かないとかは、製鉄に必要な高温の火の調節を〝ふいご〟で行うことではないかと思います。高橋神社の近くでは製鉄が行われていたのでしょうね。神功皇后の「息長氏《おきながうじ》」ですが、天戸目命の御子の姥津姫《ははつひめ》（息長水依姫《おきながみずよりひめ》）と九代開化天皇の皇子の彦坐王が結ばれて丹波道主となり、そこから息長氏へとなります。この一族も製鉄と関係深いと思われます。息が長い（と書く）一族ですから、笛吹連と同じように火の調節、もしくは鍛冶に関係する役目を担っていたことがうかがえます。

高橋氏と製鉄事業

高橋氏の先祖の磐鹿六雁命《いわかむつかりのみこと》は、《第八代孝元天皇（年の神／饒速日大神）皇子の大彦命（天香語山命）の孫で、比古伊那許志別命《ひこいなこしわけのみこと》（大稲腰命）の子とされる。また膳臣《かしわでのおみ》（膳氏：のち高橋氏）の遠祖とされるほか、現在では料理神としても信仰される》とありました。高橋氏は、天香語山命の孫が始まりのようです。比古伊那許志別命と建多乎利命《たけたおりのみこと》、建弥阿久良命兄弟の関係はここではわかりませんでしたが、名前から長野、古志（高志）と関係ありそうです。一二代景行天皇の御代に、天皇が採った白蛤《はまぐり》を膳臣の遠祖で、名を磐鹿六雁命《いわかむつかり》がハマグリの「なます」を作りました。天皇はこれがおいしかったのですね。だから、天香語山命の孫の磐鹿六雁命を料理番にしたのです。

ここで、私なりに考えましたのは、磐鹿六雁命は持っていた刃物でハマグリを叩いて、小さくして、「なます」にしたのではないでしょうか。石包丁では細かく切れなかったのに、鋭い刃物で細かく刻まれた蛤。それで磐鹿六雁命は食事をつかさどる膳臣になったのだと思います。たたら製鉄から得られた純粋な鉄でよく切れる包丁や、高橋貝塚に見られたように装飾品加工の道具を作っていった一族なのだと解釈できそうです。磐鹿六雁命によって、今までにない調理技術「みじん切り」や、新しい料理に「お刺身」が加わったかもしれません。

「高橋」は『日本書紀』の崇神天皇のところで、すでに見られます。氏《うじ》というよりも、邑《むら》の名前として存在していたようです。《高橋邑の人である活日《いくひ》を大神（大物主神）の掌酒《さかびと》とする》と。人は移動してしまいますから、村の名前で残っていれば、昔のことがわかりそうです。

現在、「高橋」という地名があるかどうかを調べてみました。調べられた「高橋」「高椅」と付く地名は二五県五四地域にありました（図9参照）。『日本書紀』にあった奈良県の高橋邑は、高橋神社があるのみで村の名前はなくなってしまったようです。わかったことは、「たかはし」「たかばし」と付く地名は「丹生《にう》」という地名の近くにあった村が六県（山形県、栃木県、福井県、滋賀県、鳥取県、京都府）ありました。

高橋という地名、もしくは、その近くには遺跡が多く発見されています。その中で鉄が出土した古墳や製鉄遺跡の付近にあったと思われる高橋という地名は一〇県で見られました（石川県細呂木製鉄遺跡、愛知県ウスガイト遺跡、狩山戸製鉄遺跡、西山製鉄遺跡、岐阜県大垣市大塚一号墳、京都府奈具遺跡、遠所遺跡、岡山県千引カナクロ谷遺跡、熊本県斎藤山遺跡、鹿児島県高橋貝塚など）。山梨県では笛吹《ふえふき》市があり、鉄器が出土する遺跡が多く発見されています。笛吹市には「石和町《いさわちょう》東高橋」という地名がありました。岐阜県大垣市高橋町のある同市には南宮山《なんぐうざん》があり、そこには鉱山、金属業の神と言われている金山彦神が祀られた南宮大社があります（のちほどわかったのですが、大垣市は金生山《きんしょうざん》赤鉄鉱があるようです）。この神は、三重県敢国《あえくに》神社（主神：大彦命）にも配神として祀られています。大垣市は朱・辰砂が採掘されたと思われる「丹生《にう》」の比較的近くにありました。伊勢国には丹生鉱山があり、三重、伊勢国は大彦命と関係の深い場所です。

このほか高橋という地名は、日本海岸と九州の西の海岸、駿河湾の周りなどに偏在しています。調べてみれば、日本海岸、新潟には赤谷《あかたに》鉄鉱床がありましたし、海岸線での高橋の分布から、川や海の砂から砂鉄を得たことがうかがえました。瀬戸内の少し内陸のところにも、ほぼ一列に偏在しています。その場所にある岡山県高梁《たかはし》市にはベンガラの町「吹屋《ふきや》ふるさと村」がありますから、「たかはし」という地名は製鉄産業と大いに関係ありそうです。

多くの高橋神社には、「磐鹿六雁命」と、丹・朱の女神である「栲幡千千姫命」が祀られています。高橋氏は水銀鉱山の開発とともに移動して行き、水銀が掘りつくされたあとは、同じ丹（赤土）でも製鉄産業に精を出したのでしょう。ちなみに、製鉄と朱の関係がわかりました。刃物の研磨剤に朱を用いていたようです！　朱は研磨剤でもあったのです。

「たかはし」という名前は、稲荷山古墳から出土した鉄剣にも刻まれていました。字を解読すれば、「意富比垝《おほひこ》」の曾孫に「多加披次《たかはし》」が見られます。ウィキペディア「稲荷山古墳出土鉄剣」によれば、銘文にある「オホヒコ」は《『日本書紀』崇神天皇紀に見える四道将軍の一人「大彦命」とみなす考えがある》とされています。『古事記』には大彦命の子が建沼河別命《たけぬなかわわけのみこと》（阿倍臣の祖先）、次に比古伊那許志別命（膳臣の祖先）とありますが、両神は同一神、もしくは親子神かもしれません。大彦命は、私の話の中では、天香語山命ですから、私のご先祖さまは製鉄一族でもあったことがうかがえました。

古代の官営製鉄工場

鉄製農具弥生時代前期である、紀元前二世紀頃の鉄器の出土（日本で一番古い鉄器の出現）は、九州熊本の斎藤山遺跡で出土した鉄斧で、それらは型にいれて形をつくる鋳造鉄器だったそうです。そして、丹後で見つかった鉄器も同じ鋳造鉄器だということです。鋳造された鉄器は研いで使っていたようですが、主に朝鮮半島から船載されたもので、炭素濃度が高く、もろくて使いにくかったのか、使用されたのは一時的なようです。その後は鍛造鉄器（鍛冶によって、鍛えられ低炭素化した鉄）に変わっていきます。弥生時代の鉄器の普及は鍬など農具の普及とは直結しておらず、むしろ、木工具としての小型鉄器が普及していったとしています（農具は当時、石器で十分だったようですからね）。丹後の遠所製鉄遺跡以外にも、その後（六世紀）の年の神ファミリーの末裔が、いかに大規模に製鉄工業を営んでいたか、わかる文献を見つけました。ところが、古代鉄生産年代測定調査委員会の丸山龍平氏の論文『古代の鉄の生産・流通─操業開始年代の検討』（『名古屋大学加速器質量分析計業績報告書』二六巻、二〇一五年）の報告では、七世紀以前の遺跡では、砂鉄や鉄鉱石・岩鉄などをたたらによって得た鉄（鉧《けら》・玉鋼《たまはがね》）を鍛冶によって叩き、炭素を少なくしていく「精錬」、練り上げられた鉄鋌《てってい》（インゴット）から製品に仕上げる（大鍛冶）という、一貫した工程の形跡がないことが判明。そのため製錬工程と大鍛冶工程が分離して行われたと推測しました。そこで、丸山氏は大鍛冶が行われ、製品がつくられる年代を操業年代として、製鉄開始年代を推定しようと試みました。弥生時代の前期末から中期初め頃は北部九州を中心として朝鮮半島の無文土器が大量に出土しているようで、渡来人集団が移住し、日本列島では青銅器の生産が北部九州だけでなく、近畿、東海地域にも拡大していきました。そのことから、金属器の生産技術は、この頃（弥生時代の前期末から中期初め頃）、獲得したのではないかと報告しています。弥生時代後期には北部九州で主導権を握っていた奴国が敗退し、瀬戸内中、東部から近畿にかけて連合した勢力が外交窓口となって、朝鮮半島の文物が移入することで、これまでの石器が消滅し始め、日本列島津々浦々まで、鉄器に置き換えられてゆく時期が到来します。岡山県山陽町門前池遺跡では、褐鉄鉱が出土して製鉄が行われたとして、東西日本列島に自前の製鉄が開始されたと考えられました。

その後、朝鮮半島情勢が不安定となり、高句麗の南下政策によって、須恵器生産（高温で焼く土器）が行われ、同じ熱産業であるので、この時期に製鉄操業が開始されたのでは？　という見方をしたようです。六世紀後半になれば、多くの地域で操業が開始されたとし、丹後半島遠所遺跡は確実に操業を開始したとしました。弥生時代から古墳時代を通して、操業が確実に開始されたと推測されたものは備中、備前、丹後のたった三か国だったようです。

しかし、学会ではさらに年代がさかのぼるという見方をしている主張もあるのですが、出土する遺物が生活遺跡とは異なっており、遠隔地で製鉄が行われたと思われる遺跡では、比較対照のできる物（日用品）が少なくて、年代を正確に把握することは困難でした。でも、遺跡には木炭が多く見つかっているようですから、そこから製鉄が行われていたのではないかと推測されたようです。しかし、その遺跡では、そこで製品化された形跡はなく、その鉄をどこへ運び込んで製品化したのかが課題となっていました……Ｚｚｚｚｚｚｚ。

「おい、千春！　起きろ」

はっ！　そうだった、製鉄に関わる文献って素人にはわかりにくくて、日本語なのに翻訳するのが大変。続き、続き……五、六世紀の段階では、畿内近国での製鉄遺跡は未分明でしたが、河内において、作業工程で出る鉄滓《てっさい》（かす）が出土しているようです。畿内では、砂鉄や鉄鉱石・岩鉄などから製鉄を行った形跡がないのに、なぜか製品化するときに出る鉄カスが出土していたので、考古学会の先生方は悩みに悩み、頭を抱えます。国内最大の《それもまた、突出した規模の鍛冶専業工房の存在》（と表記してありました）が河内の生駒山山麓で見つかった大県南《おおがたみなみ》遺跡《いせき》、それなんだそうです。大和川と石川との合流点で交通の要所、全面に港津が開いていただろう（このときは縄文海進で海が広がっていたと思われます）、大和の玄関口と言える場所だそうです。

見つけた！　年の神の製鉄工場

大県南遺跡は『古事記』や『先代旧事本紀』にあった、年の神の御子である「製鉄工場」で間違いないでしょう!!　遺跡の場所は羽曳野に近い場所です。この遺跡の報告書を見つけました！　柏原市教育委員会の『大県遺跡群分析調査報告書』（二〇〇三年）です。生駒山地西麓南端では規模が最も大きな集落遺跡があるそうで、縄文時代から注目すべき遺跡や遺構が発見されているようです。古墳時代中期から後期にかけて、大県遺跡を中心とした集落群で多量の鉄器を制作する集団がいたようで、鍛冶工房の竪穴、覆屋、金床状遺構にともなう鉄滓、たたら羽口、砥石などの古代産業廃棄物が大量に出土したようです。これは各集落の単位での鉄器消費をまかなうだけでなく、国家的統制をうけた官営工房とも考えられる量であるとしています。日本の場合の鉄事情は、製品の輸入から製品の再生を行う鍛冶技術、さらに、次の段階では、鉄鉱石から鉄素材を抽出する技術へと、本来あるべき発展の「逆」を行っていたようです。

先の丸山氏の論文では、奈良県出土の鉄刀剣の成分分析の結果は、砂鉄由来ではなく、赤鉄鉱あるいは、褐鉄鉱を原料としていたようなのです。奈良県ウワナベ古墳出土の鉄のインゴットは朝鮮昌寧出土の鉄器の成分と似ていることから、当時、多量の鉄素材が朝鮮半島から輸入されていたと考えられたそうです。河内、丹後、近江の製鉄遺跡で出土した鉄の分析から、河内はすべて、鉄鉱石由来の鉄素材であり、国産品と朝鮮半島の半製品である鉄のインゴット由来であろうとしています。丹後は砂鉄由来、それも、近辺の物ではなく、やはり特定の砂鉄を採取して運んだようです。近江は鉄鉱石由来でも、たたらを使わない製鉄で六世紀以前に製鉄の痕跡がないということです。

河内の鉄のインゴットはどこから来たか。朝鮮半島と近江の可能性が高いとされていますが、はっきりしたことはまだわからないようです。当時は自前で鉄を生産するより、簡単に採掘できる、高価な朱・辰砂との交換で鉄のインゴットを得た方が楽だったのでしょうね。ですから、技術的な問題ではなく、より楽ちんに鉄を得ていたのだと思います。水銀鉱山近くでは、道具を再生できる程度の製鉄鍛冶工房で十分だったのでしょうし、刃物を研磨するのに、朱は欠かせなかったようですから、水銀鉱山近くに製鉄鍛冶工房を造ったのでしょう。ここで弥生時代だから、技術的に劣っていたとする、安易な考え方は改めるべきだと思います。

当時の朝鮮半島、鉄事情を調べてみると、朝鮮半島南部に位置する辰韓・弁韓は優れた鉄が産出し、それを「魏」の楽浪、帯方の二郡へ供給していたようです（辰韓・弁韓は魏の支配下にあったことがここから推測できます）。朝鮮半島、大陸方面ではこのように、製鉄と鍛冶は早くから分離していたようですから、日本も朝鮮半島南部の任那と通じて、半製品の鉄《インゴット》を輸入できる権限を持っていたと解釈できます。そのうち、高句麗が南下し、朝鮮半島の情勢が悪くなり、輸入が困難になって初めて、自国で砂鉄や鉄鉱石の採掘を行い、製鉄を行うようになったのだとされています。それが五、六世紀頃のことなのでしょう。

では、どこから鉄が運ばれたのか。『大県遺跡群分析調査報告書』では、国内最古級の製鉄遺跡である、岡山県総社市の千引カナクロ谷遺跡であろうと推測していますが、目下のところ根拠になるようなデータはないようです。しかし、大県南遺跡は年の神ファミリーが確実に関与していた製鉄工場だという証拠がこれで得られました。きっと、初代工場長は鍛冶の専門家「天戸目命」で間違いないでしょう！

この件についてはのちほどはっきりしてきます。考古学の裏付けになるかもしれません。

二一、日本人の先祖神と記紀（危機）

アマテラスの子孫たちの謀反

天皇家の系譜からアマテラスの血筋が失われた経緯については、情報がありませんので、何もわかりません。ただ、ご先祖さまが夜中にこんなことを言っていました。「苦い思い出だ。妻とは離婚したのだ。父の饒速日大神が亡くなった頃、大和は天村雲が統治していた。そんなおり、南九州の伊怒姫（豊受姫）、アマテラスの血を引く者たちが、大和の丹生の権利を求めて東征してきた。それを誘導したのは、事代主、我が妻の穂屋姫と豊受姫だ。大和の統治権をアマテラスの系譜にしようとしていた。しかし、思いがけず、東征してきたのはホアカリだった。ナガスネヒコが抵抗したが、ホアカリの母である豊受姫は命を守ってほしいと訴えてきた。ここで主導権争いが始まり、大和の動乱は鎮まらず、ホアカリを交代させ、事代主を逃がし、子孫はそのまま残しておいたのだ。母である天道日女（倭迹迹日百襲姫命？）を呼び寄せ、『天戸目命』と『建斗米の命』に大和は統治させた。それがあだとなった。その後、母が亡くなり、再び、南九州にいた事代主の子である狭野と妻の吾平津媛が軍を起こし攻めてきた。再び動乱となり、仕方がなく、穂屋姫と豊受姫を斬ったのだ。呼び寄せたのはこの二人だ……苦い思い出だ。村雲か？　何も言わずに私についてきてくれた。苦労を共にした者たちに変化はなかった」

　これが史実かどうかはわかりません。天道日女命は年の神／饒速日大神の生前は北九州か丹後で諸外国との窓口的な存在にいたと思われますが、その後、年の神が亡くなった二一五年（としています）以後は、弟の彦狭知命《ひさしりのみこと》（吉備津彦）に警護され大和に呼び寄せられたのでしょう。天道日女命が亡くなったあとは、栲幡千千姫命《たくはたちぢひめのみこと》が後を継いだのではないでしょうか。それが「倭国香媛《やまとくにかひめ》」であり、「意《お》富《ほ》夜《や》麻《ま》登《と》玖《く》迩《に》阿《あ》礼《れ》比《ひ》売《め》」の名前なんだと思います。その後、鏡を年の神／饒速日大神の御霊として豊鍬入姫、倭姫に祀らせ、土地を回って、世の動乱を抑えたのかもしれません。年代が合えば、これが魏志倭人伝に伝わる「卑弥呼の邪馬台国」の話ではないかと思われます。

　卑弥呼の働きとして、『ブリタニカ国際大百科事典小項目事典』の「卑弥呼」の解説では《中国の景初二（二三八）年（一説に景初三年）第一回の使節を魏に遣わし、生口（奴婢）や布を献じた》とありましたから、年代的になかなか良い線をいっているじゃぁないですか!?「壹与」は栲幡千千姫命だと思います。『古事記』では、萬幡《よろずはた》豊秋津師比売命《とよあきつしひめのみこと》と言います。「トヨ」でしょう！　このお姫様には別名の高照姫に

「大神」という称号が付きます。さらに、別名の「意富夜麻登玖迩阿礼比売」から稗田阿礼を連想させますが、「阿礼」というのは、『デジタル大辞泉』の解説によれば、「神霊の出現するものの意」で《賀茂の祭のときの幣帛《へいはく》。榊《さかき》に種々の綾絹《あやぎぬ》や鈴などをつけたもの》だそうですから、巫女さんの舞いを連想させます。栲幡千千姫命は年の神／饒速日大神をお祀りする巫女さんでしょう。

アマテラスの養子に入った御子たち

いろいろ調べてみると、アマテラスに養子に入ったその他の御子もわかってきました。『先代旧事本紀』の尾張氏の系譜に合わせてみると、「天津日子根の命」は本来、ニニギの名前になっているのですが、他とのつながりから「天忍人命」（オシホミミの一人）だと思われます。「活目津彦根命」は「天戸目の命」ニニギのようです。「熯速日命《ひのはやひのみこと》」は朱・辰砂を含む岩（磐）の神、年の神／饒速日大神でしょう。「熊野大角命」も推測ですが「天香語山命」か「天村雲命」ではないかと思われます。

アマテラスの本名

「尾張国風土記逸文」「出雲国風土記」に、これがモデルにした本当のアマテラスの名前ではないかと思われる記述を見つけました。おおよそ、次のような話です。

「尾張国風土記逸文丹羽《には》郡」

吾縵《わづら》郷。一一代垂仁《すいにん》天皇の世、品津別《ほむつわけ》皇子は、七歳になっても言葉を発することができなかったので、その理由を臣下に尋ねたが、はっきりとわかる者はいなかった。その後、皇后の夢に神が現れてこう言った。「我は、多具《たく》国の神で、名前を阿麻乃弥《あまのみ》加都比女《かつひめ》という。我には祭祀してくれるものが未だいない。もし我のために祭祀者を当てて祭るならば、皇子は話すことができるようになるだろう。また皇子は長命になるだろう」。天皇は霊能者の日置部《ひおきべ》らが先祖にあたる建岡《たけおか》の君を祭祀者に指名して、その神の居場所を探しに派遣したところ、吾縵郷であった。そこでその神を祀り、吾縵社と名付けた。後世人は訛って、阿豆良《あづら》の郷といっている。

「出雲国風土記秋鹿の郡」

伊農の郷。出雲の郡の伊農の郷に御鎮座している赤衾伊農意保須美比古佐和気《あかふすまいぬおほすみひこさわけ》の命の后である天甕津日女《あめのみかつひめ》の命が国を巡行された時に、ここに到着して、「ああ、伊農さまよ」とおっしゃった。だから、伊努《いぬ》といった。

「出雲国風土記出雲郡」

伊努の郷。国引きをなさった意美豆野《おみずぬ》の命の御子、（赤衾《あかふすま》）伊努意保須美比古佐倭気《いのおほすみひこさわけ》の命の社が、郷の中にご鎮座している。だから、伊農《いぬ》といった。

　意美豆野の命は、縄文海進、縄文海退でお話ししたスサノオのお父さんである八束《やつか》水臣津野命《みずおみずのみこと》です。伊努《いぬ》＝伊怒でしょう。年の神／饒速日大神の妻である伊怒姫（豊受大神？）は赤衾《あかふすま》伊農《いぬ》意保須美比古佐和気の命と后の天甕津日女の御子のようです。となれば、赤衾伊農意保須美比古佐和気＝スサノオで、后は天甕津日女＝アマテラスとなりそうです。ですから、系譜からすれば、アマテラスは「大日孁貴神《おおひるめのむちのかみ》」ではなく、「天甕津日女命」という名前でした。その御子である伊怒姫が年の神／大国主神の正室であるスセリビメではないでしょうか。気性の激しさが「怒」という名前からうかがえます。

　スサノオの名前に「赤衾《あかふすま》」とあり、こちらも気になります。衾《ふすま》とは掛け布団の意味ですが、「小麦のふすま」である糠とも取れます。糠・ヌカは『先代旧事本紀』の注記によれば、砂鉄・砂金をあらわす鉱山師用語という説があるそうです。つまり、赤衾は赤い砂のことを指しているのでは（＝研磨剤）？　すなわち「スサノオ＝朱砂の王」でしょう。ちなみに、アマテラスが窟屋に隠れたとき、鏡を作らせた「天糠戸の神」が出てきますが、糠戸というのは粗砥《あらと》（質のあらい砥石）のことで、鏡作りに必須の道具であったようです。朱砂（朱・辰砂）で銅鏡を磨くとピッカーッ！　と太陽のように輝くのだそうです。朱は刃物だけの研磨剤ではなかったのですね！

　ああ、これでハッキリしました。大和の動乱の原因は「正室／出雲のスセリビメ

（豊受大神）ＶＳ側室／因幡・丹波の八上姫（天道日女命・卑弥呼？）」のお家騒動だったのです！　スセリビメにはまたのちほど登場してもらいます。

八上姫の御子と思われる「天香語山命」が「皇祖神」である証拠は、京都の貴布禰総本宮貴船神社へうかがったおりに見つけました。

末社　鈴鹿社　ご祭神　大比古命（古伝に皇大神宮）

《もと本社裏手、鈴鹿谷の上にあり。往古より伊勢の大神を祀るという》と末社にあります。「大比古命」はオオヒコ、大彦命のことです。《古伝に皇大神宮《こうたいじんぐう》》とあります。ウィキペディア「皇大神宮」の説明によれば《三重県伊勢市にある神社。伊勢神宮の二つの正宮のうちの一つである。一般には内宮《ないくう》と呼ばれる。式内社（大社）》。つまり、大彦命は内宮のご祭神だったのです！　私がたどった年の神ファミリーの系譜は間違っていなかったようだ、わあぁーい、バンザ～イ！　。ウマシマヂ命が言っていたように、カゴメの歌の籠の中の鳥は「天香語山命」かもしれませんよ。太古に祀られていたアマテル神は、天香語山命である九代開化天皇でしょう。開化天皇の名前「稚《わか》日本根子《やまとねこ》彦《ひこ》大《おお》日日天皇《ひひのすめらみこと》」の中に「日日」と日が二つもあります。天香語山命は、これぞ本当の「伊勢の大神」であり、男神「天照大神《あまてるおおんかみ》」だったのです！

その後、ご先祖さまはこう言っていました。謀反を起こした伊怒姫（豊受姫？）は

た。

籠に入れて、ホアカリと一緒に流されたようです。なんとも悲しい、豊受姫の話でした。

伊勢神宮に祭られている「真経津の鏡」

伊勢国というところは、年の神、天香語山命によって開発された水銀鉱山があることは先にお話ししました（日本では、二番目に大きな大和水銀鉱山に次ぐ三番目に大きな鉱山です）。水銀鉱床のある中央構造線の真上に、伊勢神宮の外宮があります。外宮の渡会氏は天村雲命の子孫になり、水銀鉱山を管理運営していたようです。朱・辰砂は広域な御神領を維持するための資金源だった可能性があります。伊勢は朱・辰砂の経済力で商人が発達し、江戸時代には化粧品、伊勢おしろい（射和軽粉《いざわけいふん》）が有名となりました。

伊勢神宮内宮に祭られている八咫鏡に再び話を進めます。八咫鏡は別称「真経津《まふつ》の鏡」といい、これはフツの神、年の神／饒速日大神であり、朱・辰砂を含む岩の神ではないかという話をしました。天の磐戸のところで、石凝姥命《いしこりどめのみこと》に命じて、天照大神の御鏡《みかがみ》を鋳造します。日の神の御像《みかた》です。でも、その鏡は意にそぐいませんでした。「意にそぐわない鏡」とはどういう鏡でしょう。皇大神宮（伊勢神宮内宮）の別宮の一社に「伊雑宮《いざわ》」があります。「いざわ」は伊勢おしろいを作っていた「射和《いざわ》」という地名や、山梨県笛吹市「石和《いさわ》」にも通じます。「播磨国風土記」に頻繁に出てくる年の神／饒速日大神の別称である「伊和大神《いわおおかみ》」の「伊和」、そして「いさわ」はすべて、「岩」のことを言っていると思われます。石上神社は「石」を「いそ」と読ませていますから、磯や五十も「岩」を意味しているかもしれません。岩（鉱物資源）＝朱・辰砂、鉄、玉を意味しているのではないでしょうか。

伊勢神宮に祀られている八咫鏡は二種類あって、一つは銅鏡、もう一つは、岩とか石の鏡だったのではないかと思いました。ほら、街中を歩いていると、ビルの外壁の石の黒いタイルがガラスのように物を映していることがあるではないですか。お墓の黒い墓石とかも、よく磨かれていて、鏡のように姿が見える場合があります。銅鏡がない時代は岩を朱（もしくは鉄などの赤土）で磨いて、鏡の替わりにしていたのではないかなぁと考えてみました。石凝姥命は石を研磨して、鏡のようにする職業なのではないでしょうか。この時代、新しい技術から生まれた「銅鏡」と今まで使っていた「石鏡」と二種類があったのではないかと思われます。

『古代の朱』の著者、松田氏が同じ疑問をもったようです。「天の糠戸の神」は銅鏡が輸入、または制作されるようになってから誕生した神ではないかと言っています。由緒ある神社のうち、石を御神体とするものは圧倒的に多く、伊勢の国の渡会郡にある式内小社四三社のうち、石を神としているものが二三社もあるそうです。伊勢市の朝熊山上にある朝熊神社は「鏡の宮」と呼ばれて、朝熊川を隔てて石巌があり、その上に鏡が二面、安置してあったようですが、その鏡は石鏡だったのではないか？ と松田氏は語っています

ウィキペディア「朝熊神社（伊勢市）」によれば、朝熊神社は伊勢神宮皇大神宮（内宮）の摂社で、摂社としては第一位の神社のようです。主祭神は、大歳神、苔虫《こけむしの》神《かみ》、朝熊水神《あさくまのみずのかみ》で、内宮の鎮座地を定めた倭姫命が一一代垂仁天皇二七年に石と化していた大歳神（饒速日大神）を祀る社を建てたのが朝熊神社の創始であるといいます。ああ、やっぱり年の神が祀られているようです。

松田氏の説に戻ります。五十鈴川の川上に鏡石神社があるそうです。その起こりは鏡石で「高さ二丈、横五丈余りの巨岩あり、西面削るがごとくして晶熒《しょうけい》、物を鑑《て》らすこと白銅鏡に異ならず」（神宮司庁編の『神都名勝誌』）とあるそうです。「常陸国風土記」の那賀郡のところにも、山に石鏡があり、怪物が集まって姿を映して楽しむ話があります。朱の産地では、銅鏡がない頃、石を朱（赤土）で磨いて鏡にしていたのだと思います。もともと、玉を造るのに、玉を磨いたと思いますから、その技術は当時から相当なものだと思われます。石鏡（石器）から銅鏡（鉄器）への移行期が二人の鏡作りの話になっているのではないでしょうか。初めに作った意にそぐわなかった石鏡の「日像鏡《ひがたのかがみ》」と、うっかり瑕をつけてしまった銅鏡の「日矛鏡《ひぼこのかがみ》」。伊勢神宮にあ

る「日像鏡」は、年の神（朱の神）の象徴であり、日前《ひのくま》神宮の「日前大神」に相当すると考えられます。朝熊神社同様に伊雑宮《いざわのみや》にも石鏡があるかもしれません。一方、銅鏡の「日矛鏡」は天香語山命の象徴で國懸《くにかかす》神宮の「國懸大神」に相当するのではないでしょうか。

その後、製鉄工場にて自前で銅鏡を鋳造し、朱・辰砂（赤土）の産地であった場所を巡って、倭姫命によって伊勢神宮の皇大神宮に祭られたのだと思われます。香語山は香久山とも解せそうです。カグ＝金属の意味からしても、銅鏡の「日矛鏡」は天香語山命でしょう。倭姫が毎日、天照大神（銅鏡）を朱で磨くために、朱（赤土）の産地を回ったのだと思います。倭姫が巡った地を見ると、天香語山が開発した朱・辰砂、もしくは鉄の産地と関係がありそうです（図9参照）。朱・辰砂は地層表層の狭い場所にしかありませんから、掘りつくしてしまえば、次の水銀鉱脈地へ移るしかありません。朱を求めて、移動を余儀なくされたのでしょう。最後の最後に当時、朱の産出量が多く、天香語山命が開発した伊勢に鎮座を決めたのです。天香語山命の故郷である丹後と同じ風が吹いていたのでしょうね。

紀伊半島における水銀鉱床のある中央構造線の東の端に伊勢神宮、西の端に日前《ひのくま》・国懸《くにかかす》神宮があります。鏡は朱・辰砂とは切れない関係にあり、同じものだと考えてよさそうです。蒲池明弘氏の著書の中に、唐の時代（六一七年～九〇七年）に出された中国古代医学の文献『石楽爾雅《せきやくじが》』には、丹砂（朱）の別名として、真珠、太陽、赤帝と、朱鳥が挙げられています。四〇代天武天皇が「朱鳥」という年号を使っていますから、この年号は何か意味がありそうだとも語ります。『石楽爾雅』の中で、朱の別名が「太陽」になっているのが気になりました。「朱＝太陽」私たち日本人が太陽を赤く表すのは、ここからきているのかもしれません。鏡＝太陽＝朱とつながってきます。

銅鏡を朱で磨くと、太陽のようにピッカーッ!! と輝くのです。太陽のようにです。しかし、この場合の太陽は「恒星の『太陽』」ではなく「水銀の『朱』」という意味の太陽でしょう。天照大神（太陽）＝鏡＝朱なのです。朱を太陽と見立て「天照大神」を作り出した張本人は天武天皇かもしれません。

記紀の中で「天照大神」という神が出てきますが、不思議なことに、『風土記』『先代旧事本紀』の中で、天照大神のことを言っているのは、天神であるスサノオと高木神である高皇産霊神で、オオナムチ、大国主、スクナヒコ、事代主神、国つ神の言葉にはないのです。その時代の国つ神は、天照大神を崇めていないか、存在していなかったと思っていいんじゃないかと思います。まぁ、無理やり国譲りされたのですから、いい迷惑な神だとは思いますけど。「天照大神」という言葉を使い出したのは、饒速日大神が亡くなったあと、一〇代崇神天皇のときからのようです。

太安万侶が故意に隠した皇祖神

今回、神々の指示から、記紀の内容を見て感じたのは、故意に皇祖神（天香語山命）を隠そうとする苦労が見られることです。ちょっと考えただけではわからないように、巧みにループが何重にも仕組まれています。記紀に出てくる神々の名前からして魑魅《ちみ》魍魎《もうりょう》そのものですからねぇ。神々が私に指示を出して、励ましてくれなければ、私も堂々巡りから抜け出せなかったと思います。

ご先祖さまは私に「千春はそこまでやらなくてよい。あとの者に任せておけ」と言っていましたが、なぜ、わざわざ混乱させる神話だか国史だかを作ったのか、このままですと、太安万侶のパズルをやらされた私の気が収まりません！　それに、太安万侶自身が、名前から察して、天香語山命の子孫ではないかと思われるのに、なんでご先祖さまを隠したのでしょう？

なんとか解明しようと、今度こそ必死で考えてみました!!　そこで目をつけたのは、高橋の「高・タカ」です。葛木・葛城氏、「高」い木である桂の木、高皇産霊神の「高」、クシナダヒメ、五十猛命（大屋彦命）、年の神、八上姫は古志（高志）の国と関係ありそうです。二、三世紀頃の地図を見ますと、当時、古志の国の日本海を挟んだ西側、北朝鮮のあたりには高句麗、夫余とか東沃沮《とうよくそ》という国が勢力を伸ばしていました。それらの国々は同系のようです。狛犬のコマは「高麗・貊（狛）」ですから、古志（新潟）の国の人たちはここからやってきた人たちではないでしょうか。

高句麗国の建国神話と日本人

ウィキペディア「高句麗」によりますと、おおよそ次のような話です。夫余《ふよ》王の金蛙《きんあ》が、あるとき大白山（白頭山）の優渤水にて、河神の娘の柳花に出会い話しかけると、次のようなことを言ったようです。天上の最高神である天帝の子と称する解慕漱《かいぼそう》と愛し合ったが、解慕漱はいなくなってしまいました。父母は媒酌人もなく結婚したことを責めて、柳花を幽閉したそうです。その話を聞いた金蛙はその話を不思議に思って、閉じ込めると、日光が彼女を照らして身ごもりました。その後、大きな卵を産んで、やがて男の子が生まれました。それが朱蒙《しゅもう》という高句麗を建てたという王になります。その男の子は幼少より卓越した才能を見せ、夫余の王子たちの誰よりも勝っていたため、夫余の王子たちは朱蒙の暗殺を試みますが、母、柳花の助言によって朱蒙は国外へ脱出し命拾いします。それから、卒本川に至って建国したということです。他の話では、朱蒙が卒本夫余に来た時、朱蒙の才能を買い、王女と結婚させ、王となりました。

国名を高句麗としたことで、「高」を氏名にしたと、書いてありました。ここに出てきました「高」氏、これが高橋や竹野の「タカ」の大元でしょう。高句麗出身だったから、「高」という字を使ったのだと解釈できます。この時代は大陸との関係上、日本の王族は高句麗出身にしておいたほうが、都合がよかったのだと思います。

ウィキペディアで「夫余」を見てみますと、やはり建国神話があるようです。先ほどの夫余王の金蛙の前の王の話です。

解夫婁王《かいふるおう》は子がなく、求めていると、ある日、池のところで王の乗っていた馬が岩を見て立ち止まり、涙を流したそうです。それを不思議に思って、その岩を動かしてみると、そこには金色の蛙の姿をした子供がおり、その子を嗣子《しし》にし、名前を金蛙《きんあ》と名付けました。その後、宰相に神が降りてきて「吾が子孫がいずれ国を作るだろう。この地から離れなさい。東海に迦葉原《かしょうげん》という地がある。そこは五穀が良く実る。ここに都を遷すと良いだろう」といったことを、解夫婁王に進言し、王は都を遷都し国名を東扶余としたようです。その後、天帝の子を自称する解慕漱《かいぼそう》（ヘモス）がどこからか現れて、都を開いて夫余王となりました。

更にウィキペディアによれば、《これは夫餘系の建国神話に多い「国譲り神話」の類型であり、解慕漱も解夫婁も、もとは太陽を神格化した太陽神であり、歴史事実や歴史上の実在の人物とは考えられていない》とありました。なるほど、出雲の国譲りは、高句麗譲りの話だったのでした。それに、高句麗は太陽神信仰なのですねぇ～。

どこまで信じてよいかわかりませんが、これはまさしく日本そのもののようです。きっと、当時、多くの人が大陸から新潟の古志地方へやってきたのでしょう。もしくは、高句麗の王家の一部が年の神ファミリーだったのかもしれません。

八岐大蛇について

さらに、なんと、「オロチ」という民族を見つけました！　ウィキペディア「オロチ（民族）」によれば、ロシアのウラジオストクよりも、もっと北の地方、ちょうど北海道宗谷岬の日本海を挟んだ対岸のあたりで活躍していた民族のようです。《ロシア人はアムールの原住民をオロチと呼んできた》とあります。東北地方では極東ロシアから渡ってきた民族がいたのでしょうねぇ。それが八岐大蛇《やまたのおろち》の正体かもしれません。

二〇一九年五月二七日の毎日新聞に『北方領土・国後島で大規模な竪穴住居を発見「続縄文時代、極めて貴重」』とありました。大昔から、北方領土や北海道、東北地方にはオロチ族や、アイヌ族などのツングース系民族が大勢住んでいたのだと思います。そういえば、「筑前国風土記逸文」怡土《いと》郡には、《高麗の国の意呂山《おろやま》に天から降ってきた日桙《ひぼこ》の末裔である五十跡手》という者が出てきました。アマノヒボコも本当は新羅ではなくて、オロチ族の出身かもしれませんよ。だって、新羅国ができたのって、もっと、時代が下がった五、六世紀頃の話だったと思います。

では、当時、出雲はオロチ族の支配下にあったのでしょうか。スサノオは木の実で強い酒を醸し（木の実の季節ですから秋頃のようです）、オロチを招待して、酔わせて眠ったところを襲い、殺してしまいます。『古事記』によればオロチは高志国（新潟県）からやってきているようです。『日本書紀』には八岐大蛇の様相に《松や栢《かや》のような常緑樹の大木が背に生え、八つの丘、八つの谷の間にはいわたるという大きさである》とあります。高麗の国の意呂山《おろやま》の描写でしょうか。「栢《かや》の木」を調べてみれば、北限が群馬県、福島県あたりだそうで、東北地方あたりが日本では北限になりそうです。『古事記』ではそれが「日影蔓と檜・杉」になります。檜の北限はやはり福島県あたりですから、新潟県でも新潟市あたりに住んでいた一族なのでしょう。

天上界を追われたスサノオが出雲国の肥河の上流に降ったとき、上流から「箸」が流れてきたことにより、脚摩乳《あしなづち》、手摩乳《てなづち》老夫婦に出会います。彼らには八人の娘がいたそうですが、八岐大蛇らは毎年、娘たち（クシナダヒメの姉ら）を拉致しました。この話は斐伊川の氾濫を防ぐための生贄ではないか？　とも言われていますが、私から見ると、単なる生贄ではないように感じます。記紀において、儀式的なことは、年の神／饒速日大神が亡くなってから出てきます。特に、神武天皇、崇神天皇以降でそれは顕著です。彼らにとって、年の神が「初代の神」なのだと思います。ですから、それ以前に神に生贄を捧げるなどという概念はなかったのではないでしょうか。単純に考えて、極東ロシアからやってきて、新潟に住んでいたオロチ一族に女性が極端に少なくて、一族が絶滅しそうだったから、健康そうな娘をさらっていたか。それならば、何も老夫婦の娘でなくてもよさそうですし、時期も関係なさそうです。もしくは人質としてさらっていったか。しかし、何のために？

アシナヅチ、テナヅチ老夫婦ですが、『日本書紀』によれば、意外にも妻のテナヅチに名前があり、「稲田宮主簀狭之八箇耳《いなだみやぬしすさのやつみみ》」と言います。「すさの……」はスサノオに通じそうです。クシナダヒメの本名は「真髪触奇稲田媛《まかみふるくしなだひめ》」だそうです。ここに「触《フル》」という字があります。先ほども出てきましたが、「夫余」の解夫婁《かいふる》王にも「フル」がついています。『先代旧事本紀』では「フル・フツ」は饒速日大神のことを指しますから、「フル・フツ」はクシナダヒメの名前由来だと言えます。そのことからも、年の神／饒速日大神は間違いなくクシナダヒメの御子でしょう。

蒲池明弘氏の著書に「魏志倭人伝」を収める『三国志』の「韓伝」に朝鮮半島とその周辺の鉱物資源のことが書かれています。その中に弁辰では鉄を産し、倭の人たちもこれを求めているとあり、そのほか、夫《ふ》（扶）余《よ》国の「赤玉」「美珠」、濊《わい》国の「珠玉」が挙げられているようです。

「赤玉」「美珠」とは「朱」のことではないでしょうか。夫余王の金蛙の話で「朱蒙」という高句麗国を建国した王が出てきましたが、朱蒙の「朱」も水銀の「朱」を指しているように思われます。高句麗も朱を産出する国なのかもしれません。朱にこだわるところは日本と同じではないですか。高句麗国出身（？）のアメノヒボコも日本の朱にこだわったかもしれません。もしかしたら、アシナヅチの妻のほうはフルつながりで、高句麗の王族に関係した高貴な家柄ではないかと思われます。そうなれば、脚《アシ》摩乳《ナヅチ》、手摩乳《テナヅチ》老夫婦は、本当は養父母で、高句麗国の王家のお姫様を養っていた家柄なのかもしれません。お名前に「乳」という字がありますから。クシナダヒメは高句麗国の王族のお姫様でしょう。

かずの数え方は高句麗由来？

スサノオがオロチを断ったとする剣は、『日本書紀』によればオロチ族が持っていた「韓鋤《からさい》の剣」のようなのです。このとき、スサノオは剣を持っていなかったのかもしれません。その剣にてオロチ族の頭や腹を斬りつけ、尾を斬ると、そこから剣が出てきます。そのことから、彼らが製鉄技術を持っていたことがわかります。

オロチ族は、アイヌや満州あたりの民族との関係が見られ五部族に分かれるようですが、その中に沿海《ハジ》という部族があるようです。これは、海岸線の端だからハジなのかもしれませんが、大物主が恥をかかせられて亡くなった倭迹迹日百襲姫命の箸墓古墳の「はし」とか、スサノオが出雲国の肥河の上流に降ったとき、上流から「箸」が流れてきたことにより、箸はクシナダヒメとも関わりがありそうです。箸墓古墳には「大市墓《おおいちのはか》」と書かれていますから、年の神のお母さんである「神大市比売」＝クシナダヒメが眠っているのかもしれません。ともあれ、「ハシ・ハジ」はオロチ族と関係があるように感じます。

この推測から、日本語の起源を調べてみました。村山七郎氏の論文『日本語および高句麗語の数詞—日本語系統問題に寄せて』（国立国語研究所、『国語学』四八巻一号、一九六二年）には、それ以前に発表された新村出氏の『国語及び朝鮮語の数詞について』（東方言語史叢考、東京一九二七年）の中にて、高句麗語の地名に用いられていた「三」「五」「七」「十」の読み方が、日本語の「三《み》つ」「五《いつ》つ」「七《なな》つ」「十《とう》」に酷似していることが挙げられていました。

高句麗は滅亡してしまい、その資料も少ないことから、調べるのは困難なことだったと思いますが、その後、村山氏は古代の日本語と高句麗語の共通語をいくつか報告しています。その中に「海」を示す言葉に「波旦」（patan）が出てきました！　古代日本語ではこれをwata（ワタ）、と読みます。ワタツミは古い日本語では海に関係している神です。そこから考えると、「波旦」がひっくり返って「旦波」となったとか、解釈して、旦波＝丹波＝ワタ。もしくは、海神《ワタツミ》がひっくり返ってヤマツミになったとか、ワタツミがワタシになったとかも考えられます。そう考えると、彦火火出見が訪れた竜宮とか常世とかと呼ぶ海神の宮は、やはり丹波（丹後）だったかもしれません。

さらに、上田正昭氏の『渡来の古代史』には秦氏の「ハタ」について、海を渡ってきたという意味で「ハタ」というとか、古代朝鮮語では「ハタ」の意味が「多」「大」という意味だとか、新羅の古い地名に「波旦」があり、そこから来たのではないか説などがありましたが、このことから秦氏は高句麗出身の可能性を秘めています。

「山＝高」として、高句麗語では達（ta・タ〜tat・タツ）、日本語としてtaka・タケ、taka・タカだそうです。ワタツミと同じように考えれば、ヤマツミ（山祇）も高句麗出身者で古志に住んでいるタケ、もしくはタカの神と言えそうです。古代の神々の名前の「建・武」（たけ）は山に関係している職業を持った神なのかもしれません。そのように考えると、オオヤマツミは、五十《い》猛《たける》＝高木神の系列の神だとも言えそうです。

「谷」を高句麗語では「旦」としています。「丹後国風土記」の中で、「旦波」の意味は、豊宇気大神がいざなご獄に下られたときに、天道日女命が大神に五穀および桑蚕等の種を求められ、この獄に眞名井を掘り、その水をそそいで田畑を作り、種を植えられました。秋には八握りもある穂がたれて、豊宇気大神はこれを見て大変歓喜され、立派に実った良い田庭《たにわ》であると詔《みことのり》され、また再び高天原に登られました。《故に、この丹波、旦波、但波の字は皆「たにわ」の訓である》とされていますが、高句麗語で

「旦」は「谷」の意味だったとすれば、水田の風景を「波」と考えたのでしょうね。「心」は高句麗語では「居尸」kəl と言うそうで、日本語ですと kökörö です。「心」は高句麗語起源だったようです。

高句麗語は朝鮮語（新羅系朝鮮語）とは違った言語だそうで、朝鮮語に新羅的要素と高句麗的要素があるようです。ほかにも高句麗語は、オロチ族などのツングース語との類似も見られるようですが、モンゴル語、トルコ語とも共通の言葉があるようです。もともとはトルコの方面から来た民族なのでしょう。日本語を調べている方の中に、日本語にもトルコ系の語が混じっているとする方がいましたが、高句麗語に混じっているとすれば納得いくことなのかもしれません。高句麗語というのは夫余語の一種だともあります。

ともあれ、数え方が「三《みっ》つ」「五《いつ》つ」「七《なな》つ」「十《とう》」と同じであれば、その間の数字も、高句麗語と同じであることは想像に難くないと思います。日本語は世界でもまれにみる独特な言語のようですが、皇祖神が高句麗の王家ならば、「ひとつ、ふたつ、みっつ、よっつ、いつつ、むっつ、ななつ、やっつ、ここのつ、とう」がおまじないの言葉になっていても不思議はないでしょう。

日本の八岐大蛇が造った国か？「渤海国」

高句麗国が滅亡（六六八年）したのち、中国東北部から朝鮮半島北部、現ロシアの沿海地方にかけて興った国が「渤海《ぼっかい》」という国です。ウィキペディアで調べてみましたら、意外なことがわかりました。渤海の興りは、本来、高麗に付い（服従し）ていた粟末靺鞨《ぞくまつまっかつ》の者で、姓は大《だい》氏の「大祚栄《だいそえい》」が国を興したようです。渤海が高句麗の復興を目指して、唐からの独立戦争および建国後の中心的役割を果たしたのは靺鞨《まっかつ》人と高句麗人のようなのですが、この靺鞨《まっかつ》というのは、中国の隋唐時代に中国東北部、沿海《ハジ》州に存在した農耕漁労民族とあります。ロシア連邦の沿海州（現沿海地方）、北朝鮮の北部にまたがる広い範囲を領有して栄えた満州ツングース系の民族がつくった国が渤海国のようです（六九八年～九二六年）。

靺鞨人が活躍していた場所を地図で見ると、極東ロシアのオロチ族らが住んでいた場所のようなのです。先ほど出てきた沿海《ハジ》族のことでしょう。ここで、大《だい》氏が出てきましたが、日本ではオオ氏のことでしょうか。大彦命のオオ氏です。高句麗国の復興に日本のオオ氏が関与していたとは、考えられないでしょうか。四五代聖武天皇の御代（七二七年）には、初めて渤海使《ぼっかいし》が日本を訪れ、その後、滅亡する九二六年までの間に三四回の訪問記録が残っているようです。日本との交流の度合いを見ても、かなり、密接な関係があったように思われます。

こうなると、ますます八岐大蛇というのは夫余国（高句麗国）国王一族に従属していた種族だったと言えそうです。

ここで、八岐大蛇の考え方を変えてみました。クシナダヒメの乳母であったテナヅチ、アシナヅチから、成長した王家の姫であるクシナダヒメを古志の国へお連れする役目を担っていたのだと解釈するのはどうでしょう。朝鮮半島出身のスサノオが、夫余国（高句麗国）の姫を奪ったのではないでしょうか。

靺鞨族の意外な風習

ウィキペディアによれば、「靺鞨族《まっかつ》」という民族は《猪《ブタ》を多く飼っており、食物は主にその猪を食す。また米を噛んで製造する酒、いわゆる「口噛み酒」を造って飲む》とありました。この民族は稲作を行っていたのですね。みお酒を醸す民族でした。《猪を多く飼っており》で思い出しました。『先代旧事本紀』では、神産霊神の系列神、「生魂の命」は猪使部《いつかいべ》の伴造の家系でした。三代安寧天皇の御子の「磯城津彦の命」が猪使の連たちの先祖、新田部たちの先祖とありますから、古代の日本人は靺鞨族と同じように猪を家畜としていたようです。そして《靺鞨族、最大の特徴は「人尿で手や顔を洗う」という風習も受け継いでおり、中国の史書では「諸夷で最も不潔」と評される》とあったので、ゲッ!!　と思ったのです。この風習は靺鞨族だけでなく、その前身の挹婁《うゆろう》、ツングース族にも見られるようです。

さらに彼らは、寒さ対策のため、地上ではなく地面に縦穴を深く掘り、そこで暮らしていたようです。まさに「土蜘蛛」と言われていた種族なのかもしれません。もしかしたら、彼らが日本の朱を掘っていたのではないでしょうか。

《彼らの使用する毒矢は殺傷能力に優れており、命中すれば必ず死に至り、毒薬の製造過程で発生する湯気でも死に至るという》という記述を見つけ、この民族は相当化学や毒性学に精通している民族と思いました。神武天皇東征のとき、流れ矢に当たった彦五瀬命もこれで命を落としたと考えられます。殺傷能力の優れた毒矢ということは、獲物を毒で汚染させないための技術も持っていたと言えそうです。でなければ、それを食した者も毒にやられてしまいますから。扱う以上は解毒する方法も知っていたでしょう。

ならば「人尿で手や顔を洗う」は何か意味がありそうだと考えてみました。尿は排泄物ですから、汚いと思われがちなのですが、実は細菌はなく、一番清潔なものと言えるかもしれません。それに、昔は洗剤の代わりに尿を使っていたようです。でも、アンモニアじゃないですか。それで顔を洗うと、相当目が痛いように思ったのですよ。でも、ウィキペディアで調べてみましたら、極東ロシアに住む挹婁人は冬には豚の油を体に塗って寒さを防いでいたようなのです。それを落とすためにアルカリ性のアンモニアを石鹸代わりに用いたのでしょう。現代でも肌の保湿や軟化に使われている尿素系のハンドクリームが冬になると大活躍することから、当時も肌の保湿を担っていたかもしれません。

尿は、体外へ出されると、微生物の作用でアンモニアに変化するそうです。水酸化アンモニウム（アンモニア水溶液）の沸点を調べてみましたら、濃度二五パーセントのときに三七・七度でした。彼らの住んでいる地域は極東ロシアですから、気温も相当低いと思われます。細菌が作用しなければアンモニアはできませんから、私たちが考えるほど、アンモニアの揮発はなかったのかもしれません。といっても、あの臭いはきついよなぁ。

アンモニアそのものは毒性も強く、笑気ガスなどの製造にも使われます。近代では、肥料、合成繊維、合成樹脂、染料、フロンガスが発見される前には冷媒剤と、化学工業の重要な原料となっているので、ここに着目した靺鞨族はただ者ではないと考えました。アンモニアは空気中では引火しませんが、空気中のアンモニア含有量が一六・二五パーセントのとき、六五一度で発火し、爆発性ガスができるようなのです。もし、この種族がたたら製鉄を行うのであれば、この気体をふいごで送り込めば、うまく燃焼することになりそうです。死を忌み嫌わないで、むしろ好み、炉の周囲の柱に死骸を下げて、鉄の収量をあげたとする金屋子《かなやご》神《かみ》神話も死骸が腐乱したアンモニア性のガスの利用かもしれません。

実は、アンモニアは黒色火薬の原料なのです。火薬の発見は中国の四大発明の一つにもなっています。七世紀の唐の時代にはすでに知られていたようですから、それ以前に「爆発」という現象は彼らによって見つけ出されていたかもしれません。昔の日本は汲み取り式のトイレでしたから、その下の土が亜硝酸菌、硝酸菌の働きで「硝石」という火薬の原料になっていました。臭いもさることながら、発火力にも優れ、そこから作られる硝石は、木炭と硫黄で黒色火薬の原料になるばかりか、生薬にも使われていました。オロチ族が日本へ来ていたということは、靺鞨族、挹婁族も来ていると思われます。でも「人尿で手や顔を洗う」という風習は、日本では聞いたことがありません。日本では気温が高く豚脂を塗る必要がなくなったか、気温の高い日本では微生物の代謝が活性化し、アンモニアが大量発生することで有効性よりも毒性のほうが激しかったのでしょう。

そういった風習がなくなる代わり、それらは集められ、発酵させて、肥やし（尿素肥料）として作物にまかれたと考えると、汚物から食物を提供するオオゲツヒメの意味も理解できそうです。中国の史書で「最も不潔」とされている種族が、養蚕をはじめ、酒造り、農耕（五穀・麻布）、養豚、養犬、漁労、毛皮などの技術を持っていたのでした。それが、保食《うけもち》の神や、オオゲツヒメ、豊受大神の正体なのだと思います。

そういえば、丹後半島に伊根《いね》という地名があります。稲は朝鮮半島からではなく、高句麗から日本へやってきたのかもしれません。彼らの神（科学技術）を一番、恐れていたのは、もしかしたら中国だったかもしれませんねぇ。

豊受大神が伊勢神宮の外宮に鎮座したわけ

話は変わりますが、豊受大神は、二一代雄略天皇により、雄略二二年（四七八年）に丹波国、元伊勢籠神社から伊勢の外宮に勧請されました。その時期の朝鮮半島情勢を見てみますと、朝鮮半島を南下してきた高句麗によって百済が滅ぼされたことから、豊受大神が伊勢に遷される一年前の四七七年に雄略天皇によって百済が復興されています。百済国は、もともと日本とは関係の深い国のようです。『日本書紀』の雄略天皇二十年に、高句麗王の言葉で《百済国が日本国の官家《みやけ》とし、由来が深いと聞いている。またその王が、日本国へ行って天皇に仕えていることは、四隣の国々がみな知っているところである》とあります。またスサノオが熊成《くまなり》（熊津）というところへ行っていますが、一説には、島根県松江市熊野大社の熊野山などとしていますが、同じ名前の土地が朝鮮半島の百済国の場所にあります（このときはまだ、熊成（熊津）の場所は新羅ではありませんでした）。朝鮮半島と縁の深いスサノオですから、百済国の前に興った馬韓・弁辰と縁がありそうです。製鉄との関連も考慮すると、鉄の輸入元を確保するための百済国復興かと思います。『日本書紀』によれば、当時、百済国にいた少数の残兵が、兵粮がすでになくなって、深く憂い泣いていたとありました。百済国の復興と共に、丹後の籠神社から豊受大神を伊勢に招いたのは、伊勢産の朱と丹後産の朱を資金源としたためかもしれません。伊勢神宮のホームページには《天照大御神のお食事を司る御饌都神《みけつかみ》として丹波国から現在の地にお迎えされました》とあります。日本国民と同じ、天照大神の国民であった百済国民の食事のために、豊受大神を伊勢に遷されたのでしょう。その後、百済国は勢いをつけてきます。

国際情勢によってすり替えられた皇祖神

しかし、時が経ち、六六〇年には新羅・唐軍によって再び百済が滅ぼされ、白村江《はくそんこう》の戦いで倭軍も敗れてしまいます。この頃から、鉄の輸入も困難になってきたのだと思います。都を近江へ遷し、自前の製鉄工場が稼働し始める時期と重なってきそうです（後ほどいろいろわかってきます）。新羅の勢いがいよいよ強くなり、七世紀中頃の地図を見ると、高句麗がなくなって新羅になってしまいます。高句麗滅亡が六六八年、その後、新羅が朝鮮半島を統一します。その二二年後、伊勢神宮では持統天皇により第一回の式年遷宮（六九〇年）が行われていますので、その二〇年前の六七〇年頃までには、大和の水銀鉱山が枯渇し、伊勢の鉱山が本格的に稼行しはじめたと解釈すれば、その当時から伊勢神宮はあったと解釈してもよさそうです。六七二年には四〇代天武天皇が壬申の乱の勝利祈願を行っています。高句麗滅亡後、中国、朝鮮半島は唐の影響力が強くなり、日本にも支配の手が伸びてきたのではないでしょうか。

四一代持統天皇による初めての式年遷宮のとき、伊勢神宮のご祭神である八咫鏡（年の神）、皇祖神（天香語山命）から、「大日孁貴尊」という新羅系の架空の巫女を入れ、本当の皇祖神とすり替え、天武天皇によってつくり出された朱の神「天照大神」を祀ったのではないでしょうか。朝鮮半島情勢からでしょうか、伊勢神宮には高句麗由来の狛犬がありません。しめ縄もありませんから、狛犬同様、しめ縄も高句麗由来なのだと思います。それで古墳時代は終わりとし、高句麗から唐へと日本の勢力が移り変わってきたと想像できます。

今まで、高句麗国と関係の深かったイザナギとイザナミ、スサノオ、五十猛（大屋彦）、年の神（饒速日大神）、天香語山命、天村雲命、オシホミミ（天忍人命、天忍男命）、ニニギノミコト、ウガヤフキアエズノミコト、神武天皇は伏せて、『古事記』『日本書記』の編纂が行われたのではないでしょうか。日本の国王である天皇家の系譜を、架空の新羅系のアマテラス一族、豊受大神、事代主神の系譜へとつくりかえ、同時期に外宮も新羅起源の女神（豊宇賀能売命）を導入し、大々的に祀られたのだと思われます。外宮先行は、まずは「新羅の神様からご参拝」ということなのか、天香語山命の父である年の神／饒速日大神を先に……ということなのか。そういった背景が『古事記』や『日本書紀』の神話になっているのではないでしょうか。すべては、朝鮮半島情勢に連動して、天皇家の過去、日本人のしきたりを変えていったのではないかと思われますが、いかがでしょうか。

これは、日本という国のアイデンティティを守るため、天皇家を守るために行ったことだと思います。その結果、内宮を祀っていた中臣氏に百済系の藤原氏を迎え、その後は、藤原氏によって天皇家が守られていったと思われます。

ご祭神の〝大和系変化〟

その後の人々は、そういった国際情勢でご祭神を変えたことなど知らないで参拝していることと思います。朱・辰砂などの鉱物資源を掘りつくし枯渇したあと、神社の神の名前を変え、「丹」という字に似ている「舟」（例：貴船神社など）をあてがうなどして、知らず知らずに別の神として祀ったのでしょう。朱の神であるニウズヒメが、その後は、農業に欠かせない水の神の罔象女《みずはのめ》に変わり、闇龗《くらおかみ》となるなど、このことを『古代の朱』の著者である松田氏は〝大和系変化〟と呼んでいます。

年の神をお稲荷さんとして祀ったのも、その一環でしょう。朱と関係が深いとされる十一面観音ですが、崇神天皇以前の水銀開発・製鉄事業に従事した一一柱の神々を、藤原不比等が十一面観音として祀ったのではないでしょうか。高野山真言宗（空海）が忘れ去られた神々を仏教に取り入れて本地垂迹としたのも、自分たちの先祖を守るためにそうしたのだとも解釈できそうです。物部氏出身の空海が密教を興したのは、その本尊を私たちの遠い先祖神とし、空海の先祖たちとダブらせたのではないでしょうか。結局、神社に祀られている本来の「神」というのは、私たちの先祖神なのです。その子孫でなければ、神々は祀れないのです。日本における宗教というのは、もともとは、ご先祖さまを祀る心・気持ちなのだと思います。

近代には水銀公害である水俣病によって、毒性が強く言われるようになり、太古の昔に興った日本の朱産業（水銀鉱山）のことは語られなくなって忘れ去られてしまいました。日本という国を統一した（皇《すべ》った）一一柱の天皇のことは、日本人から完全に忘れ去られたのではなく、別の神として、私たちは今でも崇めているのです。でも、その神々の働きについては語られなくなってしまいました。

天皇家にまつわる三種の神器「勾玉」「鏡」「剣」は、それぞれ年の神、天香語山命、天村雲命に相当し、日本統一を果たした業績と、石器から鉄器へと時代の大きな流れをつくった業績とを指しているのだと思われます。日本が朱の産地であったことが、それを開発した年の神たち親子が太陽神へとつながり、高句麗時代から崇めていた太陽信仰を受け継いでいったのではないでしょうか。結果的に天皇家に新羅系の天照大神というベールをかぶせ、日本国の存続につながったとも考えられました。これからは、ロシアや中国、朝鮮半島と仲良くしていかなくてはなりません。私たちの先祖である本当の太陽神を見直す時期なのだと思います。

アナウンス３

♪ピンポンポンポ～ン♪

「ご乗車の皆さまにお知らせいたします。先ほど、おとめ座銀河団、巨大楕円銀河M87の重力圏内に入りました。これより、中心部にありますブラックホールを目指し走行してまいります。ブラックホールの重力を利用した、次元スパイラル・スウィングバイ加速鉛直走行により、一気に次元の上昇を目指してまいります。走行中、さまざまな時代や場面が折りたたまれて出現し、お客様を迷走の世界へと促す時空のねじれが生じてまいります。ここで惑わされ、御霊をお放しになるお客さまが大変多くなります。一度、お放しになりますと回収が難しくなりますため、お客様の御霊の次元をここでロックさせていただきます。なお、時空のねじれにより御気分の悪くなりましたお客様、列車中央部に次元のロックがされておりますリフレッシュ車両を設けております。どうぞご利用ください。なおご利用時間は只今より、水平次元走行に入るまでとさせていただきます。

　一号車の御霊次元、ロック完了。二号車の御霊次元、ロック完了、三号車の御霊次元、ロック完了、四号車の……二二号車のロック完了。各車窓、ドア、連結部の次元ロック・シールドよ〜し！」

二二、太安万侶の多次元パズルとご祭神の秘密

年の神の孫神たちと祭祀

「年の神の御子たち」のところで、「羽山戸《はやまと》の神」（山麓の神）という神が出てきましたが、『古事記』と『先代旧事本紀』には羽山戸の神には御子神がおります。「大気都《おおげつ》姫《ひめ》の神」（食物を掌る女神）を妻として御子が八柱。『先代旧事本紀』によれば以下のような神です。

《和山咋《わかやまくい》の神（春山の神）、若年《わかとし》の神（出たばかりの稲穂の神）、妹の若沙那姫《わかさなひめ》の神（田植えの時期の早苗の女神）、弥豆麻岐《みづおき》の神（農業用水の神）、夏高津日《なつたかつひ》の神（空高く照夏の日の神）、またの名は夏の女《め》の神、秋比女《あきひめ》の神（秋の収穫を掌る神）、冬年《ふゆとし》の神、久久紀若室葛根《くくきわかむろつなね》の神（新嘗祭りのための新室の神）》

一見、これが何を指しているのか想像できなかったのですが、「新嘗祭」と出てくるので、神社で行われる祭祀かな？　とも思われました。朱・辰砂が枯渇し、製鉄業も下火になってくると、今までの神々は忘れ去られ、年の神の御子である羽山戸の神

は、たたら製鉄の神から農業の神へと移り変わり、稲作に関する神社の行事が始まったのだと思いました。

しかし、これは開化天皇の孫たちだ！　と気がついたのです。羽山戸の神は九代開化天皇（天香語山命）のことだと思います。『古事記』を見ますと、開化天皇が丸迩《わに》臣《おみ》の祖先の日子国意祁都命《ひこくにおけつのみこと》の妹の意祁都比売命《おけつひめのみこと》（←大気都姫の神と同神と思われます）と結婚する話が出てきます。つまり、天香語山命である大彦命は農業の神であり、新嘗祭など各神社行事を産みだした神のようです。天香語山命／開化天皇とオオゲツヒメの御子は「日子坐王《ひこいますのみこ》」お一人。さらに、違う名前で、同じ神である《近江の御神の神職がお祭する天之御影神《あめのみかげのかみ》の娘、息長《おきなが》の水依比売《みずよりひめ》》と日子坐王が、同じ母と結婚しています（図10－２参照）。

生んだ子は、丹波の比古多多須美知能宇斯王《ひこたたすみちのうしのみこ》、水之穂真若王《みずのほのまわかのみこ》、神大根王《かんおおねのみこ》、別名八《や》爪入日子王《つめいりひこのみこ》、水穂五百依比売《みずほのいほよりひめ》、御井都比売《みいつひめ》、の五人。

《また、母の妹の意祁都比売命《おけつひめのみこと》と結婚して》とありますが、系譜に妹はおりませんので、同じ母のオオゲツヒメだと思われます。生んだ子は山城の大箇木《おおつき》の真若王《まわかみこ》、比古《ひこ》意須王《おすのみこ》、伊理泥王《いりねのみこ》の三人で、日子坐王とオオゲツヒメが生んだ子は計八人です。

ここの文面から、「丸迩臣の祖先の日子国意祁都命＝近江の御神の神職がお祭する天之御影神」だとわかりますが、『日本書紀』では違う名前になります。《和珥臣《わにおみ》の遠祖の姥津《ははつ》命の妹姥津《ははつ》媛は彦坐王《ひこいますのおう》を生んだ》から推測すると、「丸迩臣の祖先の日子国意祁都命＝和珥臣の遠祖の姥津命」であることがわかります。日子国意祁都命、姥津命、天之御影神（←この神は天戸目命《あまとめのみこと》＝ニニギと思われますが、ここではその子神とされています）の三柱は同一神で、調べていくと、尾張氏の系譜に出てきます「天戸目命」（ニニギ）の御子である「建斗米命《たけとめのみこと》」に相当し、その妹が「息長の水依比売」になります。その御子に丹波道主の「比古多多須美知能宇斯王」が生まれ、その子孫が息長帯比売《おきながたらしひめ》（神功皇后）になります。ですから、天香語山命は自分の大曾孫娘と結婚したようです。

そして、羽山戸の神の中に久久紀若室葛根の神（新嘗祭のための新室の神）がおります。新嘗祭が開化天皇（天香語山命／大彦命）と関係がありそうです。『日本書紀』には、開化天皇として即位した日付が《冬一一月辛未《かのとのひつじ》の朔壬午《みずのえうま》（一二日）》とあります。先に話しました鎮魂祭ですが、かつては旧暦一一月の二度目の「寅」の日（太陽暦導入後は一一月二二日頃）に行われていた儀式で、太陽の活力が最も弱まる冬至の時期に合わせた儀式でした。新嘗祭、大嘗祭が次の日「卯」の日です。ここで、開化天皇の即位日が一一月一二日（午）とすると、鎮魂祭は寅の日ですから、八日（※10）後の「二〇日」となり、新嘗祭、大嘗祭は次の日の「二一日」の卯の日になります。ということは、鎮魂祭と新嘗祭（大嘗祭）は神武天皇が事始めではなく、九代開化天皇（天香語山命）が初めに行った行事と言えそうです。

さらに、「秋比女《あきひめ》の神」（秋の収穫を掌る神）については、宮中と伊勢神宮（内宮・外宮）の最も重要なお祭とされる「神嘗祭《かんなめさい》」に相当しそうです。こちらの儀式はウィキペディアによれば、《その年の初穂を天照大御神に奉納する儀式が行われる。かつては九月一一日（旧暦）に勅使に御酒と神饌を授け、九月一七日（旧暦）に奉納した》とありますが、新暦ではまだ稲の生育が不十分ということで、現在では一〇月一七日に行われているそうです。

八代孝元天皇（年の神／饒速日大神）の崩御は、『日本書紀』によれば《秋九月壬申《みずのえさる》の朔、癸酉《みずのととり》（二日）》とあります（もちろん旧暦）。八日後が九月一一日の神嘗祭の日となります。この日が〝年の神の命日〟になりそうですね。

『日本書紀』では、開化天皇（天香語山命）の崩御は《夏四月丙辰《ひのえたつ》の朔甲子《きのえね》（九日）》で、葬り祭ったのが、《冬十月癸丑《みずのとのうし》の朔乙卯《きのとのう》（三日）》とあります。彌彦神社では四月一日と一一月一日に鎮魂祭が行われているようです。

※10　八日《ようか》という日にちは「事始め、事納め」という意味合いがあるようです。

節分の豆まきと神在祭

ところで、年の神／饒速日大神を葬り祭った「春二月丁未《ひのとのひつじ》の朔壬子《みずのえね》（六日）」

が気になりました。現代の節分の豆まきと関係があるのではないか？　と思い、調べてみました。

節分につきましては、ウィキペディアによれば、もともと中国から伝わった「追《つい》儺《な》」という行事が日本に定着し、現在の節分の元となったようです。日本では七〇六年からこの追儺が始まり、『続日本書紀』に《この年（慶雲三年一二月）に疫病が蔓延し、百姓が多く死んだため、土牛をつくって大儺（厄払い）が行われた》とあるようです。儺＝難でしょう。節分祭は宮中行事のようです。「土牛」が厄の元凶（？）のようなのですが、よくわかりませんでした。豆をまく理由としては「穀物には生命力と魔除けの呪力が備わっている」という信仰、または「魔目（豆・まめ）」を鬼の目に投げつけて鬼を滅する「魔滅」という語呂合わせから、《鬼に豆をぶつけることにより、邪気を追い払い、一年の無病息災を願うという意味合いがある》ようです。炒った豆をぶつける理由までは書いてありませんでした。牛は鬼から連想させたのでしょうか。

土と牛で思い起こすのは「土用の丑」の日です。陰陽五行（木火土金水）と十二支が組み合わされたものですが、十二支を五行に対応させると、こうなります。

『亥・子＝水、**丑＝土**、寅・卯＝木、**辰＝土**、巳・午＝火、**未＝土**、申・酉＝金、**戌＝土**』と、「土」が四つあります。五行を四季と方位に置き換えると、『水（亥・

子）＝冬／北、木（寅・卯）＝春／東、火（巳・午）＝夏／南、金（申・酉）＝西／秋』になります。「土」はそれぞれ、季節と季節の間、立春前／北東、立夏前／南東、立秋前／南西、立冬前／北西となります。

地球の公転と結びつけますと、「土」に相当する季節の変わり目（「土用」というようです）は一七～一九日間あるようです。夏の土用の間（平均して一八日間）に巡ってくる丑の日に、私たちはウナギを食べるのです。さらに、そこに十干という甲乙丙丁戊……というのが関わってきます。ただ字面を追っていると、五行も十干十二支も私たちには大混乱の種にしかなりませんが、古代人はカレンダーや時計を地球の公転や自転と結びつけて立体的に見ていました。

本来節分は旧暦の年末（一二月末）に行われる行事のようですが、今は二月三日に行われています。各神社の様子を調べてみると、伊勢神宮では煎り豆をまく節分祭がありません。宮内庁の主要祭儀一覧には、ありません。今は行っていないようです。出雲大社には、ありました。彌彦神社は……へ？　エッエーーッ！　ホームページを見ますと、驚くべきことに、《伊夜日子大神様は第六代孝安天皇元年（西暦紀元前三九二年）二月二日に越の国開拓の神業を終えられ神去り坐したと伝えられることにより、二月二日の例祭を中心に四日間、神幸神事を斎行します》とありました！　二月一日から四日まで行われるそうです。こりゃあ、節分祭どころではありませんねぇ～。

それに伊夜日子である九代開化天皇崩御のあと、六代孝安天皇が即位したようですよ。欠史八代の即位した順番は、私が考えたとおりでした。《春二月丁未《ひのとのひつじ》の朔壬子《みずのえね》（六日）》は年の神／饒速日大神を葬り祭ったのではなく、天香語山命（開化天皇／大彦命）が崩御された日？　かもしれません！

ふむ、では次の日の節分とは、皇祖神・天香語山命が永久に生き返らないよう、炒った豆をぶつける〝封印〟の意味をもった行事になってしまったのではないでしょうか。あ〜ぁ、私はそんなことなど知らずに、ご先祖さまに煎り豆をぶつけていました。もしかして、鬼門（丑寅）の神とは、大和からみた古志の国にいる天香語山命だったかもしれません。

なるほど、おおよそ半年後、古墳ができあがったと思われる旧暦九月一一日の神嘗祭が、天香語山命を葬り祭ったお祭だったのです。この日は年の神の命日になっていました。《宮中と伊勢神宮（内宮・外宮）の最も重要なお祭》とはそういう意味だったのでした。

開化天皇／天香語山命の崩御は《夏四月丙辰《ひのえたつ》の朔甲子《きのえね》（九日）》で、葬り祭ったのが《冬十月癸丑《みずのとのうし》（三日）》とされていますが、こちらが、年の神／饒速日大神を葬り祭ったのかもしれませんねぇ。年の神の崩御が四月九日、葬り祭ったのは一〇月三日だとすると、彌彦神社で四月にも鎮魂祭があるのもわかる気がします。宮内庁では、四月三日に神武天皇祭があります。この日は〝神武天皇崩御相当日〟らしいです。しかし、『日本書紀』によれば神武天皇が崩御されたのは三月一一日とありますが、新暦でしょうか？？

ご祭神が経津主大神（年の神）である香取神宮では、一二年に一度、午歳ごとの四月一五～一六日に式年大祭・式年神幸祭が行われているそうです。では、一〇月に何があるかと申しますと、宮内庁では一〇月一七日に月遅れで先ほどの神嘗祭がありま す。一〇月三日の八日後、一一日から出雲大社では神在祭があります。出雲大社では毎年旧暦の一〇月一一日から一七日まで行われる行事が神在祭です。全国の神々が出雲へ集まるのは、年の神を葬り祭った弔問からでした！　天の下をお造りなった大神さまのお祭だったから、全国から、神々が出雲へ集まったのでしょうね。一〇月一七日は年の神と天香語山命のお祭りが一緒になっているようです。では、孝元天皇を葬り祭った二月に何があるかというと……のちほど出てきます。

つくられた物部氏の系譜

このように、一つひとつ対応させていくと、とんでもないことに気づきます。情報が少なくて、推測のところもありますが、ウマシマヂ命が率いる「物部氏」は、『先代旧事本紀』のそのままの系譜からでは「物部氏」という氏族があるように見えます。

しかし、よ～く見て観察していくと、な、なんと、養子に入ったと思われる大彦命（九代開化天皇）系？　になってしまいます。

巻末の「図11－1」「図12－1」をご覧になりながら読み進めてください。図11－1宇摩志麻治命《うましまぢ》の御子に二代綏靖天皇に仕えたとする「彦湯支の命」とありますが、記紀には綏靖天皇の時代に「彦湯支の命」は出てきません。九代開化天皇と丹波の竹野比売の御子である「比古由牟須美命《ひこゆむすみのみこと》」（『古事記』）、「彦湯産隅命《ひこゆむすみみこと》（別名彦蔣簀命《ひこもすのみこと》）」（『日本書紀』）と、よく似た名前ですから、「彦湯支の命」はヒコユムスミ命と同じ神ではないでしょうか。彦湯支の別名「木開《きさき》の足尼《すくね》」の「木開」から開化天皇（天香語山命）を連想させられます。さらに、ウマシマヂ命の孫の「出雲の醜《しこ》の大臣の命」の妻（真鳥姫※a）と、ウマシマヂから六代目（五代子孫）の「伊《い》香色雄《かがしこお》命」の妻（真鳥姫※a）が〝同一名〟というのも怪しいです（図12－1）。

代を重ねていくと、「伊香色雄命」の御子「安毛建美《やすけたけみ》の命」は六人部《むとりべ》の連（山城の尾張氏あるいは物部氏族）の先祖とあり、これが尾張氏の系譜で、「天戸目命《あまとめのみこと》」（ニニギ）の御子で「建斗米命《たけとめのみこと》」の兄弟神である「妙斗米命」の六人部の連（山城六人部の伴造）にも相当しそうです（図10－2）。六人部の連は事代主神との関わりも考えられるのですが、「物部氏」と事代主神の系列で婚姻関係はみられませんので、両氏族の系譜は尾張氏から養子に入ったか、つくられたと思われます。

さらに代が進み、図12－2、伊香色雄命の孫に「物部武諸隅連公《たけもろすみのむらじきみ》」なる人物が見えますが、同じ名前が図10－3の尾張氏の系譜（年の神から七代孫）にも見られます。私の物語では、初代～九代までの天皇の即位の順番が入り交じっていますし、初代～八代までの系譜がつくられていますから、それを考慮すると、結果的に、ウマシマヂ命の系譜は、九代開化天皇の御子「比古由牟須美命《ひこゆむすみのみこと》」の系列が、物部氏として受け継いで機能しているように見えます。

「伊香色謎命」の謎

ここで、「伊香色雄命《いかがしこお》」が、何かと怪しい感じがします。「伊香色雄命」の姉？である「伊香色謎命《いかがしこめ》」が八代孝元天皇（年の神）と九代開化天皇（天香語山命）の妃になっています（図11－2、図14－2）。八代孝元天皇と「伊香色謎命」の間には「比古布都押信命《ひこふつおしのまことのみこと》（彦太忍信命）」が一人（図11－2）。九代開化天皇と「伊香色謎命」の御子が一〇代崇神天皇へと続きますから、ここは調べておいたほうがよさそうです。

「伊香色謎命」（「大阪府牧方市伊加賀、旧河内国茨田郡伊香郷に因む」とある）の名前に「謎」の字。ど～も、ここも系譜がグルグル回しにされて、謎を深めているように思います。

まずは、物部氏の系譜の中から調べてみました。図12－1「伊香色雄命」の妃の別名「真鳥姫」（※a）は、ウマシマヂ命の孫である「出雲の醜《しこ》の大臣の命」と同じ妃になっています（図11－1）。こういう現象は他にも見られ、太安万侶のくれたヒントにつながります。結論から言えば「伊香色雄の命＝出雲の醜の大臣の命」じゃないでしょうか。ウマシマヂ命の孫と五代孫の妃が同じとは無理があるでしょう。四代懿徳天皇に仕えた「出雲の醜の大臣の命」の妃である「真鳥姫」は、神武天皇東征のときに神武天皇に味方した磯城県主の弟磯城《おとしき》の妹とされています。初代神武天皇の時代の姫です。図11－1「出雲の醜の大臣の命」のお母さんは出雲の天穂日命の子孫で「色多利《しこたり》姫」と言います。「醜」も「色」も「しこ」と読むようです。「出雲の醜の大臣の命」を「出雲の色の大臣の命」としてもよさそうです。

『先代旧事本紀』の物部氏系譜には「出雲色男命」ともあります。ここでの出雲は、島根県の出雲とは違うのでは？　と思い、地図をよ～く見ると、な、なんと、三重県に出雲川という川があり伊勢湾にそそいでいます！「色多利姫」は伊勢（伊賀国）のお姫様でしょうか。「出雲の色の大臣の命」の「出雲」を「伊賀」に置き換えると、「伊賀の色の大臣の命」となり「伊香色雄《いかがしこお》命」に通じそうです。

「伊香色雄命」は一〇代崇神記にも出てくる重要な人材ですから、こちらも探ってみました。「伊香色雄命」を分析して、「いか」を「伊賀」、「色」を「いろ」として考えると、伊勢、伊賀の土地開発をしたのは、天香語山命／大彦命です。そこから、「伊香色雄命」は天香語山命の子孫として考え、『先代旧事本紀』の尾張氏の系譜を探すと……尾張氏の九代目に「弟彦命《いろどひこのみこと》」という方がいました！（図10－3）。

この方を詳しく調べると、先ほど出てきました「建諸隅命《たけもろずみのみこと》」の御子で尾張氏の八代目「倭得玉彦命《やまとえたまひこ》（市大稲日命《いちのおおいなひ》）」（図10－3）と、淡海の国の谷上刀婢《たにかみとべ》を妻として……の系列に「弟彦命」がおり、そこに妹（姉？）として「日女命《ひめ》」がおります。「弟《おとうと》」と書いて「弟彦命《いろどひこ》」と読ませるところが、なんとも怪しい！　ですし、建諸隅命は物部氏の系譜にも見られます（図12－2）。この後の系譜は、「弟彦命」の次の代「淡夜別命《あわやわけのみこと》」から、うまくつながらなくなりから、ますます怪しい！

また、別の妻になりますが、（図10－3）「倭得玉彦命《やまとえたまひこ》」が、「伊我の臣（八代孝元天皇皇子大彦命の後裔↑大彦命に注目）の先祖、大伊賀彦の娘大伊賀姫」を妻にしていることを見つけました。つまり、大伊賀彦である大彦命の娘と「倭得玉彦命」が結婚しています。そこでは四男が授かりますが、九代目尾張氏を引き継ぐのは、「谷上《たにかみ》刀婢《とべ》」をお母さんにしている「弟彦命」になります。ですが、古代は母親の血筋が重要になりますから、跡取りは大彦命の御子である「大伊賀姫《おおいがひめ》」の子にしたいところです。たぶん「弟彦命」のお母さんは大彦命の御子「大伊賀姫」でしょう。ということで、「弟彦命」＝「伊香色雄命」と推測してみました。

妹？　の「日女命」を「伊香色謎命」とすると、八代孝元天皇、九代開化天皇の妃になります（図14－2）。この系譜、よくよく見るとまだ「？」のところがあります。図10－3、尾張氏九代目「弟彦命」の御子が一〇代目「淡夜別命《あわやわけ》」と「淡」の字が入っています。ですから、お父さんの側室「淡海の国の谷上刀婢《たにかみとべ》」を妻として、生まれた子が「淡夜別命」となりそうです。この方が、尾張国大海部の伴造で、「一〇代崇神紀大海《おおあま》媛（図10－3）の御名大部」という者になるんだそうで……。

ここで大いなる矛盾があります。大海《おおあま》媛は、尾張氏七代目「建諸隅命」の妹になっています。尾張氏の系譜では「建諸隅命」は五代孝昭天皇に奉仕した方です。兄、妹で、五代孝昭天皇と一〇代崇神天皇の五代も生き抜き、彼らを育てたお父さん、お母さんは超人的です。この時代の人が超人的なのか、時系列がムチャクチャなのか？

ここでまた「どうなっている？　時系列」の疑問が出てきます。『先代旧事本紀』の編纂者は、記紀と同じく〝グルグル次元ループ〟を仕掛けたのでしょう。五代孝昭天皇の御代に一〇代崇神天皇の時代の姫が巧みに入り組んできます。

一〇代崇神天皇の妃たちはもしかして……全員同じ「大海《おおあま》媛」（別名：葛城の高名姫の命）の可能性も出てきました。「大海媛」は「建諸隅命」の妹ではなさそうです。

じゃあ、誰の子か？　推測ですが「弟彦命」＝「伊香色雄命」の御子ではないでしょうか。『先代旧事本紀』では、「弟彦命」御子「淡夜別命」から系譜が続いておらず（図10－3）、尾張氏一一代目「乎止与《おとよ》の命」（熱田神宮に祀られている神）につながります。「乎止与の命」はヤマトタケルの尊（一二代景行天皇の皇子）が神剣を授けた宮簀《みやず》姫の父になります。

な～んだ、結局「伊香色雄命」も「伊香色謎命」も大彦命（天香語山命）の孫にあたりそうです。そうなると、一〇代崇神天皇は、九代開化天皇と「伊香色謎命」の御子でありますから、大彦命（天香語山命）の御子ということになり、ますます九州・隼人系の血筋はなくなり、丹波（丹後）系の血筋になっていきます。

ここで「弟彦命」ですが、単純に「彦」だけを考えれば、「大彦命」「英彦命（英彦山神宮祭神：オシホミミ）」「弟彦命」は親子（祖子）ではないでしょうか。

余談になりますが、『先代旧事本紀』では、八代孝元天皇と「伊香色謎命」の間に武内宿祢の祖父「彦太忍信命《ひこふつおしのまことのみこと》」が生まれますが（図11－2）、『古事記』では、八代孝元天皇と宇豆比古（椎根津彦？）の妹の「山下影日売《やましたかげひめ》」との間に建内宿祢《たけのうちすくね》が生まれています。

ちなみに、ウマシマヂ命と思われる人は、やはり同じ八代孝元天皇の時代にあります。「彦太忍信命」（『古事記』では「比古布都信命」↑「フツ」と入っていますので、饒速日大神のことでしょう）と尾張連らの先祖（天香語山命の御子？・の）意富那毘《おおなび》（ナガスネヒコ？・）の妹、葛城高千那毘売（御炊屋《みかしきや》姫／登美夜毘売《とみやびめ》）とに生まれた「味師内宿祢《うましうちのすくね》」（山城の内臣の祖）と思われます。

記紀の系譜からすれば、『先代旧事本紀』の物部氏の祖であるウマシマヂ命は八代孝元天皇（年の神／饒速日大神）の御子となり、初代神武天皇に仕えたとする『先代旧事本紀』の物部氏の系譜には時系列的に矛盾が生じますし、「伊香色謎命」と八代孝元天皇（年の神／饒速日大神）の間に生まれたウマシマヂ命の父とされる「彦太忍信命」は、年の神／饒速日大神その神となり、年の神は自分で自分を生むことになりました！

私の推測でつくった物語の中では、欠史八代の天皇は入り乱れていますから矛盾はありません。

ということは、八代孝元天皇が「伊香色謎命」と結ばれたとする記紀の記述には矛盾が生じてしまいます。ここは、太安万侶のトリックがありそうです。それでは、ウマシマヂ命の子孫は消滅か!?　と心配になりましたが、ちゃ～んと、おりました。ウマシマヂ命の長男に「饒田命《にぎたのみこと》」が続き、空海のお母さんの系譜の阿刀《あと》の連へと続きます。子の系譜は《「天津麻良《あまつまら》」に因む》とありますから、天戸目命（ニニギ）の系列の刀づくりへと続いていくのだと思われます（図11－1）。

血筋が消える事代主神の系譜と鹿島の凹（陰）凸（陽）

物部氏の系譜は、結局は天香語山命（尾張氏）の系譜になっていく話をしましたが、事代主神の系譜も調べてみれば、曾孫から事代主神の血筋は消えてしまいます。

　図13をもとに話を進めていきます。『先代旧事本紀』によれば、事代主神の曾孫《ひ》は鹿島神宮の大神である「健甕槌命《たけみかづちのみこと》」になります。この神は『日本書紀』では、国譲りのときに「経津主神《ふつぬしのかみ》」と一緒に、十握剣《とつかのつるぎ》の切先にあぐらをかいて、大己貴神に国譲りを迫る刀の神です。系譜を知れば、事代主神の子孫の家系ですから、わざわざ刀の切先に座って、自分の先祖神に国譲りを迫らなくてもよさそうですが、ここで派手な演出をしたわけがありそうです。

「常陸国風土記」香島郡には《（皇孫降臨に当たって）高天原《たかあまのはら》から降って来た大神の名を香島天之大神と申す。天の原では日香島の宮と名づけ、降臨地（常陸）では豊香島《とよかしま》の宮と名づけている》とあります。皇孫降臨の神＝香島天之大神であると。『古事記』では健甕槌命というのは、国譲りのときに天鳥船神をつけられ交渉のために派遣されてきたのです。風土記より、香島天之大神（健甕槌命）は、皇孫降臨してきたようですから、ニニギに相当しそうです。

　ということは、尾張氏の系譜（図10－1）の「天戸目命」になります。この神は製鉄の神であり、おじいさんは天村雲命で剣の名前ですから、健甕槌命が刀の神であることは納得です。大己貴神に国譲りを迫ったのは「ニニギ」だったのです。

　再び図13より、『先代旧事本紀』の系譜では、事代主神の曾孫《ひ》が「健甕槌命《ニニギ》」ですから、事代主神の御子である天日方奇日方命から下の系譜がつくられたと考えられます。『先代旧事本紀』に書かれた事代主神の系譜を眺めていると、見たことのある名前がところどころに出てきます。それをヒントに考えてみました。

事代主神の孫「健飯勝命《たけいひかつのみこと》」から、「尾張氏」にすり替わっているようです。「健飯勝命」の字に「オシホミミ」（正哉吾勝勝速日天之忍穂耳命《まさかつあかつかちはやひあめのおしほのみみみこと》）の「勝」の字が入っています。尾張氏の系譜「オシホミミ」→「ニニギ」と続けば、「健甕槌命」の次の「豊御気主命」は「尾張氏」の「建斗米命《たけとめのみこと》」に相当しそうです。妻の名前（名草姫）に共通点がありそう（図10－1、10－2、13参照）。

図10－2より「建斗米命」の子孫には「建手和邇命《たけたわにのみこと》」が続きます。図13事代主神の六代孫「阿田賀田須命《あたかたすのみこと》」も、『先代旧事本紀』では《和邇の君たちの先祖》になっています。「建手和邇命」＝「阿田賀田須命」ではないでしょうか。次の代、図13『先代旧事本紀』の事代主神の系譜には「大田々禰子《おおたたねこ》」（←この人は女性として登場したり、男性として登場したりです）がいますが、事代主神から数えると八代目になり、『古事記』では「健甕槌命」の御子として登場します（『日本書紀』では天日方奇日方命の兄弟または子になっています）。となれば、結局、「大田々禰子」は事代主神とは関係なく、「尾張氏」の家系だと言えそうです。

「健甕槌命」に戻りまして、再び調べてみます。この神は香島天之大神（鹿島神宮のご祭神）ですから、情報がたくさんあります。記紀では「健甕槌命」は刀の神として登場しました。「常陸国風土記」には次のような話があります。

《若松の浦は、常陸・下総二国の境界にある。そこの川口（利根川）安是の潮に産する砂鉄は、剣を造るととてもよく切れる。しかしここは香島の大神の神領の山なので、安易に入って松を伐り、砂鉄を掘ることは許されない》

ここでは昔から良質な砂鉄が採れるらしいのです。それも御神領での様子です。ここに鹿島の大神が鎮座してから、のちに御神領で砂鉄が発見されたのですね。ですから、その後、製鉄の神である天戸目《ニニギ》命を鹿島の大神にし、刀の神としたのではないでしょうか。そこから解釈して、記紀には、大国主に国譲りを迫る前に、天には悪神がいることになっています。名を「天津甕星《あまつみかほし》」、別名を「天香香背男《あまのかかせお》」と言い、まずはこの神を誅伐してから大国主神と交渉しに行ったようです。ここで、鹿島神宮のご祭神も大和系変化を遂げ、祀られている神が変わったのではないでしょうか。

茨城県鹿嶋市の鹿島神宮、千葉県香取市の香取神宮、茨城県神栖市の息栖《いきす》神社は「東国三社」と呼ばれています。鹿島神宮のご祭神は武甕槌大神（健甕槌命）、香取神宮のご祭神は経津主大神（年の神）で、国譲りのときに登場する神々です。息栖神社は岐神《くなど》（『日本書紀』にはニニギに道案内をした猿田彦神になるようです）、天鳥船神（国譲りのときに事代主神へ送った使者）、住吉三神（上筒男神、中筒男神、底筒男神）とされ、海上の守護、交通の守り神とされています。東国三社のご祭神からすれば、国譲りがここでもあったのか？　とも思われます。最後まで抵抗した天津甕星は、信濃国の諏訪大社の「建御名方神《たけみなかたのかみ》」とも解せそうです。

それにしても息栖神社は他の二社に比べて、ご祭神の様子が違っているように思います。海上、交通の守り神もそうですが、江戸時代には主神を祓戸の気吹戸主《いぶきどぬし》神としているものもあったようで、イブキ（気吹、息吹）から「息栖《いきす》」になったものか。「吹」から製鉄との関連もありそうです。また、香取神宮には鹿島新宮《かしましんぐう》という摂社があり、そのご祭神が「武甕槌神」と「天隠山命《あめのかくやまのみこと》」となっているのです。鹿島新宮と「新」という字が入っているところが奇妙に感じます。「天隠山命」は天香語山命と同一神でしょう。もともとの鹿島神宮のご祭神は天香語山命ではなかったか？　と思われます。

そう考えれば、誅伐された「天津甕星《あまつみかほし》」（別名「天香香背男」）とは天香語山命の子孫かもしれません。「香」が入っていますし、最後まで抵抗したと考えれば、「建御名方神」が有力です。信濃国を開発したのは、天香語山命です。ここはあくまでも推測して、東海の土地を平定したのは四道将軍として遣わされた大彦命（天香語山命）の御子である「武渟川別」（天村雲命）でした。『先代旧事本紀』にある国造を調べてみれば、仲《なか》（那賀？）の国造のところに、伊予（愛媛県）国造と同じ先祖（神八井耳の命）の「建借馬の命《たけかしま》」とありました。神八井耳の命は天村雲命と同じ神と言えそうです。建借馬の命も天村雲命の系列でしょう。ですから平定後、領土は天村雲命に移り、平定した土地に自分の孫《ニニギ》をご祭神にはしないでしょうね。

ここは想像ですが、もともとの領主だった父の天香語山命か、または祖父の饒速日大神／年の神をお祀りしたと思われます。何か証拠がないか調べてみれば、鹿島神宮の本殿裏、本殿と御神木を一直線に結んだところに、丸い鏡石があるようなのですよ（一般に見ることはできません）。鏡石と言えば、饒速日大神／年の神の象徴のようなものです。おそらく間違いはないでしょう。

香取神宮のある香取市のあたりは、国造を調べてみれば、出雲系の天穂日命の子孫が関わっている様子です（出雲系の神を母にしているのは天村雲命と思われます）。ならば、香取神宮も出雲の大神である饒速日大神／年の神を祀ってもよいでしょう。鹿島神宮も香取神宮も大昔は同じ氏族が自分の先祖神を祀ったのだと思います。その後、時代が下がるとともに、天香語山命、天村雲命を隠すように、鹿島神宮のご祭神は変化し、ニニギへと移ったのではないでしょうか。それが、香取神宮にある摂社、鹿島新宮のご祭神ではないでしょうか。ちなみに、鹿島神宮の御手洗池のほとりには、明治以降に鎮座された社のようですが、大国社があり、大国主命が祀られています。

鹿島神宮と香取神宮には「要石」という地震を抑える石が地中深く埋まっているこ

とは、よく知られていることだと思います。このあたりは、中央構造線の東の末端に当たりますから、大地震の起きやすいところです。東日本大震災では、鹿島神宮の鳥居は崩れ、神殿の千木が落ちましたし、鹿島臨海工業地帯の津波の被害も相当なものでした。その要石ですが、鹿島神宮（ご祭神を天香語山命の系列とすれば）は凹型で、香取神宮（饒速日大神／年の神）は凸型なのです。凹は陰で凸は陽でしょう。天香語山命の系列は「陰」の神であり、饒速日大神／年の神は「陽」の神。中央構造線の上にある伊勢神宮にも言えそうです。内宮のご祭神は天香語山命であり「陰」の神、外宮のご祭神は年の神とすると、こちらは「陽」の神になります。もう少し違う解釈をすれば、内宮の天香語山命は「月の神」であり、外宮の年の神は「陽（日）の神」とも言えそうです。

大和にある天香語山命と同じ名前で大和三山の一つ「天香久山《あまのかぐやま》」には〝月の誕生石〟と言われている石があるらしいです。石・岩は饒速日大神の象徴のように考えれば、月の誕生とは、御子である天香語山命のことかもしれません。そう考えると、皇祖神は陰と陽、月と日と二柱がそろって初めて機能するのでしょう。それが記紀の中の天照大神と陰でイニシアティブをとっている高皇祖産霊神の実体なのだと思います。

記紀における太安万侶の多次元パズル―八咫烏の系譜―

今までのことで、記紀にかかっていた霧がようやく晴れてきたように思います。記紀の編纂者、太安万侶に幾重にも仕込まれた次元（時間軸）ループ。時代背景から、唐の影響が相当強かったのだなぁと思われました。ここまで解読できれば、あとはちょっと考えればわかってきそうです。ただ、一度ループに陥ると、総崩れになり、霧深い振り出しに戻されて、次元ループから抜け出せなくなります。

太安万侶は、記紀の中にたくさんの羅針盤になるヒントを残しておいてくれましたが、時間軸を縦軸とすると、横軸の平行するパラレルワールドという落とし穴もたぁくさん作ってくれました。これがさらに謎を深める次元スパイラルを形成します。

たとえば「倭宿禰命《やまとすくねのみこと》」を、私は事代主神としましたが、ど～も引っかかります。

「倭宿禰命」＝「倭」＝「日本大国魂大神」＝「都味歯八重事代主《つみはやえことしろぬし》の神（通称：恵比寿さん）」？（もしくは、御子の「珍彦《うずびこ》」（椎根津彦《しいねつひこ》）＝武位起《たけくらいおき》？）と書きましたが、豊玉姫の御子である「武位起」を『先代旧事本紀』の注記にありますように「イタテ」と読めば、これすなわち「天村雲命（天五多底）」のことになり、倭大国魂神は天村雲命か、その御子か孫「天村雲命―笠水彦《うけみずひこ》？＝（または御子）椎根津彦（珍彦）と天日別命《あめのひわけのみこと》」となり、天村雲神の系列へとスライドされます。その子孫に市磯長尾市が位置すれば、ＤＮＡがうまくつながり、崇神記において市磯長尾市は倭大国魂神を祀れることになりますし、椎根津彦が大和の重要な首都の国造に任命されることも理解できます。

私が調べた限りでは、事代主神・味鉏高彦根《あじすきたかひこね》の神の系譜をたどっていくと、最後はいつも天村雲命、もしくは天香語山命に行き当たります。逆に天村雲命の系譜をたどっていくと、いつの間にか、事代主神・味鉏高彦根の神の系譜にスライドしてしまいます。

太安万侶は天香語山命の御子である天村雲命に、年の神と田心姫《たごりひめ》の命の御子である味鉏高彦根の神（「出雲国風土記」では「阿遅須枳高日子《あじすきたかひこ》の命」になり混同させられますが、別神のようです）を、天香語山命に事代主神をかぶせ、演じさせ、天皇家の祖神をなんとかして年の神の御子である事代主神、味鉏高彦根の神の系譜にしたかったようです。この系譜は八咫烏の系譜になりますから、天香語山命以上に隠したいデリケートな部分なのだと思います。

今までの知識を駆使して、八咫烏の系譜を探ってみることにします。図13の事代主神の系譜から、健甕槌命は天戸目《ニニギ》命と特定できそうですので、そこから推測してみました。この先、入り乱れて複雑になりますが、しばらくお付き合いください。

図13より天村雲命は事代主神の御子である「日方奇日方命《ひがたくしびがた》」と重なり、「鴨王」となりそうです。ならば事代主神は天香語山命に相当します。そこから、さらに推測し、

『先代旧事本紀』（国造本紀）と「山城国風土記逸文」の賀茂社の話から、上賀茂神社（祭神：玉依姫の命の父、「賀茂建角身命《かもたけつのみのみこと》」、下鴨神社（祭神：玉依姫の命の御子、「賀《か》茂《も》別《わけ》雷《いかづち》命《のみこと》」のご祭神を推測してみました。賀茂建角身命が「鴨王」であり八咫烏である「天村雲命」となります。英彦山神宮の上社の由緒に《神武天皇が御東征の時、天村雲命を遣わされて》とありますから、八咫烏は天村雲命で間違いはなさそうです。

この先が問題です。『風土記』では、賀茂建角身命が丹波国神野《かみの》の神《かむ》伊《い》可《か》古《こ》夜《や》日女《ひめ》を妻として生んだ子が玉依日子、玉依日売となります。次のような話です。

《玉依日売が川遊びをしていると、丹塗矢（火雷命）が流れてきます。それを寝床に差しておくと、身ごもり、男の子（賀茂別雷命）が生まれます。成人すると外《そと》祖父《ほじ》の建角身命は多くの扉のある広い建物をつくり、たくさんの酒を醸造して神々をあつめ、昼夜七日間、神祭をします。そこで孫に「お前の父と思う人に此の酒を飲ませなさい」と言うと、孫は酒杯を天に向け捧げ、そのまま屋根を突き抜けて、天へ昇っていってしまいました。（孫の命は短かったと思われます）》

地図で調べてみると、朱で塗られた丹塗矢は、京都市の鴨川上流にある貴船神社から流れてきたものでしょう。貴船神社は、明治以前は上賀茂神社の摂社になっていたようですから、おそらくそうだと思われます。ここのご祭神は高龗《たかおかみ》と言われる水の神とされています。しかし、貴船神社へ行くとわかるのですが、境内には赤い石が目につきます。赤い石は水銀か鉄の「丹」ではないでしょうか。この地は太古、海底火山であったようなのです。貴船神社にある説明書きには、《貴船川は緑や紫色の水成岩を産出し、これらを貴船石といい、庭石に使われている》とありました。つまり、このご祭神はもともと石、岩に関わる神と思われます。本宮と貴船川上流にある奥宮の中ほどにある中宮ではイワナガヒメを祀っています。推測ですが、太古に産出した鉱物をここから船で大阪湾まで運んだのではないでしょうか。

貴船神社と赤土の「辰砂」の関係はつかめなかったのですが、鉄鉱石などの鉱物資源と関係がありそうです。貴船神社の脇に「鈴鹿谷」と呼ばれている小さな川があります。そのほとりに末社《鈴鹿社、大比古命（古伝に皇大神宮）往古より伊勢の大神を祀るという》が、美しいカゴノ木（クスノキ科の樹木で樹皮がまだらに薄く丸くは げ落ち、小鹿の斑のようになっています）の近くに祀られています。なぜここに伊勢・伊賀国の鈴鹿という地名をつけたのでしょう。ご祭神の大和系変化によって、「丹」が「舟」に変わり、「船」になったと考えられないでしょうか。奥宮によれば、貴船の由来は、玉依姫が黄色い船に乗って、淀川、鴨川、貴船川をさかのぼって、ここに上陸し、水神を祀ったとありました。黄色の船が貴船の語源になったようです。黄色い丹といえば、「鉛丹」とか酸化鉄でしょう。地質学的に、この地域はチャートと呼ばれる緑色、紫色の堆積岩が見られるようですが、貴船神社へ行ったとき、貴船川が酸化鉄で赤褐色になっているところは見られませんでした。自然に出土された鉛丹について書かれている論文も見つけ出せません。しかし、奥宮本殿脇には船型の磐があり、積まれている小石を持ち帰ると、航海安全に御利益があるそうです。ですから、ここで何か、鉱物資源が採れた可能性はありそうです。お隣は大きな岩がゴロゴロしている源義経・弁慶ゆかりの鞍馬《くらま》山ですので、ここで、砂鉄の母岩になるような鉱物はないか探しました。ここでは鞍馬石という庭石を見つけました！　『世界大百科事典第二版』の解説によりますと、《京都市鞍馬山に産する閃緑《せんりょくがん》岩の石材名。通常鉄さび色をした自然石のまま庭石に用いられる》とあり、閃緑岩は砂鉄の母岩となることがわかりました。鉄さび色とありますから、赤褐色の「丹」で間違いなさそう。さらに、貴船石というのは《貴船川に産出する青みがかった（緑色の）花崗岩》だったようです（閃緑岩が緑色で、花崗岩が黄色のように思いますが……）。花崗岩も砂鉄の母岩になるようです。

おっ！　京都市街地東側に製鉄遺跡を見つけました！　鞍馬山、比叡山から比較的近いところです。山科の天智天皇陵のすぐそばにある御陵大岩町遺跡、藤尾遺跡が製鉄遺跡のようです。六六七年に都を近江の大津へ遷した三八代天智天皇の時代は盛んにこの地で製鉄が行われていたようです。京都盆地の北東部、比叡山、比良山、鞍馬などの地域には、もともとあった岩石が、湧き上がってきたマグマの成分と反応した、花崗岩質の鉄鉱石が存在しているようです。そのため滋賀県にはたくさんの製鉄遺跡があるようで、特に琵琶湖西側（山科、大津市南部、志賀郡北部、高島郡南部、伊香郡、浅井郡など）には逢坂山製鉄遺跡群、南郷・田上山製鉄遺跡群、瀬田丘陵製鉄遺跡群、和邇製鉄遺跡群、比良山麓製鉄遺跡群、今津製鉄遺跡群、マキノ・西浅井製鉄遺跡群などがあります。しかし、製鉄遺跡はあるものの、鉄鉱石採掘跡はほとんど確認がされていないようなのです（大道和人『鉄鉱石の採掘地と製鉄遺跡の関係についての試論』一九九六年『滋賀県文化財保護協会紀要』）。そうなれば、貴船川上流が古代の採掘現場の一つと言えそうです。ここで、比叡山、比良山、鞍馬地域の花崗岩質岩石の分析をした論文を見つけました。『全岩および鉱物化学組成値を用いたモード（重量％）分析―比叡・比良・鞍馬の花崗岩質岩石を例に』（京都府警察本部刑事部科学捜査研究所、平岡義博、一九九六年）によれば（先ほどの『世界大百科事典第二版』の解説はやはり鞍馬石と貴船石が逆になっているように感じます）、岩石中の黒雲母の特徴に、相対的にはマグネシウムを多く含む苦鉄質のようですが、赤褐色の鞍馬花崗岩よりも、緑色をした比叡・比良の花崗岩のほうが黒雲母は少ないようなのです。しかし、黒雲母以外の鉄含鉱物（角閃石、磁鉄鉱などの有色鉱物）が多く、鞍馬花崗岩よりも鉄分は多いという報告です。

地図を見れば、貴船口で貴船川と鞍馬川に分かれるのですよ。なぜ、鞍馬川でなくて貴船川を上ったのか不思議に思っていましたが、貴船石のほうが鉄がよくとれたのでしょうね。ですから貴船川で鉄鉱石を採掘し、玉依姫はここに神を祀ったのだと思います。

報告書には、滋賀県の製鉄遺跡では、砂鉄ではなく、鉄鉱石を主に精錬していたとあります。貴船川で採掘した貴船石は貴船川から賀茂川—鴨川を経て、琵琶湖第一疏水に入り、製鉄工場まで運ばれたのでしょうか。それとも賀茂川—鴨川—桂川—淀川—大阪湾から、河内の大県南遺跡へ運ばれたのでしょうか。前出の論文、年の神の製鉄工場遺跡の『大県遺跡群分析調査報告書』では《近江は鉄鉱石由来でも、たたらを使わない製鉄で六世紀以前に製鉄の痕跡がない》との報告でしたから、やはり天智天皇の時代に操業が開始されたようですね。一方、鴨川に近い京都市下京区に高橋町、竹屋町、鍛治屋町などの地名があることから、下鴨神社周辺に製鉄工場があったこともうかがえます。そこから鉄のインゴットを河内の年の神の製鉄工場へ運んだのではないでしょうか。

貴船石、鞍馬石の鉄鉱石から、貴船神社のご祭神が高龗《たかおかみ》へと大和系変化を起こす前のご祭神は岩（石）の神、伊勢の射和《いざわ》の大神（饒速日大神）ではないかと推測してみました。貴船神社のホームページによれば、貴船大神は貴船山中の鏡岩に天降られたようです。鏡岩は鏡石ですから、貴船大神は饒速日大神／年の神でしょう。となれば、丹塗矢である火雷命は饒速日大神＝大物主神になり、記紀の神武天皇后の神話に通じます。記紀では味鉏高彦根の神の娘である玉依姫は大物主神（事代主神）と結ばれて、神武天皇の皇后である蹈鞴五十鈴媛《たたらいすずひめ》命が生まれます（図7）。名前からして「蹈鞴」ですから、製鉄との関係は明白でしょう。貴船神社（貴船石）と製鉄はおおいに関係ありそうです。

酒の神 2

「山城国風土記逸文」に出てくる玉依姫の母である「神伊可古夜日女《かむいかこやひめ》」（三井神社では伊賀古夜日賣命）は、丹波のお姫様ですから、天香語山命の子孫とも思われます。丹波のお姫様なのに、「伊賀」という字が入っているのが証拠になりそうです。ならば、名前からして「伊香色謎《いかがしこめ》命」は御子でしょうか。

そうそう、先ほど尾張氏の系譜で「弟彦命」と「日女命」が出てきましたっけ（図10－3）。「神伊可古夜日女」は尾張氏の系図から、大伊賀彦の娘「大伊賀姫」ではないですか？　とすれば、その夫として出てくる「倭得玉彦命《やまとえたまひこのみこと》」（別名：市大稲日《いちのおおいなひ》命↑この名前は図7の神武天皇兄の「稲飯《いなひ》命」にも通じそう）は、「賀茂建角身命《かもたけつのみのみこと》」（天村雲命）でしょう。ああ、不自然な系譜はこのようにつながってくるのでした！

『風土記』で「神伊可古夜日女」を妃としているのは「賀茂建角身命」（天村雲命）

ですが、記紀の中で「伊香色謎命」を妃にしているのは、八代孝元天皇（饒速日大神）と九代開化天皇（大彦、天香語山命）です。このへんは入り乱れていて、渦を巻いていますが、私の中の話では二代綏靖天皇と九代開化天皇は同じ時期に生きていますから、時代は合っていそうです。ここより、開化天皇と「伊香色謎命」の御子が一○代崇神天皇へとつながります（図15参照）。

ですから、「神伊可古夜日女」の御子である玉依日売を「伊香色謎命」と仮定すると、流れてきた丹塗矢は饒速日大神でしょう。その御子が「賀茂別雷命《かもわけいかづちのみこと》」となり、妹「鞴五十鈴《たたらいすず》姫命」になります。「賀茂別雷命」が成人したときには、饒速日大神は昇天していたのでしょうね。このあたりの証拠がほとんどありませんし、饒速日大神は晩年も晩年だと思いますので、ここは想像してみました。「賀茂建角身命」（天村雲命）の孫が「賀茂別雷命」ですから、「賀茂別雷命」は尾張氏の系譜からすると天戸目命＝ニニギと推定されます（図10－1）。

ところで、「播磨国風土記」託賀《たか》の郡賀眉《かみ》の里、荒田村にも似た逸話があります。

《道主日女命《みちぬしひめのみこと》は父がいないのに子を産み、その真相を知るために、酒を醸そうと、田七町をつくったところ、七日七夜で稲が実り、酒を醸して多くの神を集め、その子を使って酒を捧げ進上させたところ、天目一命《あまのまひとつのみこと》に向かって進上したことで、それが父だとわかった》

「天目一命」は「天戸目命」と同一神、もしくは子孫とされています。こちらは、子の父がニニギになりますが、やはりニニギが関係している点では間違いはないと思われます。それと酒が関与していますから、ニニギは松尾大社のご祭神「大山咋神」とも言えそうです。もし、そうであるなら、母親は「天知迦流美豆比売《あめのちかるみずひめ》」で、父は年の神だぁ〜！　なんだ、「天知迦流美豆比売」は伊怒姫ではなく「玉依姫」でした（図15）。

「玉依姫」と大物主神（私はこのときは事代主神としました）の御子は確か「鞴五十《たたらい》鈴《すず》姫命」ではなかったでしょうか？　ニニギとは兄妹でしょうか？　ならば大物主神は年の神？　証拠がないので、何とも言えません。わかったことは、ニニギはオシホミミの御子では〝なさそうだ〟ということです。尾張氏の系譜では天村雲命につながっていますから、養子（外戚？）に入ったのでしょうか。

　ニニギと結ばれたのは、酒の神コノハナサクヤヒメです。醸された酒は「天舐酒《あめのたむさけ》」と言い、酒というよりも甘酒のようです。甘酒を醸したのは大山祇神ですが、酒をふるまった賀茂建角身命（天村雲命）に重なります。天村雲命の外戚と考えれば、コノハナサクヤヒメ（葛木避《さく》姫）は、天村雲命の御子となり、ニニギの異母妹（姉？）になりそうです。父は母乳がよく出るように甘酒を醸したのでしょう。麹菌がまだなかった時代だと思いますが、この甘酒はどうやって作ったのか知りたいところです。

「醸す」から「賀茂、鴨氏」の氏名になったのですね。

次にコノハナサクヤヒメの父親、大山祇神のことを調べてみます。貴船神社のホームページに載っていた『日本書紀』の一書（第七の一書）の話が使えそうです。《伊弉諾尊は剣を抜いて軻遇突智《かぐつち》を三つに斬ってしまわれた。その一つは雷神《いかづちのかみ》となった。一つは大山祇神（山の神）となった。一つは高龗《たかおかみ》（水の神）となった》

貴船神社ホームページにあるくらいですから、雷神《いかづちのかみ》、大山祇神、高龗《たかおかみ》の三柱は貴船神社の重要な神と思われます。よく考えれば、貴船神社へ行ったとき、大山祇神の御子たちが祀られていたのでした。末社「牛一社」のご祭神が「木花開耶姫命（古伝に牛鬼）」（この神は貴船明神が鏡岩にご降臨したときの御伴の神です。丑の刻参りで有名だそうです）、貴船神社の中宮としてコノハナサクヤヒメの姉であるイワナガヒメが祀られています。これらの姉妹神は貴船神社の重要な神のようですから、明らかに大山祇神が貴船神社に関係していることがうかがえます。梅宮大社のホームページにご祭神の系図があります。

酒解神《さけとけのかみ》（大山祇神《おおやまつみのかみ》）——酒解子神《さけとけこのかみ》（木花咲耶姫命《このはなさくやひめのみこと》）
　├ 大若子神《おおわくこのかみ》（瓊々杵尊《ににぎのみこと》）
　└ 小若子神《こわくこのかみ》（彦火火出見尊）

　これで、ニニギの外戚が大山祇になっていることがわかるでしょう？　大山祇神＝天村雲命であることは間違いなさそうです。薩摩郡の閼駝《あた》郡竹屋村のコノハナサクヤヒメことカムアタツヒメの父（竹屋守）も天村雲命かもしれませんね。「大山祇神」という名称は世襲制でしょうか。クシナダヒメの父母、年の神の母親である神大市姫の父も大山祇命ですから、天村雲命は大山祇命四、五代目あたりでしょうかね。

　余談ですが、コノハナサクヤヒメ「避《さく》姫」の「避」は、手元にある漢和辞典によると、さける、よけるなど、「好ましくないことや物から離れた位置をとる」という意味があるようです。「辟」は横に裂ける、中心からそれるという意味があり、京都府左京区にある大酒神社の元名の「大辟神」はそこからきていると思われます。「災難から避ける」という意味から、「避け＝酒」になったのでしょう。

「賀茂別雷命《かもわけいかづちのみこと》」＝ニニギの証拠が他にもありました。鹿島神宮のご祭神である「健甕槌命《たけみかづちのみこと》」（ニニギ）ですが、『古事記』では「建御雷神《たけみかづちのかみ》」になります。「建御雷神」＝「賀茂別雷命」となり、両方とも雷神になります。

さらには、製鉄の神「天戸目命」の別名が「天御影命」（花崗岩の別称が御影石）です。ニニギは鉄鉱石の母岩である花崗岩の神でもありそうです。『日本書紀』にあるニニギの名前には「石」の字が二つもありますよ。「天饒《あめにぎ》**石**《し》国饒《くににぎ》**石**《し》天津彦火瓊瓊杵《あまつひこほのににぎの》尊《みこと》」ニニギも、饒速日大神（年の神）同様に石の神でした。

ここで、ニニギの御子である「彦火火出見」についても考えてみました。神武天皇は諱《いみな》を「彦火火出見」と言います。ニニギとコノハナサクヤヒメ（葛木避姫）の御子で「彦火火出見」に相当するのは、天戸目命《ニニギ》の御子である「建斗米命《たけとめのみこと》」になり、二代目神武天皇として即位したのはこの方でしょう。ニニギはイワナガヒメを親元に帰してしまいますから、命が短かったと思われます。（イワナガヒメはニニギの母親である玉依姫ではないでしょうか？）図15より、「賀茂別雷命」の妹は「鞴五十鈴姫命」に相当します。ですから、「賀茂別雷命」の妹が神武天皇（建斗米命）の皇后になったと思われます。しかし、血脈はここで途絶え、「伊香色謎命」と九代開化天皇の御子が鞴五十鈴姫の妹の五十鈴依姫となり、一〇代崇神天皇へとつながっていきます。

天孫降臨と伊勢神宮の造化三神

ニニギは九州生まれと思っていましたが、意外にも京都生まれでした。そうなりますと、天孫降臨の年代に矛盾が生じます。ここでかぶってくるのが天村雲命です。阿蘇山近くの《高千穂峡に流れ落ちる真名井の滝は、天孫降臨の際、この地に水がなかったので、天村雲命が水種を移した》とありました。初めに天孫降臨したのは天村雲命だと言っているかのように書かれています。ならば、北九州から南九州の霧島連山《日向の高千穂峰の槵触之峯《くしふるのたけ》》に降臨したのも天村雲命ではないでしょうか。天村雲命の妻の名前が「阿俾良依姫《あひらよりひめ》」と鹿児島にある地名「始良《あいら》」に通じます。先ほどの「山城国風土記逸文」には《可茂《かも》というのは、日向の曽の峯に天降りされた神、賀茂建角身命》とありますから、となれば、やはり日向の高千穂峰の槵触之峯に降臨したのは天村雲命のようです。

ここで酒の神つながりで大神神社を考えてみました。ご祭神は大物主神（饒速日大神／年の神）ですが、大神神社の御神体である三輪山を登ると、岩ばかりの頂上に「なぜこんなところに?」と思われる神社が突然現れます。それは「高宮神社」。

ここのご祭神が意味不明なのですよ。「日向御子神」。

大神神社の摂社に神坐日向神社があります。ここのご祭神が「櫛御方命、飯肩巣見命、健甕槌命」のようですので、日向御子神はこれらの三柱だと思われます。よ～く見れば、事代主神の系譜（図13）に名前があります。何か見えてきませんか？「健甕槌命」はニニギです。大神神社を祀ったのはオオタタネコでニニギの子孫になります。系譜では健飯賀田須命《たけいかたすのみこと》（飯肩巣見命）の御子がオオタタネコです。「日向」とは誰でしょうか。ここは私の想像ですが、日向に天孫降臨したのは「賀茂建角身命」（天村雲命）ですから、ここのご祭神、櫛御方命は鴨王である天村雲命で、続くオシホミミ、ニニギになると思います。図13の健飯賀田須命《たけいかたすのみこと》の妻の名前が美良《みら》姫。同じ名前が天日方奇日方命の妻にも見られます。日向の賀牟度美良姫《かむとみらひめ》です。健飯賀田須命と天日方奇日方命は同一神では？「日向」とは天村雲命で間違いないでしょう。図では健飯賀田須命《たけいかたすのみこと》の御子がオオタタネコになります。

図13をじ～っと眺めて、オオタタネコは天村雲命の御子かニニギの御子かなぁと思われます。ここで、大神神社、梅宮大社に松尾大社のご祭神とくれば……ん？　個人的に思ったのですが、ここの神様たちは「大酒飲み」なんだと思うのですよ。あ、内緒ですよ、大酒食らって、大いびきをかいている姿が雷そのものだったのでは（ヒソヒソ）

「千春め！　何を言うかぁ!!」

わぁ～っ、年の神さま！　聞こえちゃった!?　ごめんなさ～い！

エッヘン、怒られてしまいましたので、真面目にいきます（おそらく図星）。

天孫降臨にまつわる話が、「山城国風土記逸文」桂里にもあります。《月読尊《つくよみのみこと》が、天照大神の命令を受けて、豊葦原《とよあしはら》の中国《なかつく》に天降り、保食《うけもち》の神のところにやってきた。その時に、一つの湯津桂《ゆつかつら》の樹があった。月読尊はその木に寄り添いながら立った》

月夜見尊が保食神のところへ降臨するシーンの記述です。『日本書紀』では、湯津桂の樹は出てきません。湯津桂の「湯」の字が非常に気になりますが、これ以上は情報がありません。湯津桂の樹のそばでたたずむ話は、山幸彦（彦火火出見）が海神宮へ行く話に登場します。桂を御神木にしていた神は貴船神社でした。熊本県立装飾古墳館発行の『古代たたら製鉄』の中に、《鍛冶の神、金屋子神が降臨した木ということで、金屋子神が宿る木として信仰の対象となり、たたら操業を行う場所には金屋子の社とともに必ず植えられていた》とあります。湯津桂の樹にたたずむ話は、製鉄との関係もありそうです。

ここからは想像ですが、月読尊が山幸彦とかぶりますので、山幸彦が釣り針を探しに海神宮へ行く話は、月読尊が天照大神の命令を受けて、豊葦原の中国に天降りし、保食神のところへ行った話とダブらせているのではないでしょうか。天孫降臨したのは天村雲命ですから、天村雲命はすなわち月読尊ではないかと思われます。

ここで考えられるのは、天村雲命は八咫烏（賀茂建角身命）で、神産霊神の系列になります。その天村雲命の子孫が渡会家となって、伊勢神宮外宮の神主になりますから、伊勢神宮の先祖である天村雲命をどこかでお祀りしてもいいように思います。でも、伊勢神宮には内宮、外宮と二つの宮しかありません。どこかにもう一つ、お宮があってもいいよなぁ〜と思っていました。

なるほど〜、月読宮かぁ。内宮、外宮の両宮に、なぜ月読宮／月夜見宮があるのか不思議に思っていましたが、月読のことはすっかり忘れていました。

あっ、これで伊勢神宮のご祭神がそろったのではないでしょうか!?　外宮（豊受大神宮）のご祭神は豊受大神ですが、女神ではなく宇賀神で饒速日大神／年の神。内宮（皇大神宮）のご祭神は天照大神で、こちらも女神ではなく天香語山命／事代主神（大彦命）。月読宮／月夜見宮は天村雲命（賀茂建角身命）。とすると、おお！　造化三神がそろいそうです！　豊受大神が「天御中主《あめのみなかぬし》神」だ！　この三柱が三本足の八咫烏の正体でしょう。

豊受大神（饒速日大神）＝天御中主《あめのみなかぬし》神
天照大神（天香語山命）＝高皇産霊《たかみむすひ》神
月読尊（天村雲命）＝神産霊《かみむすひ》神

ここで、気がついたことがありました。香取神宮の摂社には神宮第一の摂社なのにご祭神が〝神秘〟とされている妙に謎めいた神社「ソバダカ神社」があります（「側

高神社」もしくは「脇鷹」とも書くようです）。この摂社は香取市内に鎮座していま
す。「高」の字が入っていますから、ご祭神は大屋彦（五十猛）の後を継いだ二代目
高皇産霊神（高木神）の大彦命／天香語山命か？　と思っていましたが、「高い木の
側もしくは脇にたたずむ」と考えると、桂の木にたたずむ月読尊と考えられます。お
そらく香取神宮の第一摂社の謎なご祭神は天村雲命でしょう。そこから、

香取神宮（饒速日大神）＝天御中主神

鹿島神宮（天香語山命）＝高皇産霊神

側高神社（天村雲命）＝神産霊神

と考えられ、これが本来の東国三社ではないでしょうか。伊勢の上参宮《かみさんぐう》に対する下《しも》
参宮《さんぐう》と言われるゆえんだと思います。

話は戻りますが、そのほかにも天村雲命ではないかと思われる神があります。図5
「年の神と伊怒姫の御子神」の「曽富理《そふり》の神」が、凡河内の国造である彦己蘇根《ひここそね》の命、
もしくは彦己曽保理《ひここそほり》の命と同じ神ではないかと思われますので、「曽富理の神」は
『先代旧事本紀』から天村雲命と推定できます。

さらに、二代綏靖天皇である天村雲命が葛城に高丘の宮を興しました。そのすぐ近
くにある神社が一言主《ひとことぬし》神社です。一言主神は「土佐国風土記逸文」には《一説では大《おお》
穴六道《あなむち》の尊《みこと》の御子神である味鉏高彦根《あじすきたかひこね》の尊であるとしている》とありますが、これは

天村雲命のことでしょう……とこのように、いろいろ当てはめてみましたが、私が考えた系譜も、もしかしたらまだまだどこかに矛盾があるかもしれません。皆さんもぜひ、太安万侶の多次元スパイラルパズルに挑戦して、新たな超古代の歴史を紐解いてみてください。

古代の皇祖神「天照大神」とその他の神々

太安万侶が隠しに隠した皇祖神は、大彦命こと「天香語山命」でした。この神が「伊勢の大神」と呼ばれていた、もともと皇室と関係のない日の神を祭る伊勢の地方神の正体だったのです。

皇室とは大いに関係ある神でした。伊勢神宮内宮のご祭神である天照大神こと「大日霎貴神《おおひるめむちのかみ》」が記紀の中でお祀りしていたのは、「天香語山命」だったと推察できます。さらに、皇祖神であり、日本国民の総氏神が「天香語山命」であります。もともとは高句麗国の王族であったと思われるクシナダヒメが、朝鮮半島の王家（？）のスサノオと結婚して生まれたのが、年の神こと饒速日大神でした。

クシナダヒメは、兄弟神によって殺されてしまった大国主神（年の神）の命を復活させるほどの力を持った、オロチ族、ツングース系のシャーマンでもあり、相当な超能力者であったと思われます。この神こそ、初代の天照大神ではないでしょうか。

その霊力を受け継いだのが、饒速日大神の十種の神宝でしょう。饒速日大神の妃である八上姫こと天道日女命（倭迹迹日百襲姫命《やまとととひももそひめのみこと》）も透視力に優れた超能力者と思われます。もしかしたら、オロチに連れ去られたクシナダヒメの姉と、初代？　高皇産霊神（五代孝昭天皇）の御子かもしれません。

天道日女命は、しばらくの間は対馬や北九州で朝鮮半島や中国との交易に関わっていたのだと推測されますが、饒速日大神が亡くなったあとは大和が大混乱になり、弟の吉備津彦（彦五十狭芹彦命《ひこいさせりひこのみこと》＝彦狭知命《ひこさしりのみこと》）のところにいたのではないでしょうか。大和にいたり、吉備にいたり、晩年は生まれ故郷に近い丹後にいたのではないでしょうか。クシナダヒメから受け継いだ霊力はそのまま、年の神である饒速日大神から天香語山命、天村雲命、丹波のお姫様へと、ＤＮＡをもって受け継がれ、現在の天皇家に至っているのだと思われます。

途中、「大日孁貴神《おおひるめむちのかみ》」に変わり、朝鮮半島百済の藤原家の血筋が入って、本来のシャーマンとしての能力が衰えてしまいましたが、再び能力者たち――クシナダヒメ、饒速日大神、天道日女命、そして陰に隠されていたお陰（月）の神さまたち、天香語山命、賀茂建角身命こと月読尊（天村雲命）を祭ることにより、本来の能力が復活してくるのではないかと思われます。

これは天皇家だけの話ではなく、日本人の源である神を出すことが、日本国民の力となり、次の代の原動力になると思われます。日月神示（ひふみ神示）とは、そういった日本人の源の神である造化三神からのメッセージだったと推察されます。

太古の天照大神である天香語山命のお人（神）柄が彌彦神社の由緒にあります。

《国内の悪神凶賊を教え諭し万民を撫育して、稲作・畑作を始め諸産業の基を築かれました》

この神の特徴は「教え諭し万民を撫育した（かわいがって大切に育てる）」ことだそうです。太安万侶の次元ループで投げやりになった私も、何度となく教え諭されました。年の神は、とても頼りがいのある神ではありますが、カリスマ性の強い性格で、力で押してくる、おっかない神です（火雷神と言われる理由は単なる「大イビキ」ではなく、ここにあると思います）。

しかし「天香語山命」は決して怒らず、乱されないで丁寧に面倒を見てくれる神です。意外に思われるかもしれませんが、私の中では、スサノオや貴船神社の神がこのタイプです。困ったことが起きれば、解決への道を開いてくれますし、「ここがわからない！」と訴えると、自然とわかる方向へ導いて、〝気づき〟を与えてくれました。

この本の物語は、その連続の結果、導かれたのです。突然、京都や鹿島まで行くことになったり、本屋で何気なく手に取った異なった段の二冊の本が偶然にも同じ著者だったり、たまたま目に入った事柄があとで重要な意味を持っていたり、想像していた事柄の証拠が偶然見つかったり、そういった奇跡のような出来事の連続でつくられたのです。

次のことも「天香語山命」からのメッセージと思われます。貴船神社の御神木、桂の木を調べていて、気づいたことがありました。桂の木というのは「神が宿る木」とも言われているようですが、突然、宿っていた神が「誰」だったかわかったのです。つまり、桂の木の落ち葉のように、綿あめのような甘い香りがする神がいるのです。

「国常立大神」です！

この神は、ふわっと甘い、良い香りがします（そう感じます）。桂の木に宿る神は国常立大神なのではないでしょうか。桂の木＝高い木ですから、杉などの高い木に宿る神も同じ、国常立大神なのだと思います。

私のふだんの意識の中には、天村雲命が出てきませんが、未来をつくる神として、コトシロヌシは登場してきました。コトシロヌシは今回調べてみれば、私の先祖神といわれている天香語山命でした。この神は国常立大神とともに未来への懸け橋をつくってくれた神であり、この世を次（月）の未来へと導いてくれる重要な役割を担った神です。「未来のアカシャをつくっている神」だと国常立大神に教わりました。このことから、八咫烏である天村雲命も私たちを未来へ導くために、人知れず水面下で働いている神と思われます。

そのほか伊勢神宮の神で、『倭姫命世記』にて伊勢神宮内宮の荒祭宮の祭神とされている「瀬織津姫《せおりつひめ》」という神がおります。この神は不明な点が多く、記紀にはその記述がありません。最後にこの神に関わる話と、神社で望みを叶えてくれる神の話をして、この物語を終えようと思います。

祓戸の大神たちと羽衣伝説

さて、「瀬織津姫」ですが、「近江国風土記逸文」八張口《やはりぐち》神社・佐久那太李《さくなだり》神のところに《近江の風土記にいう。八張口神社。忌伊勢《おいせ》の佐久那太李の神と瀬織津比咩とをお祭りする。云々》と出てきますが、情報はそれだけです。

私の感覚では、穂屋姫が怪しいと思いますが、どうでしょう。穂屋姫は「海部氏勘注系図」によると、饒速日大神／年の神とイチキシマヒメとの子で、天香語山命の妻になった姫です。私はこのとき、イチキシマヒメ、伊怒姫／スセリビメ、天道日女命を混同していました。饒速日大神の妃で穂屋姫の母親である埴安媛（イチキシマヒメ？）は、娘の穂屋姫と謀反を起こそうと、武埴安彦（ホアカリ？　狭野？）とその妻の阿田媛と手を組んで、彼らを大和へ導き、大和に大混乱を起こした張本人ということで、ご先祖さまの天香語山命は穂屋姫を「斬った」と言っていましたが、「瀬織津姫」の性質が祓戸の神であるという点と、川の急流という点から、大和の大混乱を起こした罪として、穂屋姫は、兄（弟？）の悪い子ホアカリ、埴安媛（イチキシマヒメ？）と同じように籠に入れられて、流されたのではないかと考えてみました。それが「瀬織津姫」につながるのではないでしょうか。大祓詞《おおはらえことば》の中に、祓戸の神は四神いるらしいのです。いろいろと調べてみて、祝詞の中でその四神に関する記述を抜き出して、私なりに解釈してみました。

《祓い清められた罪は山から川となり、渓流となって勢いよく流れ、さくなだりに落ちてそこにいる「瀬織津姫」によって、大海原へ運ばれ、荒潮にいる「速開都比売《はやあきつひめ》神」が飲み込んで、根の国に通じる気吹戸《いぶきど》にいる「気吹戸主《いぶきどぬし》神」が、それらの罪を根の国の底に吹き飛ばし、そこにいる「速佐須良比売《はやさすらひめ》神」よ、祓い清め給え。天の神、地上の神、八百万の神々よ、聞き届け給え》

「気吹戸主神」は波風を起こした「悪い子ホアカリ」とし、「速佐須良比売神」をスサノオの御子であるスセリビメとすると、「速開都比売神」だけ残ってしまいました。『日本書紀』によれば、「速秋津日命《はやあきつひのみこと》」は「水門《みなと》の神たち」とありますから、諸外国の窓口になっていた卑弥呼の跡を継いだトヨである「萬幡豊秋津師比売命《よろずはたとよあきつしひめのみこと》」（栲幡千千姫命）としてみましたが、どうでしょう。

　大祓詞《おおはらえことば》の全文は、私の解釈では次のような内容です。

《高天原にいる神々の御仰せで降ろされたニニギが国中を平定し、倭（大和）の国に住み、安泰に統治していく中で、国で起きる過ち罪を天の神にならって、祓いの太祝詞を唱えれば、天の神、地上の神がこれを聞き分け、罪を祓うでしょう。それは重い雲や朝霧を吹き払うように、大きな港に繋がれている船が大海原へ押し放たれるように、彼方に繁っている木々を焼きの入った鋭い鎌で打ち払うように、罪という罪を祓い清め給え（ここから先ほどの祓戸の四神へつながります）》

これらを眺めていて、ふと思ったのですよ。これは平和に過ごしていた大和がお家騒動で大混乱になった、悲しい思い出を再び起こさせないように、天香語山命や天村雲命たちが残した詞《ことば》なのではないでしょうか。

ここで、再び、伊佐奈子《いさなご》岳の悲しい伝説が蘇ってきました。「丹後国風土記逸文」奈具社にあります豊宇加能売《とようかのめ》の命（豊受大神）の羽衣伝説を見直してみました。次のような話です。

●あらすじ

比治の山頂にある真奈井という泉に天女が八人降りてきて、水浴びをします。そこに和奈佐《わなさ》老夫婦がやってきて、天女一人の衣装を隠してしまいます。帰れなくなった天女は、体を隠して一人で恥じていました。

その天女に、老夫が頼みごとをしました。

ました。

「私たちの子供になってくれないか？」

「私だけが人間界に留まってしまった。どうして従わないでいられましょう。ですから、どうか衣装をお返しください」と天女が答えます。

するると、老夫は「天の乙女よ、どうして私を欺こうとする心をいだくのか」と言いました。

「すべて天人の志というものは真実をもって根本としています。どうして疑いの心を多く持って、私の衣装を返してくれないのですか」

「疑いの心が多く真実の心がないのは地上の人間の常である。だから、この心で返すまいと思っただけだ」と言って、老夫は衣装を返し、天女は老夫婦と一緒に住みます。

この天女は酒を醸し、土地も肥えさせ、やがて老夫婦は豊かになっていきます。すると老夫婦は、その後「お前は私の子ではない。しばらくの間この家に住んでいただけである。早く出ていきなさい」と言います。

天女は天を仰いで泣き、地に伏して悲しみ嘆き、老夫婦に「私は自分の意志でここへ来たのではありません。あなた方が願ったからです。どうして、嫌い憎む気持ちを起こして急に追い出し捨てるひどい心を持つのでしょうか」と訴えます。

しかし、老夫はますます怒って、立ち去ることを求めました。

天女は長い間、人間の世にいたので、天に還ることもできず、親戚も知人もいないのでどうしたらよいかわからず、さまよいます。荒塩の村では「老夫婦の心を思うと、私の心は激しい潮の流れと異なることがない」と言います。最後に竹野《たかの》郡舟木の里の奈具の村に行きつき、そこで村人に「この場所で私の心は穏やかになった（心穏やかな状態を「ナグシ」というそうです）」と言って、天女はこの村に住むことになりました。

老夫の「和奈佐《わなさ》」とは「伊佐奈子岳《いさなごだけ》」がひっくり返った「伊奈佐《いなさ》」ではないでしょうか？「伊奈佐」は出雲の稲佐の浜に通じそうです。一方、徳島県海部《かいふ》郡に「和奈佐意富曾《おうそ》神社」があります。地名からして、この伝説には丹後の籠神社（海部《あまべ》氏）が関係していそうです。あっ!! うっそ〜!! 「和奈佐意富曾《わなさおうそ》」って「罠《わな》さ大嘘《おおうそ》」じゃないですか!? 海部氏にやられた〜。

疑う心はニニギとコノハナサクヤヒメの火中出産や、アマテラスとスサノオの関係に似ています（はっ！ もしかしたら、謀反を起こしたのは酢を醸すコノハナサクヤヒメである吾田姫かもしれませんねぇ）。

豊宇加能売《とようかのめ》の命（イチキシマヒメもしくはスセリビメ／伊怒姫）は、年の神が亡くなった崇神天皇の時代に、天香語山命、天村雲命に対して謀反を起こし、大和に大混乱を起こさせた罪で追放され、流されたのでは？ スセリビメは気性の激しい姫として『古事記』に書かれていますし、伊怒姫の「怒」がそれを物語っているように感じます。そして竹野《たかの》郡舟木の里で罪が祓われ、心穏やかになり亡くなったのでしょう。それが「速佐須良比売神《はやさすらひめ》」の〝罪を祓う〟＝穏やかになる、ということのようです。その後、まったく関係のない羽衣伝説と饒速日大神の妻である豊宇加能売の命と豊受大神（ウガノミタマノ神、年の神、饒速日大神）とを海部氏によって混同させられたのではないでしょうか。妻の豊宇加能売の命は、時代が下がって、伊勢神宮外宮である豊受大神宮の荒御魂として、多賀宮（高宮）に鎮座されたものと思います……!?

ここで再び疑問が湧いてきました。天皇家に謀反を起こした神を、天皇家ゆかりの神社（伊勢神宮外宮）にわざわざ祀るはずは〝ない〟のでは？　これはイチキシマヒメもしくはスセリビメである伊怒姫は荒御魂では〝ない〟ということを意味しているようです。豊受大神と豊宇加能売の命は伊勢神宮外宮とは無関係の別の神で、イチキシマヒメやスセリビメ／伊怒姫ではない。

……そうだ、スセリビメ／伊怒姫はスサノオの娘で出雲の神です！　そして、穂屋姫は伊怒姫の御子だ！　また海部氏にだまされた〜。

「●11／29　陛下のお言葉？」の中で、陛下がおっしゃった「出雲神の中には、宮中の意識をよく思っていない神がいることを、心に置いておかれますよう……」が妙に気になりました。大和政権に反旗を翻したのは、出雲の正室／スセリビメである伊怒姫だったのです。

ならば、どのように追放されたのかは、『日本書紀』のスサノオのところにあります。スセリビメと、御子の悪い子ホアカリの罪はスサノオの罪として書かれているようです。手足の爪は、はぎ取られ、長雨が降る中、宿も拒否され放浪……その末、ようやく竹野《たかの》郡舟木の里の奈具の村で、心穏やかに処刑された（流された）のだと思います。スセリビメは年の神の正室ですから、正当な跡継ぎである御子のホアカリを立てたのでしょうね。でも、年の神は長男の天香語山命に皇位を譲ったのでした（おお、危ない、危ない。ここでは、太安万侶の次元ループに引っかかるところでした……汗）。

であれば、宗像三女神のイチキシマヒメは誰かというと、側室／天道日女命（八上姫・卑弥呼）でしょう。竹野郡舟木の里で伊怒姫を慰めたのは、「瀬織津姫」ことイチキシマヒメである天道日女命ではないでしょうか。このとき「天香語山命」の妻の穂屋姫も追放されたか流されたと思います。『古事記』の年の神／大年神の系譜に、香用比売《かぐよひめ》と結婚して生んだ子は、大香山戸臣神《おおかぐやまとみのかみ》、次に年御神《としのみかみ》の二神とあります。『先代旧事本紀』では年御神が「御年《みとし》の神」となっています。大香山戸臣神は名前からして「天香語山命」だと思われます。「天香語山命」の妹が「御年の神」だったのです。

ならば、香用比売は「天道日女命」であり、イチキシマヒメとなり、牛にこだわる「御年の神」はトヨの萬幡豊秋津師比売命《よろずはたとよあきつしひめのみこと》（栲幡千千姫命＝丹生都比売《にうつひめ》＝稚日女命《わかひるめのみこと》）になります。栲幡千千姫命の母親は「火之戸幡姫《ほのとはたひめ》」でしたから、火之戸幡姫は瀬織津姫である天道日女命であり、香用比売であり、八上姫でしょう。

　香用比売は〃かぐや姫〃に通じます。おお、神々の事情がだいぶ明らかになってきました。

　八上姫のことを調べてみますと、売沼神社《めぬまじんじゃ》に祀られているようです。鳥取市公式ウエブサイトによれば、《「延喜式神名帳」（九二七年）に、八上郡「売沼《ひめの》神社」と記されているのが、現在の「売沼《めぬま》神社」です》とありました。きっと、もとは「比売《ひめ》」沼《ぬま》神社だったと思われます（沼に注目）。意図的に「比」を取って分割。「比」は晩年、丹後に向かった八上姫として丹後に置き去られたのだと思います。『風土記』にある「比治の山の頂にある真奈井という泉」が本来は比売沼なのでしょうね。この井戸を掘ったのは天道日女命でした。比沼、比治、比沼眞名井、比沼麻奈為《ひぬまない》神社。須沼比（比賣沼《ひめぬま》）の神の娘は「伊怒姫」ではなく「栲幡千千姫命」でした！　八上姫も隠したーい神だったのでしょう〜。ところで、八上姫って比売神かしら？　八幡神社に祀られている比売神と同神ではないでしょうか。

　八幡神社の総本宮である宇佐神宮では宗像三女神を祭神としています。さらに、ウィキペディア「比売神」には《比売大神は宇佐神宮南方に位置する御許山に降臨したとされるが、大分県杵築市の奈多宮では、沖合に浮かぶ市杵島（または厳島）と呼ばれる岩礁に比売大神が降臨したと伝えられる》とあります。比売神＝イチキシマヒメもこれで確定のようです。宇佐神宮の「宇佐《うさ》」は因幡の白兎のことかもしれません。

天道日女命＝イチキシマヒメ＝豊受大神の荒御魂（内宮の荒祭宮？　瀬織津姫）＝香用比売姫《かぐよひめ》＝稲羽八上比売命＝卑弥呼＝比売大神（八幡神社）

となれば、八幡大神は応神天皇（誉田別命《ほんだわけのみこと》）ではなく、年の神／饒速日大神と言えそうです。八幡神社へ行くと、いつも年の神がいるので、個人的に「八幡神社＝年の神」と思っていましたが、これで納得がいきました。

大和の悲劇から、これらのことに気づいたとき、私のご先祖さまである天香語山命が、ボソッと「人というのは、つまらぬものに惹かれるものよ。それでは、世はつとまらん」と言っていましたっけ。ご先祖さまのなんともいえぬ、やりきれない気持ちが伝わってきました。ふう～。

この祓戸の話は、国常立大神のところでお話しした「神々のストーリー」の川の流れの話に似ているようにも思います。私たちの罪も瀬織津姫によって祓われるのかもしれません。

丑の刻参りのありがた～い神

今回のこの仕事に対して、ご先祖さまである天香語山命は「千春にはずいぶんと世話になった」と何度も何度も言っていました。「何か望みをかなえてやろう。何がよいか？」とも言ってくれましたが、今まで神々にそのようなことを言われたことがない私は、このとき自分に望みがないことに気がつき、「このまま神々の声が聞こえればいいです」とだけ伝えたと記憶しています。

なぜ、この神は、単なる人間の私にそこまで気を遣ってくれるのか、とても不思議な感じを受けましたが、これが貴船神社に伝わる「丑の刻参り」という藁人形を御神木（桂の木）に打ち付ける呪い（呪詛）の根源かもしれないと思いました。

「丑の刻参り」というのは、呪詛ではなく、本来は望みをかなえてやろうという神の気遣いなのだと思います。それが一般に祈願という形になったと思われます。貴船系の神社へ行くと、私に言葉をかけてくれるのは本来貴船神社のご祭神と思われる年の神ではありません。私の感覚では、天香語山命のようなのです。

貴船明神が降臨した「丑の年の丑の月の丑の日の丑の刻」に参詣すると心願成就するという伝承から、貴船明神は「天香語山命」ではないかと思われます。丑月を調べてみると、旧暦では一二月のことで、新暦では一月から二月初めの頃のようです。貴船神社末社の〝牛一社〟（ご祭神が木花開耶姫命〈古伝に牛鬼〉）の例祭が二月一五日とあります。この日を二回目の丑の日とすれば、二月初めの一回目の丑の日は三日になります。丑月の丑の日が二月三日になりそうです。彌彦神社のホームページによると、《伊夜日子大神様は……二月二日に越の国開拓の神業を終えられ神去り坐した》

とありましたから、神去りした次の日の三日に「天香語山命／九代開化天皇」が貴船明神（もとは天照大神）として、キリストのように復活し、降臨したのではないでしょうか。私の話の中では、因幡の八上比売の御子を「天香語山命」としましたので、八上比売の御子神の名前が「天香語山命」の別名になりそうです。

神が降臨する樹木の二又の神「木俣の神」、もしくは樹木を育む泉の神としての「御井の神」です。つまり、「天香語山命」は木の神でもあり、水の神でもあるのです。そんな理由から、貴船神社のご祭神「高龗《たかおかみ》」（水の神）は、やっぱり「天香語山命」だと思われます。ご祭神、年の神／饒速日大神から大和系変化を遂げた貴船明神は、農業の神で水の神である「天香語山命」と言えそうです。おそらく二月三日の節分の鬼（牛）の正体は「天香語山命」でしょう。そして、〝牛一社〟のご祭神である牛鬼の正体は、牛にやたらとこだわる妹・御年の神＝栲幡千千姫命でしょう。この神はなぜ〝牛鬼〟になったのかはわかりませんでしたが、祓戸の神になった理由はここにありそうです。赤い辰砂の神である丹生都比売神から、はかない水銀鉱山という意味で「木花開耶姫命」になったのでしょうか。

はっ！　突然ですが、ここであることに気づきました。ああ、なんだ、そうだったかぁ〜!!　いやはや、なんとも、アマテラスのブレーンである思兼神が誰だか突然わかりました。栲幡千千姫命のお兄さんじゃないですか!?　私のご先祖さま！　栲幡千千姫命が高橋神社のご祭神であったのは、高橋氏のご先祖さまだったからでした！「賢所」のお名前、そのままじゃないのぉ～、もう～、なんで言ってくれないのぉ～。

宮中の「賢所」は、年の神ではなく、「思兼神」だったのです！（もしくは三神か？）神社で願いを叶えてくれる神も知恵を授けてくれる神も、朝鮮半島系渡来氏族の陰陽師が信仰している聖神も、伊勢神宮内宮の正宮も、「天香語山命／事代主神／九代開化天皇」こと「思兼神」だったのです!!（そして、この神の目印は「春」です。春日、御子の表春・下春など）

その正体は丑寅の鬼門の神で、艮《うしとら》の金神《こんじん》です。

ウシトラ、ミイさん、カラス……とくれば、あ、ここで、余談ですが、またあることに気がつきました。天香語山命が「丑・土」であるなら、年の神は「午・火」、もしくは蛇の「巳・火」でしょう。三輪の大物主大神の化身が白蛇《みいさん》であり、お稲荷さんであるウガノミタマノ神は、鎌倉長谷寺で鏡餅と間違えた〝蛇〟でした。天村雲命は八咫烏ですからカラスで「酉・金」。

この「丑」「巳」「酉」ですが、占いの用語で三合局というものになり、一気に金の性質が強くなります。金は水を生みます。つまり、この三柱は水の神でもあるのです。普通の人でしたら、「大金もちになる卦」と言いたいところですが、年の神、天香語山命、天村雲命はニッポン国の神であり、仕事柄から考えて、この神々を手厚くお祀りすれば、もしかしたら、もしかしたら、もしかしたら、日本で有用なレアメタルが大量に発見され、再び日本は大資源国、大富豪国家になれるかもしれませんねぇ〜!!

造化三神とは大富豪のありがた〜い神だったのです!

　えっと、話を戻します。というように、「天香語山命」は、私たち国民を気遣い、寄り添ってくれる天皇としての在り方そのものなのだと思います。日本人が古来からよく働くのは、そんなアマテル神の「おかげ」かもしれません。皆さんもこの神の温かい心に触れたら、きっと、がんばろう!　と思われることと思いますよ。

思いやる気持ち

明治天皇の後を追って殉死し、昭和天皇の教育係も務めた乃木希典《のぎまれすけ》が、明治時代、大国と戦って（日清戦争、日露戦争）勝ったのは、敗戦国を手厚くもてなす、そういった日本古来の思想が根底にあったからだと言っています。乃木将軍が亡くなり、第二次大戦のときはその思想も薄れ、ただ賢所の力だけを信じたのが、その結果になってしまったのではないでしょうか。

しかし、戦後の大混乱と復興のさなか、昭和天皇の全国巡行によって、どれだけの国民が癒され、頑張れたことでしょう。それが戦後の目覚ましい高度経済成長の時代へとつながったのだと思います。ところが、時代が下るにつれ、戦後生まれの私たちの意識から天皇という存在は薄れてしまいました。

今回、皇居勤労奉仕に参加したことで、賢所や陛下の裏意識より言葉を頂戴し、調べていくうちに、太古の日本から伝わる皇室や私のご先祖さまのことを初めて知りました。皇室は、私たちの手の届かない別世界の人たちだと思い込んで、勝手に線を引き、平民の私たちとは区別していた私でした。昭和天皇同様に上皇陛下も、天変地異（東日本大震災）による大混乱のさなかを巡行し、被災者に寄り添ってくださったのでした。

そのように『日本書紀』『古事記』『風土記』を読むと、天皇や皇后の日本各国の巡行は太古から行っていたことのようです。歴代天皇は陰からそっと、私たちの安寧を願って、私たち平民に寄り添ってくださっていたのです。記紀などを読み、そのお考えに触れたとき、皇室のお考えの大きさに驚きました。私たち日本人は独りぼっちではありません。歴代の陛下がいつもそばで、私たち一人ひとりの安寧を願ってくださっているのです。それが、日本国民の原動力になっていたのです。

今の日本人にそのお考えがわかる方がどれだけいるか考えさせられました。神の大きな愛に包まれているのに、神を知らない日本人。このままですと、太古から続く日本という国はなくなってしまうのかもしれません。ご先祖さまや陛下の裏の意識は、日本の本来の思想を失いつつある今日だから、私にそのお考えを伝えたかったのだと思います。

世はすでに令和の時代を迎え、本文に加筆できる最後の最後の段になって、何気にめくった「ホツマツタヱ」（今村聰夫）に豊受大神と天照大神の墓が丹後にある記述を見つけました！　もう間違いはないでしょう。皇祖神である年の神と天香語山命は、青いガラスのくしろとともに、すでに私たちの前に現れていたのでした。今後、両大神の力が私たちに及ぶようになります。また、日本古来の他者を思いやる気持ちや、頑張ろう！　という気持ちが復活してくると思われます。この先、その気持ちを世界に向けて発信し、今度は世界を統一していくのが私たち大和の子孫の役割だと感じました。

ひふみ神示の言葉

……神示《ふで》では0123456789 10と示し、その裏に10 9876543210があるぞ。〇九十（マコト）の誠《まこと》であるぞ、合わせて二二、冨士（普字・不二）であるぞ。神示の始めに示してあろう。二二（冨士）は晴れたり日本晴れぞ。

（至恩之巻　第二帖）

この時代には一二三四五六七八九十の数と言葉で、死者も蘇る程の力があったのであるなれど段々と曇りが出て来て、これだけでは、役にたたんことになって来たのぞ。

岩戸開きの鍵であったが、今度の岩戸には役にたたんようになったのであるぞ。はじめに⦿がなくてはならん、⦿は神ぞ。

（至恩之巻　第四帖）

元は五で固めたのぢや、天のあり方、天なる父は五であるぞ。それを中心として、ものが弥栄えゆく仕組、それを人民は自分の頭で四とみたから行き詰まって世界の難渋であるぞ。手や足の指は何故に五本であるか、誰にも判るまいがな。

（極め之巻　第八帖）

国常立大神も素戔嗚命も大国主命も、総て地（知）にゆかりのある神々は皆、九（光）と十（透）の世界に居られて時の来るのをおまちになってゐたのであるぞ、地は知の神が治《し》らすのぞと知らせてあろうが、天運正にめぐり来て、千（智）引きの岩戸（言答）はひらかれて、これら地（智）にゆかりのある大神達が現れなされたのであるぞ、これが岩戸ひらきの真相であり、誠《まこと》を知る鍵であるぞ。

（至恩之巻　第十帖）

……二二と申すのは天照大神殿の十種《とくさ》の神宝にヽ（テン）を入れることであるぞ、これが一厘の仕組、なりなりあまるナルトの仕組。冨士（不二）と鳴門（成答）の仕組いよいよぞ、これがわかりたなら、どんな人民も腰を抜かすぞ。……なりなりて十とひらき、二十二となるぞ、冨士（普字）晴れるぞ、大真理世にでるぞ、新しき太陽うまれるのであるぞ。

（至恩之巻　第十六帖）

アナウンス4

♪ピンポンポンポポ〜ン♪

「この列車は、月《つぎ》の宇宙圏に到着し、これより先、水平次元走行へと移ります。皆さまの御霊《みたま》の次元ロックを解除いたしました。ただいまをもちまして、列車中央部にありますリフレッシュ車両のご利用を終了させていただきます。

間もなく終着駅『冨士（二二）の高嶺』駅へ到着いたします。定次元での到着となります。今、入りました情報によりますと、『冨士（二二）の高嶺』駅は大変、見晴らしがよく、約一九〇〇年ぶりに快晴とのことです。展望台へお進みのお客様は、降りましたプラットホーム二二番ゲートへお進みください。

次元間横断鉄道『666（miroku）』に長らくのご乗車、お疲れ様でした。どなた様もお忘れ物ございませんよう、お手回り品のお確かめをお願いいたします。

この列車は自動運転で運行してまいりました。途中、時空間の乱れの激しいところを通過し、皆さまには大変、御迷惑をおかけいたしましたこと、深くお詫び申し上げます。車掌はかぐや姫こと〝セシャト〟でお届けいたしました。長らくのご乗車お疲れさまでした。間もなく、終点『冨士（二二）の高嶺』駅です」

駅構内放送
「冨士（二二）の高嶺駅～、冨士（二二）の高嶺駅～、この列車の終着点、冨士（二二）の高嶺駅でございます。お忘れ物、落とし物ございませんよう、今一度、お確かめください。展望台をご利用のお客様へのご案内です。本日、一九〇〇年ぶり快挙の日本晴れとなり、ふだんは「雲に閉ざされ決して見ること叶わず、見れば一生の徳を得る」といわれている天隠山《あめのかぐやま》の全貌と、中秋の名地球が同時にご覧いただけます。そのため展望台は大変混みあっておりますため、押しあわず、順序よく二二番ゲートへお進みください」
…ザワザワザワ…。

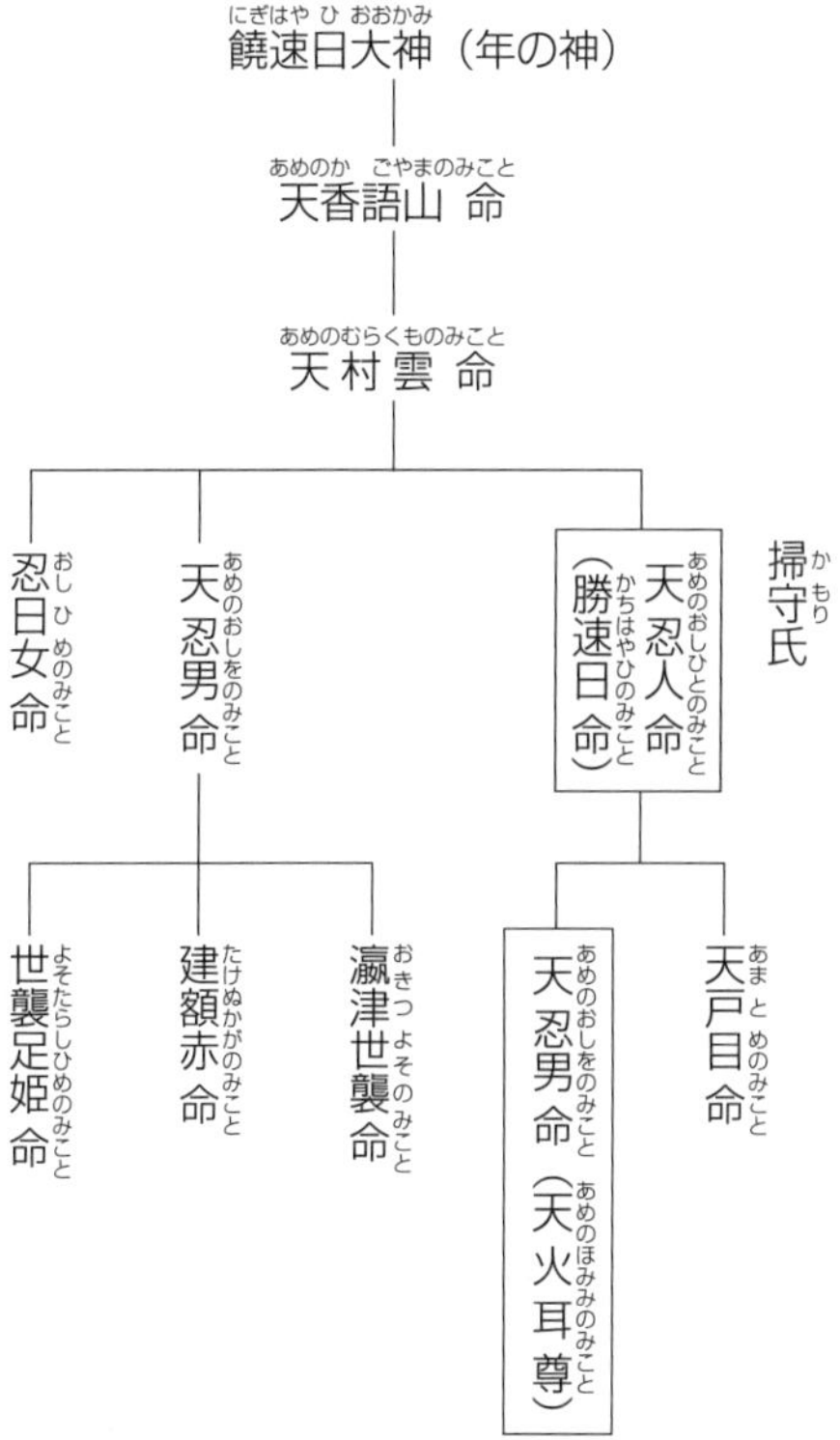

図１　オシホミミの系図（先代旧事本紀より）

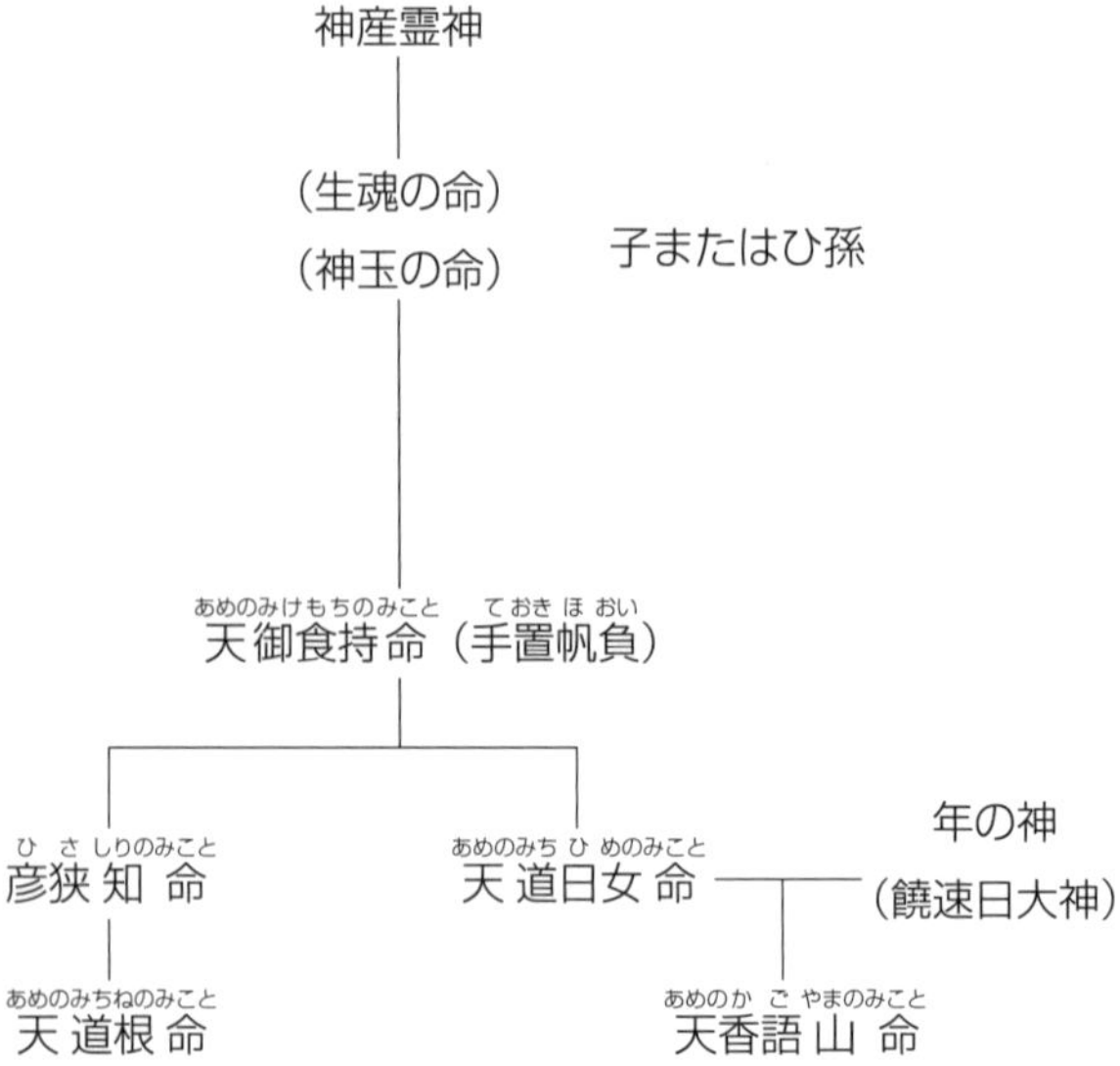
神産霊神
（生魂の命）
（神玉の命）
子またはひ孫
天御食持命《あめのみけもちのみこと》（手置帆負《ておきほおい》）
年の神
（饒速日大神）
彦狭知命《ひさしりのみこと》
天道日女命《あめのみちひめのみこと》
天道根命《あめのみちねのみこと》
天香語山命《あめのかごやまのみこと》

図２　神産霊神の系譜

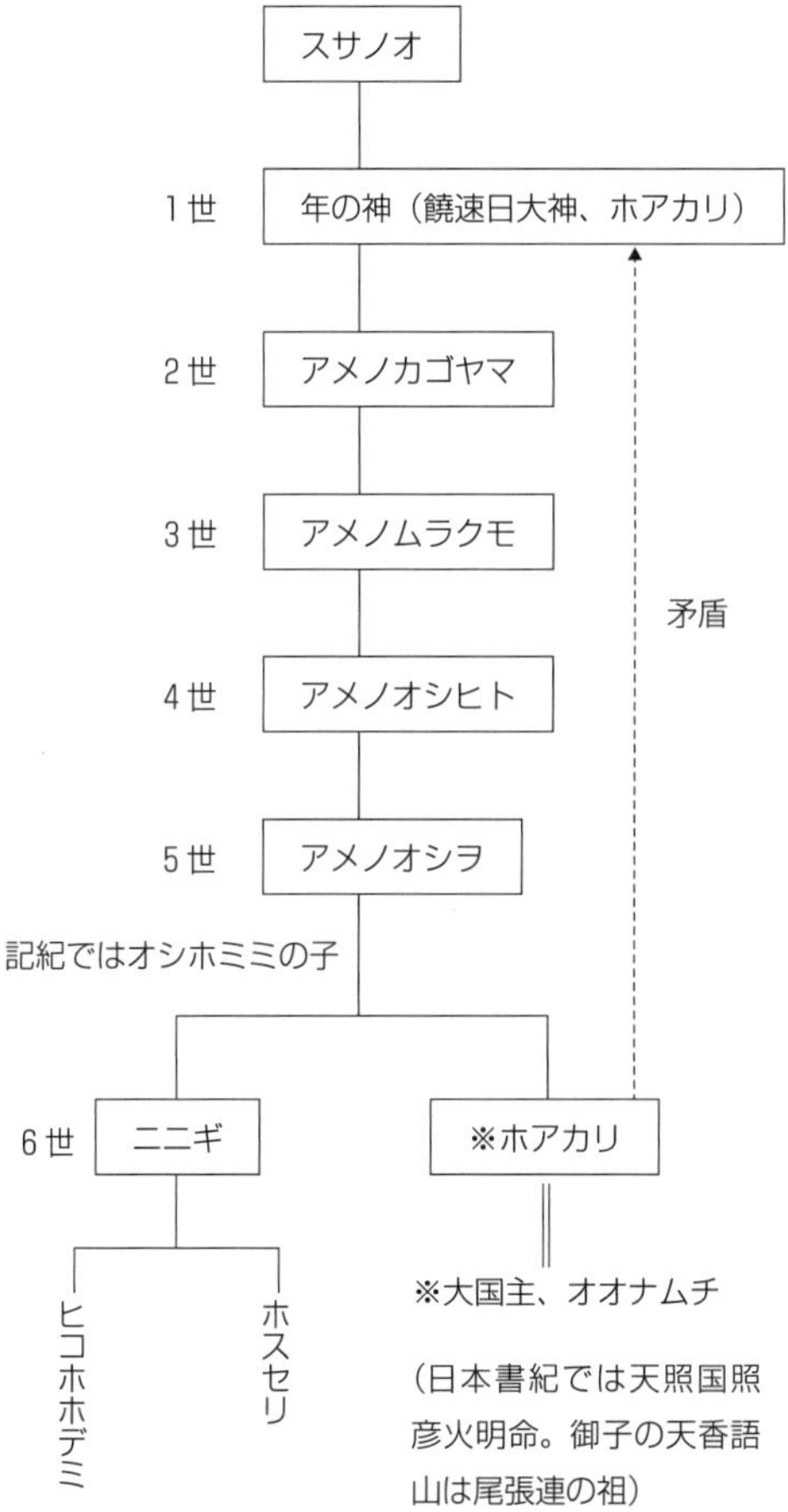
スサノオ
1世
年の神（饒速日大神、ホアカリ）
2世
アメノカゴヤマ
3世
アメノムラクモ
矛盾
4世
アメノオシヒト
5世
アメノオシヲ
記紀ではオシホミミの子
6世
ニニギ
※ホアカリ
ヒコホホデミ
ホスセリ
※大国主、オオナムチ
（日本書紀では天照国照
彦火明命。御子の天香語
山は尾張連の祖）

図3　おおいなる“矛盾”

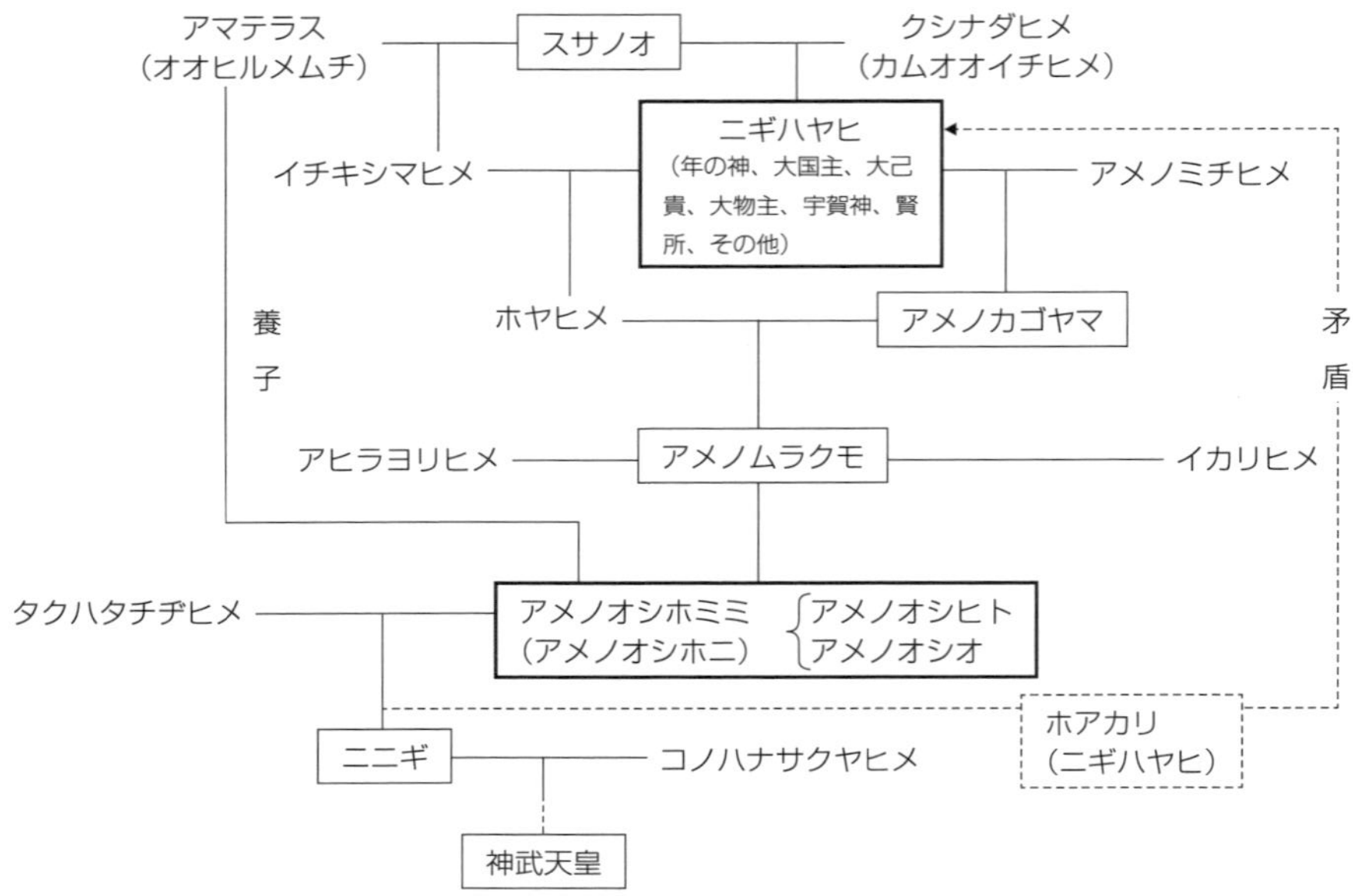
アマテラス
（オオヒルメムチ）
スサノオ
クシナダヒメ
（カムオオイチヒメ）
ニギハヤヒ
（年の神、大国主、大己貴、大物主、宇賀神、賢所、その他）
イチキシマヒメ
アメノミチヒメ
養子
ホヤヒメ
アメノカゴヤマ
矛盾
アヒラヨリヒメ
アメノムラクモ
イカリヒメ
タクハタチヂヒメ
アメノオシホミミ
（アメノオシホニ）
アメノオシヒト
アメノオシオ
ホアカリ
（ニギハヤヒ）
ニニギ
コノハナサクヤヒメ
神武天皇

図 4　饒速日大神の系譜

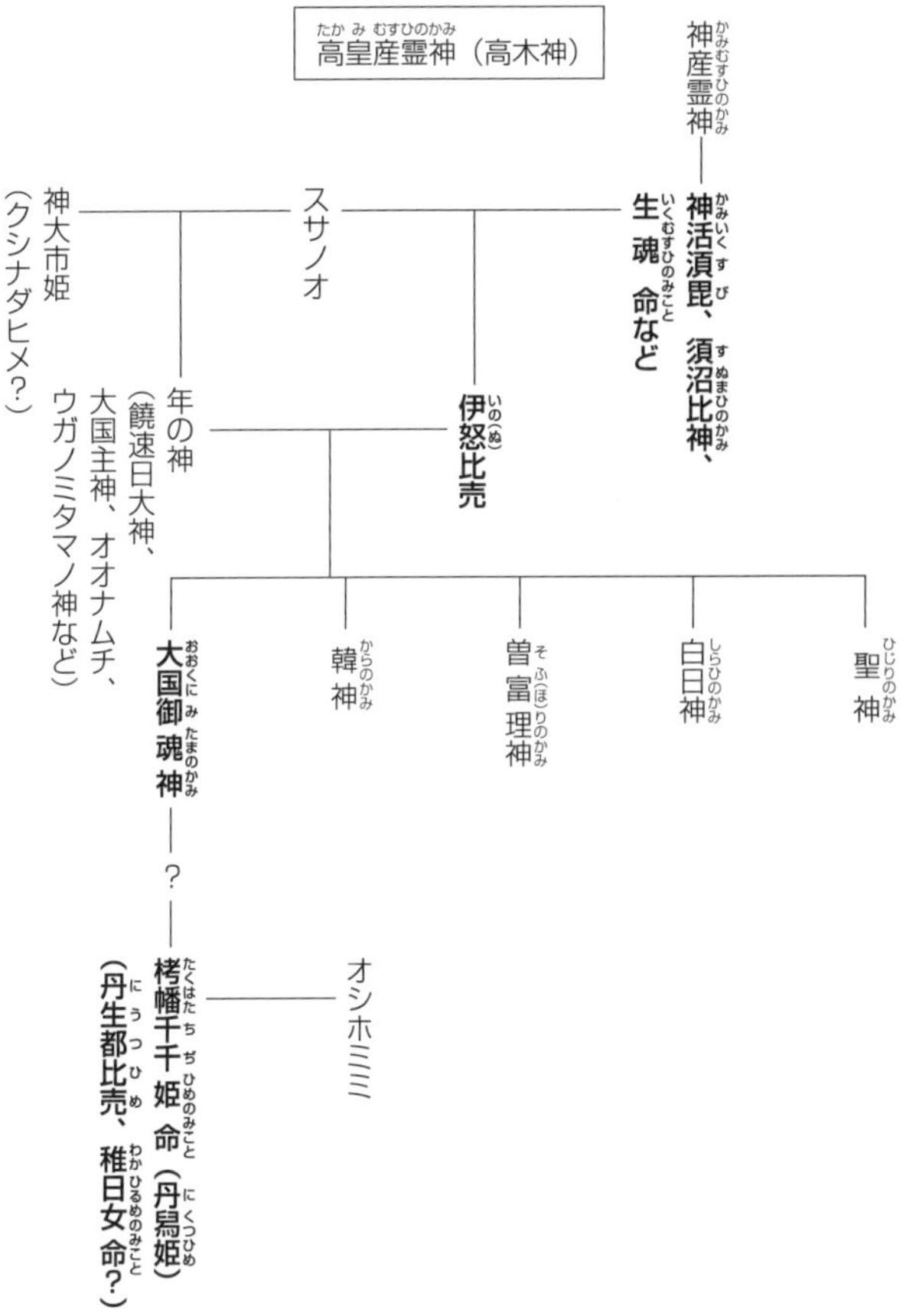

図5　年の神と伊怒《いの(ぬ)》姫の御子神

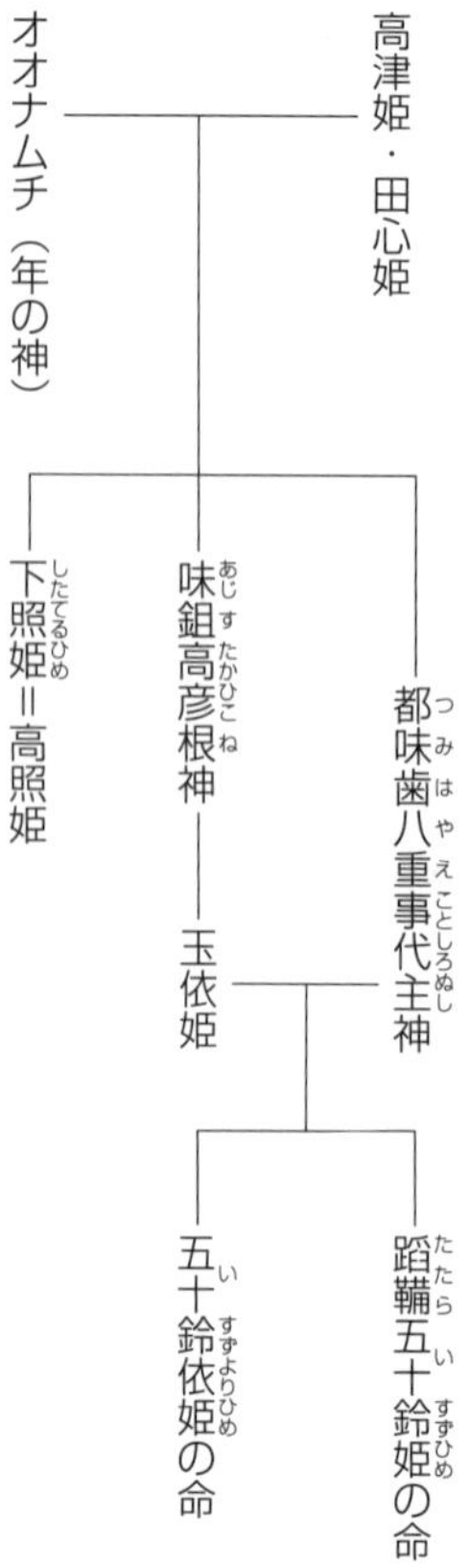

図６　事代主神と味鉏高彦根神の系譜

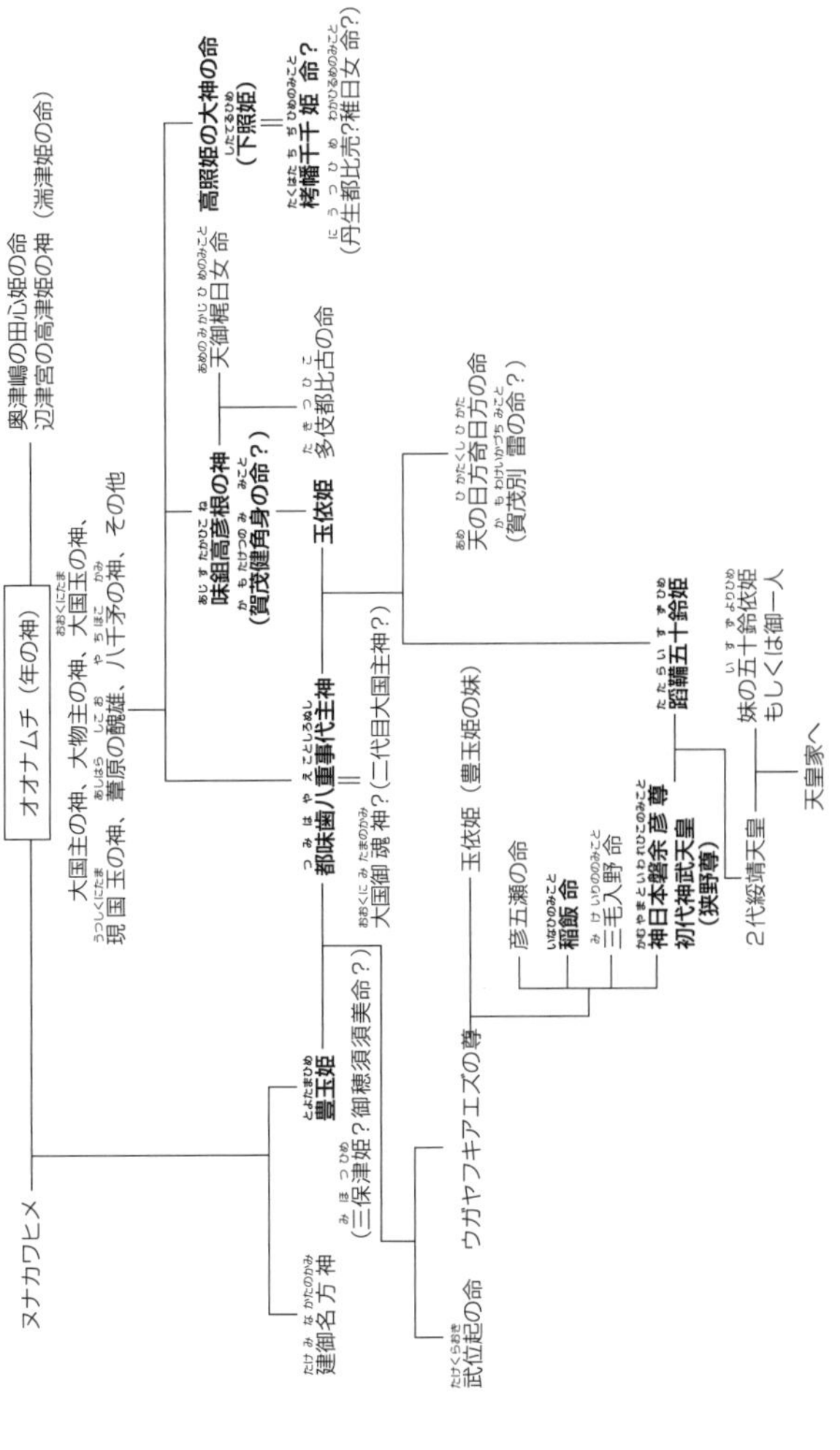

オオナムチ（年の神）
奥津嶋の田心姫の命
辺津宮の高津姫の神（湍津姫の命）
大国主の神、大物主の神、大国玉《おおくにたま》の神、
現国玉《うつしくにたま》の神、葦原《あしはら》の醜雄《しこお》、八千矛《やちほこ》の神《かみ》、その他
高照姫の大神の命
（下照姫《したてるひめ》）
＝
栲幡千千姫命《たくはたちぢひめのみこと》？
（丹生都比売《にうつひめ》？稚日女命《わかひるめのみこと》？）
味鉏高彦根《あじすたかひこね》の神
（賀茂健角身《かもたけつのみ》の命《みこと》？）
天御梶日女命《あめのみかじひめのみこと》
多伎都比古《たきつひこ》の命
玉依姫
天《あめ》の日方奇日方《ひかたくしひかた》の命
（賀茂別雷《かもわけいかづち》の命《みこと》？）
都味歯八重事代主神《つみはやえことしろぬし》
＝
大国御魂神《おおくにみたまのかみ》？（二代目大国主神？）
踏鞴五十鈴姫《たたらいすずひめ》
妹の五十鈴依姫《いすずよりひめ》
もしくは御一人
玉依姫（豊玉姫の妹）
彦五瀬の命
稲飯命《いなひのみこと》
三毛入野命《みけいりののみこと》
神日本磐余彦尊《かむやまといわれひこのみこと》
初代神武天皇
（狭野尊）
2代綏靖天皇
天皇家へ
ヌナカワヒメ
豊玉姫《とよたまひめ》
（三保津姫《みほつひめ》？御穂須須美命？）
ウガヤフキアエズの尊
建御名方神《たけみなかたのかみ》
武位起《たけくらおき》の命

図7　オオナムチの系譜

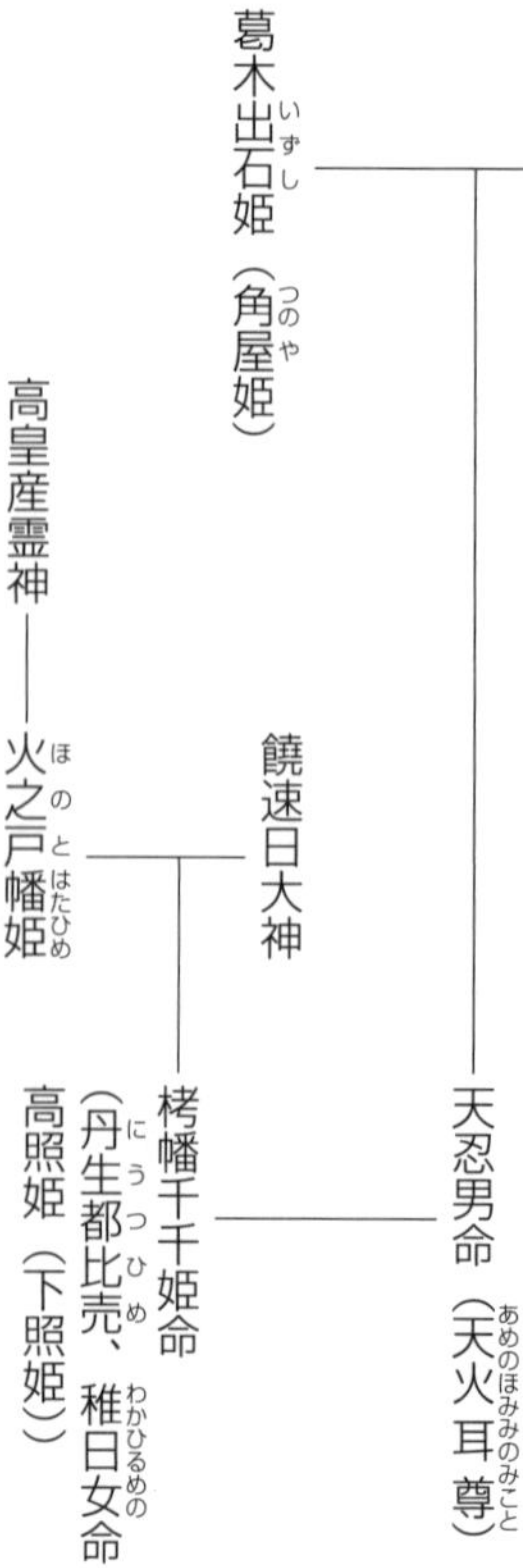

図8　栲幡千千姫命の系譜

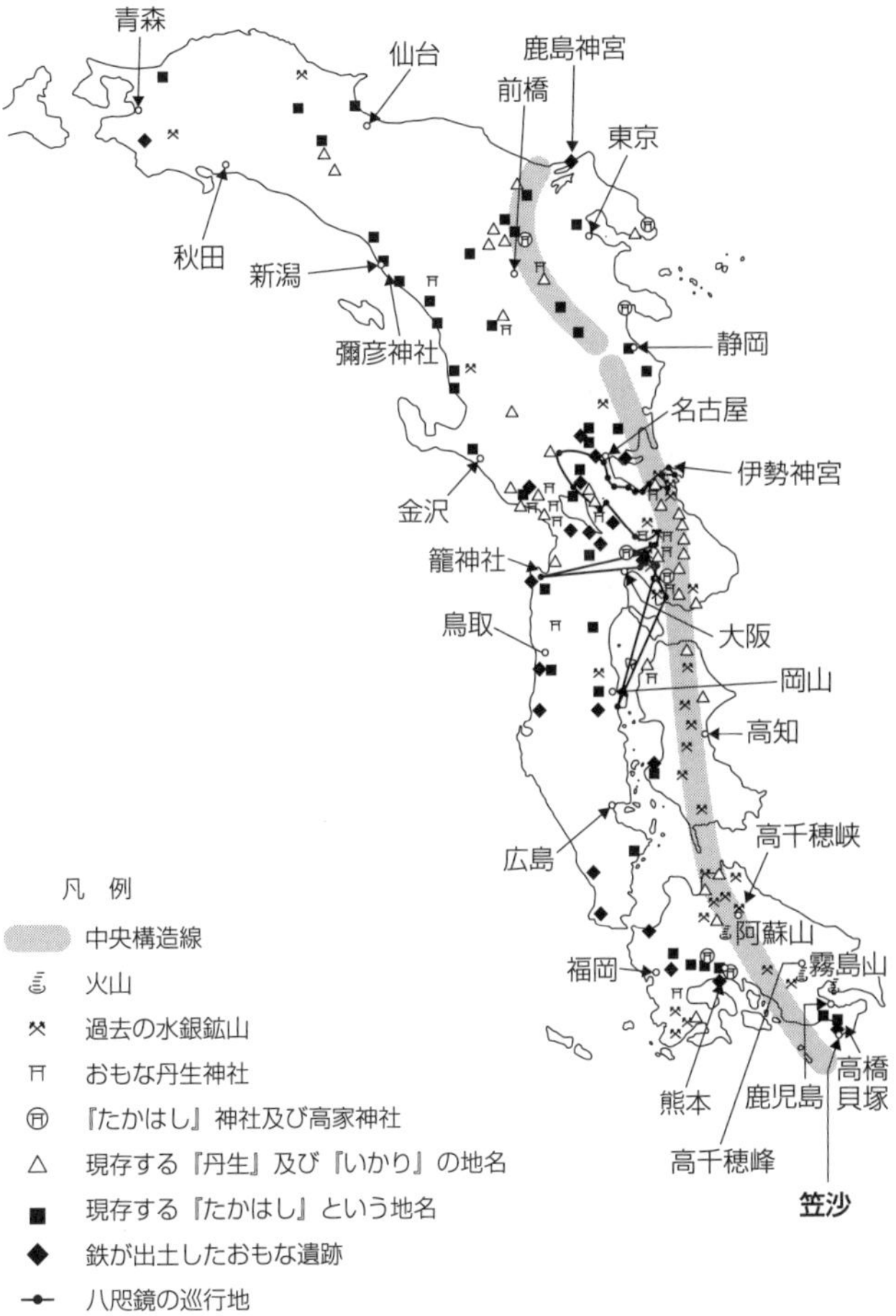
青森
仙台
鹿島神宮
前橋
東京
秋田
新潟
彌彦神社
静岡
名古屋
伊勢神宮
金沢
籠神社
鳥取
大阪
岡山
高知
広島
高千穂峡
阿蘇山
福岡
霧島山
熊本
鹿児島
高橋
貝塚
高千穂峰
笠沙
凡　例
中央構造線
火山
過去の水銀鉱山
おもな丹生神社
『たかはし』神社及び高家神社
現存する『丹生』及び『いかり』の地名
現存する『たかはし』という地名
鉄が出土したおもな遺跡
八咫鏡の巡行地

図 9　日本地図と中央構造線

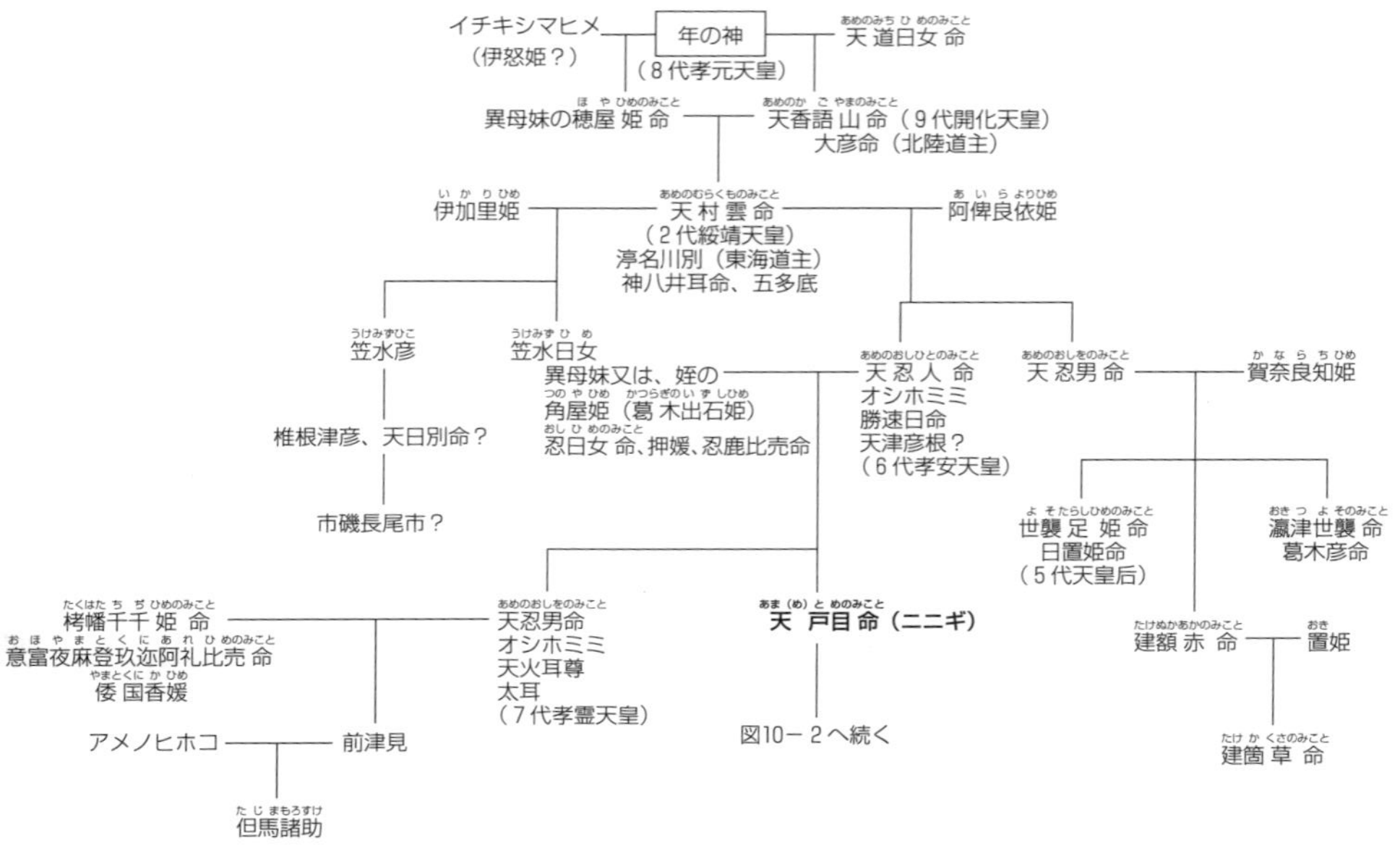

図10－1　年の神ファミリーの系譜（先代旧事本紀尾張氏系譜を参照し推測）

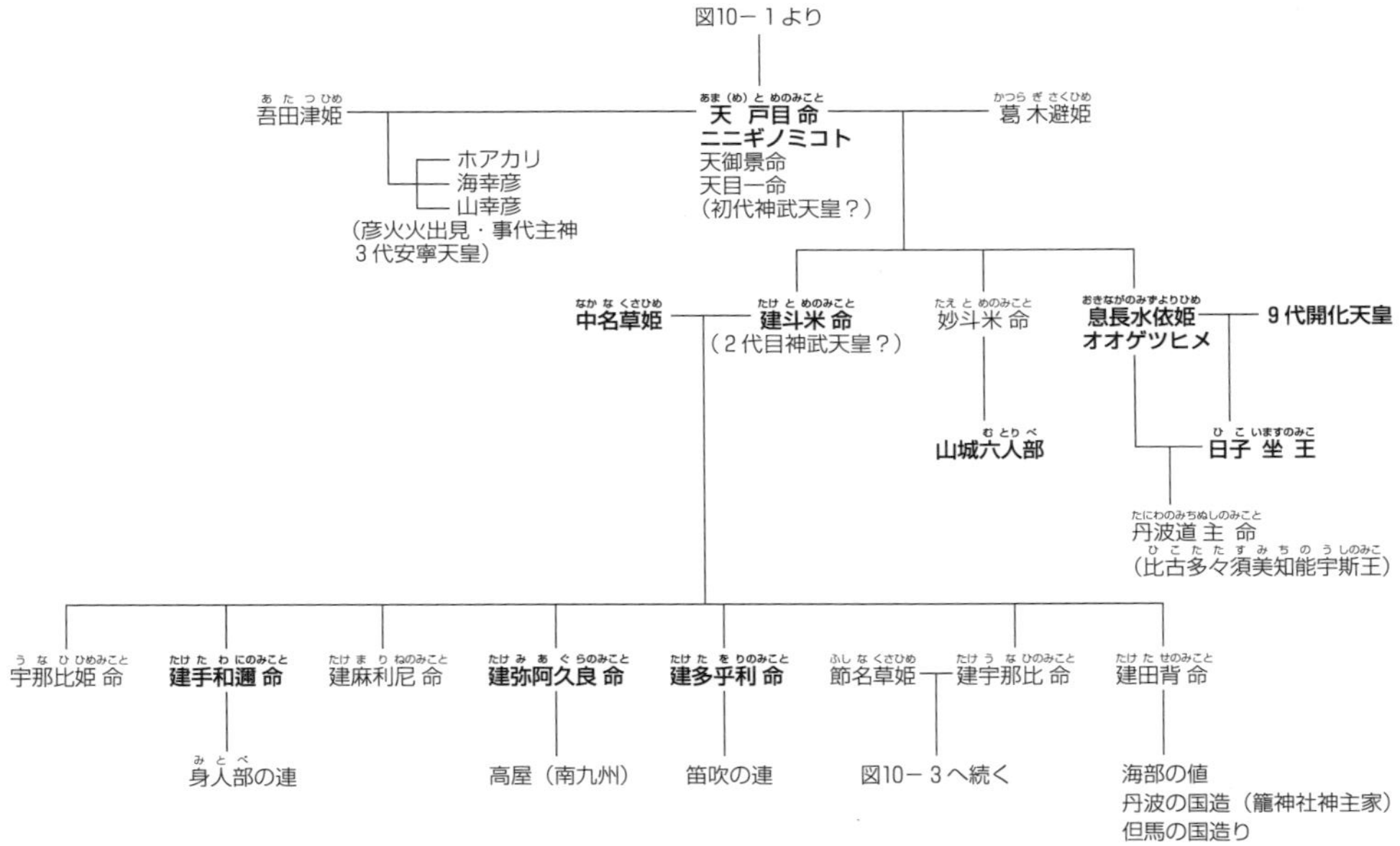

図10－2　年の神ファミリーの系譜（図10－1の続き）

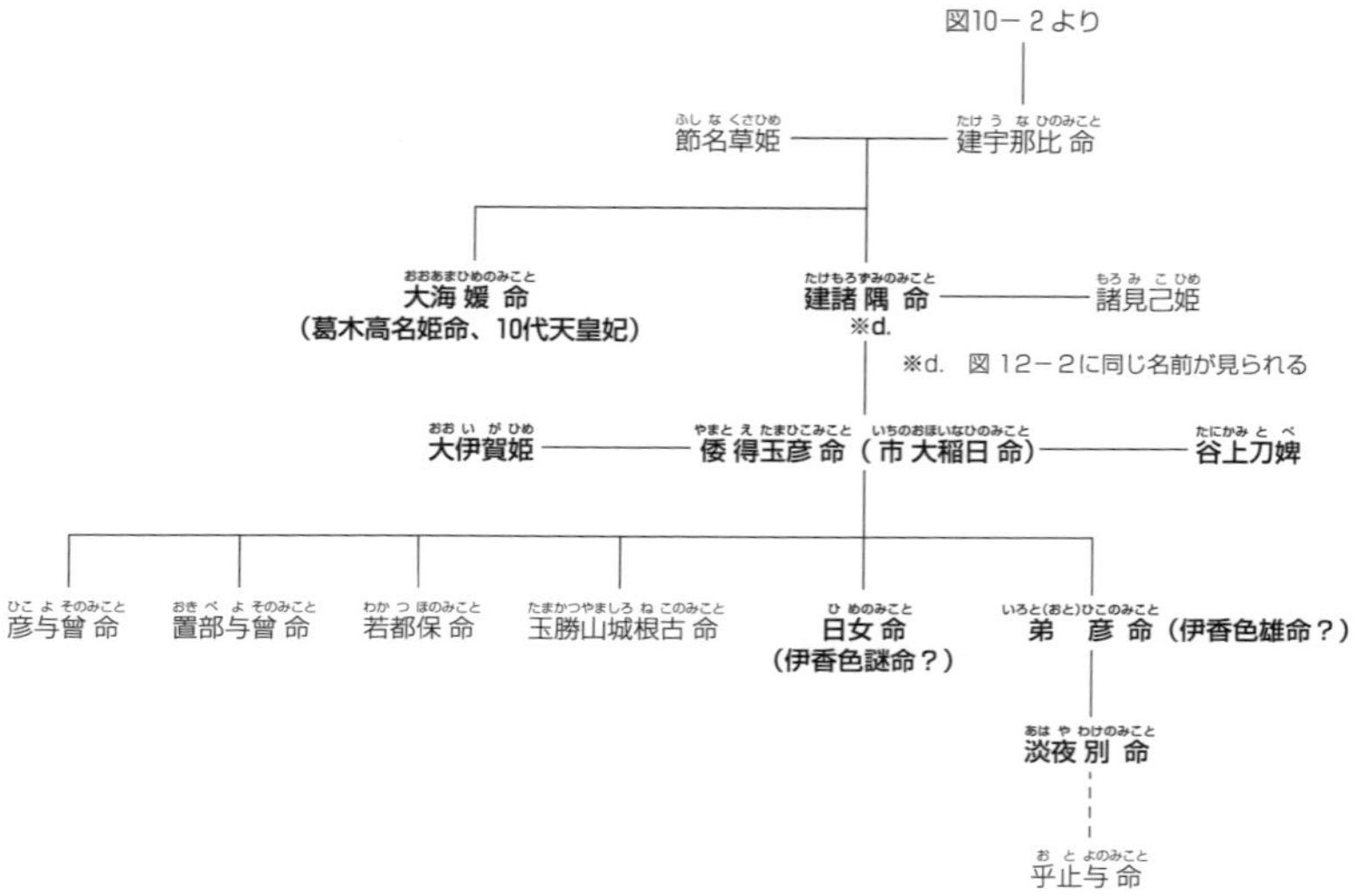

図10－3　年の神ファミリーの系譜（図10－2の続き）

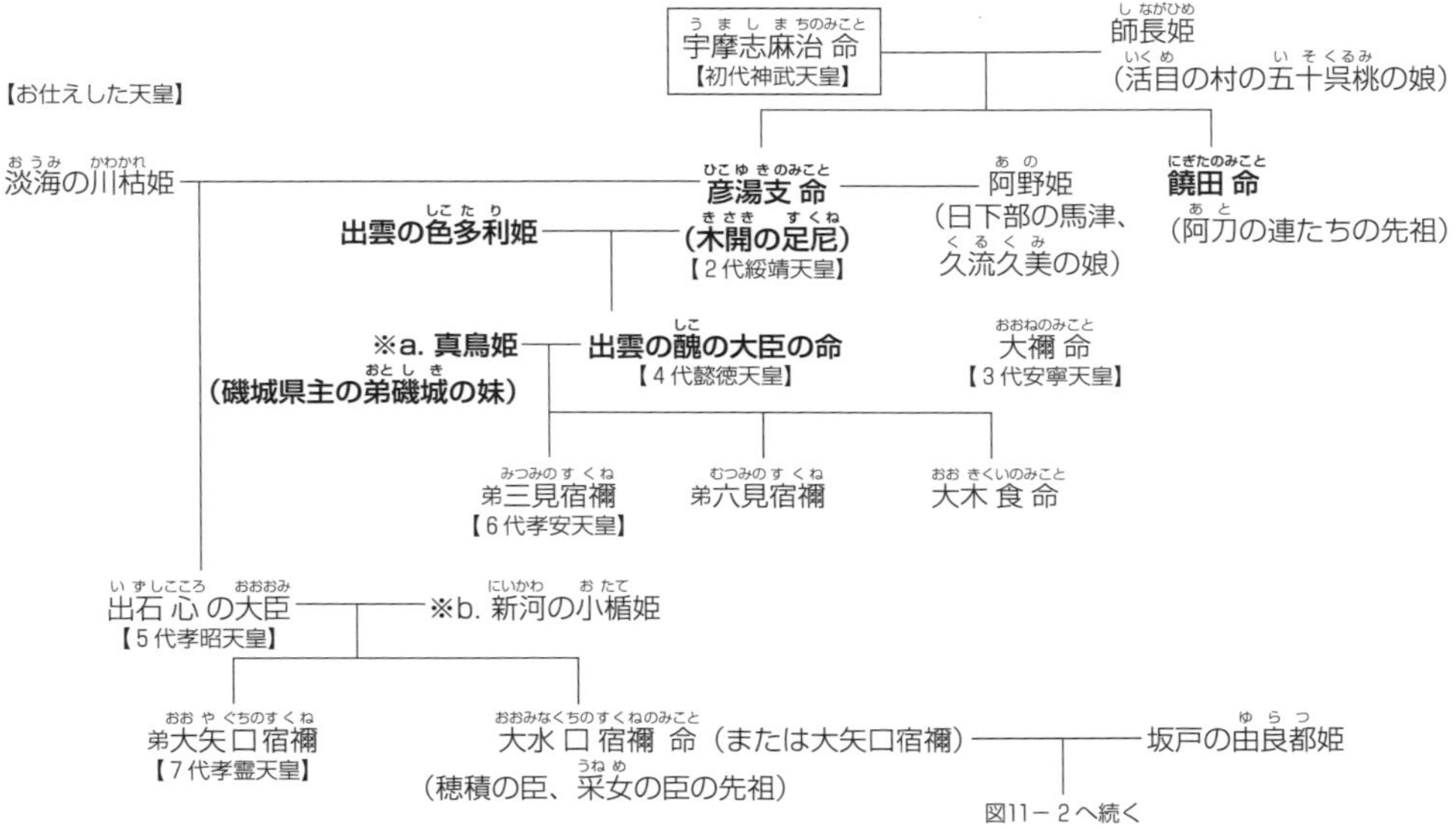

図 11－1　物部氏の系譜（先代旧事本紀より）

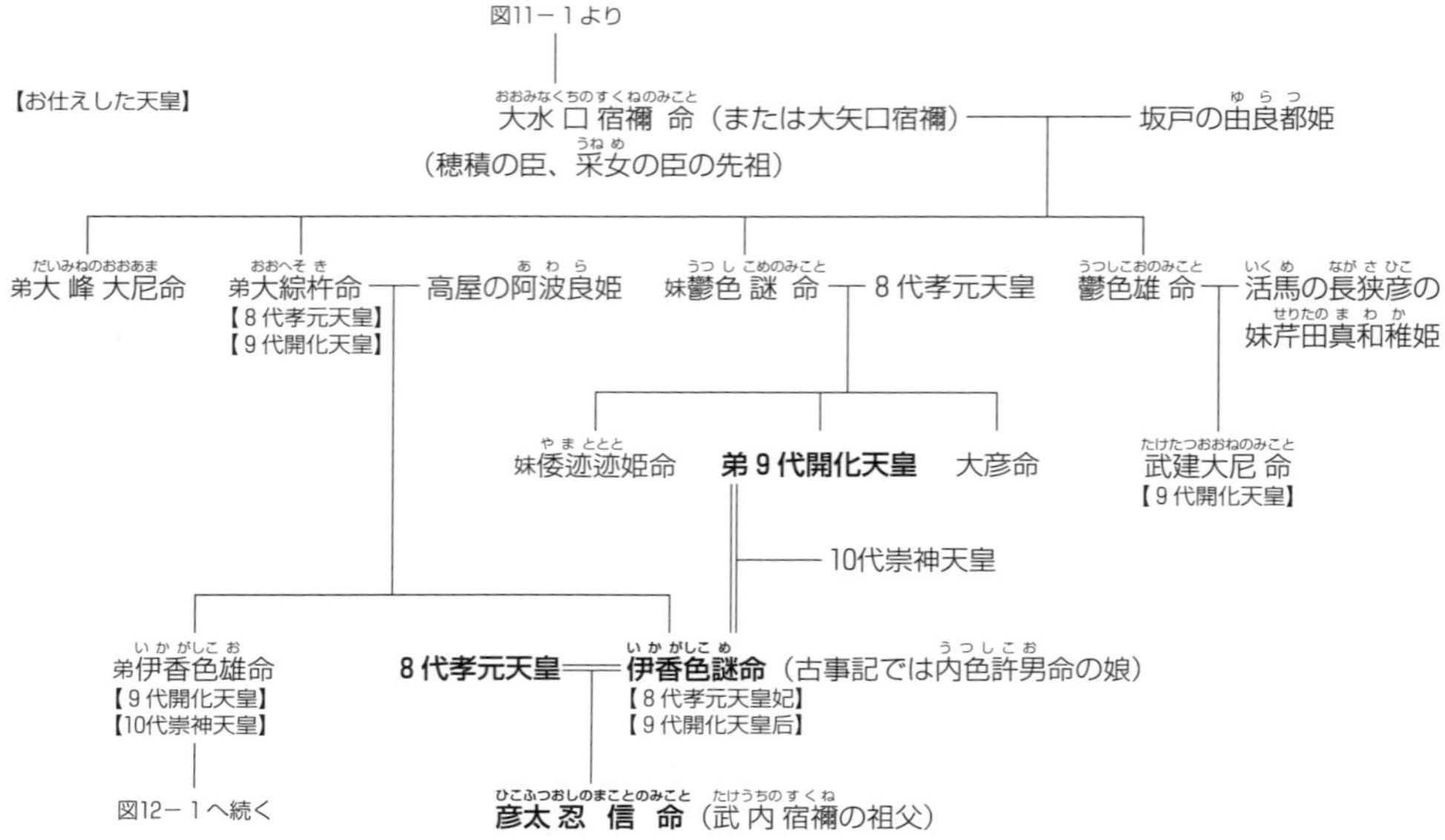

図 11－2　物部氏の系譜（図 11－1の続き）

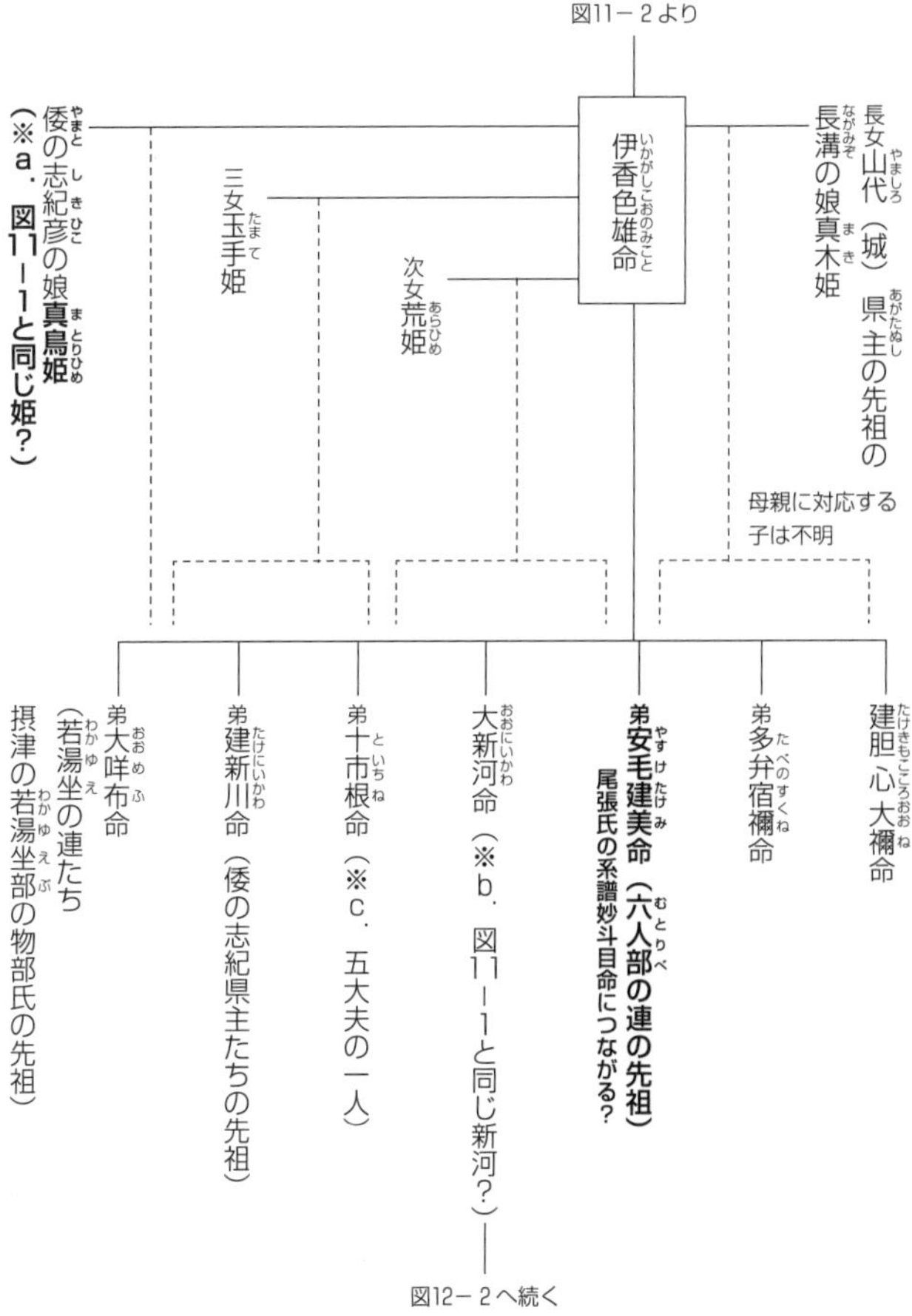

図12－1　物部氏伊香色雄《いかがしこお》命の系譜（先代旧事本紀より）

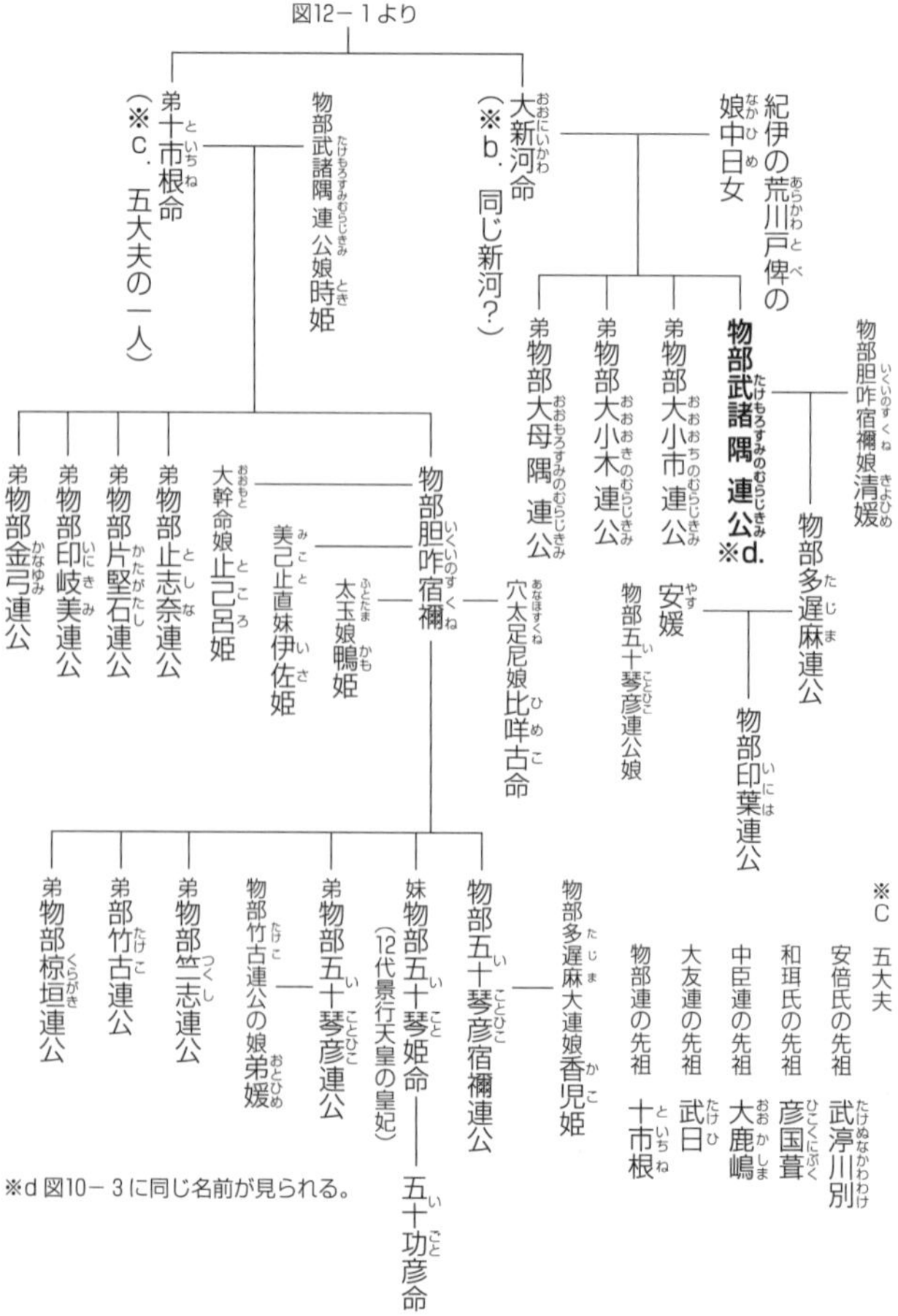

図12－2　物部氏伊香色雄《いかがしこお》命の系譜（図12－1の続き）

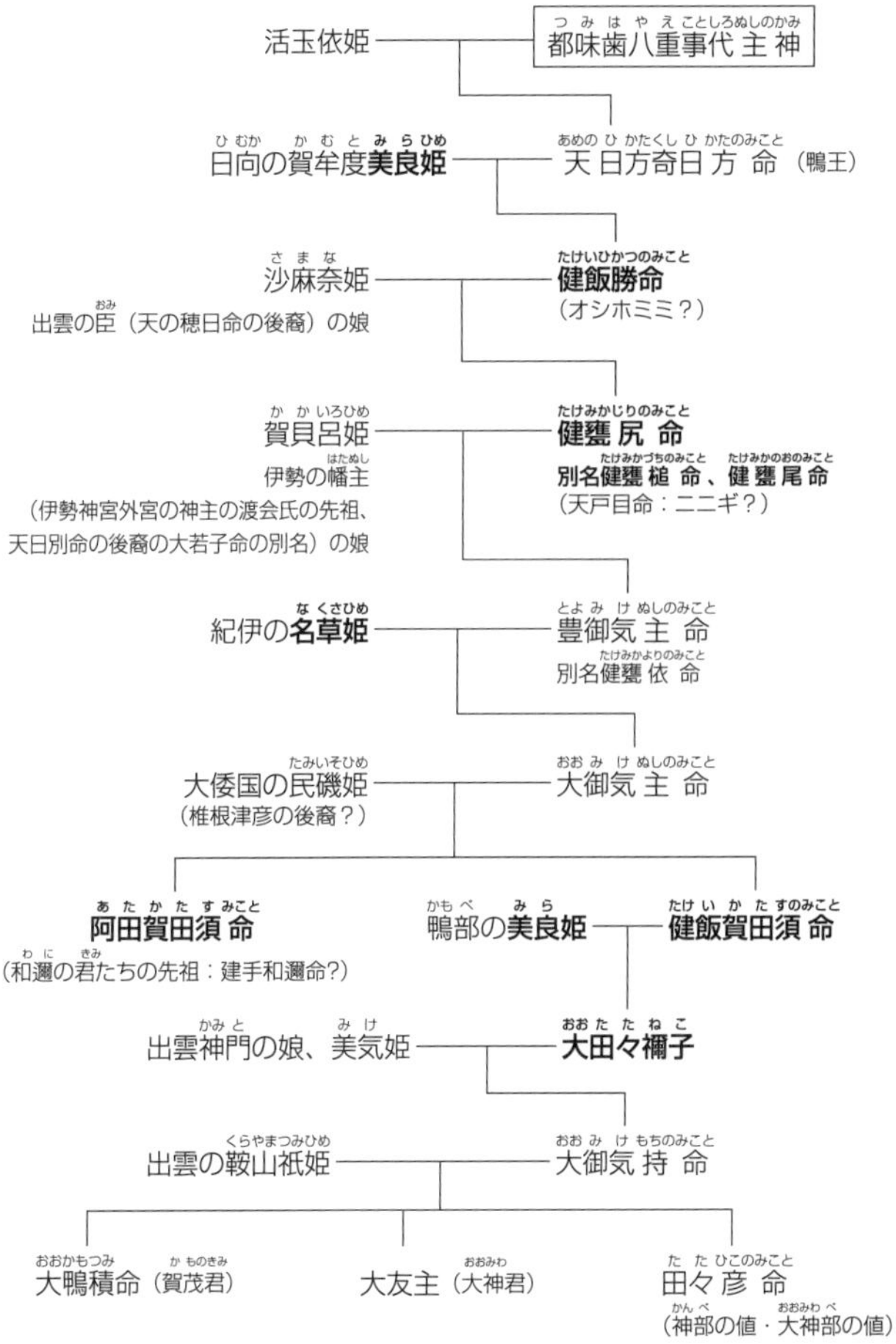

図13　次元ループ化した事代主神の系譜１（先代旧事本紀より）

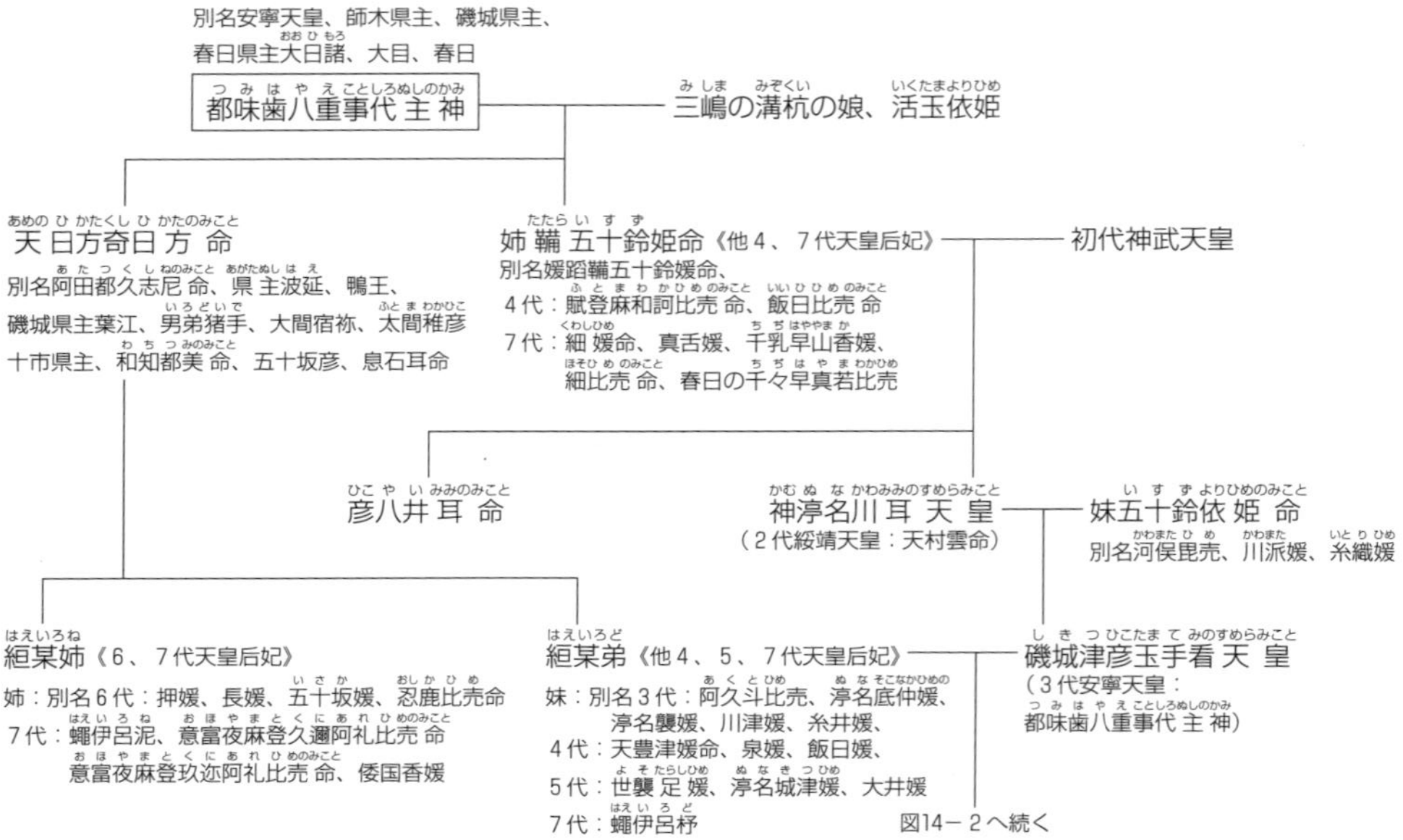

図14－１　次元ループ化した事代主神の系譜２（先代旧事本紀より）

図14－1より続く

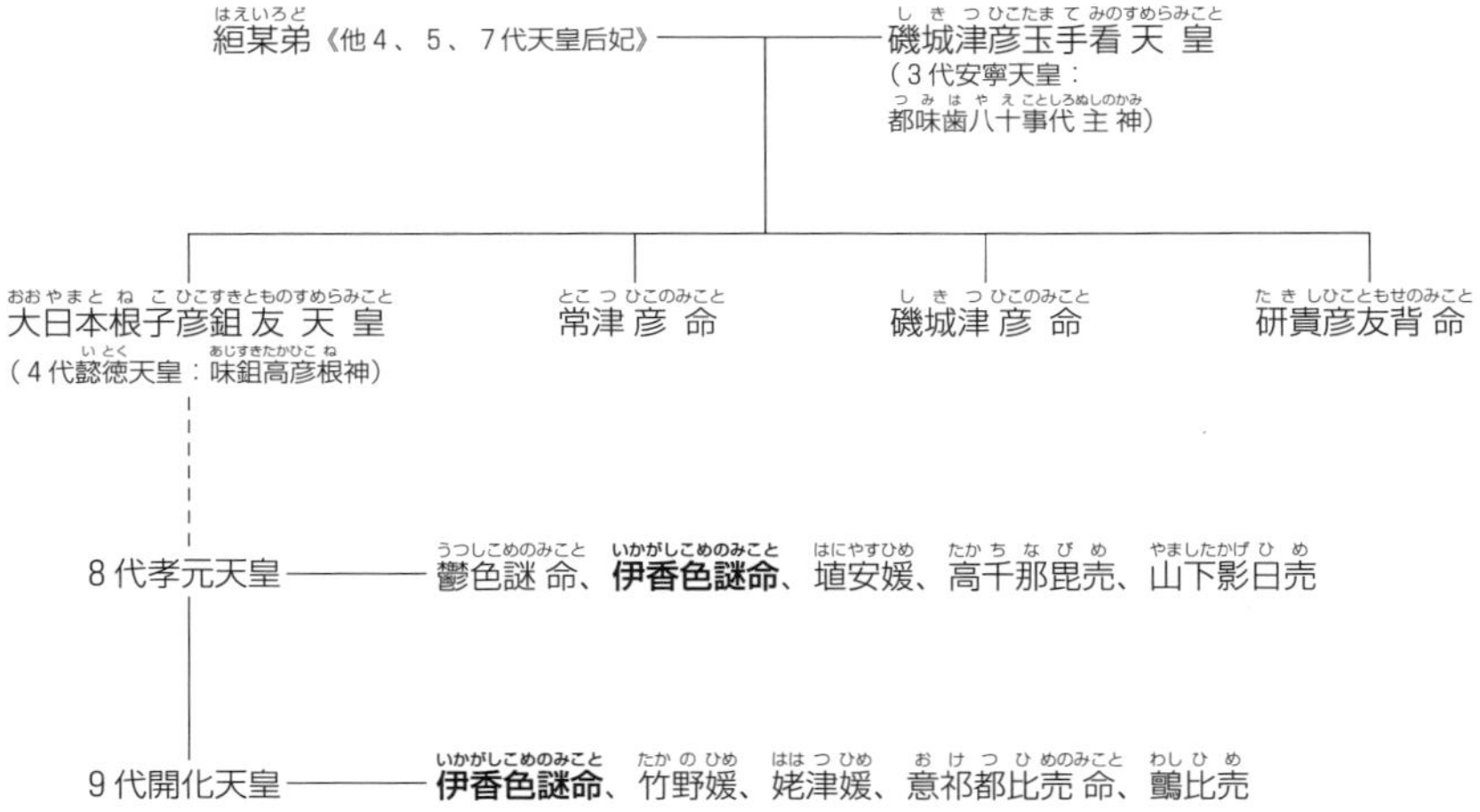

図14－2　次元ループ化した事代主神の系譜2（図14－1の続き）

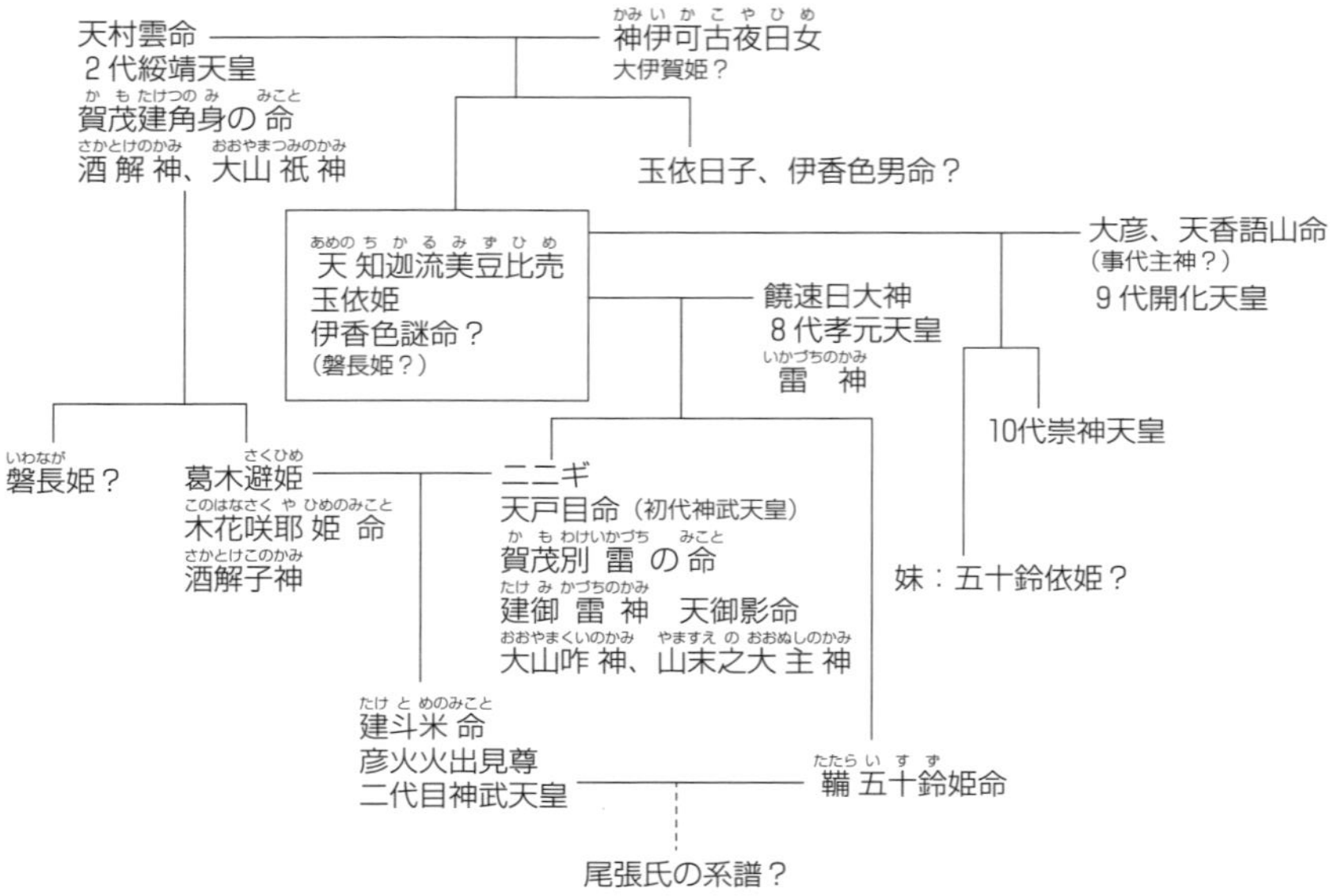

図 15　賀茂建角身《かもたけつのみ》の命《みこと》の推定系図

おわりに

二〇一四年から毎年、春と秋の二回、桜と紅葉の見頃の時期を見計らって、皇居・乾通りの一般公開が行われています。これは、上皇陛下の傘寿（八〇歳）を記念して始まりました。私が皇居勤労奉仕で伺ったとき、乾通りの説明をしてくださった宮内庁の庭師の方が、公開へ向けての陛下のエピソードを語ってくださいました。詳しいことをメモしておかなかったので、記憶に残っていることを書きますと、海外からの国賓がこの道を通られたとき、あまりの素晴らしさに、「ぜひ、日本を訪れる旅行者にもこの素晴らしい場所を公開してもらえないだろうか」と、陛下に懇願されたそうです。それをきっかけに、陛下は一般公開を始められたということでした。

その話を聞いたとき、私は、この場所、日本の中心地である皇居の素晴らしさを、外国の方が気づいてくださったことに大変驚き、陛下に懇願されたことを感謝いたしました。どこの国賓の方か存じませんが、〝皇居の中は何か違う、その雰囲気が違う〟と感じたのだと思います。

今では、日本人だけでなく、多くの外国人旅行者も皇居を訪れます。一〇〇メートル近い超高層オフィスビルが林立している東京駅の近くにこんな場所があるなんて、行ってみなければわからないことです。その雰囲気は筆舌に尽くしがたく、どうお伝えしたらよいか悩みます。とにかく、そこに留まっていたい。懐かしくもあり、新しくもあり、嬉しくて、〝ああ、ここが元《もと》なんだ〟という感じでしょうか。その雰囲気は皇居の東側にある東御苑にはありません。皇居の中に入らなければわからないのです。勤労奉仕の「リピーター」の多さに驚きますが、皆さん、またあの場所へ行きたい、戻りたい！　と感じるのだと思います。

とにかく、別世界。その雰囲気を醸し出しているのが、宮中三殿の賢所の神だと思います。その神を気が遠くなるほど長い間、大切にお祀りしてきた皇室。皇室は、国の支配者である国王とは違う性質の氏族であることがわかります。もしかしたら、日本人だけでなく、世界中の人々の魂のふるさとが、〝ここ〟なのではないかとさえ感じさせられます。それは宗教的な聖地とは違います。強いて言えば、人間が生きるための〝原点〟のような場所なのだと思います。皆さんも機会をつくって、ぜひ賢所に会いに、皇居を訪れていただきたく存じます。

最後に、一緒に参加してくださった奉仕団の皆さん、団のお世話をしてくださった方々、丁寧に説明してくださった宮内庁の庭師の方々、恩師である東京農業大学名誉教授の小泉幸道先生、母の介護で原稿が遅れてしまい、調整してくださった文芸社の皆さま方、この場をお借りして、心より感謝申し上げます。

そして、何よりも、平成の代を温かく見守ってくださった一二五代天皇の上皇陛下、上皇后陛下に深く感謝申し上げます。

著者プロフィール

高橋 千春（たかはし ちはる）

東京都出身。東京農業大学大学院修士課程修了。2003年頃から目に見えない者と交信できるようになり、神社の神々などの指示に従って、言葉を降ろし、災害を抑える手伝いなどをさせられている。突然の言葉に戸惑い振り回されることもしばしばだが、おおよその災害に神々は関与し、大難を小難に変えている。それらの言葉はブログ（『心の物語』シャングリラへの道 https://ameblo.jp/0-580/）で公表している。著書に『冨士（二二）の神示』『太陽の三陸《みろく》神示 神々の仕組みと災害』（文芸社）がある。

月《つぎ》のい《五》す《十》ゞ真示 天（天皇《すべらぎ》）の磐戸開き

天照大神は高橋家の先祖神だった⁉

2020年 2 月15日 初版第 1 刷発行

著 者 高橋千春
発行者 瓜谷 綱延
発行所 株式会社文芸社
〒160-0022 東京都新宿区新宿1－10－1
電話 03-5369-3060（代表）
03-5369-2299（販売）

印刷所 株式会社暁印刷

ISBN978-4-286-20755-1